CASSIRER-FORSCHUNGEN

D1718740

CASSIRER-FORSCHUNGEN

Band 3

FELIX MEINER VERLAG
HAMBURG

Enno Rudolph / Ion O. Stamatescu (Hg.)

Von der Philosophie
zur Wissenschaft

Cassirers Dialog mit
der Naturwissenschaft

FELIX MEINER VERLAG
HAMBURG

Carl Friedrich von Weizsäcker
zum 85. Geburtstag gewidmet

Die Deutsche Bibliothek — CIP-Einheitsaufnahme

Von der Philosophie zur Wissenschaft : Cassirers Dialog mit der
Naturwissenschaft / Enno Rudolph/Ion O. Stamatescu (Hg). –
Hamburg : Meiner, 1997
   (Cassirer-Forschungen ; Bd. 3)
   ISBN 3-7873-1353-2

© Felix Meiner Verlag GmbH, Hamburg 1997. Alle Rechte, auch die des auszugswei-
sen Nachdrucks, der fotomechanischen Wiedergabe und der Übersetzung, vorbehal-
ten. Dies betrifft auch die Vervielfältigung und Übertragung einzelner Textabschnitte
durch alle Verfahren wie Speicherung und Übertragung auf Papier, Filme, Bänder,
Platten und andere Medien, soweit es nicht §§ 53 und 54 URG ausdrücklich gestat-
ten. — Druck: Carstens, Schneverdingen. Gedruckt auf säurefreiem, alterungsbestän-
digem (nach DIN-ISO 9706) Werkdruckpapier, hergestellt aus chlorfrei gebleichtem
Zellstoff. Buchbinderische Verarbeitung: Langelüddecke, Braunschweig. Einbandge-
staltung: Jens Peter Mardersteig. Printed in Germany. ⊗

Vorwort

Der vorliegende Band faßt eine Reihe von Studien zusammen, deren gemeinsames Anliegen darin besteht, Ernst Cassirer als einen relevanten Gesprächspartner in der Diskussion über die begriffliche und theoretische Neuorientierung einzubeziehen, zu der sich die Naturwissenschaft im allgemeinen, vor allem aber die Physik im besonderen seit der Entstehung der Quantenmechanik genötigt sah.

Der Band wird eröffnet mit zwei Aufsätzen aus der Feder von Physikern. Beiden geht es aus der Sicht ihrer Wissenschaft um die Beurteilung des Deutungsangebots, das Cassirer für die Entwicklung der modernen Physik, ihre methodischen Veränderungen und ihre Theoriekrise unterbreitet hat. Auf diese Weise dokumentieren sie, in welchem Maße die zeitgenössische Physik Cassirers Wissenschaftsphilosophie als einschlägig betrachtet, insbesondere im Blick auf den nach wie vor anhaltenden Streit um die Wende, den die Kopenhagener Deutung der Quantenmechanik für die Geschichte der jüngeren Physik brachte. Cassirer reagierte auf diese Wende nicht nur als der kompetente philosophische Kommentator, er reagierte vorbereitet. Der Verzicht auf theoretische Modelle, die nach dem gewohnten Vorbild der klassischen Physik eine exakte Wiedergabe der einen Gegenstand hinreichend definierenden Bestimmungen und Eigenschaften ermöglichen sollten, wird von Ernst Cassirer dem nach seiner Einschätzung viel früher angebahnten Verlust einer substantialistischen Deutbarkeit des naturwissenschaftlichen Objektbegriffes analogisiert. Diesen Verlust sah Cassirer bereits mit Leibniz' Naturphilosophie als im wesentlichen ratifiziert: der Wandel von der Substanz zur Funktion ist ein begriffs- und theoriegeschichtlicher Vorgang, den Ernst Cassirer in der gleichnamigen Schrift "Substanzbegriff und Funktionsbegriff" (1910) zum Ausgangspunkt der Diagnose einer nachhaltigen wissenschaftsphilosophischen Strukturkrise machte, die in der Quantenphysik kulminierte. Und dieses Ergebnis erklärte Cassirer in seiner späteren Abhandlung über "Determinismus und Indeterminismus in der modernen Physik" zur Grundlage seiner Analyse des quantenmechanischen Paradigmas. Die moderne Physik bestätigt einen Verdacht, den Cassirer bereits vordem gegen Kant gerichtet hatte, sofern dieser an der Voraussetzung eines begrifflich nicht einholbaren An-sich-Seienden – das heißt der gegenständlichen Wahrnehmung vorausliegenden – "Dinges" festhalten mußte, um dem Objekt der Erkenntnis materielle Gegenständlichkeit zusprechen zu können. Der Verdacht lautet, »daß wir das ›Innere der Natur‹ nicht einsehen […], daß es kein anderes ›Innere‹ für uns gibt, als dasjenige, das sich uns durch Beobachtung und

Zergliederung der Erscheinungen erschließt« (Zur modernen Physik, S. 283).

Verbal erinnert diese Formulierung an Kants berühmte erkenntnistheoretische Maxime, derzufolge wir Erscheinungen zu buchstabieren hätten, um Erfahrung gewinnen zu können. Der Abstand Cassirers zu Kant aber ist gleichwohl größer geworden, als es die Formulierung auf den ersten Blick sichtbar macht, und zwar wenigstens so groß wie derjenige zum wissenschaftsphilosophischen Neukantianismus. Denn der Erscheinungsbegriff Kants reflektiert die unaufgelöste Spannung zwischen einem "Inneren" und einem "Äußeren" der Natur: die Frage "Erscheinung wovon?" bleibt systembedingt ebenso aufrechterhalten wie unbeantwortet.

Für Cassirer hat das Phänomen ohne (distinkt wahrnehmbare) Eigenschaften in der modernen Physik den Dingbegriff für die Physik so obsolet gemacht, wie den Substanzbegriff für die Philosophie: »Die Bestimmung, keine Dingbegriffe, sondern reine Maßbegriffe zu sein, teilen Raum und Zeit mit allen anderen echten physikalischen Gegenstandsbegriffen« (a.a.O., S. 10). Es scheint daher nur als konsequent, wenn die Physik im speziellen, wie auch die Naturwissenschaft im allgemeinen – soweit sie sich methodisch an der Physik orientiert – ihr Erkenntnisziel nicht in objektiver Wahrheit sondern in der Aufstellung von Gesetzen sieht. Gesetze symbolisieren die Ordnung der Natur. Sie sind – wie Symbole bei Cassirer überhaupt – Repräsentanten der Natur ohne ontologische Referenz und in diesem Sinne ohne Abbreviatur. Sie sind die zuständigen Formen, die hinreichend angemessen vertreten, worauf sie zeigen. Im Blick auf Cassirers eigentümliche Deutung des Kausalprinzips als "Landkarte" im Sinne Schrödingers oder als "Orientierungsnetz" im Sinne Andreas Graesers[1] ließe sich sagen, daß Cassirers durch die Entwicklung der modernen Physik bestätigte Auffassung von der bloß heuristischen Funktion physikalischer Gesetze ihn zu der Suche veranlaßte, zwischen Determinismus und Indeterminismus einen dritten Weg zu finden. Die Frage stellt sich, ob Cassirer angesichts der Alternative zwischen dem ungebrochenen Geltungsanspruch des aprioristisch begründeten "Methodenzwangs" im Sinne Kants einerseits und dem methodologischen Anarchismus etwa im Sinne Paul Feyerabends andererseits auf eine plausible dritte Möglichkeit verweist.

Die Autoren der in diesem Band versammelten Beiträge, die bis auf eine Ausnahme an einem Arbeitskreis des *"Interdisziplinären Forschungszentrums/FEST"* in Heidelberg auf diese Veröffentlichung hinarbeiteten, beurteilen die Bedeutung von Cassirers Beitrag zum Streit

---

[1] Vgl. Andreas Graeser: Ernst Cassirer. München 1994, S. 181.

um die Wahrheit der naturwissenschaftlichen Erkenntnis im allgemeinen und der physikalischen im besonderen sehr unterschiedlich und teilweise kontrovers. Die verschiedenen Disziplinen – Physik, Wissenschaftsgeschichte, Wissenschaftstheorie, Philosophiegeschichte und sogar Medizingeschichte –, die sie vertreten, sollen ein Bildausschnitt geben von der gegenwärtigen Diskussionslage, die sich als ein Diagramm charakterisieren ließe, das zu erkennen gibt, warum die einen in Cassirers Vorschlag zur Interpretation des theoretischen Selbstverständnisses der physikalischen Wissenschaft einen terminus ante quem non sehen, während die anderen einen insuffizienten Kantianismus darin vermuten.

Der Ausblick auf derart unterschiedliche Anrainerdisziplinen bzw. Problemfelder wie die Anthropologie, die Gestaltpsychologie oder die Geschichte des Vitalismusproblems in der Medizin mag zudem verdeutlichen, wie sehr diese überfällige Arbeit an Cassirer auch auf diesem Felde noch in den Anfängen steckt. Das Buch will die bereits durch einige Vorarbeiten der Autoren andernorts vermittelten Anregungen wachhalten.

Besonderer Dank gilt Frau Eveline Busch-Ratsch und Herrn M.A. Thomas Meyer, die für die technische Herstellung dieses Bandes sorgten und die Beiträge gründlich redigiert haben.

Das Buch ist Carl Friedrich von Weizsäcker gewidmet, der im Jahre 1997 seinen 85. Geburtstag feiert. Carl Friedrich von Weizsäcker, der an der Universität Hamburg für lange Zeit den Lehrstuhl innehatte, von dem aus Ernst Cassirer in seiner Hamburger Zeit bis zum Jahre 1933 wirkte, verbindet mit Ernst Cassirer weit mehr: Beide orientieren sich als Analytiker der modernen Wissenschaftsgeschichte kritisch an Kant – und an Goethe. Carl Friedrich von Weizsäcker trug entscheidend dazu bei, daß durch eine im Jahre 1991 in dem oben erwähnten Forschungszentrum in Heidelberg eine intensive Wiederbeschäftigung mit dem Werk Ernst Cassirers inner- und außerhalb Deutschlands angeregt wurde.

Heidelberg, im August 1997   Enno Rudolph

Inhalt

Hans Günter Dosch
Against Philosophy – auch gegen Ernst Cassirer?   1

Ion-Olimpiu Stamatescu
Cassirer und die Quantenmechanik 17

Gerold Prauss
Cassirers Stellungnahme zum Problem der
nichteuklidischen Geometrien 37

Enno Rudolph
Raum, Zeit und Bewegung. Cassirer und Reichenbach
über die philosophischen Anfänge
des physikalischen Relativismus 45

Karl-Norbert Ihmig
Hilberts axiomatische Methode und der Fortschritt
in den Naturwissenschaften. Zu Cassirers
Wissenschaftsphilosophie 63

Massimo Ferrari
Über die Ursprünge des logischen Empirismus, den
Neukantianismus und Ernst Cassirer
aus der Sicht der neueren Forschung 93

Volker Schürmann
Anthropologie als Naturphilosophie. Ein Vergleich
zwischen Helmuth Plessner und Ernst Cassirer 133

Martina Plümacher
Gestaltpsychologie und Wahrnehmungstheorie
bei Ernst Cassirer 171

Brigitte Lohff
Lebenskraft als Symbolbegriff für die Entwicklung eines
konzeptionellen Forschungsprogramms im 18. Jahrhundert.
Zu Ernst Cassirers Ausführungen über den Vitalismus-Streit 209

Hans Günter Dosch (Heidelberg)

Against Philosophy
– auch gegen Ernst Cassirer?

Steven Weinberg ist einer der bedeutenden Physiker dieses Jahrhunderts. Seit mehr als 30 Jahren hat er das Gebiet der Elementarteilchenphysik mitgeprägt. Am bekanntesten ist er als einer der 3 Mitbegründer (nach meiner Meinung der entscheidende) der Quantenfeldtheorie der elektroschwachen Wechselwirkung, wofür er 1979 mit dem Nobelpreis für Physik ausgezeichnet wurde.

Einem breiteren Publikum ist Weinberg durch "The First Three Minutes"[1], seine meisterhaft geschriebene Geschichte des frühen Universums nach dem Urknall, ein im besten Sinne populärwissenschaftliches Werk, bekannt.

In seinem ebenfalls populärwissenschaftlichen Werk "Dreams of a final Theory"[2] legt er sein wissenschaftliches Glaubensbekenntnis dar, und eines der Kapitel dieses äußerst informativen und klar geschriebenen Buches trägt die Überschrift *"Against Philosophy"*.[3] Im folgenden Beitrag möchte ich erst kurz die Argumente Weinbergs vorstellen, sie kritisch würdigen und dann untersuchen, wieweit sich die anti-philosophische Haltung Weinbergs. wie sie in der Überschrift des Abschnitts zum Ausdruck kommt, auch gegen die Philosophie Cassirers richten ließe.

Weinberg macht keinen Hehl daraus, daß ihm ein gewisser anti-philosophischer Affekt durch eine Übersättigung mit Philosophie in seinen ersten Studienjahren (an der Cornell-Universität) aufgeprägt wurde. Was immer er dort an philosophischen Vorlesungen gehört haben mag, es ist wenig wahrscheinlich, daß ihm die Philosophie Kants und deren Weiterentwicklung auch nur annähernd adäquat vorgestellt wurde, schreibt er doch, daß für Mach der Positivismus hauptsächlich als ein Gegengift gegen die *Metaphysik Kants* diente. Abgesehen davon, daß hiermit eine völlig falsche Vorstellung von Kants Philosophie zum Ausdruck kommt,

[1] S. Weinberg: The First Three Minutes. A Modern View of the Origin of the Universe. Basic 1977.

[2] S. Weinberg: Dreams of a final Theory (1992). New York 1994 (im folgenden unter der Sigle DofT). Übersetzungen aus dem englischen Original stammen grundsätzlich vom Autor des Beitrages.

[3] Siehe DofT, Kap. 7, S. 166-190.

hat Mach ausdrücklich die Bedeutung der Kantschen Philosophie auch
für seine Untersuchungen anerkannt.[4]

Weinberg schreibt zunächst, es sei keinesfalls abwegig zu glauben, daß
Physiker, denen subjektive und vage ästhetische Kriterien (z.B. Schönheit
einer Theorie) oft sehr nützlich sind, eine gewisse Hilfe von der Philosophie oder gar von der Wissenschaftstheorie bekommen könnten. Aber
er ist sich wohl mit der überwältigenden Mehrzahl der Physiker darüber
einig, daß dies nicht der Fall ist, und er setzt das Problem der »unreasonable effectiveness of mathematics« (E. Wigner) gegen das ebenso rätsel-
hafte Phänomen der »unreasonable uneffectiveness of philosophy«. Er ist
sich dabei mit (ebenfalls vernünftigen) Philosophen einig und zitiert
Wittgenstein: »Nothing seems to me less likely than a scientist or mathe-
matician who reads me should be seriously, influenced in the way he
works.«[5]

Aber Weinberg leugnet nicht, daß in früheren Epochen dies nicht
immer der Fall war, doch auch hier war nach ihm der Nutzen der Philo-
sosphie hauptsächlich der, einen Schutz gegen die Vorurteile anderer
Philosophen zu bieten. So meint er, daß philosophische Doktrinen, selbst
wenn sie für eine gewisse Zeit nützlich waren, im allgemeinen zu lange
lebten und im Endeffekt mehr Schaden als Nutzen brachten. Als erstes
Beispiel zitiert er die mechanistische Weltauffassung Descartes' und
erkennt ausdrücklich ihren großen Einfluß auf Newton an. Er gibt auch
zu, daß das mechanistische Weltbild für Faraday und Maxwell bei der
Entwicklung des Begriffs und der Theorie elektromagnetischer Felder
von großem Nutzen war: »Alle Physiker brauchen ein gewisses vorläufi-
ges Weltbild, und das mechanistische Weltbild schien ein ebenso guter
Kandidat wie jedes andere.«

Wenn Weinberg allerdings zum Schaden kommt, den das mechanistische Weltbild angerichtet hat, werden die Beispiele weniger deutlich: Daß
viele Physiker die Aufgabe des Äthers nicht verwandeln, wie Professor
Viktor Jakob[6], lag eher in der menschlichen Natur und dem Vertrauen
auf den gesunden Menschenverstand als an der Hingabe an ein besonderes philosophisches Weltbild. Das andere von ihm zitierte Beispiel, daß
nämlich der bedeutende russische Physiker V. Fock sich noch 1961 in der
Vorrede zu seiner Abhandlung über "Die Theorie von Raum, Zeit und

---

[4] Siehe z.B. Die Geschichte und die Wurzel des Satzes von der Erhaltung der
Arbeit (1872), Leipzig 1909, Mechanik (1912), Darmstadt 1967, Erkenntnis und
Irrtum (1906), Darmstadt 1980.

[5] L. Wittgenstein: Culture and Value. Oxford 1980.

[6] Der aus vielen Physikern Deutschlands zur Zeit des ersten Weltkriegs kon-
struierte "klassische Physiker" aus R. McCormmach: Night Thoughts of a
Classical Physicist. Cambridge, Mass. 1982.

Gravitation" auf den Materialismus von Lenin bezieht, ist eher ein Problem der politischen Indoktrination und vielleicht Repression als der Philosophie.

Weinberg ist sich natürlich im klaren, daß das mechanistische Weltbild seine große Zeit überlebt hat, und die philosophischen Richtungen, gegen die sein Hauptangriff zielt, sind der Positivismus und der seiner Meinung daraus folgende philosophische Relativismus[7]. Hier werden sich natürlich interessante Parallelen zu Cassirers ebenfalls stark ausgeprägter Kritik am Positivismus ergeben[8], doch vorher möchte ich kurz Weinberg referieren.

Die entscheidende epistemologische Doktrin des Positivismus besteht nach Weinberg darin, daß er nicht erlaubt, in physikalischen Theorien Elemente zu behandeln, die prinzipiell niemals beobachtet werden können. Wie auch schon beim mechanistischen Weltbild, leugnet Weinberg keineswegs den nützlichen Einfluß des Positivismus auf die Entwicklung der Physik. Und auch hier fällt wieder auf, daß die Beispiele für den Nutzen wesentlich gewichtiger sind als die für den Schaden. Weinberg gibt zu, daß die Arbeiten Einsteins über die spezielle Relativitätstheorie den offensichtlichen Einfluß Machs zeigen, und Einstein hat dies in seinem sehr schönen Nachruf auf Ernst Mach[9] ausdrücklich bestätigt.

Weinberg erkennt auch durchaus die bedeutende Rolle des Positivismus Machscher Prägung bei der Entwicklung der modernen Quantenmechanik an. Er schreibt: »Positivism played also an important part in the birth of modern quantum mechanics. [...] In the spirit of positivism, Heisenberg admitted into his version of quantum mechanics only observables. [...] The uncertainty principle [...] is based on Heisenberg's positivistic analysis of the limitations we encounter when we set out to observe a particle's position and momentum.«[10]

Nach den Berichten über die heroischen Erfolge des Positivismus erwartet der Leser natürlich ebenso überzeugende Beispiele für den katastrophalen Schaden, den er angerichtet hat, wenn er kurz danach schreibt: »Obwohl der Positivismus für Einstein und Heisenberg wertvoll war, hat er ebensoviel Schaden angerichtet wie Gutes geleistet.« Doch darin sieht sich der Leser getäuscht.

[7] In einer Anmerkung zur Überschrift des besagten Kapitels schreibt Weinberg, daß seine eigene Zielrichtung, nämlich "Against Positivism and Relativism", kein mitreißender Titel gewesen wäre. Siehe DofT, S. 166.

[8] Siehe z.B. H.G. Dosch: Ernst Mach und Ernst Cassirer. In: Int. Z. f. Philosophie, Heft 2 (1992), 189.

[9] A. Einstein: Nachruf auf Ernst Mach. In: Physikalische Zeitschrift 17 (1916), S. 101.

[10] DofT, S. 80.

Weinberg weist einmal darauf hin, daß der Positivismus wesentlich für den Widerstand gegen den Atomismus zu Beginn des 20. Jahrhunderts war. Dies ist sicher richtig, aber es ist mehr als fraglich, ob dies der Entwicklung der Physik geschadet hat. Wie der Physiker Res Jost betont hat[11], war die ablehnende Haltung Machs gegen den Atomismus keinesfalls die herrschende Meinung, sondern eher die einer kritischen Minderheit gegen den etablierten Atomismus. Die ätzenden Hinweise Machs mögen aber sehr wohl dazu gedient haben, den vulgär-realistischen Atomismus zu korrigieren. Heisenberg schreibt, wie er sich als Schüler durch die Bilder der Atome und Moleküle (mit Häkchen und Schrauben) abgestoßen fühlte.[12] Es ist auch wohl kein Zufall, daß der frühe Einstein, der stark von Mach beeinflußt war, das schon lange bekannte Phänomen der Brownschen Bewegung als eine direkt der sinnlichen Wahrnehmung zugängliche Konsequenz der atomaren Struktur der Bewegung erkannte. Auch die Bermerkungen Machs über einen möglichen sehr abstrakt mathematischen Atombegriff erscheinen aus heutiger Sicht besonders hellsichtig.[13]

Als weiteres Beispiel für den schädlichen Einfluß des Positivismus schildert Weinberg eine historische Marginalie, der sich mit Gewißheit andere, entgegengesetzte, zur Seite stellen ließen.[14]

Bei anderen Beispielen, die Weinberg für den schädlichen Einfluß des Positivismus gibt, der Ablehnung der Feldtheorie wegen der darin auftretenden Divergenzen und den Feldzug, den G. Chew gegen die Feldtheorie führte, spielte meiner Meinung nach der Positivismus im ersten Fall keine und im zweiten nur eine untergeordnete Rolle. Der prominenteste Gegner des Renormierungsprogramms der (von ihm wesentlich mitbegründeten) Quantenfeldtheorie war P.A.M. Dirac. Seine Argumente, die er in einem populärwissenschaftlichen Beitrag aufführte, sind

[11] So in einem 1979 gehaltenen, unveröffentlichten Vortrag.

[12] Siehe W. Heisenberg: Das Naturbild der heutigen Physik. Hamburg 1955, S. 41f.

[13] So in seiner "Mechanik" von 1912. Siehe ebda, S. 467.

[14] Weinberg berichtet die wenig bekannte Geschichte, daß kurz vor J.J. Thomson schon Kaufmann in Berlin das Verhältnis e/m, d.h. der Ladung zur Masse eines Kathodenstrahls, gemessen hatte, ohne daraus auf die Existenz eines geladenen Teilchens der Masse m und der Ladung e zu schließen, wie es Thomson tat. Eine noch weniger bekannte Geschichte ist, daß Lenard, der als erster einen Kathodenstrahl isolierte, die aufgrund des Wellencharakters auftretenden Beugungsringe des Strahls auf den Photoplatten wegretuschieren ließ. Lenard dachte sicherlich, daß es sich hierbei um irgendwelche "Dreckeffekte" handle, doch beging er sicher für einen Positivisten durch Verfälschung des Beobachtungsmaterials eine Todsünde. Hätte man schon damals die Beugungsphänomene der Elektronen erkannt, hätte man die Schrödingergleichung phänomenologisch herleiten können [J.H.D. Jensen, private Mitteilung].

aber alles andere als positivistisch, sondern ausgesprochen realistisch.[15]
Bei dem von Chew voreilig erklärten Dahinschwinden der Feldtheorie in
der Physik der starken Wechselwirkung spielte zwar eine (dann doch
nicht konsequent durchgeführte) Beschränkung auf Meßgrößen eine
wichtige Rolle, aber sie war wohl, wie die Schlagworte "Bootstrapping"
und "Nuclear Democracy" zeigen, wesentlich geprägt durch den Zeit-
geist der sechziger Jahre.

Zwei Einwände gegen den Positivismus, die Weinberg bringt, scheinen
mir allerdings wesentlich, und hier wird sich auch eine Beziehung zu
Cassirer ergeben. Weinberg geht an zwei Stellen auf die enge
Verknüpfung der experimentellen Daten mit der Theorie ein. Er erwähnt,
daß der positivistische Widerstand gegen den Atomismus obsolet war: »If
one understands how theory-laden are all experimental data, it becomes
apparent that all the successes of the atomic theory in chemistry and sta-
tistical mechanics in the nineteenth century had constituted an observation of atoms.«[16]

Auch zum Positivismus Kaufmanns schreibt er: »In retrospect the
positivism of Kaufmann and the opponents of atomism seems not only
obstructive, but also naive. What after all does it mean to observe any-
thing? In a narrow sense, Kaufmann did not even observe the deflection
of cathode rays in a given magnetic field. [...] He experienced certain
visual and tactile sensations that he interpreted in terms of luminous
spots and wires and batteries.«[17]

Zum zweiten sieht Weinberg, und auch hier glaube ich zu Recht, den
Positivismus als eine Quelle für den "Philosophischen Relativismus",
diesmal angewandt auf das Studium der Wissenschaft selbst. Ich sehe
hierin den eigentlichen Grund für die vehemente Abneigung Weinbergs
gegenüber dem Positivismus und werde später darauf zurückkommen.

Auch Ernst Cassirer kritisiert in mehreren wesentlichen Passagen
scharf Mach, bei aller Anerkennung seiner Verdienste. Ein so harsches
Urteil wie »zwischen dem, was Mach in seiner Kritik der Newtonschen
Grundbegriffe als Physiker geleistet hat und den allgemeinen *philosophischen* Folgerungen, die er aus dieser Leistung gezogen hat, muß scharf
geschieden werden«[18] findet man selten bei ihm. Es klingt wie eine etwas

---

[15] P.A.M. Dirac: "The Evolution of the physicist's Picture of Nature". In:
Scientific American (1963), S. 65ff; siehe auch H.G. Dosch: Renormalized
Quantum Field Theory and Cassirer's Epistemological System. In: Philosophia
naturalis, 28 (1991) S. 97.
[16] DofT, S. 180.
[17] Ebda., S. 179.
[18] E. Cassirer: Zur Einsteinschen Relativitätstheorie (1921). In: Zur modernen
Physik. Darmstadt 1987, S. 89 (im folgenden unter der Sigle ZMP).

zurückhaltendere Paraphrase einer von Weinberg zitierten Bemerkung
Einsteins über Mach als »un bon mécanicien mais deplorable philosophe«[19]. Erz-realistische Physiker wie Planck oder Einstein werden in der
Tat niemals so hart angegriffen, ja Planck wird sogar des öfteren als physikalischer Kronzeuge gegen Mach herangezogen Cassirer verweist auf
die unauflösliche Verquickung von Theorie und Experiment in den exakten Wissenschaften, die auch Weinberg erwähnt, und zitiert Duhem: »Les
faits d'expérience, pris dans leur brutalité native, ne sauraient servir au
raisonement mathématique; pour alimenter ce raisonenement, ils doivent
être transformés et mis sous forme symbolique.«[20]

Cassirer sieht darin den entscheidenden Unterschied zwischen dem
kritischen Idealismus und dem Positivismus Machscher Prägung: Die
Folgerungen in der Physik werden nicht aus Empfindungen, sondern aus
Messungen gezogen. Alle Messungen aber setzen theoretische Prinzipien
voraus. »[…] wir müssen, um überhaupt zu irgendwelchen Maßbezie-
hungen zu gelangen, das ›Gegebene‹ der Wahrnehmung immer schon
überschritten und es durch ein begriffliches Symbol ersetzt haben, das
keinerlei Abbild mehr im unmittelbar Empfundenen und Empfindbaren
besitzt.«[21] Hier bezieht sich Cassirer auch auf Heinrich Hertz, als
Theoretiker ebenso bedeutend wie als Experimentalphysiker, der das
Verfahren der Physik so beschreibt: »Wir machen uns innere Scheinbilder oder Symbole der äußeren Gegenstände, und zwar machen wir sie
von solcher Art, daß die denknotwendigen Folgen der Bilder stets wieder Bilder seien von den naturnotwendigen Folgen der abgebildeten
Gegenstände. […] Die Bilder, von welchen wir reden, sind unsere Vorstellungen von den Dingen; sie haben mit den Dingen die *eine* wesentliche Übereinstimmung, welche in der Erfüllung der genannten Forderung
liegt, aber es ist für ihren Zweck nicht nötig, daß sie irgendeine weitere
Übereinstimmung mit den Dingen hätten.«[22] Daraus ergibt sich auch,
daß die entscheidende Erkenntnis nicht so sehr in den Bildern liegt, die
wir uns machen, sondern vielmehr in den gesetzlichen Zusammen-
hängen, die den eigentlich realen Inhalt der Physik ausmachen. Prägnant
hat dies Cassirer zusammengefaßt: Die Gegenstände der Physik, in ihrem
gesetzlichen Zusammenhang, sind daher nicht sowohl "Zeichen von

[19] Anläßlich eines Vortrags in Paris 1922. Zitiert nach DofT, S.. 180.
[20] P. Duhem: La Théorie Physique, son objet et sa structure. Paris 1906. Zitiert
nach ZMP, S. 88.
[21] Ebda., S. 87.
[22] H. Hertz: Die Prinzipien der Mechanik. Leipzig (1894), S. 1.

etwas Objektiven", als sie vielmehr objektive Zeichen sind, die bestimmten begrifflichen Bedingungen und Forderungen genügen.[23]

Ich weiß nicht, ob Weinberg sich mit dieser Entgegnung gegen den Positivismus voll identifizieren könnte, aber sicherlich ist die negative Wirkung des Positivismus, oder vielleicht besser seine Unzulänglichkeit, bei Cassirer genauso scharf herausgestellt wie bei Weinberg. Um bei Weinbergs Beispielen zu bleiben: Die Einführung von Quarks und Gluonen als prinzipiell unbeobachtbare Teilchen, die seiner berechtigten Meinung nach für Mach ein Greuel gewesen wäre, ist in der Tradition von Hertz und Cassirer ein ganz genuines wissenschaftliches Verfahren.

Doch wir kommen nun zum vielleicht wichtigeren Teil, dem philosophischen und historischen Relativismus, den Weinberg als eine späte Frucht des Positivismus sieht. Er schreibt: »Metaphysics and epistemology have at least been intended to play a constructive role in science. In recent years science has come under attack from unfriendly commentators joined under the banner of relativism. [...] They see it as merely another social phenomenon, not fundamentally different from a fertility cult or a potlatch.«[24]

Als erstes Beispiel erwähnt Weinberg den historischen Relativismus von T.S Kuhn, wie er im letzten Kapitel seiner Abhandlung über die "Struktur Wissenschaftlicher Revolutionen" dargestellt wird. Weinberg erwähnt dann soziologische Studien (es ist mir ein Rätsel, warum er auch diese als nützlich bezeichnet), deren Ergebnisse sich im wesentlichen auf einen Nenner bringen lassen, nämlich daß Wissenschaftler Menschen sind, und daß ihnen nichts Menschliches fremd ist. Besonders erwähnt er ein Buch A. Pickerings, "Constructing Quarks"[25] in dem im letzen Kapitel der Schluß gezogen wird: »[...] given their extensive training in sophisticated mathematical techniques, the preponderance of mathematics in particle physicists' account of reality is no more hard to explain than the fondness of ethnic groups for their native language. On the view advocated in this chapter, there is no obligation for anyone framing a view of the world to take into account of what twentieth-century science has to say.«[26]

Weinbergs Hauptargument gegen die soziologische Relativierung wissenschaftlicher Erkenntnis ist die Feststellung: "It is simply a logical fal-

---

[23] Siehe E. Cassirer: Philosophie der symbolischen Formen. Bd. 3 Phänomenologie der Erkenntnis (1929). Darmstadt 1990, S. 405 (im folgenden unter der Sigle PSF III).

[24] DofT, S. 184.

[25] A. Pickering: Constructing Quarcks: A sociological History of Particle Physics. Edinburgh 1984.

[26] Ebda., S. 413.

lacy to go from the observation that science is a social process to the con-
clusion that the final product, our scientific theories, is what it is because of the social and historical forces acting in the process."[27] Etwas dra-
stischer ausgedrückt: Die Schlüsse der Wissenschafts-Soziologen und –
allerdings auf einem wesentlich höheren Niveau – sogar manchmal die
von T.S. Kuhn sind Schlüsse aus dem Schneuzen und Räuspern der Wissenschaft auf der Wachparade, wo sich aber ihr Genie, das ist ihr Geist,
nicht erweist.

Wie bereits erwähnt sieht Weinberg im Positivismus eine der Quellen
für den historisch-soziologischen Relativismus. Diese Vermutung vielleicht nicht einer direkten Beeinflussung, so aber doch einer gemeinsamen Wurzel, wird auch durch Cassireres Analyse bestätigt: Im 4. Band
der "Erkenntnisproblemgeschichte"[28] weist er darauf hin, daß der Positivismus Machscher Prägung zur Begründung der Epistomologie nicht auf
die Logik der Physik, sondern letzten Endes auf anthropologische und
psychologische Erwägungen zurückgeht. Von daher ist es vielleicht kein
selbstverständlicher, aber doch nachvollziehbarer Schritt, die Wissenschaft als ein *ausschließlich* soziales Phänomen zu sehen. In seiner Analyse und Kritik des "dogmatischen Empirismus" im dritten Band der
"Philosophie der Symbolischen Formen" geht er auf die starke
Beziehung zwischen "Experimentellem Faktum" und "Theorie" ein und
stellt fest, daß in dem, was diese dogmatisch empiristischen Systeme (er
nennt hierbei Locke, Hume, Mill und Mach) als reine Tatsächlichkeit, als
"matter of fact", beschreiben, sich kein wesentlicher methodischer
Unterschied zwischen dem "Faktischen" der theoretischen Naturwissenschaft und dem "Faktischen" der Geschichte erkennen läßt. Die Tatsachen der Physik unterscheiden sich aber ganz entschieden von denen
der Geschichte, da sie auf ganz verschiedenen Vermittlungen und
gedanklichen Vorrausetzungen beruhen. »Bei der durchgängigen
Korrelation zwischen dem ›Besonderen‹ und dem ›Allgemeinen‹, dem
›Faktischen‹ und ›Rationalen‹ kommt jeder Versuch, den einen dieser
Faktoren aus dem gedanklichen Gesamtverband, in dem er steht, abzutrennen, der Vernichtung seiner positiven Bedeutung gleich. Das Faktische besteht eben niemals ›an sich‹ als ein voraus-gegebenes, völlig
indifferentes *Material* der Erkenntnis, sondern es geht immer schon als
kategoriales *Moment*, in den Prozeß der Erkenntnis ein. […] Das Rationale ist nicht der logische Gegensatz zum Tatsächlichen, sondern eines
seiner wesentlichen Bestimmungsmittel – und je nach dem Wandel dieses

---

[27] DofT, S. 188.
[28] Siehe E. Cassirer: Das Erkenntnisproblem in der Philosophie und
Wissenschaft der neueren Zeit (1957). Darmstadt 1994, S. 108ff.

Bestimmungsmittels erfüllt sich das Tatsächliche selbst mit einem verschiedenen geistigen Gehalt. Es wird zum Faktum der Physik, zum
Faktum der beschreibenden Naturwissenschaft, zum Faktum der
Geschichte, je nach der theoretischen *Frage*, die an es gerichtet wird, und
je nach den besonderen Voraussetzungen, die schon in jede dieser charakteristischen Frageformen eingehen.«[29]

Hierzu ist hinzuzufügen, daß selbst innerhalb des Faktischen der
Naturwissenschaft noch durchaus eine Hierarchie auftritt. Größen wie
Bahnparameter der Planeten, d.h. große und kleine Halbachsen, Neigung
gegenüber der Ekliptik u.s.w. sind sicher der direkten Beobachtung und
erst recht der Alltags-Erfahrung schon weit entrückt, und dennoch wissen wir heute, daß sie im Rahmen der Astrophysik als "historische" Fak-
ten aufzufassen sind, d.h. Größen, die mehr oder weniger zufällig zustande kamen. Weinberg erwähnt das Beispiel der Planeten ausdrücklich im
Zusammenhang mit den Spekulationen des jungen Kepler über eine
Beziehung der damals bekannten fünf Planeten zu den platonischen
Körpern. Weinberg schreibt, daß Kepler darin kein Narr war, wenn auch
manchem heutigen Physiker es skandalös erscheinen möge, daß einer der
Begründer der modernen Wissenschaft sich auf solche Spekulationen
einließ. Diese Art spekulativer Überlegungen sind nämlich denen der
heutigen Elementarteilchenphysiker sehr ähnlich. Keplers Irrtum lag
allerdings darin, daß er annahm, Planeten seien wichtig. "Unwichtig"
wird dahingehend qualifiziert, daß die Planeten und ihre Bahnen durch
eine Reihe historische Zufälle entstanden sind.

Auch die strikte Selektion der Ereignisse, die in der modernen
Hochenergiephysik vorgenommen und die ihr oft zum Vorwurf gemacht
wird, liegt in der Natur des "Physikalischen Faktums". In dem bereits
erwähnten Buche "Constructing Quarks" wirft Pickering den Elemen-
tarteilchenphysikern vor, den Pfad des "gesunden Menschenverstandes
(common sense)" verlassen zu haben und nicht die spektakulärsten
Ereignisse näher untersucht, sondern sich unter dem Einfluß der Theoretiker auf seltene Ereignisse konzentriert zu haben. Weinberg zeigt auch
hier, daß, nicht unähnlich wie bei den Parametern unseres Planeten-
systems, es wenig wahrscheinlich ist, daß wir aus den auffälligsten Ereignissen, z.B. der Erzeugung vieler Teilchen bei einem Zusammenstoß von
zweien, etwas über die fundamentalen Gesetze der Mikrophysik lernen.
Man mag sich über die Verteilung der Gewichte, auch innerhalb der
Elemetarteilchenphysik, durchaus streiten, aber man muß klar sehen, daß
das oben beschriebene Vorgehen durchaus im Sinne der exakten Wissenschaft erfolgt. Wenn man im Sinne von Cassirers "Philosophie der sym-

---

[29] PSF III, S. 508f.

bolischen Formen" die Suche nach der *Bedeutung* als konstitutiv für die exakten Wissenschaften auffaßt, ist dieses Vorgehen notwendig.

In seiner Abhandlung zur Einsteinschen Relativitätstheorie schreibt Cassirer, daß die Geschichte der Physik nicht die Geschichte der Entdeckung einer einfachen Reihe von "Tatsachen" darstellt, sondern die Entdeckung immer neuer Denkmittel. Dieser Zug hat sich in letzter Zeit noch eher verschärft. Wer also, wie Pickering vorschlägt und wie es von vielen "Kulturträgern" praktiziert wird, bei der Formierung seines Weltbildes das, "was die Wissenschaft des 20. Jahrhunderts zu sagen hat", nicht berücksichtigt, muß sich im klaren sein. daß er dabei wesentliche und neue Möglichkeiten unseres Denkens ausschließt.

Wenn in den bisher besprochenen Punkten vielleicht auch keine Übereinstimmung zwischen dem Physiker Weinberg und dem Philosophen Cassirer herrschte, so ist doch eine gemeinsame Zielrichtung der Kritik auszumachen. Ich möchte nun zu zwei Punkten kommen, wo ein scheinbar unauflöslicher Gegensatz zwischen beiden Auffassungen besteht: Weinberg bezeichnet sich als *Realisten* und (kompromißbereiten) *Reduktionisten,* beides Standpunkte, die mit der "Philosophie der symbolischen Formen" Cassirers unvereinbar zu sein scheinen.

Kommen wir zunächst zum Realismus Weinbergs. Als wichtigste Konsequenz dieses Realismus' scheint mir seine Ablehnung der Kopenhagener Deutung der Quantenmechanik, die auf einer strikten Trennung zwischen Beobachter und Beobachteten besteht und die der Wellenfunktion keine vom Beobachter unabhängige Realität zugesteht, zugunsten einer realistischen Interpretation. Ich kann auf diesen Punkt nicht näher eingehen[30] und möchte hier nur eine ganz oberflächliche Schilderung geben, da die Situation nicht untypisch für den Fortlauf der Wissenschaft ist. Das Programm einer "realistischen" Quantenmechanik ohne Wahrscheinlichkeiten und für die Interpretation notwendigen Unterscheidung zwischen Beobachter und dem beobachteten System ist nach meiner Meinung ganz "unrealistisch" ehrgeizig. Man benötigte dazu ein quantenmechanisches Modell, das nicht nur die verschiedenen beobachteten Systeme, sondern auch den Beobachter beschreibt. Weinberg erwähnt in diesem Zusammenhang die Vielwelten-Interpretation von H. Everett, bei der Kollaps der Wellenfunktion, wie er in der Kopenhagener Deutung auftritt (nach einer Messung herrscht Sicherheit über den Meßwert), zugunsten einer Verzweigung in zwei (oder mehr) miteinander nicht mehr korrespondierende Welten ersetzt wird.

---

[30] So z.B. H.D. Zeh: The Reality of The Wave Funktion: Measurements, Entropy and Quantum Cosmology. In: Philosophia naturalis, Bd. 28 (1991), S. XXX.

Es scheint mir aber sicher, daß es nicht das realistische Programm per *se* ist, das Weinberg für eine realistische Deutung der Quantenmechanik einnimmt, sondern sein Interesse an der Kosmologie. Nach der Theorie des kosmologischen Urknalls war das Universum in seiner frühen Phase so dicht, daß (nach unserem heutigen Verständnis) Quanteneffekte eine Rolle spielten. Es ist evident, daß bei einer Wellenfunktion des Universums eine Trennung in Beobachter und beobachtetes System nicht mehr möglich ist und daß daher eine Quantenkosmologie eine neue Interpretation der Quantenmechanik bedingt.

Die Diskussion über die Interpretation der Quantenmechanik wäre ein gefundenes Fressen für Wissenschafts-Soziologen und wird es für zukünftige Generationen von Wissenschafts-Historikern sein. Aber auch hier möchte ich betonen, daß bei aller derzeitigen Unsicherheit und bei allen erhitzten Gefechten, besonders auf (Wissenschaftler)-Stammtisch-Niveau, die einhellige Meinung herrscht, daß dieses Problem im Laufe der Geschichte sich löst. Ich persönlich glaube, daß das Unbehagen Weinbergs »sein ganzes Leben in einem theoretischen Rahmen zu arbeiten, den niemand vollständig versteht«, dem Unbehagen W. Thomsons (Lord Kelvin) gleicht, das er beim Zusammenbrechen des mechanistischen Weltbildes empfand und das Cassirer im dritten Band der "Philosophie der symbolischen Formen" zitiert.[31] Ganz entscheidend wird sein, ob die Quantenkosmologie zu überzeugenden Ergebnissen kommt, d.h. eine widerspruchsfreie Erklärung für "wesentliche" Parameter unseres gegenwärtigen Universums liefert (von denen es allerdings nicht allzu viele gibt). Doch bis dahin ist sicherlich noch ein langer Weg, denn, wie Weinberg selbst sagt, »niemand kennt heute selbst die Regeln für die Anwendung der Quantenmechanik in diesem Zusammenhang, ›d.h. der Kosmologie‹«.

Kommen wir zu konkreten Äußerungen Weinbergs über die Realität, so fällt auf, daß er stets von der Realität von *Gesetzen, Ideen* oder *Theorien* spricht. Er schreibt: »In speaking here of a logical order of nature I have been tacitly, taking what a historian of philosophy would call a realist position [...] in the [...] sense of believing in the reality of *abstract ideas.* [...] My argument here is for the r*ealty of the laws of nature*, in opposition to the modern positivists, who accept the reality only of that which can be directly observed.«[32]

Oder: »Physicists do of course carry around with them a working philosophy. For most of us it is a rough-and-ready realism, a belief in the

---

[31] Siehe PSF III, S. 539.
[32] Hervorhebungen durch den Autor. DofT, S. 46.

objective reality of the ingredients of our scientific theories [...]« and they become convinced of the reality of these theories.«[33]

Dies ist kein ideologisches Bekenntnis eines hartgesottenen Realisten, sondern eher das eines pragmatischen (und kompromißbereiten) Realisten, und Cassirer könnte diese Zitate sehr wohl als eine Bestätigung seiner Epistemologie auffassen, wie sie schon in seinem 1910 publizierten Schlüsselwerk "Substanzbegriff und Funktionsbegriff" dargestellt wird: »Die Gesetzlichkeit des Realen besagt zuletzt nichts mehr und nichts anderes als die *Realität der Gesetze*.«[34]

Auch wenn Weinberg die Realität der Ergebnisse der Forschung gegen den soziologischen Relativismus verteidigt wie in der Äußerung: »It certainly feels to me that we are discovering something real in physics, something what is without any regard to the social and historical conditions that allowed us to discover it«[35], so läßt sich dies direkt mit einem Planck-Zitat von Cassirer vergleichen, das den gleichen Sachverhalt etwas akademischer ausdrückt: »Die Signatur der ganzen bisherigen Entwicklung der theoretischen Physik ist eine Vereinheitlichung ihres Systems, welches erzielt ist durch eine gewisse Emanzipation von den antropomorphen Elementen.«[36]

Cassirer sah als einen wesentlichen Zug in der modernen Physik, d.h seit der 2. Hälfte des 19. Jahrhunderts, die immer stärker werdende Betonung der Prinzipien: »Wenn man die geistige Gesamtstruktur dieser Physik bezeichnen will, so wird man sie weniger eine Physik der Bilder und der Modelle als eine Physik der *Prinzipien* nennen müssen.«[37] Auch Weinberg sieht in den Prinzipien, speziell in den Symmetrie-Prinzipien, den Schlüssel: »Based on this century of experience it is generally supposed that a final theory will rest on principles of symmetry.«[38]

Wenn er schreibt: »My own best guess is that we are going to find that in fact all constants of nature (with one possible exception) are fixed by symmetry principles«[39], so sieht dies wie eine Fortführung des im letzten Kapitel des dritten Bandes der Philosophie der symbolischen Formen beschriebenen Überganges von individuellen zu den universellen Konstanten[40] aus. Er schließt den Abschnitt mit Bemerkungen, die sich sehr

---

[33] Ebda., S. 189.
[34] E. Cassirer: Substanzbegriff und Funktionsbegriff (1910). Darmstadt 1994, S. 405. Hervorhebungen durch H.G. Dosch.
[35] Ebda., S. 188.
[36] PSF III, S. 505.
[37] Ebda., S. 539.
[38] DofT, S. 212.
[39] Ebda., S. 222.
[40] Siehe PSF III, S. 520ff.

wohl auf die von Weinberg angesprochenen Symmetrie-Prinzipien anwenden lassen: »Diese Synthesis. diese neue Ordnungsform, schließt erst jene Welt für uns auf, die wir die Welt der physischen Körper und die Welt der physischen Ereignisse nennen, und weist uns den Standort an, von dem aus wir sie als Ganzes, als ein in sich geschlossenes Gefüge, betrachten und überschauen können.«[41]

Die reduktionistische Grundhaltung Weinbergs kommt schon in einer der Kapitel-Überschriften zum Ausdruck: "Two Cheers for Reductionism", in dem er sich als ein kompromißbereiter Reduktionist bekennt. Diese Kornpromißbereitschaft wird am klarsten aus seinem Vortrag "Towards the final laws of physics"[42] erkenntlich. Er schreibt, daß selbst wenn wir in der Lage wären, mit einem zukünftigen Super-Computer die Bahnkurve eines jeden Moleküls in einem Glas Wasser zu berechnen, so würden wir doch niemals in diesem Berg von Computer-Ausdrucken die Eigenschaften des Wassers ablesen können, die uns (als Physiker) wirklich interessieren. Diese Eigenschaften müssen in ihrer eigenen Begrifflichkeit behandelt werden, und dazu haben wir die Thermodynamik, die eben nicht in jedem Schritt die Eigenschaften des Wassers auf die Eigenschaften der Moleküle reduziert. Weinberg erkennt also durchaus an, daß es selbst innerhalb der Physik eine dem Gegenstand angepaßte Begrifflichkeit gibt, in diesem Beispiel für die thermischen Eigenschaften eines Glases Wasser die thermodynamische. Dies stimmt mit der Analyse Cassirers überein, daß selbst in den Naturwissenschaften der physikalische Gegenstand nicht schlechthin mit dem chemischen, der chemische nicht schlechthin mit dem biologischen zusammenfällt, »weil die physikalische, die chemische, die biologische Erkenntnis je einen besonderen Gesichtspunkt der *Fragestellung* in sich schließen und die Erscheinungen gemäß diesem Gesichtspunkt einer spezifischen Deutung und Formung unterwerfen.«[43]

Dies klingt zunächst nach einer Aufgabe der Einheit der Wissenschaft, die sowohl Weinberg als auch Cassirer nicht wollen.

Weinberg sieht ein vereinheitlichendes Band in einer Hierarchie der Prinzipien, denn obwohl er die Thermodynamik durchaus als eine eigenständige Disziplin anerkennt, die durch die statistische Mechanik keinesfalls überflüssig wurde, glaubt er dennoch ohne Zweifel, daß die Thermodynamik in gewissem Sinne von tieferen unterliegenden physika-

---

[41] PSF III, S. 523.

[42] S. Weinberg: Towards the final laws of physics. In: Dirac Memorial Lecture. Cambridge 1986, S. 65.

[43] E. Cassirer: Philosophie der symbolischen Formen. Bd. 1: Die Sprache (1923). Darmstadt 1990, S. 7 (im folgenden unter der Sigle PSF I).

lischen Prinzipien hergeleitet werden kann. Diese Herleitung – eingeschränkt durch "in gewissem Sinne" – ist für Weinberg mehr als ein
Zugang zur Wissenschaft, es ist für ihn »an attitude toward nature itself.
lt is nothing more or less than the perception that scientific principles are
the way they are because of deeper scientific principles [...] and that these
principles can be traced to some simple connected set of laws«[44].
Weinberg führt dazu die "arrows of explanation" ein und definiert durch
ihre Richtung, was er als eine fundamentalere Theorie versteht. In der
Konvergenz der Erklärungspfeile sieht er den eigentlichen Sinn der Wissenschaft: »Scientists have discovered many peculiar things, and many
beautiful things. But perhaps the most beautiful and the most peculiar
thing they have discovered is the pattern of science itself. Our scientific
discoveries are not independent isolated facts; one scientific generalizati-
on finds its explanation in another, which is itself explained by another.
By tracing these arrows of explanation back towards their source we have
discovered a striking convergent pattern – perhaps the deepest thing we
have learned about the universe.«[45]

Für Cassirer dagegen wird die Einheit der Wissenschaft, wie überhaupt
aller menschlichen kulturellen Aktivität, nicht durch ein gemeinsames
einfaches Objekt (wie etwa *die* Natur in den Naturwissenschaften), sondern durch ein gemeinsames System bewirkt.[46] Gemeinsam ist beiden
Zugängen aber die Erkenntnis, daß nicht menschliches Verhalten, sondern gerade die Zurückdrängung aller rein "anthropomorphen" Bestand-
teile für die (Natur)-Wissenschaft wesentlich ist. Bei Weinberg ist es die
Konvergenz der Erklärungspfeile, bei Cassirer der immer konsequentere
Übergang zum reinen "Bedeutungsraum". Wir könne auch sagen, daß
bei Weinberg die Betonung auf dem Ziel liegt, Cassirer dagegen sein
Hauptaugenmerk auf den Weg legt oder, um in dem von Cassirer so sehr
geschätzen Beispiel der Reihenbildung zu bleiben, Weinberg interessiert
sich für den Grenzwert, Cassirer für die Glieder der Reihe und ihr
Bildungsgesetz.

Kommen wir zur Ausgangsfrage zurück: Against Philosophy - auch
gegen Ernst Cassirer? Ich glaube, daß Cassirer dieses Kapitel wie auch
das ganze Buch Weinbergs durchaus als eine Bestätigung seiner auf Relationen und nicht auf Substanzen beruhenden Philosophie aufgefaßt hätte.
Ob umgekehrt Weinberg Cassirer in allen Schritten folgen und durch
Cassirers Werk seine Haltung gegenüber der Philosophie wesentlich
geändert haben würde, erscheint mir zweifelhaft. Wenn es dagegen nur

[44] DofT, S. 52.
[45] Ebda., S. 19.
[46] Siehe PSF I, S. 7.

um den Kampf gegen den historischen und soziologischen Relativismus geht, so müßte er erkennen, welch differenzierten und kenntnisreichen Bundesgenossen er auf der Seite der Philosophie in Ernst Cassirer haben könnte. Die Wissenschaft wird sicher die Angriffe der "Relativisten" überleben, aber es bleibt die weit wichtigere und immerwährende Aufgabe, die Erkenntnisse der Naturwissenschaft zu integrieren in unser allgemeines kulturelles Leben. Hier sehe ich keinen Philosophen, der dazu auch nur ein annähernd ebenso großes Potential hätte wie Ernst Cassirer. Nicht so sehr, daß in seiner "Philosophie der symbolischen Formen" schon dieses Problem gelöst wäre, wohl aber, und dies ganz im Cassirerschen Sinne, daß er für die moderne Naturwissenschaft einen Weg dahin eröffnet hat.

Literaturverzeichnis

Cassirer, Ernst: Das Erkenntnisproblem in der Philosophie und der Wissenschaft der neueren Zeit (1957). Darmstadt 1994.
– Philosophie der symbolischen Formen. Bd. 1: Die Sprache (1923). Darmstadt 1990.
– Philosophie der symbolischen Formen. Bd. 3: Phänomenologie der Erkenntnis (1929). Darmstadt 1990.
– Substanzbegriff und Funktionsbegriff (1910). Darmstadt 1994.
– Zur Einsteinschen Relativitätstheorie (1921). In: Zur modernen Physik. Darmstadt 1987.
Dirac, Paul Adrian Maurice: The Evolution of the physicist's Picture of Nature. In: Scientific American 5 (1963).
Dosch, Hans Günter: Ernst Mach und Ernst Cassirer. In: Internationale Zeitschrift für Philosophie 2 (1992).
– Renormalized Quantum Field Theory and Cassirer's Epistemological System. In: Philosophia naturalis 28 (1991).
Einstein, Albert: Nachruf auf Ernst Mach. In: Physikalische Zeitschrift 17 (1916).
Heisenberg, Werner: Das Naturbild der heutigen Physik. Hamburg 1955.
Hertz, Heinrich: Die Prinzipien der Mechanik. Leipzig 1894.
Mach, Ernst: Mechanik (1912). Darmstadt 1967.
Mc Commmach, R.: Night Thoughts of a classical Physicist. Cambridge (Mass.) 1982.
Pickering, A.: Constructing Quarks: A sociological History of Particle Physics. Edinburgh 1984.
Weinberg, Steven: Dreams of an final Theory (1992). New York 1994.

– The first three Minutes. A Modern View of the Origin of the Universe. Basic 1977.
– Toward the final laws of physics. In: Dirac Memorial Lecture. Cambridge 1986.
Wittgenstein, Ludwig: Culture and Value. Oxford 1980.
Zeh, H.D.: The Reality of The Wave Function: Measurements, Entropy and Quantum Cosmology. In: Philosophia naturalis 28 (1991).

Ion-Olimpiu Stamatescu (Heidelberg)
Cassirer und die Quantenmechanik

Im Vorwort zu seiner Abhandlung über "Determinismus und Indeterminismus in der Modernen Physik" – des zweiten Teils der später mit dem Titel "Zur Modernen Physik"[1] versehenen Schrift aus dem Jahre 1936 – weist Cassirer darauf hin, daß die jüngsten Entwicklungen der Physik in den zwanziger Jahren seinen bereits lange Zeit zuvor, nämlich in "Funktionsbegriff und Substanzbegriff" entwickelten wissenschaftsphilosophischen Ansatz bestätige, demzufolge die Physik bereits seit geraumer Zeit dem *Wandel des Gegenstandsbegriffes* Rechnung trage. Es handelt sich um den Wandel vom substantialistischen Verständnis zum funktionalen. Cassirer nimmt die Diskussion über die Quantenmechanik zum Anlaß, um seine früheren Argumente teils zu präzisieren teils zu aktualisieren: Die Quantenmechanik und Cassirers Theorie der Entsubstanzialisierung des physikalischen Objektbegriffs werden einem wechselseitigen Test unterzogen.

An Cassirers Interpretation der Entwicklung der zeitgenössischen Physik lassen sich drei Fragen richten, die im folgenden diskutiert werden sollen:
- Läßt sich aus Cassirers Auseinandersetzung mit der Quantenphysik eine Theorie der Gegenstandserkenntnis gewinnen, die sich trennscharf sowohl von positivischen als auch von naiv-realistischen Positionen unterscheidet?
- Nötigt die Entwicklung der modernen Physik die Wissenschaftsphilosophie aus der Sicht Cassirers dazu, eine neue Ordnung der wissenschaftlichen Erkenntnis Leitbegriffe zu entwerfen?
- Rechnet Cassirer mit einer Dynamisierung der Bedingungen des Erkenntnisprozesses, die gleichwohl zu keinem Erkenntnisrelativismus führt, auch wenn sich Cassirer nicht mehr auf ein Erkenntnis begründendes apriorisches Wissen im Sinne Kants verlassen will?

Die drei genannten Fragen sind eng miteinander verbunden. Zunächst wäre das Problem zu erörtern, ob der von Cassirer rekonstruierte Wandel des Gegenstandsbegriffs von einem substantialistischen zu einem funktionalen Verständnis einhergeht mit einer reduktionistischen Auffassung von der Leistung wissenschaftlicher Theorien: Handelt es

---

[1] E. Cassirer: Determinismus und Indeterminismus (1936). In: Zur Modernen Physik. Darmstadt 1987 (im folgenden unter der Sigle ZMP).

sich bei Theorien lediglich um Beschreibungen, wie Beobachtungen miteinander verknüpft werden oder geht es ihm um einen neuen Typ, einen nicht-substantialistischen Typ von Realismus? Eine Schlüsselrolle nimmt in dieser Diskussion Cassirers Verständnis des Gesetzesbegriffes, insbesondere des Kausalgesetzes ein. Entscheidend ist dabei, daß Cassirer die Frage nach den Regeln menschlicher Gegenstandserkenntnis abkoppelt von derjenigen nach einer deterministischen Verknüpfung von Ereignissen in Raum und Zeit. Cassirers eigenartiger Versuch, zu einem indeterministischen Gesetzesbegriff zu gelangen, ist folgenreich, denn infolge der Versuchanordnung werden weitere Leitbegriffe – wie etwa kontinuierlich-diskontinuierlich, Individualität oder Wahrscheinlichkeit, aber auch die Anschauung selbst – neu definiert werden müssen. Auf diese Konsequenz bezieht sich die zweite der oben aufgeführten Fragen, die zwingend auf die dritte, nämlich diejenige nach einer Dynamisierung der Bedingungen des Erkenntnisprozesses führt, womit der Blick zugleich auf die Möglichkeit gerichtet werden soll, der Physik den Begriff des Gesetzes zu erhalten, wenngleich die Voraussetzung eines Erkenntnis bedingenden Apriorismus nicht mehr zu halten ist.

1. Physik als eine symbolische Konstruktion

»Der Herr, dessen das Orakel zu Delphi ist, offenbart nicht und verbirgt nicht, sondern kündet in Zeichen.«

Dieses Zitat aus Heraklit stellt Hermann Weyl als Motto an den Anfang des zweiten Teils seines Buches "Philosophie der Mathematik und der Naturwissenschaft"[2], der überschrieben ist: "Philosophie der Naturwissenschaft". Naturerkenntnis ist ein Zeichenprozeß, und die heutige Naturwissenschaft läßt sich als eine hochformalisierte, symbolische Sprachform bezeichnen. Bevor ich auf die Cassirersche Diskussion der Quantenmechanik Bezug nehme, möchte ich daher kurz auf die Bedeutung der Symbolisierung in der Physik zu sprechen kommen.

Eine erste, wenngleich implizite, für Cassirer allerdings maßgebliche Theorie wissenschaftlichen Symbolisierens findet sich in der kleinen Schrift "Quid sit idea" aus dem Jahre 1678 bei Leibniz. Leibniz versucht hier zu beschreiben, in welchem Maße das formale Denken, das Denken von Ideen, erkenntnisbestimmend sein kann. »Die Idee«, heißt es bei Leibniz, »besteht für mich nicht in einem bestimmten Akt des Denkens,

---

[2] Hermann Weyl: Philosophie der Mathematik und der Naturwissenschaft, 1949. Nachdruck Oldenburg/München 1976 (im folgenden unter der Sigle PMN).

sondern in einem Vermögen, so daß wir die Idee eines Dinges haben können, selbst wenn wir nicht wirklich darüber nachdenken, doch bei gegebener Gelegenheit darüber nachdenken können.« Zwar hat Leibniz damit deutlich herausgestellt, daß für ihn Ideen nicht als Vorstellungen von realen Objekten zu gelten haben sondern als Formen, mittels derer es zu Erkenntnissen kommen *kann*. Doch genügt diese Bestimmung noch nicht, um den Vorgang der Erkenntnis selbst als den Vorgang eines "Symbolisierens" zu charakterisieren. Man könne, so betont Leibniz, nacheinander alle Kegelschnitte betrachten, und gelange so zwangsläufig zu einem Paar von Hyperbeln, »obwohl ich noch gar keine Idee von ihnen habe. Es muß also etwas in mir sein, daß nicht nur zu dem Ding hinführt, sondern es auch ausdrückt.«[3]

Diese Formen des Ausdrucks haben ihr Fundament zum Teil in der Natur (was sie durch "Ähnlichkeiten" mit sinnlichen Wahrnehmungen ausweisen), zum Teil sind sie aber willkürlich. Aber auch dann lassen sich aus ihnen und ihrem Zusammenwirken richtige Schlüsse ziehen, denn so finden wir auch nach Leibniz eine durchgehende Entsprechung der "von Gott zugleich geschaffenen" Welt der Dinge und der Welt der Ideen. Eben dadurch wird der Erfolg der Symbolmanipulation gesichert: »Selbst wenn daher die Idee des Kreises dem Kreis nicht ähnlich wäre, können wir aus dieser Idee trotzdem Wahrheiten folgern, die durch die Kenntnis des wirklichen Kreises ohne Zweifel Bestätigung finden werden.«[4] Auf diesem Gedanken beruht die Stärke der Symbolstrukturen.

Dieser Sachverhalt wurde für die Naturwissenschaften klar von Helmholtz in der "Physiologischen Optik" herausgestellt: »Die Sinnesempfindungen sind für unser Bewußtsein Zeichen, deren Bedeutung verstehen zu lernen, unserem Verstande überlassen ist.« Und: »Wenn wir jene Symbole richtig zu lesen gelernt haben, so sind wir imstande, mit ihrer Hilfe unsere Handlungen so einzurichten, daß dieselben den gewünschten Erfolg haben, d.h., daß die erwarteten neuen Sinnesempfindungen eintreten. Eine andere Vergleichung zwischen den Vorstellungen und den Dingen gibt es nicht nur in der Wirklichkeit nicht – darüber sind alle Schulen einig –, sondern eine andere Art der Vergleichung ist gar nicht denkbar und hat gar keinen Sinn.«[5] Die Frage ist also nicht, *ob* wir Symbole gebrauchen, sondern *wie* wir Symbole gebrauchen. Es war wohl Hein-

---

[3] G.W. Leibniz: Quid sit idea (1676). In: C.J. Gerhardt (Hg.): Die philosophischen Schriften von G.W. Leibniz. 7 Bände. Berlin 1875-1890. Nachdruck Hildesheim 1961. Hier: Bd. 7, S. 264.

[4] A.a.O., S. 263f.

[5] H. von Helmholtz: Handbuch der physiologischen Optik. Bd. III. Leipzig 1867, S. 18.

rich Hertz, der sowohl *den Beziehungs- als auch den Referenzcharakter* der Symbolik am präzisesten ausgedrückt hat: »Wir machen uns innere Scheinbilder oder Symbole der äußeren Gegenstände, und zwar machen wir sie von solcher Art, daß die denknotwendigen Folgen der Bilder stets wieder Bilder seien von den naturnotwendigen Folgen der abgebildeten Gegenstände [...] – Die Bilder, von welchen wir reden, sind unsere Vorstellungen von den Dingen; sie haben mit den Dingen die eine wesentliche Übereinstimmung, welche in der Erfüllung der genannten Forderung liegt, aber es ist für ihren Zweck nicht nötig, daß sie irgend eine weitere Übereinstimmung mit den Dingen hätten.«[6] Die Symbolabhängigkeit des Erkenntnisprozesses bildet also die Grundlage des Erkennens selbst. Dies ist ein natürlicher und keineswegs willkürlicher Prozeß.

Raum- und Zeitkoordinaten, Masse, Energie, Ladung, Wellenfunktion sind wie alle physikalischen Größen Symbole. Das Elektron, das Proton, das elektromagnetische Feld sind "Gegenstände" in dem Sinne, daß wir stets bestimmte Größen wie eben Raum- und Zeitkoordinaten, Masse, Energie, Ladung oder Wellenfunktion in einen Zusammenhang mit Elektronen, Protonen oder elektromagnetischen Feldern setzen können – auch wenn (vielleicht sogar dadurch bestätigt) wir dafür Grenzphänomene in Kauf nehmen müssen (z.B. die Masse der Photonen). Algebraisch gesehen können wir z.B. Ladung und Masse, ebenso wie etwa Raum und Zeit addieren, multiplizieren, etc. Wenn Phänomene existieren, aus denen wir physikalische Gesetze erstellt haben, bei denen solche Verknüpfungen vorkommen, sind sie auch interessant – was ungefähr so viel bedeutet wie sinnvoll. Das trifft z.B. für die Addition von Raum und Zeit *aufgrund* der speziellen Relativitätstheorie oder für das Verhältnis Ladung und Masse zu, weil dieses als magnetisches Moment erkennbar ist – es ist dagegen nicht klar, ob z.B. die Summe von Masse und Ladung eine "interessante" Größe darstellen kann. Dasselbe trifft auf die "Zusammenstellung" von Gegenständen zu. So können wir aus Elektronen und Protonen auf zweierlei Weise neue Gegenstände bilden: entweder als Wasserstoffatome oder als Neutronen – im ersten Fall gibt es einen "anschaulicheren" (als solcher aber strenggenommen falschen), im zweiten Fall einen weniger "anschaulichen" Aufbau. Es wäre aber müßig, etwa das Elektron als ein Wasserstoffatom, dem das Proton fehlt, zu definieren. Es gibt also Hierarchien in unseren Begriffsstrukturen, wobei Termini wie "Fundamentalität", "Einfachheit" oder "generative Potenz" wie heuristische Kriterien wirken. Im Blick auf das oben angeführte Zitat von Heinrich Hertz können wir zu recht vermuten, daß hier eine enge Wechselwirkung zwischen dem Beziehungs- und dem Referenzcharakter

---

[6] H. Hertz: Die Prinzipien der Mechanik. Leipzig 1894, S. 1.

unseres Symbolisierungsverfahren am Werke ist, die schwerlich nach der dogmatischen Alternative "Realism/Idealism" faßbar ist. Präziser hat das Hermann Weyl ausgedrückt: »Innerhalb der Naturwissenschaft bezeichnen die weltanschaulichen Gegensätze von Realismus und Idealismus einander nicht widersprechende methodische Prinzipien. Wir *konstruieren* (Hvhbg. v. Vf.) in ihr eine objektive Welt, in der zugleich zwei Prinzipien gelten müssen: Ein ›realistisches‹ Prinzip, das man mit Helmholtz so darstellen kann: ›Eine Verschiedenheit der sich uns aufdrängenden Wahrnehmungen ist stets in einer Verschiedenheit der reellen Bedingungen fundiert.‹ Ferner ein ›idealistisches‹ Prinzip: Das objektive Weltbild darf keine Verschiedenheiten zulassen, die nicht in Verschiedenheiten der Wahrnehmung sich kundgeben können; ein prinzipiell der Wahrnehmung unzugängliches Sein wird nicht zugestanden.«[7]

Wie erfolgt nun diese Konstruktion? Diese Frage ist eng verbunden mit der Gegenüberstellung von Theorie und Experiment wie auch mit der weiteren Frage nach der Rolle der Mathematik in der Physik. Ich werde aus diesem Zusammenhang nur den Aspekt betrachten, der in der Entwicklung der Mathematik das Niveau, die kreative Kraft des symbolischen Vorgehens sichtbar macht. Mit Hermann Weyl gesprochen: »Die Stufen, welche die Grundlagenforschung in der Mathematik während der letzten Zeit durchlaufen hat, entsprechen den drei fundamentalen erkenntnistheoretischen Einstellungsmöglichkeiten. Die mengentheoretische Begründung ist die Stufe des *naiven Realismus* (Hvhbg. v. Vf.), der sich des Überganges vom Gegebenen zum Transzendenten nicht bewußt wird. Brouwer vertritt den Idealismus, indem er Zurückführung aller Wahrheit auf das anschaulich Gegebene fordert. Im axiomatischen Formalismus endlich unternimmt das Bewußtsein den Versuch, ›über den eigenen Schatten zu springen‹, den Stoff des Gegebenen hinter sich zu lassen, das Transzendente darzustellen; aber, wie sich von selbst versteht, nur im Symbol.«[8] So werden, unter anderem, auf einfacher axiomatischer Basis Räume beliebiger Dimension konstruiert. Die Dimensionalität wird dabei als maximale Anzahl linearunabhängiger Vektoren abstrakt definiert oder, was auf dasselbe hinausläuft, durch die Anzahl von Koordinaten, mit denen man eine Position im Raum festlegt. Erst dann können wir die Frage nach der Dreidimensionalität der beobachteten Welt stellen: »Erst auf Grund einer solchen durch Formalisierung zwingend gewonnenen n-dimensionalen Geometrie hat die Frage einen Sinn: Durch welche inneren Eigentümlichkeiten ist der Fall n = 3 vor den andern ausgezeichnet? Wenn Gott bei Erschaffung der Welt dem Raume

[7] PMN, S. 84f.
[8] PMN, S. 53.

gerade 3 Dimensionen verlieh, läßt sich dafür durch Aufdeckung solcher Eigentümlichkeiten irgendein ›vernünftiger‹ Grund angeben?«[9] Erst durch die Möglichkeit der symbolischen Konstruktion in festen theoretischen Rahmen von Beziehungen werden solche Fragen – und damit Erkenntnis – möglich. Das bedeutet, »sich aus dem Bann des Gegebenen zu befreien, um das Gegebene zu verstehen«.[10] Das ist es, was wir in der Entwicklung unserer Theorien ständig zu gewinnen versuchen, es geschieht im Rahmen eines pulsierenden und zugleich konzentrierenden Prozesses, der in seiner inneren Struktur keineswegs einfach linear ist.

2. Zur Qantenmechanik

Es gibt Entwürfe für die Theorie der Quantenmechanik, die eine im Hintergrund gültig bleibende "klassisch-realistische" Theorie postulieren. Diese Entwürfe werden allerdings nicht als Basis für modernere Analysen der Quantenmechanik genommen und sie entsprechen auch nicht der Theoriegestalt, mit der sich Cassirer auseinandersetzt.

Die Aussagen der Quantentheorie sind prinzipiell von statistischer Natur: Sie drücken sich nur in der Statistik wiederholter Versuche aus. Allerdings gibt es viele Situationen, in denen die quantenmechanische Unschärfe verschwindet und (im klassischen Sinne) präzise für jedes Ereignis zutreffende Aussagen gemacht werden können. Die Semantik der Theorie kann über den grundsätzlichen statistischen Charakter hinaus gehen, in dem sie den Grundbegriffen der Theorie eine eigene Bedeutung beimißt und nicht nur als willkürliche Rechenmittel betrachtet. In der "Standardauslegung" ist der fundamentale Begriff "Zustand" mit einer prinzipiellen Vieldeutigkeit bezüglich der Beobachtungen behaftet. Diese entspricht dem Superpositionsprinzip für "reine Zustände" (maximal bestimmbare Zustände), was besagt, daß eine Überlagerung zweier Zustände, die sich eindeutig, aber unterschiedlich zu einer bestimmten Beobachtung (z. B. Spineinstellung, Position, Geschwindigkeit, etc.) verhalten, auch einen gültigen, maximal bestimmten Zustand darstellt. Dann ist aber dieser letztere freilich nicht eindeutig gegenüber der angenommenen Beobachtung bestimmt. Diese durch maximale Bestimmtheit und Vieldeutigkeit charakterisierte Situation führt dazu, daß korrelierte Statistiken von wiederholten Experimenten, die diese Beobachtung involvieren, nicht auf klassische Unsicherheiten (Unkenntnisse) zurückgeführt werden können (Etwa: Verletzung der Bellschen Ungleichungen,

---

[9] PMN, S. 57.
[10] Ebda.

Nichtvorhandensein lokaler verborgener Variablen). Nun versuchen die von dieser "Standardquantenmechanik" abweichende Theorien, eben eine solche klassische Deutung zu erreichen. Sie gehören zu den sogenannten "nichtlokalen verborgenen Variablen"-Theorien. Diese sind dadurch charakterisiert, daß sie eine fundamentale "Fluktuation" postulieren, die nicht direkt beobachtbar, sondern nur durch ihre Folgen erkennbar ist - eben durch die quantenmechanischen Interferenzeffekte. Um letzteres zu gewährleisten, müssen diese Fluktuationen akausal (nicht lokal) korreliert werden. Da sie nicht direkt beobachtbar sind, entspricht diese Akausalität keinem abnormen Verhalten – wie z. B. der Signalübermittlung mit Überlichtgeschwindigkeit. Allerdings wirkt das gegen den Anspruch, eine eindeutige Realitätsbasis zu schaffen. Darüberhinaus konnten auch die am weitesten bearbeiteten Modelle (z. B. die Bohm – de Broglie Theorie, die Nelsonsche stochastische Mechanik) kaum über die Niveaus der nichtrelativistischen Teilchenmechanik hinaus entwickelt werden. Daher haben sich diese Modelle bis jetzt nicht etablieren können, und wenn man von einem allgemeinen konzeptuellen Schema der Quantentheorie spricht, so ist damit diese "Standardauslegung" gemeint.

Die "Standard"-Quantenmechanik läßt sich durch folgende Kriterien von der klassischen Physik unterscheiden:

- Die "Standard"-Quantenmechanik bringt – bezogen auf Ereignisse in Raum und Zeit – eine fundamentale "Stochastizität" mit sich. So ist es prinzipiell unmöglich, zureichende Gründe für ein Ereignis von der Art "dieses Atom ist soeben zerfallen" zu benennen;
- sie läßt überdies einen Gegensatz zwischen Diskontinuität und Kontinuität als gleichzeitig wirkende Prinzipien im Vollzuge der Bestimmung physikalischer Gegenstände bestehen;
- sie führt zu einer unumgänlichen Beachtung der Individualität von Gegenständen und nötigt zu einem fundamentalen Holismus, so daß sowohl die Frage der Individualisierung als auch der Isolierung und Identifizierbarkeit von Gegenständen (respektive Situationen) dazu nötigen, sowohl den Begriff des Gegenstandes als auch die Bedingungen gegenständlicher Erkenntnis zu dynamisieren und sich nicht mehr auf willkürliche Festsetzungen zu verlassen;
- sie "bestraft" jeden Hypostasierungsversuch: etwa in der Form der Unterstellung naiv-gegenständlicher "Realitäten", in der Form dogmatischer Voraussetzungen von a priori-Prinzipien oder dualistischer Subjekt-Objekt Zuordnungen.

Diese Kriterien werden – aus der Sicht des Physikers – in der Cassirerschen Diskussion der Quantenmechanik konsequent berücksichtigt.

Allerdings orientiert sich seine Behandlung dieses Themas primär am Problem der Kausalität, und im Zusammenhang damit an dem der Determinierbarkeit von Gegenstandserkenntnis, dessen Lösung engstens mit dem der Aufrechterhaltung des Gesetzesbegriffs in der Physik verbunden ist. Die Frage nach der genauen Einordnung dieses Verständnisses von Gegenstandserkenntnis, das sich sowohl von uneingeschränkt-relativistischen als auch von naiv-realistischen Positionen überzeugend abheben will, ist dadurch weiter zugespitzt. Soviel sei vorweggenommen: Cassirer gibt auf diese Frage keine eindeutige Antwort. Er bietet nicht einmal Hinweise darauf, daß eine konstruktive Antwort auf der Grundlage seines nicht mehr apriorischen, gleichwohl aber am physikalischen Gesetzesbegriff interessierten Ansatzes widerspruchsfrei möglich wäre. Cassirers Argumente führen zu einer Triade nebeneinanderstehender Feststellungen, deren Vermittlung problematisch bleibt:

– Zum einen insistiert er auf der Solidität eines »Gesamtsystems der Begriffe und Urteile, in denen die Physik die Ordnung und Gesetzlichkeit der Natur ausspricht«[11], ein System, das sich nach den Gesetzen der "Beziehung" bildet.[12]

– Zum anderen hält Cassirer eine "direkte" Anknüpfung emprischer Beobachtungen an die Vorgänge der Symbolisierung, die zu einer "symbolischen Prägnanz" des Wissens führen sollen, für möglich.

– Und schließlich läßt Cassirer zwar die unbedingte Vorgabe des Kantischen A-priori-unserer Erkenntnisbedingungen hinter sich und bewegt sich auf einen Gedanken zu, demzufolge zwischen Denken und Anschauung offenbar eine Art Wechselwirkung im Sinne Goethes anzunehmen ist, so daß sich das vererbte Kantische Problem der Vermittlungsbedürftigkeit zwischen den beiden Stämmen der Erkenntnis auflösen würde. Allerdings verwirft Cassirer gleichwohl keineswegs

---

[11] E. Cassirer: Philosophie der symbolischen Formen. Teil 3. Phänomenologie der Erkenntnis (1929). Darmstadt 1990, S. 481 (im folgenden unter der Sigle PSF III).

[12] »An welchem Punkte der Erkenntnis wir die Frage auch einsetzen lassen, [...] ob wir die Anschauung oder das reine Denken, ob wir die sprachliche oder die logisch-mathematische Begriffsbildung befragen: immer finden wir in ihnen jenes ›Eine im Vielen‹ wieder, das [...] nicht sowohl die Einheit der Gattung, unter welche die Arten und Individuen subsumiert werden, [ist] als vielmehr die Einheit der Beziehung, kraft deren ein Mannigfaltiges sich als innerlich zusammengehörig bestimmt. Diese Grundform der Beziehung [...] beherrscht die Gesamtheit des Erkennens vom einfachsten sinnlichen Wiederfinden und Wiedererkennen bis hinauf zu jenen höchsten Konzeptionen des Gedankens, in denen er alles Gegebene überschreitet, in denen er, über die bloße ›Wirklichkeit‹ der Dinge hinausgehend, sein freies Reich des ›Möglichen‹ errichtet. In ihr daher muß der ›Begriff‹ begründet und verankert sein.« (PSF III, S. 348)

die Annahme der Gültigkeit des Kausalprinzips, das bei ihm als das Paradigma von Gesetzlichkeit schlechthin erscheint – nahezu im Sinne David Humes, jedoch immerhin erhoben zum Rang eines Postulats des Denkens.

Im Blick auf diese Triade wird es zur Aufgabe der Cassirerauslegung, eine Antwort auf die zuvor gestellte grundsätzliche Frage zu suchen, ob Cassirer auf der Grundlage dieser Prämissen zu einer überzeugenden Alternativposition gegenüber Positivismus auf der einen Seite und naivem Realismus auf der anderen Seite gelangt ist.

3. Cassirers erkenntnistheoretische Analyse der modernen Physik und des Kausalitätsproblems in der Quantenmechanik

Im Zusammenhang mit seinem Versuch einer symboltheoretischen Konstruktion einer Theorie der Naturwissenschaft spricht Cassirer sogar von der »Befreiung des Geistes«, welche darin bestehe, das Denken »aus dem Bann des Gegebenen« zu befreien, »um das Gegebene zu verstehen.« Die "Objektivität" der physikalischen Erkenntnis beruhe auf der Umsetzung qualitativer Beobachtungen quantitativer Verhältnisse. »Das Buch der Natur«, so habe Galilei betont, »ist geschrieben in der Sprache der Mathematik.«[13] Die moderne Wissenschaftstheorie verdanke Pierre Duhem die Präzisierung der Rolle der Mathematik für die Physik, und damit paradigmatisch für die Naturwissenschaften insgesamt. »Alle Physik betrachtet die Erscheinungen unter dem Gesichtspunkt und der Voraussetzung ihrer Meßbarkeit.«[14] Und ebenfalls bezogen auf Pierre Duhem stellt Cassirer an anderer Stelle fest: Duhems Werk habe gezeigt, »daß der Aufbau einer bestimmten Symbolwelt es ist, der erst den Zugang zur Welt der physikalischen ›Realität‹ ermöglicht. Jedes der besonderen Symbole, die hier geschaffen werden, aber setzt seinerseits wieder, als sein eigentliches Fundament, das Ursymbol der ›reellen Zahl‹ voraus. *Was sich uns zunächst als eine rein faktische Mannigfaltigkeit und als eine faktische Verschiedenheit von Sinneseindrücken darstellt, das erhält physikalischen Sinn und physikalischen Wert erst dadurch, daß wir es auf den Bereich der Zahl ›abbilden‹.«*[15]

---

[13] Pierre Duhem bemerkt dazu über die "Geisteshelden, die das 16. und 17. Jahrhundert zierten": »Sie haben die wahre theoretische Physik geschaffen, indem sie begriffen, daß sie mathematische Physik sein müsse.« In: P. Duhem: Ziel und Struktur der Physikalischen Theorien (1906). Hamburg 1978, S. 140.

[14] ZMP, S. 110.

[15] PSF III, S. 480.

Cassirer diskutiert als Grundtypen physikalischer Aussagen: Maßaussagen, Gesetzesaussagen, Prinzipien-Aussagen und schließlich den allgemeinen Kausalsatz. Es handelt sich bei diesem Grundtypensystem um eine Hierarchie, die im allgemeinen Kausalsatz gipfelt. Unter Berufung auf Bertrand Russels "Typentheorie" erläutert Cassirer die Struktur dieser Hierarchie dadurch, daß er begriffliche Sprünge zwischen den verschiedenen Klassen markiert. Da er andererseits an der physikalischen Urteilsbildung und nicht an der physikalischen Begriffsbildung selbst interessiert ist, behandelt er letztere nur kurz und verweist im übrigen auf Rudolph Carnap und Hermann Weyl.

Bereits solche Maßaussagen, die sich auf etwas Individuelles – einen individuellen Gegenstand oder ein individuelles Ereignis beziehen – entsprechen einer Verdichtung von Erkenntnissen, sind also in diesem Sinne selbst theoretisch "geladen". Gesetzesaussagen so dann sind ohnehin "generell" und stellen demgegenüber bereits einen Sprung dar, da sie das "hier – so" in ein "immer wenn – so" umformen. Cassirer zitiert zur Erläuterung Maxwell, der in diesem Übergang bereits den »wesentlichen Sinn und Gehalt des allgemeinen Kausalprinzips« sieht. Und schließlich sind die Prinzipienaussagen eo ipso "universell", sie geben eine Art heuristische Orientierungshilfe dafür, nach Gesetzen zu suchen.

Es ist diese Verschiedenheit der Charaktere der ersten drei Klassen von Aussagen, und damit der zwischen ihnen notwendige "Sprung", der für Cassirer als das Wirken einer "geistigen Energie" zu bewerten ist.[16] Während allerdings die zuvor erwähnten drei Aussagetypen als emprisch empirisch kontrollierbar gelten können, so handelt es sich bei dem letzten Sprung – demjenigen zum "allgemeinen Kausalgesetz" – gleichsam um einen Sprung ins Nichts. Der Kausalsatz »kann nur als transzendentale Aussage verstanden werden, die sich nicht sowohl auf Gegenstände als vielmehr auf unsere Erkenntnis von Gegenständen überhaupt bezieht.«[17] Cassirer knüpft hier verbal an Hermann von Helmholtz an, um das Kausalprinzip der klassischen Physik zu beschreiben: »Aber das *Suchen* nach immer allgemeineren Gesetzen ist ein Grundzug, ein regulatives Prinzip unseres Denkens. Eben dieses regulative Prinzip, und nichts anderes ist das, was wir Kausalgesetz nennen. In diesem Sinne ist es ein a priori gegebenes, ein transzendentales Gesetz: denn ein Beweis desselben aus der Erfahrung ist nicht möglich. Aber auf der anderen Seite gilt, daß wir für seine *Anwendbarkeit* keine andere Bürgschaft als seinen Erfolg haben. Wir könnten in einer Welt leben, in der jedes Atom von jedem anderen verschieden wäre; in ihr wäre keinerlei Regelmäßigkeit zu

---

[16] ZMP, S. 191.
[17] ZMP, S. 195.

finden und unsere Denktätigkeit müßte ruhen. Aber der Forscher rechnet nicht mit einer solchen Welt; er vertraut auf die Begreifbarkeit der Naturerscheinungen, und jeder einzelne Induktionsschluß wäre hinfällig, wenn ihm nicht dieses allgemeine Vertrauen zugrunde läge. ›Hier gilt nur der eine Rat: Vertraue und handle! – das Unzulängliche, dann wird's Ereignis‹.«[18]

Die Bürgschaft für ein Gesetz ist sein Erfolg – das Vertrauen auf diese "empirische Validation" beruht auf dem Glauben an eine fundamentale Übereinstimmung zwischen uns und der Welt. Es ist dieses mit Kant geteilte Vertrauen in die Gültigkeit der klassischen Gesetze, das Cassirer fragen läßt, ob dieses Vertrauen durch die Entwicklung der modernen Physik bestätigt oder erschüttert worden ist. Diese Frage differenziert er in zwei Teilfragen: einmal in diejenige nach der logischen Übereinstimmung zwischen Kausalität und Wahrscheinlichkeit, und zum anderen in diejenige nach der Eignung des Kausalsatzes für die Aufgabe »Erscheinungen zu buchstabieren, um sie als Erfahrung lesen zu können.«[19]

Im Blick auf die *erste Teilfrage* bemerkt Cassirer treffend, daß bereits die klassische Physik ein Konzept von Wahrscheinlichkeit kennt, so etwa im Entropiegesetz, das bekanntlich auf dem Boltzmannsche "Stoßzahlgesetz" gründet, wobei es sich bei letzterem aber um eine Wahrscheinlichkeitsaussage handelt. Freilich ist es in der klassischen Physik naheliegend zu versuchen, das Zufallsprinzip aus dem Prinzip "kleine Ursachen, große Wirkungen" – abzuleiten. Damit wird zwar einerseits eine Vereinbarkeit zwischen Gesetzlichkeit und Zufall hergestellt, andererseits aber sieht es so aus, als wenn hier mit Zufall lediglich mangelnde Kenntnis (etwa der Anfangsbedingungen) zum Ausdruck gebracht wird. In der Tat verwischt sich hier der Unterschied zwischen prinzipiellen und praktischen Unmöglichkeiten, eine Situation, die im Zusammenhang der Beschreibung klassischer Phänomene nicht selten anzutreffen ist – so auch etwa im Rahmen der sogenannten "deterministischen Chaos"-Theorie. Daß diese Verwischung den praktischen Unmöglichkeiten einen prinzipiellen Charakter verleiht, wird im Blick auf die moderne Kosmologie noch deutlicher, da hier endliche Zahlen wie das Alter, der Teilcheninhalt oder das Ausmaß des Universums angegeben werden. Die *praktische* Aussage, daß wir etwa so viele "bits" an Information benötigen, wie es Teile im Universum gibt, um diesen Mangel an Kenntnis aufzuheben

---

[18] ZMP, S. 200, siehe auch H. v. Helmholtz: Die Tatsachen in der Wahrnehmung (1878). In: Abhandlungen zur Philosophie und Geometrie. Cuxhaven 1987, S. 153.
[19] I. Kant: Prolegomena zu einer jeden Metaphysik, die als Wissenschaft wird auftreten können (1783). In: Werkausgabe. Bd. 5. Hg. von Wilhelm Weischedel. Frankfurt/M 1977, § 30, A101.

und wieder Voraussagbarkeit zu erreichen, gewinnt dann einen *prinzipiellen* Charakter.

Die *zweite Teilfrage* betrifft die Tatsache, daß in der Quantenmechanik *prinzipiell* keine ausreichenden Gründe für die Erklärung bestimmter Erreignisse gegeben werden können. Diese Einsicht wird von den Quantentheoretikern präzise in dem Ergebnis zusammengefaßt, daß es unmöglich sei, Kausalität und raum-zeitliche Beschreibung in Einklang miteinander zu bringen, eine These, die Cassirer übernimmt: »Die ›Krise der Kausalität‹, die durch die Quantenmechanik herbeigeführt worden ist, besteht freilich, und sie ist ernst genug. Aber sie ist keine Krise des reinen Kausal*begriffs*, sondern eine ›*Krise der Anschauung*‹; sie zeigt uns, daß wir diesen Begriff nicht länger in der gewohnten Weise auf die Anschauung der ›reinen Zeit‹ beziehen und in dieser ›schematisieren‹ dürfen. [...] Wir können die Kausalität nicht mehr in derselben Weise wie in der klassischen Physik mit der Raum-Zeitbeschreibung verbinden, geschweige daß wir sie in dieser letzteren aufgehen lassen können.«[20]

4. Zum physikalischen Erkenntnisprozeß

Cassirers Argumentation wird noch verständlicher unter Verweis auf den statistischen Charakter der Quantenmechanik, der mit der Tatsache zusammenhängt, daß eine maximale Kenntnis eines Systems keineswegs alle in dem System meßbaren Größen festlegt. So ist die Frage der Voraussagbarkeit zugleich eine Frage der Bestimmbarkeit aller "Observablen" (beobachtbaren Größen). Darüberhinaus wird unter Umständen eine grundsätzliche *Unstetigkeit* sichtbar, z.B. in den Atomspektren.[21] Daher stellt sich für Cassirer hier die Frage nach der ungebrochenen Gültigkeit des Kontinuitätsprinzips wie auch die damit verbundene weitere Frage nach der durchgehenden Erkennbarkeit der Welt der Natur, so wie sie etwa von Leibniz behauptet worden ist.[22] Die Einstellung Cassirers in dieser Sache wird aus einer längeren Passage der Abhandlung "Determinismus und Indeterminismus in der Modernen Physik" hinreichend deutlich, die deshalb hier so ausführlich wie nötig wiederzugeben

---

[20] ZMP, S. 315f.
[21] All diese Aspekte sind natürlich miteinander verknüpft. Wie schon erwähnt, gehen wir von der "Standard"-Quantenmechanik aus.
[22] Für Leibniz ist das Kontinuitätsprinzip ein Grundstein der Naturphilosophie, so daß er schließlich sagen kann, daß »les règles du fini réussissent dans l'infini et vice versa.« So Leibniz an Varignon (2. Febr. 1702) In: C.J. Gerhardt (Hg.): Leibnizens mathematische Schriften. 7 Bände. Berlin 1848-63. Hier Bd. IV, S. 93.

ist: »Blickt man jetzt noch einmal auf diese Entwicklung des philosophi-schen und physikalischen Denkens zurück, durch welche der Kausal-begriff und der Kontinuitätsbegriff allmählich immer tiefer und fester miteinander verwachsen, so begreift man, wie schwer es sein mußte, / das Band, das beide zusammenhielt, wieder zu lösen. Zu dieser Lösung bedurfte es nichts Geringeren als des gewaltigen ›Sprengkörpers‹ der Quantentheorie. [...] Das konstitutive, das wesentliche Merkmal der Kausalität besteht [aber] in der allgemeinen Forderung der Gesetz-lichkeit, nicht in einer Anweisung darüber, wie diese *Gesetzlichkeit* im einzelnen zu gewinnen und durchzuführen ist. Zeigt es sich also aus empirischen und theoretischen Gründen, daß der Stetigkeitsforderung nicht länger zu genügen ist, so ist damit allein noch keineswegs bewiesen, daß die Kausalforderung unhaltbar geworden ist. [...] denn der ›kritische‹ Kausalsatz enthält keine unmittelbare Aussage über die Verbindung von ›Dingen‹ und ›Vorgängen‹, sondern vielmehr eine Aussage über den systematischen Zusammenhang von Erkenntnissen. Wir müssen jetzt somit dem Umstand Rechnung tragen, daß sich unter diesen *Erkennt-nissen* eine neue Zuordnung und eine neue Rangordnung vollzogen hat – daß ›Kausalität‹ und ›Kontinuität‹ zueinander nicht mehr in demselben einfachen Verhältnis stehen, wie es die klassische Physik voraussetzte.«[23]

Diese neue Zuordnung entspricht der eines neuen Horizonts, und: »Jeder neue Horizont, der sich uns erschließt, kann eine Wandlung der Orientierung von uns fordern. Aber die Forderung der Gesetzlichkeit, der funktionalen Bestimmung überhaupt, wird dadurch nicht berührt; sie erweist sich vielmehr immer wieder als die eigentlich Invariante. Diese Invariante ist freilich zu allgemein, um die konkrete Form der Natur-erkenntnis von sich aus vollständig bestimmen zu können. So dringt denn Kant mit Recht darauf, daß der allgemeine Begriff, daß die ›Kate-gorie‹ der Kausalität im bestimmten Sinne *spezifiziert* werden muß, um empirisch brauchbar und anwendbar zu sein. Aber wir können diese Spezifikation nicht mehr in derselben Richtung suchen, als er es tat: wir können uns nicht mit der bloßen Beziehung der Begriffe auf die reinen sinnlichen Schemata, auf die ›Anschauungsformen von Raum und Zeit‹ begnügen. Denn eben diese Schemata sind es, die durch die Entdeckung der Nich-Euklidischen Geometrie auf der einen Seite, durch die Ergeb-nisse der speziellen und allgemeinen Relativitätstheorie auf der anderen Seite, ihre universelle Bedeutung verloren haben. Die transzendentale Logik läßt sich daher nicht mehr in der Weise, wie es bei Kant geschieht, an die transzendentale Ästhetik binden und auf diese gewissermaßen ver-pflichten. Die geforderte Besonderung, die für den emprischen Gebrauch

---

23 ZMP, S. 314f.

des Kausalbegriffs unerläßlich ist, muß jetzt vielmehr im Kreis der Begriffe selbst gesucht werden. Der Kausalbegriff kann sich in mannigfaltiger Weise bald mit diesem bald mit jenem Begriffsmittel verbinden und mit ihm mehr oder weniger fest verschmelzen. Je nach der Art dieser Verschmelzung nimmt er eine verschiedene Gestalt an.«[24]

Haben aber die "reinen sinnlichen Schemata" ihren universellen Charakter einmal verloren, dann kommt auch der Anschauung eine neue Rolle zu, nämlich die als betroffeneTeilnehmer an einem dynamischen und stets latent instabilen Prozeß der Erkenntnis. »Goethe hat einmal gesagt, daß alle Versuche, die Probleme der Natur zu lösen, aus den Konflikten entspringen, die sich immer aufs neue zwischen der Denkkraft und dem Anschauen ergeben. Im Hinblick auf dieses Wort kann man darauf hinweisen, daß auch die gegenwärtige Problematik der Quantentheorie in einem Konflikt zwischen Anschauen und Denken wurzelt, der sich bis auf die ersten bewußten Anfänge der philosophischen und mathematischen Begriffsbildung zurückverfolgen läßt.«[25]

Und im Blick auf den Dualismus zwischen Kontinuität und diskreter Struktur heißt es entsprechend: »Aus alledem ergibt sich, daß in der neuen Physik die Beziehung zwischen ›Kontinuität‹ und ›Diskretion‹ in einer völlig anderen Weise gefaßt werden mußte, als es in den früheren Systemen der Naturerkenntnis der Fall war. [...] Denn statt zwischen den beiden Grundbestimmungen der Stetigkeit und der Diskretion einfach abzuwechseln, statt sie auf verschiedene Gebiete des Seins zu verteilen, indem die eine auf die Strahlung, die andere auf die Materie angewandt wird, entsteht jetzt die weit schwierigere und paradoxere Aufgabe, sie derart miteinander zu durchdringen, daß ein und dasselbe Geschehen unter beide Gesichtspunkte gefaßt und ihnen gemäß beschrieben wird.«[26]

Daraus ergibt sich eine Bewertung des "Konfliktes zwischen Denken und Anschauung", die durch zwei Züge zu charakterisieren wäre:
– eine Dynamisierung der Bedingungen des Erkenntnisprozesses, durch die auch die Anschauungsweise des menschlichen Subjekts eine Entwicklung erfährt; und
– eine nicht-triviale Beziehung zwischen den fundamentalen Prinzipien, wie z.E. dem des Kontinuierlichen und des Diskreten.

Der zweite dieser beiden charakteristischen Züge des Konfliktes zwischen Denken und Anschauung ist von besonderer Tragweite: Die moderne Physik lehrt uns, daß wir derart fundamentale Begriffe wie

[24] ZMP, S. 319.
[25] ZMP, S. 321.
[26] ZMP, S. 327f.

Wechselwirkung, Raum, Zeit, Kontinuum, Teilchen, Materie oder Feld etc. nicht als vorgegebene, unabhängige Elemente im Vollzuge der Aufstellung physikalischer Theorien verwenden können. Vielmehr werden sie im Rahmen einer Theorie und in enger Beziehung zu einander definiert. In der Entwicklung von Theorien bekommen diese Begriffe daher neue Bedeutungen, wodurch den früheren Begriffsbestimmungen insgesamt widersprochen wird, wenngleich sie zumeist als Näherungen an die neue Bedeutung mit begrenzten Gültigkeitswerten anzuerkennen sind. Dieser Tatbestand wird durch Cassirers Interpretation sehr deutlich, sofern er zu seiner Charakteristik den Terminus der "Bedeutungsfunktion" verwendet. Aber als generelle Aussage über das Schicksal der Begriffsentwicklungen der Physik entspricht sie auch dem Gemeinverständnis der Disziplin. Das Neue daran ist, daß die jeweilige Abhängigkeit der Bedeutungsfunktion eines Begriffes vom Entwicklungsstand der Theorie nun auf fundamentale Konzepte bezogen ist, daß bisher "interte" Begriffe – wie das Duo kontinuierlich/diskret oder die Triade Raum-Zeit-Materie – in einer nicht trivialen Weise miteinander wechselwirken. Damit stellt Cassirers Ansatz einen systematischen Rahmen für die Diskussion der zweiten der eingangs aufgestellten Fragen, die sich auf den Zusammenhang und die Wechselwirkung fundamentaler Begriffe bezieht, zur Verfügung: Durch die Festlegung einer Prinzipienhierarchie nämlich, in der das Kausalprinzip den obersten Rang einnimmt, wie auch durch den Gedanken einer Dynamisierung der Bedingungen des Prozesses der Naturerkenntnis, welcher sich gleichwohl an "Invarianten der Erfahrung" orientiert, ergibt sich eine Antwort auf die dritte und letzte der oben genannten Teilfragen. In der Tat wird jetzt der Erkenntnisprozeß gleichsam "vergeschichtlicht", ohne dabei an Stabilität und Eindeutigkeit in dem Maße einzubüßen, daß er uneingeschränkt relativ werden würde. Das Gegenteil ist der Fall, wie wir häufig beobachten können: Sollte unsere Begriffsbildung manchmal kontingente Züge aufweisen, werden wir immer wieder – sowohl durch die Erfahrung als auch durch analytische Betrachtung – dazu genötigt, in Erkenntnisstrukturen mit universellem Charakter zu denken. Möglicherweise war es eine Folge der Wirkung von Gewöhnung, Wellen als Bewegungen eines Mediums anzusehen, und in diesem Sinne als oder kontingent zu beurteilen. Dieser Sachverhalt hat aber die Entwicklung der Relativitätstheorie nicht verhindern können, sondern umgehend dazu Anlaß gegeben, die Ätherhypothese aufzustellen, um sie nach Überprüfung zu falsifizieren. Ist – auf den ersten Blick – Cassirers "terminus-ad-quem" eine "idealisierend" anmutende Konstruktion, so erscheint er angesichts der Entwicklung der Naturwissenschaft als Indiz einer wesentlich "realistischeren" Position. Eine besondere Rolle kommt dabei der Frage der Übernahme empirischer Informationen im Kontext einer Theorie zu, für die der bereits erwähnte Begriff der "symbolischen Prägnanz" sich als geeignet erweisen könnte, wenngleich er diese Möglichkeit im Zusammenhang der Abhandlungen aus "Zur Modernen Physik" nicht weiter diskutiert.

Wir kommen schließlich zur ersten der eingangs aufgestellten Fragen zurück: Welcher Naturbegriff entspricht dem so verstandenen "geschichtlichen" Charakter wissenschftlicher Erkenntnis? Bei Cassirer heißt es dazu: »Wir lesen nicht einfach die Gesetze ›von den Gegenständen ab‹, sondern wir verdichten die empirischen Daten, die uns durch Beobachtung und Messung zugänglich sind, zu Gesetzen und damit zu objektiven Aussagen, und außerhalb dieser gibt es für uns keine objektive Wirklichkeit, die wir erforschen und nach der wir zu suchen hätten.«[27] Das bedeutet für Cassirer natürlich nicht, daß die so gewonnenen objektiven Aussagen erschöpfend sind, sondern daß die (Weiter-)entwicklung von Theorien nicht auf die Entdeckung einer (vorgegebenen) objektiven Wirklichkeit, sondern auf die Erschaffung von objektiver Erkenntnis auf der Grundlage emprischer Daten gerichtet ist. Damit wird der "terminus ad quo" zu einem "terminus ad quem": »Aus einem absolut-Bestimmten ist [das physikalische Sein] zu einem ohne Ende Bestimmbaren geworden.«[28] Zumindest aus erster Sicht ergibt sich hier kein Widerspruch zu einer Auffassung von der Leistung der Naturbeschreibung, derzufolge unsere begrifflichen Werkzeuge durch ständige Entwicklung und Anpassung eine zunehmend strukturierte Wirklichkeit erkennbar werden lassen. Allerdings scheint sich hier Cassirer doch einer "positivistischen" Einstellung zu nähern, wenn er von »dem neuen Maßstab der physikalischen Erkenntnis« spricht, demzufolge »man die Einsicht in strenge und exakte Beziehungen zwischen beobachtbaren Größen als das alleinige Ziel dieser Erkenntnis ansieht.«[29] Dieser Gesichtspunkt ist offenkundig von der Quantenmechanik beeinflußt, insofern diese z.B. »nicht wie die klassische Mechanik dazu (führt), die Lage eines einzelnen Massenpunktes in einem gegebenen Augenblick festzulegen, (sondern sie) gibt nur für die Gesamtheit von Elektronen (oder Atomen) die Wahrscheinlichkeit an, daß sich ihre Elemente zu einer bestimmten Zeit in einer gewissen Lage befinden.«[30]

Andererseits spricht Cassirer davon, daß der eigentliche Widerspruch zwischen klassischer und moderner Physik im Gegenstandsbegriff zu finden ist: »Der Realitätsbegriff der klassischen Mechanik ruht auf zwei

[27] ZMP, S. 278.
[28] Ebda.
[29] ZMP, S. 304.
[30] ZMP, S. 351.

Grundvoraussetzungen: auf dem Begriff der ›Substanz‹ und auf dem Begriff des ›Raumes‹.«[31] Wenn, im Sinne Cassirers, grundsätzlich gilt, daß der Gesetzesbegriff dem Gegenstand vorgeordnet ist und wir also Gegenstände nur aus der begrifflichen Struktur der Theorie erkennen, dann findet sich zwar in der Quantenmechanik keine ungebrochene Fortgeltung des Gegenstandsbegriffes der klassischen Physik, andererseits aber auch kein Hinweis darauf, daß wir überhaupt auf Gegenstände zu verzichten hätten und nur in Termen (etwa) von Gesamtheiten sprechen dürften. In der Tat beschreibt die Quantenmechanik ohne weiteres auch einzelne Atome – sie lassen sich etwa in bestimmten Maße in "Ionenfallen" lokalisieren –, und sie lassen sich in Abhängigkeit von weiteren Wechselwirkungen mit der Umwelt sogar individuell identifizieren.[32] Diese Beschreibung kann allerdings nicht als durchgängig und beliebig verfeinerungsfähig in Raum und Zeit angesehen werden. Wir treffen damit erneut auf nichttriviale Zusammenhänge zwischen unseren aus der klassischen Physik gewonnenen Grundbegriffen. Der Gegenstand bleibt etwas, auf das wir blicken wollen, indem wir gleichsam "hinter" unsere Beobachtungen zu schauen versuchen, etwas, das sich auf den Zusammenhang wie auch auf die Stabilität unserer Beschreibung dieser Beobachtungen auswirkt. Der Gegenstand ist der Gesetzlichkeit, wie sie durch eine Theorie begründet wird, unterstellt, er wird aber nicht durch sie aufgelöst. Wir werden »im ›Gegenstand‹ der neuen Atomphysik eine andere und komplexere Struktur (antreffen), als sie durch die klassische Theorie vorausgesetzt wurde«[33] – es ist allerdings nicht einzusehen, warum wir diesen Gegenstand nur als unverbindliche Bezeichnung für bestimmte "Zusammenhänge zwischen Beobachtungen" zu verstehen haben. Im Gegenteil: die Dynamik der Theorieentwicklung hängt entscheidend davon ab, daß wir Hypothesen aufstellen, die sich sowohl auf die Gesetzmäßigkeiten von Beobachtungen als auch auf "Gegenstände" beziehen. Der von Cassirer vorgestellte Erkenntnisprozeß kann meines Erachtens nicht einer eindeutigen positivistischen Einstellung zugerechnet werden. Vielmehr würde ich aus den kommentierten Ausführungen Cassirers zum Wandel des Gegenstandsbegriffs in der Physik eine War-

---

[31] ZMP, S. 331.
[32] In der Quantenmechanik kann man erklären, wann und warum bestimmte Erscheinungen eine klassische Beschreibung erlauben – man kann also berechnen, unter welchen Umständen quantenmechanische Kohärenz "verloren" geht und "klassische Gegenständlichkeit" beobachtet wird. Zu bemerken ist hier noch, daß dies nicht eine Frage der Entscheidung sondern der physikalischen Bedingungen ist.
[33] ZMP, S. 331.

nung davor sehen, naiv-realistische "Kurzschlüsse" zu ziehen. Als kurz-schlüssig ließe sich auch die Position des Positivismus charaktersisieren, weshalb sie von einer großen Zahl von Naturforschern als voreilig zurückgewiesen wird. In der Tat, in der "Empirie" der Theorieentwick-lung sind die Urteile und Begriffe mit "Vektor-Charakter" unverzichtbar, also solche, die "nach außerhalb" der jeweiligen Theorien zeigen.[34] Weder die Effektivität dieser Dynamik noch ihre Stabilität – und noch weniger in einer geschichtlichen Auffassung derselben im Sinne Cassirers – sind von einem strikt positivistischen Gesichtspunkt aus, der solche Urteile und Konzepte als unzulässig erklärt, verständlich. Die Cassirer-sche Konzeption, die in jenem "terminus ad quem" ihren Ausdruck fin-det, erscheint weder dem Positivismus noch einem uneingeschränkten Apriorismus verpflichtet und daher interessant für eine Reflexion über Grundlagen einer Theorie der modernen Physik.

Literatur

Cassirer, Ernst: Philosophie er symbolischen Formen. Dritter Teil: Phänomenologie der Erkenntnis (1929). Darmstadt 1990.
– Determinismus und Indeterminismus (1936). In: Zur modernen Physik. Darmstadt 1987.
Duhem, Pierre: Ziel und Struktur der physikalischen Theorien (1906). Hamburg 1976.
Feynman, Richard: On Scientific Imagination. In: Feynman, R.P./Leighton, R.B./Sands, M. (Hg.): The Feynman Lectures on Physics II. Reading/-Mass. 1964.
Helmholtz, Hermann von: Handbuch der physiologischen Optik. Bd. II. 2. Aufl. Leipzig 1896.
– Handbuch der physiologischen Optik. Bd. III. Leipzig 1867.
Hertz, Heinrich: Die Prinzipien der Mechanik. Leipzig 1894.
Kant, Immanuel: Prolegomena zu einer jeden künftigen Metaphysik, die als Wissenschaft wird auftreten können (1783). In: Werkausgabe. Hg. von Wilhelm Weischedel. Bd. 5. Frankfurt/M 1977.
Leibniz, Gottfried Wilhelm: Quid sit idea (1676). In: Bd. 7. In: C.J. Gerhardt (Hg.): Die philosophischen Schriften von G.W. Leibniz. 7 Bände. Berlin 1875-1890. Nachdruck Hildesheim 1961.
– Brief an Varignon vom 17. Februar 1702. In: Bd. IV. In: C.J. Gerhardt (Hg.): Leibnizens mathematische Schriften. 7 Bände. Berlin 1848-1863.

---

[34] Physiker sprechen dabei gern von "generativer Potenz" und dergleichen – siehe z.B. Richard Feynman "On Scientific Imagination". In: Feynman, R.P./Leighton, R.B./Sands, M. (Hg.): The Feynman Lectures on Physics II. Reading/Mass., 1964.

Weyl, Hermann: Philosophie der Mathematik und der Naturwissenschaft. Nachdruck Oldenburg/München 1976.

Gerold Prauss (Freiburg)

Cassirers Stellungnahme zum Problem der nichteuklidischen Geometrien

Wie insbesondere im vierten Band des Werkes über das Erkenntnisproblem[1] klar wird, nimmt Cassirer zum Problem der nichteuklidischen Geometrien in einer Weise Stellung, die den Eindruck hinterläßt, daß er zwei Standpunkte vereinbaren möchte, die sich nicht vereinbaren lassen. So versucht er einerseits den neuen nichteuklidischen Geometrien recht zu geben, wonach die euklidische Geometrie nur eine unter mehreren Geometrien ist, die alle unabhängig voneinander widerspruchsfrei möglich sind. Zugleich versucht er andererseits, die Lehre Kants vom Raum als Apriorität zu halten, jenem Raum, den Kant als ursprünglich-euklidisch auffaßt, so daß Kant zufolge die euklidische Geometrie als a priorische Geometrie den nichteuklidischen Geometrien gegenüber ausgezeichnet wäre: Selbst wenn nichteuklidische Geometrien gleichfalls a priori wären, könnten sie danach von der euklidischen als der ursprünglichen Geometrie nicht unabhängig, sondern nur in irgendeinem Sinne abgeleitet sein. Und dieser Unvereinbarkeit dazwischen – die Cassirer nicht entgangen ist, da ihm der Standpunkt Kants bekannt war – sucht er dadurch zu entgehen, daß er den Raum als eine bloße Ordnung des "Beisammenseins", der "Nachbarschaft", des "Nebeneinander" oder des "Außereinander" auffaßt[2]. Und tatsächlich kann bei einer solchen Ordnung des "Beisammenseins" – ein Ausdruck, den Cassirer als die angemessene Übersetzung für die Ordnung der "coexistence" bei Leibniz ansieht[3] – keine Rede davon sein, daß sie schon festgelegt auf eine "Maßbestimmung" oder "Metrik" wäre, etwa auf die Euklidizität des Raumes mit der Krümmung 0.

Doch scheint Cassirer zu entgehen, daß schon Kant Bedenken hatte, diese Auffassung des Raumes zuzulassen, ein Bedenken, das bei ihm sogar als eine Selbstkritik zum Ausdruck kommt. Denn wie in der Dissertation von 1770[4] hatte Kant auch in der ersten Auflage seiner

---

[1] Ernst Cassirer: Das Erkenntnisproblem in der Philosophie und Wissenschaft der neueren Zeit (1957), Bd. 4. Darmstadt 1994 (im folgenden unter der Sigle EP 4).

[2] Vgl. z.B. EP 4, S. 43, S. 49, S. 59 mit der Philosophie der symbolischen Formen. Dritter Teil: Phänomenologie der Erkenntnis (1929). Darmstadt 1990, S. 494f.

[3] Vgl. z.B. EP 4, S. 43.

[4] Vgl. Kant: De mundi sensibilis at que intelligibilis forma et principiis. In: Immanuel Kant. Werkausgabe Bd. 5. Hg. v. Wilhelm Weischedel. Frankfurt/M. 1977, S. 56.

"Kritik der reinen Vernunft" von 1781 noch den Raum als Form eines "Außereinander" aufgefaßt[5]. In der zweiten Auflage dagegen ändert Kant dies auffälligerweise ab. Danach soll der Raum auf einmal nicht mehr bloß die Form von solchem bilden, das "außereinander", sondern das »außer- und nebeneinander«[6] auftritt. Dieses Außereinander wird von Kant durch dieses Nebeneinander also nicht etwa ersetzt, sondern lediglich ergänzt: Er hält es nicht etwa für falsch, sondern lediglich für nicht genug spezifisch, so daß er versucht, dieses Außereinander durch dieses Nebeneinander näher zu spezifizieren. Schließlich ist auch Zeit als Nacheinander ein Außereinander, und so zeigt sich, daß selbst dieses Nebeneinander, nimmt man es wortwörtlich, noch nicht ausreicht, weil Kant offenbar ein Nebeneinander als Nicht-Nacheinander, nämlich als Zugleich meint. Zeit und Raum stellt Kant denn auch als etwas je Spezifisches genau in diesem Sinn von Nacheinander und Zugleich einander gegenüber[7]. Und tatsächlich bleibt es unerfindlich, welche andern Arten von Außereinander es noch geben könnte als die beiden zueinander gegensätzlichen von Nacheinander und Zugleich, das heißt, von Zeit und Raum[8]. Entsprechend fraglich bleibt es, ob Cassirer jene Auffassung vom Raum im Hinblick auf die nichteuklidischen Geometrien auch dann noch aufrechthalten könnte, wenn er ihn in dieser seiner vollen Konkretion zugrunde legen würde, nämlich voll im Sinne Kants, wie er aus den genannten Stellen klar hervorgeht.

Daß Cassirer ihn stattdessen als die bloße Abstraktion eines Außereinander auffaßt, liegt vermutlich aber nicht nur daran, daß ihm diese Selbstkritik von Kant entgeht, obwohl sie seit dem Jahre 1926 offensichtlich ist, nämlich seitdem die Ausgabe von Raymund Schmidt die erste und die zweite Auflage von Kants "Kritik der reinen Vernunft" einander gegenüberstellt. Was ferner auffällt, ist, wie wenig sich Cassirer darauf einläßt, daß nach Kant es sich bei Zeit und Raum im Sinn der jeweiligen Konkretion von Nacheinander und Zugleich um etwas handelt, das Subjekte als etwas Formales a priori aus sich selbst heraus erzeugen müssen, um in Form dieses Formalen die Erfahrung von Objekten allererst zu machen. Darauf einzugehen aber läge im Zusammenhang der Frage nach dem problematischen Verhältnis zwischen Raum als nichteuklidischem und als euklidischem und zwischen den entsprechenden Geo-

---

[5] Kant: Kritik der reinen Vernunft. In: Immanuel Kant. Werkausgabe Bd. 3/4. Hg. v. Wilhelm Weischedel. Frankfurt/M. 1977 (im folgenden unter der Sigle KrV). Vgl. KrV A 23, A 264, A 370, A 435.

[6] KrV A 23 B 38.

[7] Vgl. z.B. KrV A 33 B 50, A 183 B 226.

[8] Vgl. dazu G. Prauss: Die Welt und wir. Band 1: Subjekt und Objekt der Theorie, Teil 1: Sprache – Subjekt – Zeit. Stuttgart 1990, § 7.

metrien sogar besonders nahe. Damit nämlich käme auch der eigentliche Sinn der Gegnerschaft von Kant zum sogenannten absoluten Raum von Newton mit zur Sprache, der für Newton ja euklidisch ist.

Was noch bis heute nicht gebührende Beachtung findet, ist, daß das Entscheidende an diesem sogenannten absoluten Raum aus jener Perspektive Kants durchaus nicht dessen Absolutheit ist, die ihren Sinn ja im Bezug zur Relativität von Räumen hat. Denn relativ sind diese zueinander wie auch jeder einzelne von ihnen relativ zu absolutem. Daran aber rüttelt Kant in keiner Weise, so daß er auch ohne jeglichen Konflikt mit seiner eigenen Raumauffassung weiterhin von absolutem Raum und relativen Räumen sprechen kann, wie etwa in den "Metaphysischen Anfangsgründen der Naturwissenschaft". Aus der Perspektive Kants ist das Entscheidende an Newtons Raum vielmehr, daß er ursprünglich-objektiver Raum sein soll, nämlich genau so objektiv wie die Objekte in ihm und sonach Objekt im Sinn eines Behälters von Objekten, auch wenn er als solcher keineswegs wie ein Objekt in ihm empirisch zu erkennen sein kann. Und so wendet Kant sich denn auch ausschließlich dagegen, daß der Raum als dieser nichtempirische und absolute, was er beides auch bei Kant bleibt, ein ursprünglich-objektiver sein soll. Beides ist er Kant zufolge vielmehr als ursprünglich-subjektiver Raum, als etwas, das ein jedes Subjekt a priori aus sich selbst heraus erzeugt, in dessen Form allein es ein Objekt als etwas Anderes für dieses Subjekt geben kann. Genauso a priori wie zunächst einmal die Zeit als Nacheinander bildet ein Subjekt auch noch den Raum als Gegensatz zu Zeit, sprich, als Nichtnacheinander oder als Zugleich allein aus sich heraus. Und immer erst in Form von solchem Nichtempirischem und Absolutem kann nach Kant dann faktisch, kontingent, tatsächlich Relatives und Empirisches sich einstellen: in der Wahrnehmung empirisch-relativer Räume oder Zeiten physischer Objekte.

Newtons Schwierigkeit, daß derlei Nichtempirisches und Absolutes als Behälter dieses Relativen und Empirischen etwas Ursprünglich-Objektives sein soll, tritt für Kant infolgedessen nicht mehr auf. Doch auch den andern Schwierigkeiten Newtons, die erst Einstein als ein anderer Gegenspieler Newtons aufdeckt, wäre Kant nicht ausgesetzt. Er könnte Einstein alles zugestehen, was die bekannte Empirizität und Relativität von Räumen oder Zeiten auch für physische Objekte in der Form von solchen Räumen oder Zeiten nach sich zieht, wie Einstein dies in der speziellen Relativitätstheorie darlegt. Aber auch noch, was die allgemeine Relativitätstheorie angeht, hätte Kant die Möglichkeit zu einer Frage, die sich Einstein selbst nicht stellen kann, weil er nicht darauf reflektiert, es könnten Zeit und Raum etwas Ursprünglich-Subjektives sein, das auch er selbst benötigt, um zunächst einmal durch Wahrneh-

mung in Form desselben jenes Relative und Empirische von physischen
Objekten zu gewinnen. So vermöchte Kant zu fragen: Würde sich die
Problematik, welche Art Effekt es eigentlich bedeuten soll, wenn Anwe-
senheit von Materie *den* Raum krümmt, so daß anderes Physisches gerade solcher Krümmung folgend seinen Weg nimmt, nicht vielleicht als
Scheinproblem erweisen, wenn *der* Raum nicht als etwas Ursprünglich-
Objektives gelten könnte, sondern als etwas Ursprünglich-Subjektives
gelten müßte? Liegt der letzte Grund für jenen Eindruck, als ob dieser
Raum der allgemeinen Relativitätstheorie eine neue Art von Äther bilde,
mit dem etwas physisch wechselwirke, wie dies etwa Earman auffaßt[9],
nicht tatsächlich darin, daß *der* Raum dabei wie selbstverständlich als
ursprünglich-objektiver aufgefaßt wird? Dabei nämlich bleibt es auch bei
Einstein, weil er nur die Absolutheit dieses Raumes gegen Newton auf-
gibt. Eben darin aber kommt, so scheint mir, auch Cassirer, der Kantianer, gegen Kant dem Physiker zu weit entgegen.

Daß Cassirer jene Möglichkeit, es könnte Raum wie Zeit etwas
Ursprünglich-Subjektives sein, nicht wirklich ernst nimmt, scheint mir
aber auch der Grund dafür zu sein, daß er sich anderseits zu weit zurück-
ziehen muß, nämlich auf Raum als jene bloße Abstraktion, um in der
Frage jener nichteuklidischen Geometrien, wie er meint, von Kant etwas
zu retten. Hätte er dies ernst genommen, hätte er sich nicht nur an die
volle Konkretion des Raumes halten, sondern Kant auch noch viel stärker machen können in der Frage, ob die nichteuklidischen Geometrien
tatsächlich unabhängig sind von der euklidischen. Dies ernst zu nehmen,
zieht in dieser Hinsicht nämlich einiges an Konsequenzen nach sich.

Denn als das Konkrete einer Ausdehnung, die, wie auch immer aufge-
teilt, zu Teilen führt, die zueinander im Verhältnis des Zugleich stehen, ist
der Raum etwas Ursprünglich-Subjektives darin, daß er je und je als diese
Ausdehnung synthetisch auszudehnen, eben zu erzeugen ist. Was uns
bezüglich der bekannten Ausdehnung des Weltalls seit dem Urknall
immer wieder eingeschärft wird, nämlich daß sie nicht als Ausdehnung *in*
einem oder einen schon vorhandenen objektiven Raum betrachtet werden dürfe, sondern, was den objektiven Raum betrifft, als ursprüngliche
Ausdehnung des objektiven Raumes selbst zu gelten habe[10], gilt entsprechend auch für subjektiven Raum. Nur daß es sich bei ihm gerade nicht
von vornherein schon um empirischen und relativen handeln kann, sondern um jenen nichtempirischen und absoluten, der empirischem und
relativem immer schon zugrunde liegen muß.

---

[9] J. Earman: World enough and space-time, London 1989, S. 154ff.
[10] Vgl. z.B. St. Weinberg: Die ersten drei Minuten. München 1980, S. 14.

Hält man das fest, so läßt sich ganz im Sinne Kants wie folgt argumentieren. Ursprüngliche Ausdehnung von Raum kann solche Ausdehnung nur sein, wenn sie auch Ausdehnung in irgendeine Richtung ist. Denn ursprüngliche Ausdehnung, die nicht auch Ausdehnung in irgendeine Richtung wäre, wäre etwas in sich Widersprüchliches, so daß dies analytisch gilt. Entsprechend ursprünglich heißt Ausdehnung in irgendeine "Richtung" dann jedoch soviel wie hierhin oder dorthin "geradeaus" und damit gleichfalls analytisch "in gerader Richtung". Nicht mehr analytisch ist das erst, wenn zusätzliche, einschränkende Annahmen erfolgen, wie zum Beispiel, daß es sich bei solcher Ausdehnung um Ausdehnung auf einer Kugeloberfläche handeln solle, Annahmen, die aber eben in der Annahme von ursprünglicher Ausdehnung als solcher noch in keiner Weise impliziert sind. Solche Ausdehnung von Raum kann somit, in wieviele Dimensionen sie auch immer gehen möge, nur als Ausdehnung von Raum als dem euklidischen erfolgen. Über dessen Euklidizität wird denn auch schon von Anbeginn entschieden, schon am Anfang dieser Ausdehnung als solcher, und mithin gerade nicht erst im Unendlichen, das Kant am allerwenigsten in Anspruch nehmen darf. Deswegen spricht er auch nicht von der Ausdehnung des Raumes ins Unendliche, sondern ins Unbestimmte[11]. Daß die Teile dieses Raumes ins Unendliche zugleich sind[12], hat bei Kant ausschließlich regressiven Sinn: Wie weit auch immer solcher Raum ins Unbestimmte ausgedehnt sein mag, – nach innen sozusagen, eben regressiv, sind seine Teile dabei ins Unendliche zugleich.

Zurecht faßt Kant aus diesem Grund die Euklidizität als eine "Qualität"[13] des Raumes auf, der gegenüber alle Quantitäten einer "Metrik" oder "Maßbestimmung" wie der "Krümmung 0" oder der "kürzesten Verbindung zweier Punkte"[14] sekundär sind. Das Primäre dieser Qualität vor allen Quantitäten aber hätte Kant auch für die Qualität von Krümmung gegenüber der von Ungekrümmtheit noch in Anspruch nehmen können, eben als die Qualität des Nichteuklidischen von Räumen und entsprechenden Geometrien. Denn Krümmungs-Quantität setzt Krümmungs-Qualität voraus, und allenfalls die Krümmungs-Quantität läßt sich bestimmen ohne die Bezugnahme auf einen Einbettungsraum, wie von Gauß gezeigt, doch nicht die Krümmungs-Qualität, die sie voraussetzt. Diese ist und bleibt vielmehr ausschließlich qualitativ zu bestimmen als die Abweichung von Ungekrümmtheit, also

---

[11] Vgl. z.B. KrV A 511 ff. B 539ff.
[12] Vgl. z.B. KrV B 40.
[13] B 16.
[14] Vgl. B 16.

auch bezogen auf den jeweiligen Einbettungsraum. Und nicht etwa läßt sich umgekehrt die Qualität der Ungekrümmtheit von der Qualität der Krümmung her bestimmen. Dazu nämlich müßte letztere von sich her schon bestimmt sein, was indessen nicht der Fall ist, weil allein die Qualität der Ungekrümmtheit eine ursprünglich bestimmte sein kann. Und dies eben weil allein die Ungekrümmtheit, die Geradheit, mit der ursprünglichen Ausdehnung von Raum als solcher selbst bereits gegeben ist. Gerade daraus also, daß der Raum nach Kant synthetisch ist, folgt analytisch, daß er auch euklidisch ist. Und mindestens von solcher Qualität dieses Euklidischen bleibt alles Nichteuklidische von Räumen und entsprechenden Geometrien abhängig[15].

Das zeigt sich deutlich, wenn man einmal beispielsweise auf die Axiomatisierung der Geometrie durch Hilbert blickt. Daß Hilbert dabei ursprünglich von mehr als einem individuell verschiedenen Punkt ausgeht, bleibt aus der Perspektive Kants dogmatisch. Kritisch nämlich läßt sich fragen, welches die Bedingung dafür ist, daß ursprünglich von mehr als einem individuell verschiedenen Punkt die Rede sein kann[16]. Und die Minimalbedingung, die dafür erfüllt sein muß, ist Kant zufolge, daß es zwischen solchen Punkten irgendeinen ursprünglichen Abstand geben muß, bei dem es sich auch nur um eine Ausdehnung von Raum dazwischen handeln kann[17]. Denn diese kann dann nicht als eine Punktmenge verstanden werden, welcher Mächtigkeit auch immer. Liefe dies doch auf eine *petitio principii* hinaus, weil ja gerade nach der Möglichkeit von mehr als einem Punkt dabei gefragt wird. Diese Ausdehnung hat vielmehr ganz

[15] Vgl. dazu G. Prauss: Die Welt und wir. Band 1: Subjekt und Objekt der Theorie, Teil 2: Raum – Substanz – Kausalität, Stuttgart 1993. § 18 und § 21, S. 632-645.

[16] Und im Hinblick auf den Raum ist eine solche Frage um so dringlicher, als diese Möglichkeit von mehr als einem Punkt im Hinblick auf die Zeit als Nacheinander nur gesichert werden kann, indem die Zeit durch einen (eindimensionalen) Raum als ein Zugleich vertreten wird. Zur allergrößten Problematik nämlich wird die Möglichkeit von mehr als einem Punkt im Fall der Zeit, wenn man sich streng an Zeit als reines Nacheinander hält, indem man jegliches verfälschende Zugleich des Raumes von ihr fernhält. – Zur Weiterführung meiner Theorie der unverfälschten Zeit vgl. G. Prauss: Die Welt und wir, Band 2: Subjekt und Objekt der Praxis, Teil 1: Form und Inhalt einer Absicht als Bewußtsein. Stuttgart 1998.

[17] Irgendeinen solchen ursprünglichen Abstand muß es nämlich auch in dem Sinn geben, daß er jeder Einführung von irgendeiner "Metrik" immer schon zugrunde liegen muß, weil so etwas wie "Metrik" sich auch nur *für* irgendeinen ursprünglichen Abstand einführen läßt, nicht etwa umgekehrt. Denn beispielsweise liegt rein arithmetisch oder algebraisch noch nicht der geringste Grund vor, unter einer *Differenz* von *Zahlen* etwa irgendeinen *Abstand* zwischen *Punkten* zu verstehen.

im Sinne Kants als ein Kontinuum der ursprünglichen Ausdehnung von Raum zu gelten und aus axiomatischem Gesichtspunkt also auch als eigenständiges Prinzip, das mit dem Punktprinzip noch keineswegs gegeben ist, das aber als ein weiteres Prinzip der expliziten Axiomatik implizit bleibt.

Es wie jedes andere Axiom zu explizieren, würde denn auch offenlegen, daß dadurch von Anbeginn bereits all das vorausgesetzt wird, was mit ursprünglicher Ausdehnung von Raum nun einmal analytisch miteinhergeht: Euklidizität. Und mindestens von ihr als einer Qualität her stünde es entsprechend schlecht um die bekannte Auffassung, wonach die ersten der Axiome nichts als eine "absolute Geometrie" axiomatisieren sollen, die absolut in dem Sinn sei, daß sie dem Unterschied euklidisch/nichteuklidisch gegenüber noch indifferent sei, weil er angeblich erst mittels weiterer, hinzugenommener Axiome sich ergebe. Vielmehr läge Euklidizität als Qualität dabei schon immer implizit zugrunde, und so hinge implizit als Qualität denn auch Nichteuklidizität schon immer ab von Euklidizität.

Als Qualität ist derlei mathematisch, geometrisch, physikalisch freilich nicht recht interessant, weil derlei mathematisch, geometrisch, physikalisch interessant allein als Quantität ist. Um so interessanter aber ist dies philosophisch, nämlich als Voraussetzung, die mathematisch, geometrisch, physikalisch immer schon als selbstverständlich gilt. Der Philosoph Cassirer hätte denn auch eben darin sehr viel weiter gehen können. Denn das Grundsätzliche anbetreffend, hatte Kant den Weg dahin bereits gewiesen, so daß ihm Cassirer nur hätte zu folgen brauchen. Dadurch wäre dann vielleicht auch nicht so in Vergessenheit geraten, über welches Potential an Argumentation der Ansatz Kants verfügt, auch wenn er nicht zum Zuge kommt, da Kant von nichteuklidischen Geometrien vermutlich noch nichts wußte.

Literaturverzeichnis

Cassirer, Ernst: Das Erkenntnisproblem in der Philosophie und Wissenschaft der neueren Zeit. Bd. IV (1957). Darmstadt 1994.
– Philosophie der symbolischen Formen. Dritter Teil: Phänomenologie der Erkenntnis (1929). Darmstadt 1990.
Earman, J.: World enough and space-time. London 1989.
Kant, Immanuel: De mundo sensibilis atque intelligibilis principiis (1770). In: Werkausgabe Bd. 5. Hg. v. Wilhelm Weischedel. Frankfurt/M. 1977.
– Kritik der reinen Vernunft. In: Werkausgabe Bd. 3/4. Hg. v. Wilhelm Weischedel. Frankfurt/M. 1977.

Prauss, Gerald: Die Welt und wir. Band 1: Subjekt und Objekt der Theorie, Teil 1: Sprache - Subjekt - Zeit. Stuttgart 1990.

– Die Welt und wir, Band 1: Subjekt und Objekt der Theorie, Teil 2: Raum - Substanz - Kausalität. Stuttgart 1993.

– Die Welt und wir. Band 2: Subjekt und Objekt der Praxis, Teil 1: Form und Inhalt einer Absicht als Bewußtsein. Stuttgart 1998.

Weinberg, St.: Die ersten drei Minuten. München 1980.

Enno Rudolph (Heidelberg)

Raum, Zeit und Bewegung.
Cassirer und Reichenbach über die philosophischen Anfänge des physikalischen Relativismus

Die Gigantomachie um die wahre Bestimmung des Wesens von Raum, Zeit und Bewegung erhielt um 1700 mit einer Reihe gefährlicher Einwände gegen Newtons erfolgreiche Theorie von der absoluten Zeit und vom absoluten Raum eine Zuspitzung, die den Newtonschen Entwurf gleichwohl nicht seiner epochalen Akzeptanz berauben konnte, obgleich die aus verschiedenen Richtungen gegen ihn vorgebrachten Argumente zum guten Teil dazu geeignet waren, seine Theorie schon damals aus den Angeln zu heben. Die wichtigsten Wortführer im Streit mit Newton waren Gottfried Wilhelm Leibniz und Christiaan Huyghens. Die Diskussion erstreckte sich etwa auf einen Zeitraum von zwanzig Jahren zwischen 1694 und 1715 – Newtons "Philosophiae Naturalis Principia Mathematica" waren in London 1687 erschienen. Die Diskussionslage im Streit um Newton stellte sich damals wie heute durch folgende Umstände als besonders komplex dar:

Huyghens und Leibniz, die einander mit größtem Respekt begegneten, waren sich in der Beurteilung der Schwächen in der Newtonschen Theorie über Raum, Zeit und Bewegung durchaus einig. Sie vertraten gleichwohl eine unversöhnlich entgegengesetzte Auffassung darüber, worin die angemessene Lösung des Newtonschen Problems liege, wenn man die Vorgabe absoluter Formen oder Dimensionen für die Erklärung physikalischer Phänomene ablehnt. Hinzu kommt, daß die Position von Leibniz nicht hinreichend verständlich zu machen ist, ohne seine Kritik am Atomismus – seiner Tradition und seiner physikalischen Bestätigung durch zahlreiche Zeitgenossen – einzubeziehen, eine Kritik, die zwar über seine unmittelbare Auseinandersetzung mit Newtons Theorie des Raumes hinausführt, sie aber verständlicher macht. Um aber seine Atomismuskritik hilfreich in die Diskussion einzubeziehen, ist es wiederum notwendig, auf seinen Versuch einzugehen, die cartesische These von der Substantialität der ausgedehnten Materie ("res extensa") zu widerlegen. Leibniz, neben Huyghens der erste Relativist der neuzeitlichen Physik, versuchte darüber hinaus, seine Theorie der physikalischen Dynamik, d.h. seine Lehre vom Verhältnis zwischen Kraft und Materie, auf eigentümliche Weise mit seiner Theorie von der Relativität des Raumes und der Zeit zu verbinden und stieß gerade damit auf schwerwiegende Ein-

wände von seiten Huyghens'. Auch Leibniz mußte sich nach mehreren
Seiten der Kritik erwehren.

Im Blick auf die weitere Entwicklung der Auswirkungen des Disputs
um Newton ist daran zu erinnern, daß sich Kant – nicht ohne seinerseits
damit erheblichen Einfluß auf das Selbstverständnis der klassischen
Physik auszuüben – grundsätzlich auf den Boden der erfolgreich geblie-
benen Physik Newtons stellte, sie aber auf der Grundlage seiner neuen
Theorie der formalen Bedingungen naturwissenschaftlicher Erkenntnis
derart modifizieren mußte, daß er de facto eine Vermittlung zwischen
Leibniz und Newton anbahnte. Daraus dürfte sich u.a. erklären, daß spä-
tere Kantianer, wie Ernst Cassirer, von Kants Raumtheorie ausgehend auf
den Leibnizschen Standpunkt zurückgreifen konnten, um die Aktualität
der wissens– und erkenntnistheoretischen Entscheidungen von Leibniz
für die moderne Situation zu überprüfen. Hans Reichenbach ging – mit
derselben – Absicht noch weiter, da er in Leibniz ohnehin das verkannte
relativistische Genie, den Einstein des 17. Jahrhunderts sah, dem durch
die neuere Wissenschaftstheorie seit Mach und durch die Relativitätstheorie spät aber überzeugend Gerechtigkeit widerfahren sei.

Im Blick darauf ist es nicht ohne Reiz, daß der die genannten Positionen kompetent analysierende Bertrand Russell anhand seiner Überprüfung der damals wechselseitig vorgetragenen Argumente zu dem Ergebnis kommt, daß Newton gegenüber Leibniz die stärkere Position vertrat,
so daß er den historischen Kampf doch zu Recht gewonnen hätte.

I. Leibniz, Newton, Huyghens

Es war bekanntlich u.a. der legendäre Eimerversuch, mit dem Newton
die Notwendigkeit begründen wollte, den Raum als eine absolute Größe
vorauszusetzen. Das historische Experiment ist leichter zu beschreiben
als zu verstehen. Wir drehen einen Eimer, gefüllt mit Wasser, um seine
eigene Achse und stellen fest, daß das Wasser im Vollzuge der
Eimerrotation phasenverschoben an den Rändern seiner Oberfläche an-
steigt, daß diese neu entstandene Bewegung auch dann nicht nachläßt,
wenn die Rotation des Eimers plötzlich zum Stillstand kommt. Die verschiedenen Bewegungszustände des Wassers scheinen sich nicht hinreichend aus ihrer Relation zu den Bewegungszuständen des Eimers zu
erklären. Es erscheint zwingend notwendig, einen von Eimer und Wasser
unabhängigen umfassenden Raum anzunehmen, gegen den die Wasserbewegung als relativ zu verstehen und zu messen wäre. Hans Reichenbach stellt mit Recht fest, daß Leibniz in seiner berühmten und äußerst
detaillierten Auseinandersetzung mit Newtons Theorie vom absoluten

Raum (resp. von der absoluten Zeit und der absoluten Bewegung), wie sie vor allem im Briefwechsel mit dem ausdrücklich von Newton autorisierten Newtonianer und Theologen Clarke dokumentiert ist, den Eimerversuch nicht eigens kommentiert[1]. Nach der Auffassung Reichenbachs und anderer hat überhaupt erst Ernst Mach eine befriedigende Erklärung für das Phänomen der Wasserbewegung im Eimer vorgelegt, eine Erklärung allerdings, von der Reichenbach meint, daß sie sich besser der Raum- und Bewegungstheorie von Leibniz als derjenigen von Newton füge. Während Newton die Zentrifugalkraft nur als relativ gegen einen absolut zu denkenden Raum für verständlich hielt, machte Ernst Mach diese Erklärung überflüssig mit dem Hinweis auf den dynamischen Einfluß anderer Massen, gegen die die Wasserbewegung als relativ zu denken ist, und an erster Stelle nannte er die dynamische Gravitationswirkung der Fixsterne.

Der absolute Raum – doch nur eine Hypothese, noch dazu eine überflüssige und unzulängliche? Leibniz hielt jedenfalls seine vergleichsweise bescheidenere Theorie des Raumes für hinreichend, um zu erklären, was die Aufgabe eines jeden Raumbegriffes sei, nämlich Bewegungen, also Veränderungen des Ortes in der Zeit, hinreichend *beschreiben* und gegebenenfalls *erklären* zu können. Die Argumentationsführung wird am ehesten deutlich, wenn man sich an Leibniz' Definitionsangebot erinnert. Raum ist nach Leibniz die "Ordnung des gleichzeitig Existierenden".[2] Leibniz gelangte zu dieser These – ganz anders als der englische Experimentalphysiker – keineswegs durch irgendeine Versuchsanordnung, sondern ausschließlich auf dem Weg einer logischen Schlußfolgerung. Diese Schlußfolgerung ging von der allgemeinen Gültigkeit – sie war nicht in Frage gestellt – des Kausalsatzes aus, demzufolge alles, was geschieht, eine Ursache habe. Die Erkennbarkeit einer Kausalfolge ist gebunden an die Verteilung von Ursache und Wirkung auf zwei aufeinanderfolgende Zustände, so daß sich schließen läßt, daß gerade die Ordnung, die im Kausalsatz naturgesetzlich fixiert wird, eine Ordnung des zeitlichen Nacheinander sein müsse. Ein Sonderfall scheint das Phänomen der Gleichzeitigkeit zu sein. Hier ist von Zeit die Rede, aber nicht von Aufeinanderfolge. Für Leibniz aber ist dies bereits hinreichender Anlaß dafür, das Phänomen der Gleichzeitigkeit nicht zeittheoretisch sondern raumtheoretisch zu lösen: wie in der zuvor genannten Definition formuliert, ist für ihn Gleichzeitigkeit ein Raumprädikat. Die

---

[1] S. Clarke: Der Briefwechsel mit G.W. Leibniz von 1715/1716 (1717), übersetzt, eingeleitet, erläutert und herausgegeben von Ed Delliani, Hamburg 1990 (Im folgenden unter der Sigle Cl).

[2] Ebda., S. 28.

Feststellung, daß etwas mit etwas anderem gleichzeitig ist, setzt den Ort eines zeitneutralen Beobachters voraus. Der zeitneutrale Beobachter ist – nach Newton – die absolute Zeit selbst als der seinerseits nicht mehr relativierbare Maßstab. Wer die Plausibilität der Annahme einer solchen absoluten Zeit bestreitet, kann, will er konsequent bleiben, nur den Standpunkt eines uneingeschränkten Zeit- resp. Raumrelativismus einnehmen. Dieser besteht darin, daß der eine Gleichzeitigkeit feststellende neutrale Beobachter gar nicht existiert, da der Beobachter selbst nur wiederum relativ zu den zu beobachtenden Prozessen in Bewegung (bzw. Ruhe) sein kann, in diesem Sinne also keine raum-zeitliche Neutralität beanspruchen darf.

Wie sehr Leibniz nun seinerseits durch seine Position Newton und seine Anhänger dazu drängte, den Begriff des absoluten Raumes zusätzlich zu erläutern, schlägt sich im Briefwechsel mit Clarke auf durchaus kuriose Weise nieder, nämlich in einem eher theologischen als physikalischen Disput über die Bedeutung des Wortes "absolut".[3] Wie modern im übrigen die Leibnizsche Position anmutet, läßt sich im Blick auf die Informationen über die Relativität der Bezugssysteme, wie sie uns von der Relativitätstheorie vermittelt werden, nach dieser Skizzierung der Leibnizschen Auffassung leicht einsehen. Gleichwohl enthielt auch die Leibnizsche Position eine entscheidende Schwäche, in der man die "Achillesferse" seiner Theorie vermuten könnte und aus der sich erklären läßt, warum er sich gegen den mächtigen Einfluß Newtons nicht durchzusetzen vermochte. Leibniz selbst war im Grunde alles andere als ein Nominalist, im "Universalienstreit" hätte er sich vermutlich am Ende doch auf die Seite der Realisten geschlagen. Daraus wird auch verständlich, daß der von ihm vertretene raum-zeitliche Relativismus nicht sein letztes bewegungstheoretisches Wort geblieben ist. Dementsprechend führte er in seine Bewegungstheorie die merkwürdige Unterscheidung zwischen Relativbewegungen im Sinne raum-zeitlich meßbarer Distanzveränderungen zwischen Orten einerseits und sogenannten "wahren Bewegungen" andererseits ein. Merkwürdigerweise weniger in der Auseinandersetzung mit Clarke als andernorts, und zudem viel früher, hatte er erklärt, was er unter diesen "wahren Bewegungen" verstehen wollte, nicht zuletzt auch, um mißverständliche Äquivokationen zu vermeiden. Dazu war er genötigt, weil Newton – ein härterer Gegner, als Clarke es war – gegen diese Unterscheidung protestiert hatte, da sie ihm den ungeheuren Gewinn der Einsicht in die absolute Apriorität des Raumes zu gefährden schien. Leibniz seinerseits beharrte auf dem Postulat, natürliche Bewegungsvorgänge nicht *ausschließlich* aus geometrisch darstellba-

---

[3] Siehe ebda., S. 28ff.

ren Zuordnungen, also aus mathematischen Modellen zu erklären, und
unterschied auf diese Weise zwischen der raum-zeitlichen Meßbarkeit
und den "reellen" Ursachen der Bewegungsphänomene. Die Suche nach
diesen Ursachen führte ihn auf die für ihn eigentümliche Lehre von der
»Kraft«,[4] die er aber nicht überzeugend in einen transparenten Theorie-
zusammenhang mit seiner Raum- resp. Zeitkonzeption zu bringen vermochte, ein Tatbestand, der vielleicht verständlich zu machen hilft, daß
der Raumtheoretiker Leibniz und der Dynamiker Leibniz jeweils unterschiedliche Karrieren machten.

Leibniz reduziert den Begriff des Raums auf den des Ortes oder der
"Stelle" (place) eines Dinges, dessen Entfernung zu anderen Dingen mit
hinreichender Genauigkeit angegeben werden kann. Räumliche "Ein"-
ordnung wird durch geometrische "Zu-"ordnung der Dinge ersetzt, so
daß die geometrische Fassung des Inbegriffs aller möglichen Orts-
Relationen den Begriff des Raumes überflüssig macht: »Und dasjenige,
was alle diese Orte in sich begreift, nennt man Raum.«[5] Um die Begriffe
von Ort und Raum zu bilden, genüge es, diese Ortsrelationen und die
Regeln ihrer Veränderung (d.h. die Dynamik) zu betrachten, ohne daß
man nötig hätte, sich eine »absolute Wirklichkeit außer den Dingen« vorzustellen.[6] Reichenbach kommentiert diese Position zugespitzt: »Wenn
wir den Raum verdinglichen, so überschreiten wir die Grenze des im Begriff Stelle Gemeinten; denn auch die Stelle ist nichts an sich Daseiendes,
sondern ein Zustand der Dinge.«[7] Im Kontext erläutert Leibniz seinen
Vorschlag, den Begriff des Raumes auf den eines geometrischen Koor-
dinatensystems zu reduzieren, mit Hilfe eines durchaus anschaulichen
Beispiels, nämlich dem der "Genealogie". In einer genealogischen Ordnung nehme jedes Glied "seine Stelle" ein, ohne daß es einer zusätzlichen
Vorstellung einer ordnungsstiftenden Größe bedürfe. Die genealogische
Ordnung bezeichne nicht mehr als die jeweils bestimmte Beziehung der
die Genealogie strukturierenden Glieder untereinander. Reichenbach
dazu: »Die genealogische Ordnung ist eine Beziehung für die Struktur
der Verwandtschaftsrelationen zwischen den Individuen, nicht eine neue
Wesenheit neben ihnen.«[8] Inbegriff statt Raum, aber auch Inbegriff statt

---

[4] Siehe G.W. Leibniz, Specimen Dynamicum (1695). Herausgegeben und übersetzt von H.G. Dosch, G.W. Most und E. Rudolph. Hamburg 1982.
[5] Cl, S. 78.
[6] Ebda., S. 78.
[7] H. Reichenbach: Die philosophische Bedeutung der Relativitätstheorie. In:
Gesammelte Werke Bd. 3. Herausgegeben von Andreas Kamlah und Marie
Reichenbach. Braunschweig 1979, S. 429 (im folgenden unter der Sigle Rb).
[8] BdR, S. 425.

Ausdehnung, so heißt in Kürze formuliert die Leibnizsche Botschaft gegen die herrschende Raumtheorie seiner Zeit.

Reichenbach hält den Standpunkt von Leibniz in der philosophischen Beurteilung der Theorie des Raumes (resp. der Zeit) derjenigen von Newton/Clarke eindeutig für überlegen. Es stehe allerdings anders – und hier würdigt Reichenbach die Einwände von Huyghens nachhaltig – mit der Leibnizschen Theorie der Bewegung. Während Leibniz nämlich tatsächlich mit der These vom absoluten Raum keinerlei Kompromisse eingeht und gerade so die Gegenseite dazu zwingt, zwischen einer metaphysikalischen Ontologie raum-zeitlicher Wirklichkeit einerseits und geometrischer Verifizierbarkeit von örtlichen Relationen andererseits zu unterscheiden, "unterläuft" ihm in seiner Bewegungstheorie ein erläuterungsbedürftiger Kompromiß. Um diesen zu verstehen, ist daran zu erinnern, daß Leibniz eine für den philosophischen Rationalismus seiner Zeit typischen mathematischen Realismus vertrat. Dieser ließ dann auch gar nicht erst den Verdacht aufkommen, aus der Theorie der bloßen Geometrizität des Raumes und der Zeit den Standpunkt eines radikalen erkenntnistheoretischen Skeptizismus abzuleiten. In die Nähe eines solchen Verdachtes konnte er aber gleichwohl auch deswegen geraten, weil er unter den Cartesianern seiner Zeit – Arnauld, de Volder – respektiert und gefürchtet war wegen seiner kaum zu widerlegenden Argumente, die er gegen die cartesische These von der Substantialität der ausgedehnten Materie, und damit überhaupt gegen die Substantialität quantitativer Einheiten richtete. Die tatsächliche Existenz von Körpern und damit überhaupt von natürlicher Materie kann Leibniz zufolge keineswegs als hinreichend gesichert gelten, solange nicht zusätzliche Garantien für die realen Fundamente der sichtbaren Phänomene benannt werden, die wesentlich über die geometrisch hinreichend beschreibbaren Zeit-Ort-Relationen und damit auch über die Bestimmung der Erfüllung von Räumen bzw. der Ausdehnung in Räumen hinausgehen. *Den* Raum gibt es nicht, und Ausdehnung ist seinerseits ein Relationsbegriff, ein Prädikat und keine Substanz. Was ausgedehnt ist, ist teilbar.

In seiner grundsätzlichen Suche nach einer zusätzlichen Sicherheit für die Realität der Phänomene wurde Leibniz im übrigen auch nicht wirklich behindert – gerade auch Huyghens wußte sich in diesem Interesse mit Leibniz einig, befriedigte dieses Interesse allerdings durch ein Theorem, das nun seinerseits wieder auf den entschiedenen Widerspruch von Leibniz stieß, nämlich durch das Theorem des Atomismus. Leibniz' Kritik an den Atomen ergibt sich aus seiner Kritik an Descartes' Lehre von der Materie als "res extensa": Atome sind nicht anders denn als elementare Größen zu denken, Größen sind ausgedehnt, wieder teilbar, also können Atome nicht den Anspruch auf Konstitution von Materie erhe-

ben, es sei denn, sie seien – in einem sodann erklärungsbedürftigen
Sinne – immateriell. Eine solche Annahme stünde vor dem schwierigeren
Problem, Materialität aus Immaterialität entstehen zu lassen. Dieser
Schwierigkeit versuchte Huyghens auszuweichen, indem er seinen materiellen Atomen eine hypothetische Eigenschaft zusprach, die man als eine
potenzierte Form einer normalen physikalischen Eigenschaft beschreiben könnte: nämlich "unendliche Härte". Leibniz erwiderte in einem
intensiven Briefwechsel mit Huyghens, daß diese Hypothese seinem
eigenen Versuch, die Realität der Bewegungsphänomene zu garantieren,
eindeutig unterlegen sei, da sie eine metaphysische Eigenschaft mit einer
physikalischen verbinde, nämlich die Unendlichkeit mit dem Phänomen
der Härte. Härte sei im übrigen selbst die Wirkung einer Ursache und
könnte nicht selbst die Rolle einer Ursache übernehmen, ebensowenig
wie die Eigenschaft der Ausdehnung bei Descartes. Besser als von Härte
spreche man von der Widerstandsfähigkeit materieller Körper, deren
Wirkung nicht anders und nicht hinreichend überzeugend erläutert werden kann, als daß man sie auf wirkende Kräfte zurückführt. Was den
Sinnen als ausgedehnte Materie erscheint und sie deshalb affiziert, ist
Kraftwirkung. Die Hypothese ursprünglicher "vires activae primitivae"
sorge für die konsequente "Rettung der Phänomene" (phaenomena bene
fundata), und die physikalische Disziplin der Bewegungslehre (Phoronomie) erhalte durch die Dynamik als der Lehre von den Kräften – oder
genauer: von den dynamischen Ursachen der Bewegungen – ihre eigentliche Grundlage.

Unverständlich angesichts dieser in sich hinreichend schlüssigen Konzeption von Leibniz bleibt, warum er sich durch Clarke dazu verleiten
ließ, den Begriff einer absoluten Bewegung im Anschluß an seine Lehre
von der Kraft zuzulassen. Clarke provozierte Leibniz zu einer solchen
Einlassung möglicherweise durch den Hinweis, daß das Auftreten von
Zentrifugalkräften nicht hinreichend erklärt werden könne, solange man
keine absolute Bewegung annehme. Die Geometrie der Relativbewegungen könne das Phänomen der Zentrifugalkraft nicht zufriedenstel-
lend erläutern. Es ist nicht auszuschließen, daß sich Leibniz im Briefwechsel mit Clarke genervt von der penetranten Wiederholung seiner
Einwände zu einem Lapsus hat hinreißen lassen, schreibt er doch immerhin: »Ich gebe indessen einen Unterschied zwischen der absoluten wahrhaften Bewegung eines Körpers und seiner einfachen, relativen Lagever-
änderung mit Bezug auf einen anderen Körper zu. Liegt nämlich die
unmittelbare Ursache der Veränderung im Körper selbst, so ist er wahrhaft in Bewegung, zugleich aber wird sich nunmehr auch die Lage der
anderen Körper mit Bezug auf ihn ändern, obwohl die Ursache dieser

Veränderung nicht in ihnen selbst liegt.«[9] Reichenbach kommentiert:
»Das Auftreten der Zentrifugalkraft der Erde, erkennbar etwa an der
Abplattung, beweist – so muß der Leibnizsche Gedanke fortgeführt wer-
den – daß die treibenden Kräfte der Rotation in der *E r d e* liegen, nicht
in den *F i x s t e r n e n,* und darum muß in diesem Falle die Rotation der
Erde eine ›absolute, wahrhafte Bewegung‹ genannt werden, während die
Rotation der Fixsterne nur eine ›einfache, relative Lagenveränderung‹ ist.
Damit tritt allerdings ein ernster Riß in die Leibnizsche Bewegungslehre
ein, denn mit dieser Unterscheidung ist ja die Newtonsche Auffassung
zugegeben. Hier fehlt Leibniz das Machsche Argument, das allein die
Relativität der Bewegung auch *d y n a m i s c h* verteidigen kann.«[10]

Freilich, auch Leibniz versucht die Relativität der Bewegung dynamisch zu erklären, allerdings verweist seine Rede von der "absoluten,
wahrhaften Bewegung" nicht auf Phänomene wie die Erdrotation sondern auf protophysikalische Kräfte. Räumt man ein, daß Leibniz nahezu
äquivok mit einem doppelten Bewegungsbegriff arbeitet, dann ermäßigt
sich diese Schwierigkeit: tatsächlich unterscheidet er zwischen einer
räumlichen und einer nichträumlichen Bewegung, einer dynamischen
und einer phoronomischen. In der zwanzig Jahre zuvor erschienenen
Schrift "Specimen dynamicum"[11] hatte er hier für größere Klarheit
gesorgt, indem er diese Differenz auf die Unterscheidung zwischen sicht-
barer Bewegung und Kraft verteilte. Die absoluten Bewegungen sind also
Kräfte und in diesem Sinne Bewegungsursprünge. Diese sind weder
räumlich, noch zeitlich, noch phoronomisch zu beschreiben, da sie sich
dann dem relativistischen Standpunkt zufolge in nichts auflösen würden
– es sei denn, es gelänge Leibniz, dem geometrischen Formalismus selbst
eine über seine ideelle Funktion hinausgehende *ontologische* Bedeutung
abzugewinnen. In der Schrift "Specimen dynamicum" jedenfalls zieht er
relativistische Konsequenzen aus der Verwendung des Bewegungs-
begriffes: »Denn Bewegung (wie auch Zeit) existiert niemals, wenn man
die Sache ganz exakt beurteilt, da sie niemals als Ganzes existiert, weil sie
keine koexistierenden Teile hat. Und daher ist nichts in ihr real außer
jenes Momentane, das in einer zur Veränderung drängenden Kraft bestehen muß. Hierher kommt also alles, was in der körperlichen Natur ist,
mit Ausnahme des Gegenstandes der Geometrie, nämlich der Ausdehnung.«[12] Leibniz' Begriff der Natur beruht auf zwei Säulen: dem der
Kraft und dem der Geometrie. Daraus erklärt sich, daß Leibniz – der

[9] Cl, S. 83.
[10] Rb, S. 428.
[11] Siehe Fußnote 6.
[12] Ebda., S. 4f.

eher ein Begriffsmonist als ein Begriffsdualist war – auch noch nach einer Vereinheitlichung dieser beiden Gesichtspunkte suchte, und nach Ernst Cassirer hatte er sie im mathematischen "Funktionsbegriff" gefunden.

Gegen Huyghens verteidigte Leibniz jedenfalls den Begriff der Kraft auch als ein Element von dynamischer Einheit, das dem materiellen Atomismus auch in seiner raffinierten Form von Huyghens überlegen ist, und gegen Clarke verteidigte er die Geometrie als die plausiblere Raumtheorie, plausibler, weil sie ohne die Fiktion einer Substantialisierung des Raumes auskommt.

II. Kant

Eine Generation später versucht Immanuel Kant – übrigens vermutlich ohne detaillierte Kenntnis der Leibnizschen Dynamik – dem Streit um die Definition von Zeit und Raum ein Ende zu bereiten. Die Gültigkeit der Newtonschen Mechanik stand für ihn außer Frage. Um so mehr war Kant daran interessiert, sie als Bestätigung seiner Theorie der Gegenstandserkenntnis zu deuten. Seine Position ließe sich mühelos als erkenntnistheoretisch modifizierter Newtonianismus beschreiben: Eine alle empirischen Raumbegriffe bedingende reine Raumvorstellung ist die Voraussetzung dafür, daß wir Orts- bzw. Lagebestimmungen von Körpern vornehmen und unterschiedliche Bewegungen dieser Körper gegeneinander messen können. Empirische Räume sind Projektionen dieser reinen Raumvorstellung auf die relationale Zuordnung unterschiedlicher Orte. Daß diese Raumvorstellung als eine apriorische Kondition des erkennenden Subjekts und nicht als eine reale Konstante einer ursprünglich subjektunabhängigen absoluten Natur betrachtet zu gelten hat, macht physikalisch zunächst keinen Unterschied. Vielmehr überführte Kant den Erklärungsanspruch des *absoluten* Raumes in seine Theorie der *reinen* Raumvorstellung. In seinen weiteren systematischen Arbeiten zur Grundlegung der physikalischen Disziplinen der Phoronomie, der Dynamik und der Mechanik entwickelte Kant diese Raumtheorie allerdings weiter und gelangte zu Konsequenzen, die ihn zu einer eigentümlichen "Umrüstung" der Raumauffassung von Newton – in dessen Interesse – nötigten. Der Schlußfolgerung, daß Kant mit seiner Theorie des reinen Raumes am Ende weiterhin einer Physik den Weg gebahnt hätte, die die Voraussetzung eines absoluten Raumes benötigt, entspricht der Wortlaut der berühmten "Erklärung 1" aus der "Phoronomie" der "Metaphysischen Anfangsgründe der Naturwissenschaften" nur scheinbar. Dort heißt es: »Materie ist das Bewegliche im Raume. Der Raum, der selbst beweglich ist, heißt der materielle, oder auch der relative Raum;

der, in welchem alle Bewegung zuletzt gedacht werden muß (der mithin selbst schlechterdings unbeweglich ist), heißt der reine, oder auch absolute Raum.«[13]

Kant stellt hier mit unmißverständlicher Eindeutigkeit fest, was unter dem Terminus "absoluter Raum" zu verstehen, und was vor allem nicht darunter zu verstehen ist: »Der absolute Raum ist also an sich nichts und gar kein Objekt, sondern bedeutet nur einen jeden anderen relativen Raum, den ich mir außer dem gegebenen jederzeit denken kann, und den ich nur über jeden gegebenen ins Unendliche hinausrücke, als einen solchen, der diesen einschließt und in welchem ich den ersteren als bewegt annehmen kann.«[14]

Diese Reduktion des reinen Raumes auf ein logisches Regulativ liegt nach Kant zwar im Interesse der Grundlegung der Newtonschen Physik, sie ist aber nicht im Sinne Newtons. Sie würde sich mit dem Leibnizschen Relativismus möglicherweise eher vermitteln lassen. Schon gar nicht hat nach Kant eine Theorie eine Chance, die den absoluten Raum als leeren Raum verstehen wollte. Gegen diesen argumentiert Kant nicht nur mit Hilfe der Überlegungen, die ihn zu der These von der bloßen logischen Regulativiät des absoluten Raumes führten, sondern auch mit dynamistischen Argumenten, und so kommt er doch der Leibnizschen Methode auf eigenartige Weise wieder nahe: Alle wirkenden Kräfte in der Natur seien auf zwei "Grundkräfte" und deren Wechselwirkung zurückzuführen – Repulsion und Attraktion –, und die Wechselwirkung dieser Grundkräfte ist es, die als dynamische Quelle für die Bewegung im Raum, und d.h. gemäß seiner Definition für die Materie (!) anzusehen ist. Diese Kräfte verursachen, daß »der Raum [...] durchgängig, und gleichwohl in verschiedenem Grade [als] e r f ü l l t « anzusehen ist: »Hieraus allein entspringt nun schon ein großer Vorteil für die Naturwissenschaft, weil ihr dadurch die Last abgenommen wird, aus dem Vollen und Leeren eine Welt bloß nach Phantasie zu zimmern, vielmehr alle Räume voll und doch in verschiednem Maße erfüllt gedacht werden können, wodurch der leere Raum wenigstens seine N o t w e n d i g k e i t verliert und auf den Wert einer Hypothese zurückgesetzt wird.«[15] Hypothesis fingit.

Sollte Leibniz' Einwand gegen die Theorie vom absoluten Raum vor allem auf der Überzeugung beruht haben, daß der absolute Raum sich jeder empirischen Verifizierbarkeit entzieht, dann ist Kants Kritik an der

[13] I. Kant. Metaphysische Anfangsgründe der Naturwissenschaften. In: Werkausgabe Bd. 8, hrsg. von Wilhelm Weischedel. Frankfurt/M. 1977, A 1.
[14] Ebda., A 3f.
[15] Ebda., A 82f.

Unterstellung einer "physischen Allgemeinheit" vom absoluten oder gar leeren Raum wie eine Fortsetzung der Leibnizschen Newtonkritik zu lesen. Sollte Leibniz allerdings die Garantie der raum-zeitlich beschreibbaren Gegenstandswelt, vorzüglich also Bewegungsverläufe, auf dynamische Prinzipien zurückführen, wie sie in den "vires primitivae activae" ihren Ursprung finden sollen, so wäre ihm vorzuhalten, daß er seine geradezu empiristisch formulierten Vorbehalte gegen die Raum-Metaphysik Newtons und Clarkes nicht konsequent auf den eigenen Standpunkt angewandt hat. Die "vires activae primitivae" als Bewegungsursprünge und in diesem Sinne als "wahre Bewegungen" sind – auch wenn sie sich als analytische Begriffe des Phänomens der Kraft anbieten – metaphysische Prinzipien, wenngleich mit der Besonderheit, daß Metaphysik hier den Anspruch erhebt, unmittelbar in den Formalismus mathematischer Gesetzlichkeit übersetzt zu werden. Denn die "Substantialität" der Primitivkräfte denkt Leibniz sich nicht materiell – hier hat er sich durch seine Descarteskritik hinreichend abgesichert, sondern funktional, d.h. angemessen darstellbar in mathematischen Funktionen. Leibniz war auf der Suche nach einer dynamistischen Geometrie.

III. Russell und Cassirer

Im 20. Jahrhundert haben mehrere Leibniz-kundige Relativitätsexperten auf den Streit zwischen Leibniz und Newton zurückgegriffen, z.T. mit äußerst gegensätzlichen Konsequenzen. Die beiden unversöhnlichsten Interpretationsmöglichkeiten sind mit den Namen Betrand Russell einerseits und Ernst Cassirer andererseits gekennzeichnet. Beiden ist gemeinsam – und das ist im Falle des Kantianers Ernst Cassirer durchaus überraschend –, daß sie die vermittelnde These zwischen den alten, gegnerischen Positionen, wie sie aus Kants Raumtheorie zu gewinnen gewesen wäre, so nicht übernommen haben – vermutlich aus Vorbehalt gegenüber Kants Lehre von der transzendentalen Idealität des Raumes. Cassirer versuchte seinerseits, Kants Raumtheorie soweit wie möglich auf diejenige von Leibniz zurückzuführen, während Russell ein Stück weit die Verteidigung des ursprünglichen Newton – nicht des kantianisch modifizierten – gegen Leibniz übernahm. Das Russellsche Argument wiegt schwer. Unter Bezugnahme auf den epochalen Streit heißt es bei ihm: »Es gibt zwei große Typen von Raumtheorie, die eine wird repräsentiert durch Newton, die andere durch Leibniz [...]. Beide resultieren aus der Betonung der einen oder anderen der beiden folgenden Ideen: Wenn wir zwei Punkte A und B nehmen, haben sie

1) eine Entfernung (distance), welche einfach eine Beziehung zwischen den beiden ist
2) eine tatsächliche Länge (length), die aus Raum besteht, und die sich von A nach B erstreckt.
Bestehen wir auf der ersteren als dem Wesen des Raumes, kommen wir zu einer relationistischen Theorie: die Begriffe A und B, deren Entfernung räumlich ist, können selbst nicht räumlich sein, da sie keine Beziehungen sind. Bestehen wir auf letzterer, der tatsächlich dazwischenliegenden Länge, finden wir sie in eine unendliche Menge von Punkten teilbar, von denen jeder den Endpunkten A und B gleicht. Diese Alternative gibt die Newtonsche Theorie des absoluten Raumes, die nicht in einer Ansammlung möglicher Relationen, sondern in einer unendlichen Ansammlung tatsächlicher Punkte (actual points) besteht.«[16]

"Distance" oder "length": Wer, wie Leibniz, das relationistische Distance-Modell vertritt, wer demnach auch die Punkte A und B nicht räumlich fassen darf, ist genötigt, Bedingungen der Möglichkeit dafür anzugeben, wie die Phänomenalität empirischer Bewegungsverläufe erklärbar ist. Leibniz' Entscheidung für die Hypothese der Primitivkräfte, durch die er eine proto–positivistische Konsequenz zu vermeiden versuchte, belastet seinen Naturbegriff mit einer unaufgelösten, ja unerträglichen Widersprüchlichkeit: eben derjenigen zwischen Positivismus und Metaphysik. Das Konzept von Newtons Punktraum wirkt so gesehen auf den ersten Blick schlüssiger, bringt aber die Schwierigkeit mit sich, daß Newton den Raum nicht in geometrische, sondern in "actual points" auflösen wollte. Als guter Realist hatte er für die Begründung der Tatsächlichkeit nur ein Modell zu bieten, nämlich das klassische des Atomismus. Dieses Modell aber war schneller noch als das modifizierte von Huyghens durch die erwähnte Atomismuskritik von Leibniz außerhalb der Diskussion.

Im Unterschied zu Russell stellt Cassirer zunächst – hier im einzelnen noch differenzierter als Reichenbach, der sich auf ihn stützt – eine generelle Kompatibilität zwischen dem Leibnizschen Standpunkt und der relativistischen Naturwissenschaft fest. Wenn Einstein in seiner berühmten populären Beschreibung der Relativitätstheorie anhand von anschaulichen Beispielen wie fahrenden Zügen und fliegenden Raben die relative Gültigkeit von Aussagen über Ortsveränderungen in der Zeit herausarbeitet und damit auf die unhintergehbare Einschränkung aller solcher Aussagen auf jeweilige Bezugssysteme – einen Bahndamm, einen fahrender Zug etc. – verweist, dann liest sich die Idee des relativistischen

---

[16] B. Russell: A critical Exposition of the Philosophy of Leibniz. With an Appendix of Leading Passages. London 1951, S. 112f.

Prinzips als eine exakte Bestätigung der Leibnizschen Raumvorstellung. Und die Konsequenz, die Cassirer aus der relativistischen Beachtung der Bezugssysteme zieht, ist entsprechend Leibniz-kompatibel: daß nämlich alle Eigenschaften, die wir den Objekten der Außenwelt zuschreiben können, »nur W i r k u n g e n bezeichnen, welche sie entweder auf unsere Sinne oder auf andere Naturobjekte ausüben. Farbe, Klang, Geschmack, Geruch, Temperatur, Glätte, Festigkeit gehören der ersteren Klasse an, sie bezeichnen Wirkungen auf unsere Sinnesorgane.«[17] Daraus, so Cassirer, aber auf einen gänzlichen Verzicht auf die Objektivität der Erkenntnis schließen zu wollen, sei ein Irrtum: »Denn das wahre Objektive sind der modernen Naturerkenntnis nicht sowohl die Dinge als vielmehr die Gesetze.«[18] Dieser Rekurs von der Objektivität der *Gegenstände* auf die Objektivität der *Gesetze* ist nicht mehr schlüssig mit den Argumenten der Theorie objektiver Erkenntnis bei Kant zu verbinden. Für Kant sind Gesetze die Bedingungen der Möglichkeit für die Objektivität von Gegenständen, und die Gesetze unseres Denkens – wie auch abbildhaft dazu die Naturgesetze, die wir aufstellen – erfüllen diesen konditionierenden Sinn. In diesem Sinne heißen sie "transzendental". Die Tendenz aber, die Gesetze selbst zu den wahren Objekten zu erheben, ist dazu gegenläufig, und sie nähert sich zudem der Leibnizschen Konsequenz, das Prinzip geometrischer Darstellbarkeit als einzige Manifestation räumlich beschreibbarer Wirklichkeit zuzulassen. Die Auffassung von der "Objektivität" der Gesetze – Cassirer formuliert diese schlüssige Konsequenz nicht immer so klar – grenzt sich in dieser Schärfe von einer Auffassung ab, derzufolge "Gesetze" subjektiv und die Phänomene, die ihnen zu gehorchen haben, objektiv seien. Die im Gesetzesbegriff aufgehobene Dualität zwischen Subjektivität und Objektivität verbindet Cassirer mit Leibniz. Für Leibniz sind Gesetze Inbegriffe, und als Inbegriffe enthalten sie die im Gesetz zusammengefaßten Einzelfälle wie Momente, die nicht nur nach, sondern auch durch dieses Gesetz erzeugt werden können. Das legt nahe, zu vermuten, daß Leibniz von "Kraft" als einem erzeugenden Prinzip in einem bewußt metaphorischen Sinne sprach, um die realitätsstiftende Bedeutung von Naturgesetzen auf diese Weise dynamisch zum Ausdruck zu bringen.

Cassirer jedenfalls zeigt immer wieder Neigungen, eine Leibnizinterpretation zu verteidigen, deren Aktualisierbarkeit in der Transformation von Metaphysik in Mathematik liegt. Für die Cassirersche Leibnizrezeption spricht, daß Leibniz sich den "ersten Beweger" der Natur –

[17] E. Cassirer: Zur Einsteinschen Relativitätstheorie (1921). In: Zur modernen Physik. Darmstadt 1987, S. 44 (im folgenden unter der Sigle ZMP).
[18] Ebda., S. 45.

Gott – als einen absoluten Geometer vorstellt: keinen Mathematik-
professor, sondern den Inbegriff der Inbegriffe. Cassirers entsprechend
kongeniale Darstellung der Leibnizschen Auffassung in dieser Sache lautet: »Die Bedeutung des Gesetzes, das die Einzelglieder verknüpft, ist
durch die Aufzählung noch so vieler Fälle des Gesetzes nicht zu erschöp-
fen; denn bei dieser Aufzählung fiele gerade das erzeugende Prinzip fort,
das die einzelnen Glieder zu einem funktionalen Inbegriff verknüpfbar
macht. Kenne ich die Relation, durch welche abc […] geordnet sind, so
kann ich sie durch Reflexion herauslösen und zum gesonderten
Gegenstand des Denkens machen; dagegen ist es unmöglich, aus dem
bloßen Zusammensein von a,b,c in der Vorstellung die Eigenart der ver-
knüpfenden in Relation zu gewinnen […]. Der Gefahr, den reinen Begriff
zu verdinglichen, ihm eine selbständige Wirklichkeit neben den Einzel-
dingen anzuweisen, kann diese Auffassung nicht unterliegen.«[19] Diese
Bemerkung belegt im übrigen, wie Leibnizrezeption und Analyse des
Wandels vom Substanzbegriff zum Funktionsbegriff bei Cassirer unmittelbar zusammengehen.

In seiner Auseinandersetzung mit der Relativitätstheorie führt Cassirer
diesen Gedanken aus, indem er den kantischen Begriff der "Form" der
äußeren Anschauung – also den Raum – in Anlehnung an Leibniz funktional interpretiert und damit einen impliziten Leibnizianismus Kants –
m.E. überdehnend – herausarbeitet. Es gelingt ihm allerdings auf diese
Weise eine Präzisierung des Funktionsbegriffes, die noch über seine
unmittelbare Leibnizinterpretation hinausgeht: »Was – wie der Raum
und die Zeit – die Setzung von Gegenständen erst ermöglicht, das kann
uns niemals selbst als einzelner Gegenstand, im Unterschied zu anderen,
gegeben sein […]. Denn all ihr ›Sein‹ geht in der Bedeutung und der
Funktion auf, die sie für den Urteilskomplex, den wir Wissenschaft, den
wir Geometrie oder Arithmetik, mathematische oder empirische Physik
nennen, besitzen.«[20] Von dieser offensichtlich an Leibniz orientierten
Kantinterpretation gelangt Cassirer zur Relativitätstheorie, mit der einfachen Feststellung, daß Einsteins eigene Beschreibung des Relativitätsprinzips durchaus dem Geist von Kants nichtdinglicher Formalität des
Raumes und der Zeit entsprochen habe – eine These, die ohne Cassirers
durch Leibniz gelenkte Kantinterpretation unverständlich wäre: »Wenn«
– so heißt es bei Cassirer – »demnach Einstein es als den Grundzug der

[19] E. Cassirer: Substanzbegriff und Funktionsbegriff (1910). Darmstadt 1994,
S. 33f. Vgl. dazu auch v. Vf.: Von der Substanz zur Funktion. Leibnizrezeption
als Kantkritik bei Ernst Cassirer. In: Dialektik 1. Hg. von Enno Rudolph u. H.J.
Sandkühler. Hamburg 1995.
[20] ZMP, S. 70f.

Relativitätstheorie bezeichnet, daß durch sie dem Raum und der Zeit ›der letzte Rest p h y s i k a l i s c h e r G e g e n s t ä n d l i c h k e i t ‹ genommen werde, so zeigt sich, daß die Theorie hierin nur dem Standpunkt des kritischen Idealismus die bestimmteste Anwendung und Durchführung innerhalb der empirischen Wissenschaft selbst verschafft. Raum und Zeit werden in der kritischen Lehre zwar in ihrer Geltung und als Ordnungsformen von den Inhalten, die sich in ihnen ordnen, unterschieden: – aber ein losgelöstes D a s e i n dieser Formen gibt es für Kant so wenig im subjektiven wie im objektiven Sinne.«[21]

Aus dieser Nachzeichnung eines roten Fadens von einem durch Leibniz interpretierten Kantianismus bis hin zu Einsteins Relativitätsprinzip ergibt es sich allerdings, eine abschließende Schlußfolgerungen zu ziehen: Formalistische Raum- und Zeitbegriffe sind Einheitsprinzipien. Das gilt für Newtons absolute Zeit bzw. seinen absoluten Raum, das gilt ebenso für Kants Theorie der reinen Zeit bzw. des reinen Raumes: sie garantieren die Homogenität einer Dimension, in der Gegenstände, Gegenstandsbeziehungen und Bewegungen wahrgenommen werden können. Wenn aber vom relativistischen Standpunkt aus gesehen alle Zeitmessung vom Bewegungszustand des jeweiligen Bewegungssystems abhängig ist, dann – so folgert Cassirer ausdrücklich – scheint es nur noch unendlich viele »und unendlich verschiedenartige ›Ortszeiten‹ zu geben, die aber niemals zur Einheit der Zeit zusammengehen.« Cassirer meint allerdings, daß der Einsteinsche Relativismus keineswegs zum Einheitsverlust führe und führen wolle, sondern daß sich vielmehr eine gegenüber der Tradition vorgenommene Modifikation desjenigen Einheitsprinzips ereignet habe, die vormals mit Raum– bzw. mit Zeitbegriffen erläutert wurden. Einheit sei nicht mehr in der "Form" gegenständlichen Inhalts, sondern ausschließlich in der Form eines »Systems gültiger Relationen« repräsentiert.[22] Diese formale Funktion habe in der Relativitätstheorie das Prinzip der Transformationsregeln übernommen: Das "Verwandlungsgesetz" (Cassirer), nach welchem die Raum-/Zeitgrößen eines Ereignisses sich beim Übergang von einem zu einem anderen Bezugskörper ändern, ist in der Lorentz-Transformation angegeben. Die "Einheit der Erfahrung" bleibt dadurch gewahrt. Freilich: der Sinn von Einheit – Cassirer kommentiert das leider nicht – hat sich offensichtlich gewandelt. Einheit ist jetzt nicht mehr repräsentiert in einem System der Bedingungen möglicher Naturerkenntnis, kraft dessen Gesetze gelten und Objekte erkannt werden, sondern Einheit ist das Gesetz, dessen

21 ZMP, S. 71f.
22 ZMP, S. 74.

Objektivität an Phänomenen gewonnen und an ihnen wieder geprüft wird. Dieser Wandel in der Zuordnung von Form, Objekt und Gesetz ist – wie zuvor vermutet – mit dem transzendentalen Formalismus im Sinne Kants nicht mehr zu vollziehen: Kant spricht den Gegenständen Objektivität vermöge der Einheit der Anschauungsformen zu; ein gemäß Cassirers Auslegung relativistisch interpretierter Leibniz spricht den Gesetzen selbst Objektivität zu.

»Der Begriff existiert für den Physiker erst dann, wenn die Möglichkeit gegeben ist, im konkreten Falle herauszufinden, ob der Begriff zutrifft oder nicht.«[23] Diese trivial klingende Bemerkung Einsteins ist im Blick auf die Schwierigkeit, exakt anzugeben, wann etwa der "Begriff" der "Gleichzeitigkeit" eine angemessene Anwendung findet, von einschlägiger Bedeutung. Die These von Einstein besagt schlicht aber revolutionär, daß der bezugssystemabhängige Beobachtungsvorgang über die Gültigkeit des Begriffs entscheidet. Damit hat das stolze (absolute) Apriori im Sinne Newtons ebenso wie das wenig bescheidenere (transzendentale) Apriori von Zeit und Raum endgültig dem noch bescheideneren pragmatischen Konstrukt eines Bezugsystems Platz gemacht. Davon unabhängig freilich wäre die Frage zu diskutieren, inwieweit das kantische Apriori von Raum, Zeit und Begriff als Bedingung der Möglichkeit für das Entwerfen von Bezugsystemen erkenntnisleitende Gültigkeit beanspruchen kann. Bezugssysteme sind – mit Leibniz hat dieser Prozeß begonnen und in diesem Jahrhundert verspätet an Dramatik gewonnen – als symbolische Formen derjenigen Phänomene einzuführen nötig gewesen, deren Inbegriff wir Natur nennen.

Literaturverzeichnis

Cassirer, Ernst: Substanzbegriff und Funktionsbegriff (1910). Darmstadt 1994.
– Zur Einsteinschen Relativitätstheorie (1921). In: Zur modernen Physik. Darmstadt 1987.
Clarke, Samuel: Der Briefwechsel mit G.W. Leibniz 1715/1716 (1717). Übersetzt, eingeleitet, erläutert und herausgegeben von Ed Dalliani. Hamburg 1980.
Einstein, Albert: Über die spezielle und allgemeine Relativitätstheorie. Gemeinverständlich (1917). Braunschweig, 17. erw. Auflage 1957.

[23] A. Einstein: Über die spezielle und allgemeine Relativitätstheorie. Gemeinverständlich (1917). Braunschweig, 17. erw. Auflage 1956, S. 13.

Kant, Immanuel: Über die Metaphysischen Anfangsgründe der Naturwissenschaften. In: Werkausgabe Bd. 8. Herausgegeben von Wilhelm Weischedel. Frankfurt/M 1977.

Leibniz, Gottfried Wilhelm: Specimen Dynamicum (1695). Herausgegeben, übersetzt und erläutert von H.G. Dosch, G.W. Most und E. Rudolph. Hamburg 1982.

Reichenbach, Hans: Die philosophische Bedeutung der Relativitätstheorie. In: Gesammelte Werke Bd. 3. Herausgegeben von Andreas Kamlah (Erläuterungen) und Marie Reichenbach. Braunschweig 1979.

Rudolph, Enno: Von der Substanz zur Funktion. Leibnizrezeption als Kantkritik bei Ernst Cassirer. In: Rudolph, E./Sandkühler H.J. (Hg.): Dialektik 1. Hamburg 1995.

Russell, Bertrand: A critical Exposition of the Philosophy of Leibniz. With an Appendix of Leading Passages. London 1951.

Karl-Norbert Ihmig (Bielefeld)

Hilberts axiomatische Methode und der Fortschritt in den Naturwissenschaften. Zu Cassirers Wissenschaftsphilosophie

I. Erkenntnistheorie und Wissenschaftsentwicklung

Die Ansicht, daß in den Wissenschaften – zumindest dann, wenn man sich auf die Mathematik und mathematischen Naturwissenschaften beschränkt – Fortschritt möglich ist, kann wohl als allgemein geteilte Überzeugung gelten. Weniger Einigkeit besteht allerdings darüber, *wie* dieser Fortschritt beschrieben werden kann und wie er zustande kommt. Da es Wissenschaften dem Wortlaut nach mit *Wissen* zu tun haben und Fortschritt relativ zu einem gegebenen Wissensstand eine kontinuierliche Vermehrung von Wissen zu implizieren scheint, liegt es nahe, ein Modell der *kumulativen* Wissenserweiterung anzunehmen.

Das kumulative Modell der Wissenschaftsentwicklung beruht jedoch auf bestimmten epistemischen Voraussetzungen, die die Natur des Wissens sowie der Wissenschaft überhaupt betreffen. Es seien hier nur zwei derselben genannt, die – wenn auch in unterschiedlichen Variationen – für die im zweiten Quartal unseres Jahrhunderts vorherrschende empiristische Wissenschaftsphilosophie typisch sind. Die eine Voraussetzung beinhaltet, daß wissenschaftliche Aussagen nur dann bedeutungsvoll sind, wenn sie sich auf »einfachste Aussagen über empirisch Gegebenes«[1] resp. mittelbar oder unmittelbar auf »Erlebtes« zurückführen lassen[2]. Daraus ergibt sich zweitens, daß das Wesen einer bedeutungsvollen wissenschaftlichen Theorie in einer *Menge* von Aussagen besteht, die diesem Kriterium genügen. Die Teile liefern somit das erkenntnistheoretische Fundament für das Ganze, das in irgendeiner Form als aus diesen Teilen zusammengesetzt gedacht werden muß. Eine wissenschaftliche Theorie als ganze ist daher in ihrem epistemischen Wert von der Summe ihrer Einzelaussagen abhängig. Demgemäß bestünde wissenschaftlicher Fortschritt in einer sukzessiven Vergrößerung der Summe dieser Aussagen, so daß das bereits vorhandene Wissen stets erhalten bleibt und lediglich um eine gewisse Anzahl neuer Aussagen vermehrt wird.

---

[1] Otto Neurath: Wissenschaftliche Weltauffassung. Der Wiener Kreis (Wien 1929). In: R. Haller / H. Rutte (Hg.): Otto Neurath. Gesammelte philosophische und methodologische Schriften. Bd. 1. Wien 1981, S. 305f.

[2] Ebda., S. 311.

Das Modell der kumulativen Wissenserweiterung wurde 1962 von Thomas S. Kuhn in seiner Arbeit über "The Structure of Scientific Revolutions" nachhaltig in Frage gestellt. Statt stetiger Akkumulation des Wissens lösen nach Kuhn ruhigere Phasen der "normalen Wissenschaft" und stürmische Perioden wissenschaftlicher Revolutionen einander ab. Parallel dazu provozierte P. Feyerabend mit seiner These von der semantischen Instabilität wissenschaftlicher Begriffe im Theorienwandel, die Kuhns These von der »Inkommensurabilität« vor- und nachrevolutionärer Paradigmata in gewissem Sinne ergänzte und bestärkte, die Wissenschaftsphilosophen. Damit war die Aufgabe gestellt, die Wissenschaft als ein sich wandelndes und entwickelndes Unternehmen zu begreifen und ein begriffliches Instrumentarium bereitzustellen, das diese Entwicklung angemessen zu beschreiben vermochte. Insbesondere wurde die Frage immer dringlicher, auf welche Weise angesichts der These von der *Inkommensurabilität* der in einer Revolution aufeinander folgenden Theorien die Einheit und Kontinuität des Prozesses wissenschaftlicher Erkenntnis sichergestellt werden kann. Gibt es überhaupt noch ein gemeinsames Maß, hinsichtlich dessen die Bedeutungsverschiebungen, die wissenschaftliche Grundbegriffe und Prinzipien durch die Dynamik der Theorien, in die sie eingebunden sind, erfahren, verglichen werden können? Ist dieses gemeinsame Maß eher in einer allen Theorien gemeinsamen »neutralen« Beobachtungssprache zu suchen, die einen Vergleich bezüglich der "empirischen Basis" von Theorien ermöglichte, oder aber in theorieübergreifenden "metaphysischen" Prinzipien, die den Gang wissenschaftlichen Fortschritts (implizit oder explizit) leiten? Die Berücksichtigung der Dynamik wissenschaftlicher Theorien führt demnach unweigerlich auf die Frage nach dem Verhältnis von *Konstanz* und *Veränderung* innerhalb des wissenschaftlichen Entwicklungsprozesses. Sie stellt sich gleichermaßen für ein nicht-kumulatives Modell der Wissenschaftsentwicklung und ihre Beantwortung ist ebenfalls von bestimmten erkenntnistheoretischen Voraussetzungen abhängig.

Im Zusammenhang mit der hier entwickelten Fragestellung verdient Cassirers Philosophie der Wissenschaften Beachtung und zwar deshalb, weil sie einerseits das Phänomen der *Dynamik* wissenschaftlicher Erkenntnis in den Mittelpunkt ihrer Betrachtungen rückt[3] und andererseits die erkenntnistheoretischen Grundlagen zu entwickeln versucht, die als Bedingungen der Möglichkeit dieses Phänomens expliziert werden

---

[3] Vgl. Ernst Cassirer: Das Erkenntnisproblem in der Philosophie und Wissenschaft der neueren Zeit. Bd. 1 (1906), Darmstadt 1994 (im folgenden zitiert unter der Sigle EP I), S. 18: »Denn das ›Faktum‹ der Wissenschaft ist und bleibt freilich seiner Natur nach ein geschichtlich sich entwickelndes Faktum.«

können. Dabei spielt insbesondere das Verhältnis von Konstanz und Veränderung innerhalb der Wissenschaftsentwicklung eine entscheidende Rolle. Auf den ersten Blick sieht es so aus, als vertrete Cassirer diesbezüglich sich einander widersprechende Ansichten. So behauptet er auf der einen Seite: »Schon beim Vergleich der verschiedenartigen empirischen Theorien zeigt sich, daß in ihrer Aufeinanderfolge nicht Regellosigkeit oder Willkür, sondern methodische Kontinuität waltet. Die späteren Theorien verdrängen und verwerfen nicht einfach die früheren, sondern sie nehmen ihren Gehalt in sich auf.«[4] Auf der anderen Seite erteilt er die Auskunft: »Irgendwo müssen wir im Fortgang der Erkenntnis eine echte ›*Mutation*‹ anerkennen, die zu etwas Neuem und Selbständigem hinüberführt. Auch unser Denken bewegt sich gleichsam in ›diskreten Bahnen‹ – und jede von ihnen schreibt ihm eine ganz bestimmte Haltung vor. Will es von der einen dieser Bahnen zur anderen übergehen – [...] – so kann dies immer nur durch einen ›Sprung‹ geschehen, der das Aufgebot einer bestimmten geistigen Energie verlangt.«[5]

Bevor auf Cassirers erkenntnistheoretische Grundposition, die diese beiden scheinbar so gegensätzlichen Standpunkte miteinander zu verknüpfen bestrebt ist, näher eingegangen wird, sei zuvor noch auf zwei Einschränkungen hingewiesen, die mit Cassirers Konzeption der Wissenschaftsentwicklung verknüpft sind. Sie ergeben sich daraus, daß er diese Konzeption mit einer eingehenden Analyse der *Wissenschaftsgeschichte* verbindet. Denn jede Theorie der Wissenschaftsentwicklung muß zunächst als eine *Hypothese* angesehen werden, die sich am konkreten Material der bereits stattgefundenen Entwicklung der Wissenschaften (relativ zu einem bestimmten Zeitpunkt) zu bewähren hat.[6]

Die erste Einschränkung bezieht sich auf die in Betracht zu ziehende Zeitspanne. Der Zeitraum, den Cassirer im Auge hat, umfaßt im wesentlichen die Epoche vom ausgehenden 16. und beginnenden 17. Jahrhundert bis etwa zum Ende des ersten Quartals des 20. Jahrhunderts. Es

---

[4] Ernst Cassirer: Determinismus und Indeterminismus in der modernen Physik (1937). In: Zur modernen Physik. Darmstadt 1987 (im folgenden unter der Sigle ZMP), S. 212.

[5] ZMP, S. 191. An anderer Stelle spricht Cassirer explizit von einer »*Revolution*«, die sich »im Inhalt der naturwissenschaftlichen Grundbegriffe« gegen Ende des 19. und zu Anfang des 20. Jahrhunderts vollzogen habe. Er hat dabei insbesondere den Begriff der Materie und das Kausalprinzip im Auge. Vgl. Ernst Cassirer: Das Erkenntnisproblem in der Philosophie und Wissenschaft der neueren Zeit. Bd. 4 (1957). Darmstadt 1994 (im folgenden unter der Sigle EP IV), S. 91.

[6] Vgl. EP I, S. 16: »Die inhaltliche Analyse des *Tatbestands* der rationalen Wissenschaften und die Verfolgung ihres allmählichen Werdens erhellen und bedingen sich nunmehr wechselseitig.«

ist also die Periode, die gemäß neueren wissenschaftshistorischen Darstellungen durch »Die Geburt der klassischen Naturwissenschaft«[7] eingeläutet wurde. Im ersten Band über "Das Erkenntnisproblem" wird darüber hinaus auch noch die dieser "Geburt" unmittelbar vorausgehende Zeitspanne behandelt, in der vor allem die Philosophen der Renaissance vorgestellt werden, die den Beginn der neuzeitlichen Naturwissenschaft vorbereitet haben.[8] Die zweite grundlegende Einschränkung ergibt sich aus Cassirers thematischer Konzentration auf die Mathematik und die mathematischen Naturwissenschaften. Dabei steht vor allem die Physik und innerhalb der Physik die Entwicklung der Mechanik im Vordergrund. In "Substanzbegriff und Funktionsbegriff" wird darüber hinaus auch noch die Entwicklung der Chemie im 19. Jahrhundert eingehend behandelt.[9] Methodisch liegt der Schwerpunkt auf der Untersuchung begrifflicher Beziehungen innerhalb der einzelnen Theorien und ihres Verhältnisses zu metaphysischen und philosophischen Voraussetzungen. Die Verflechtungen mit psychologischen und soziologischen Gesichtspunkten bleiben dabei außer Betracht. Diese Beschränkungen bringen natürlich eine gewisse Verengung des Blickwinkels mit sich. Wer mit den Problemen der Wissenschaftsgeschichte einigermaßen vertraut ist, wird jedoch wissen, daß solche Einschränkungen nahezu unumgänglich sind.

Cassirers erkenntnistheoretische Position des "kritischen Idealismus", wie sie von ihm selbst gelegentlich bezeichnet wird, knüpft einerseits an Einsichten von Kants theoretischer Philosophie an[10], versucht letztere aber andererseits mit den Ergebnissen der modernen Wissenschaften in Einklang zu bringen[11]. Dazu gehören insbesondere die Einsichten, die die Entwicklung der Geometrie in der zweiten Hälfte des 19. Jahrhun-

---

[7] E. J. Dijksterhuis: Die Mechanisierung des Weltbildes (1956). Berlin/Heidelberg/New York 1983, S. 319.

[8] Vgl. EP I, S. 21-171.

[9] Vgl. Ernst Cassirer: Substanzbegriff und Funktionsbegriff. Untersuchungen über die Grundfragen der Erkenntniskritik (1910). Darmstadt 1994 (im folgenden unter der Sigle SuF), S. 270-292.

[10] So bemerkt Cassirer ausdrücklich: »Ich selbst bin oft als ›Neu-Kantianer‹ bezeichnet worden und ich nehme diese Bezeichnung in dem Sinne an, dass meine gesamte Arbeit im Gebiete der theoretischen Philosophie die methodische Grundlegung voraussetzt, die Kant in der ›Kritik der reinen Vernunft‹ gegeben hat.« Ernst Cassirer: Was ist 'Subjektivismus'?, in: Theoria 5 (1939), S. 114.

[11] Vgl. Ernst Cassirer: Kant und die moderne Mathematik, in: Kant-Studien 12 (1907) (im folgenden unter der Sigle KmM), S. 32: »Denn wie hoch man die Kantische Lehre auch stellen mag: die Sorge um ihre richtige historische Würdigung und Auslegung muss zurücktreten gegenüber dem Bemühen, zu einer Verständigung über das Ziel und über die Wege der philosophischen Forschung der Gegenwart zu gelangen.«

derts sowie die Relativitätstheorie und die Quantenphysik zu Tage gefördert haben. Im folgenden möchte ich mich auf einen Aspekt konzentrieren, der vordergründig der Geometrie und ihrer Entwicklung anzugehören scheint, der aber für das moderne Wissenschaftsverständnis
überhaupt von wesentlicher Bedeutung ist, nämlich die Herausbildung
der *Hilbertschen Axiomatik*. In welchem Sinne eine Verbindung zwischen Cassirers erkenntnistheoretischer Position und der axiomatischen
Methode besteht und wie sich aufgrund dieser Verbindung das Problem
der Wissenschaftsentwicklung darstellt, soll Gegenstand der folgenden
Überlegungen sein.

II. Die erkenntnistheoretische Bedeutung der axiomatischen Methode

Bekanntlich hat die Entdeckung der mengentheoretischen Paradoxien
durch Zermelo und Russell zu Beginn unseres Jahrhunderts die sog. dritte große Grundlagenkrise der Mathematik heraufbeschworen.[12] Ausgangspunkt war der von Frege unternommene Versuch, die Mathematik
als Teil der (formalen) Logik zu explizieren. Er ging dabei von einem sehr
weiten Begriff von formaler Logik aus, sofern er sowohl Prozesse der
Mengenbildung als auch typische Verfahrensweisen der Arithmetik – wie
z. B. die Methode der vollständigen Induktion – als logische Operationen
auffaßte. Die Berechtigung dazu schien aus dem analytischen Charakter
der Aussagen, die mit Hilfe dieser Methoden gewonnen wurden, zu folgen. Als Reaktion auf die Krise entwickelten sich unterschiedliche
mathematische Denkrichtungen, die verschiedene Strategien zur Überwindung derselben vorgeschlagen haben. Neben die bereits erwähnte
Schule des Logizismus, die von Russell, Whitehead und Couturat weitergeführt wurde, trat die Position des von Brouwer verfochtenen *Intui-*
tionismus und der sog. *Formalismus* Hilberts.

Cassirer hat diese unterschiedlichen Denkansätze mit großem Interesse verfolgt. Dies ist bereits in "Substanzbegriff und Funktionsbegriff"
deutlich erkennbar und hing zunächst damit zusammen, daß die Lehre
vom *Begriff,* die im Mittelpunkt dieses Werkes stand, eng mit Teilen der

---

12 In welchem Sinne man in diesem Zusammenhang von einer "Grund-
lagenkrise" sprechen kann, hat C. Thiel näher erläutert in Christian Thiel: Philo-
sophie und Mathematik. Eine Einführung in ihre Wechselwirkung und in die
Philosophie der Mathematik, Darmstadt 1995, Kap. 16: "Grundlagenkrise und
Grundlagenstreit", S. 330-350. Eine sehr gute zeitgenössische Beschreibung der
Situation findet man in Hermann Weyl: Die heutige Erkenntnislage in der Mathe-
matik (1925). In: K. Chandrasekharan (Hg.): Hermann Weyl. Gesammelte
Werke. 2. Bd., Berlin/Heidelberg/New York 1968, S. 511-542.

mathematischen Logik verknüpft war, sofern Begriffsumfänge auch als
Mengen behandelt werden konnten. Allerdings war Cassirer nicht
primär an einer Theorie des Begriffs im Sinne der formalen Logik, sofern
sie von allem Erkenntnisinhalt abstrahierte, interessiert, sondern vielmehr an der Bedeutung der (wissenschaftlichen) Begriffe für den Aufbau
der Erkenntnis.[13] Bereits dort wird Hilbert von Cassirer als derjenige
Mathematiker hervorgehoben, der in dem Verfahren, das er »zur Darstellung und Ableitung der geometrischen Axiome« angewandt habe, die
»Methode der reinen Mathematik« *überhaupt* in ihrer reinen Gestalt zum
Ausdruck gebracht habe.[14] Die übergreifende erkenntnistheoretische
Bedeutung dieser Methode deutet Cassirer mit dem Hinweis an, daß sie
ein Analogon auch in der wissenschaftlichen *Natur*erkenntnis besitze:
»Das Verfahren der Mathematik weist hier auf ein analoges Verfahren der
theoretischen Naturwissenschaften voraus, für welches es den Schlüssel
und die Rechtfertigung enthält.«[15] Neunzehn Jahre später, nämlich im
dritten Band der "Philosophie der symbolischen Formen", hat er dem
Problemkreis des Grundlagenstreits ein eigenständiges Kapitel gewidmet, das mit dem Titel "Der Gegenstand der Mathematik" überschrieben
ist.[16] Dabei ist unverkennbar, daß gerade seine Beschäftigung mit
Hilberts Formalismus einen relativ breiten Raum einnimmt. Cassirer hat,
wie mir scheint, recht gut gesehen, daß man Hilberts Standpunkt im
Grundlagenstreit nicht auf eine "Theorie formaler Systeme" reduzieren
kann, die lediglich für innermathematische Probleme Relevanz besäße,
sondern daß er vielmehr interessante erkenntnistheoretische Überlegungen beinhaltet, an denen die Philosophie nicht ohne weiteres vorbeigehen
kann. So schreibt Cassirer mit Bezug auf Hilbert: »Aber wie gebieterisch
auch die Vollendung der Mathematik die Durchführung und die reine

[13] Cassirer kontrastiert die Aufgabe seiner Theorie des Begriffs mit derjenigen
der formalen Logik, die nach Kants Definition "von allem Inhalt der Verstandeserkenntnis, und der Verschiedenheit der Gegenstände" abstrahiert (vgl.
Immanuel Kant: Kritik der reinen Vernunft. Werkausgabe Bd. 3/4, hg. von
Wilhelm Weischedel, Frankfurt/M. 1977 (im folgenden zitiert unter der Sigle
Kr.V), B 78), wie folgt: »Sie sieht von dieser Mannigfaltigkeit der gegenständlichen Struktur nicht ab, sondern sie will sie vielmehr in ihrem ganzen Umfang erst
sichtbar machen. Sie strebt nicht zu einem Formal-Allgemeinen *jenseits* der
Unterschiede der Gegenstandsstruktur, sondern sie will die immanente Bedeu-
tung, die innere Gliederung eben dieser Differenzen selbst aufweisen.« Ernst
Cassirer: Zur Theorie des Begriffs. Bemerkungen zu dem Aufsatz von G.
Heymans. In: Kant-Studien 33 (1928), S. 131.
[14] Vgl. SuF, S. 122f.
[15] Ebda., S. 124.
[16] Vgl. Ernst Cassirer: Philosophie der symbolischen Formen. Dritter Teil:
Phänomenologie der Erkenntnis (1929). Darmstadt 1994 (im folgenden unter der
Sigle PSF III), S. 417-473.

Ablösung des streng-formalistischen Gesichtspunkts verlangen mag – so fällt doch andererseits dieses mathematisch-technische Interesse nicht mit dem rein erkenntniskritischen zusammen.«[17]

Die Frage ist nun, worauf sich Cassirers erkenntnistheoretisches Interesse an Hilberts Philosophie der Mathematik in erster Linie gründet. Seine Bemerkungen von 1910 deuten darauf hin, daß er dabei ein "Verfahren" bzw. eine "Methode" im Blick hat, die sowohl für die Mathematik als auch für die mathematischen Naturwissenschaften von Bedeutung ist. Bei diesem Verfahren handelt es sich um die von Hilbert sog. *axiomatische Methode*. Hilbert selbst schildert sie als eine "allgemeine Forschungsmethode", die geeignet ist, die Beziehungen der Mathematik »zu den Nachbarwissenschaften, insbesondere zu den großen Reichen der Physik und der Erkenntnistheorie« zu vertiefen.[18] Sie dient zur Aufsuchung der Grundlagen eines einzelnen Wissensgebietes, die aber immer nur *relative* Haltepunkte bieten und stets der Veränderung und Erweiterung fähig sind. Die Axiome einer Wissenschaft sind für Hilbert keine Fundamente in einem absoluten Sinne, deren Gewißheit in einer auf Anschauung beruhenden Evidenz verankert wäre. Er vertritt die Auffassung, daß die Gegenstände eines Wissensgebietes durch die Gesamtheit der Axiome desselben *implizit definiert* werden. Diesen Standpunkt, der mit einer nicht unerheblichen Bedeutungsverschiebung des traditionellen Axiomenbegriffs verknüpft ist, hat Hilbert erstmals 1899 in seinem Werk über "Die Grundlagen der Geometrie" ausgeführt, in welchem er ein vollständiges und widerspruchsfreies Axiomensystem der Euklidischen Geometrie vorzustellen versucht.[19] Die dort praktizier-

---

[17] PSF III, S. 450.

[18] David Hilbert: Axiomatisches Denken (1918). In: Hilbertiana, Darmstadt 1964, S. 1.

[19] In der Reaktion Freges auf das genannte Werk Hilberts und der sich daran anschließenden Kontroverse um den Axiomenbegriff tritt die Differenz zwischen zwei unterschiedlichen Auffassungen darüber, was ein Axiom bedeutet und was es leisten soll, deutlich hervor. Frege steht noch ganz auf dem Boden der Tradition, wenn er definiert: »Axiome nenne ich Sätze, die wahr sind, die aber nicht bewiesen werden, weil ihre Erkenntnis aus einer von der logischen ganz verschiedenen Erkenntnisquelle fliesst, die man Raumanschauung nennen kann.« Gottlob Frege: Briefwechsel Frege-Hilbert, in: H. Hermes / F. Kambartel / F. Kaulbach (Hg.): Nachgelassene Schriften und wissenschaftlicher Briefwechsel. Band II: Wissenschaftlicher Briefwechsel, Hamburg 1976, S. 63. Nach Hilbert hingegen formulieren Axiome die logischen Beziehungen der Grundbegriffe einer Wissenschaft: »Meine Meinung ist eben die, dass ein Begriff nur durch seine Beziehungen zu anderen Begriffen logisch festgelegt werden kann. Diese Beziehungen, in bestimmten Aussagen formuliert, nenne ich Axiome und komme so dazu, dass die Axiome [...] die Definitionen der Begriffe sind.« Ebda., S. 79. Auf diese Bedeutungsverschiebung, die der Begriff des Axioms seit Hilbert erfah-

te Art und Weise der Darstellung der Geometrie wird für ihn später zum
Vorbild für die Gestalt einer wissenschaftlichen Theorie der Mathematik
oder mathematischen Naturwissenschaften überhaupt. Das wichtigste
Merkmal einer Theorie erblickt er in ihren wissenschaftlichen *Grundbegriffen* und deren wechselseitigen *Beziehungen*. Er spricht von einer
Theorie als einem "Fachwerk von Begriffen", dessen Gerüst die Axiome
bilden, auf deren Fundament das gesamte Theoriengebäude errichtet
wird: »Wenn wir die Tatsachen eines bestimmten mehr oder minder
umfassenden Wissensgebietes zusammenstellen, so bemerken wir bald,
daß diese Tatsachen einer Ordnung fähig sind. Diese Ordnung erfolgt
jedesmal mit Hilfe eines gewissen *Fachwerkes von Begriffen* in der Weise,
daß dem einzelnen Gegenstande des Wissensgebietes ein Begriff dieses
Fachwerkes und jeder Tatsache innerhalb des Wissensgebietes eine logische Beziehung zwischen den Begriffen entspricht. Das Fachwerk der
Begriffe ist nichts anderes als die *Theorie* des Wissensgebietes.«[20]

Ein wesentlicher Gesichtspunkt der hier skizzierten Theorieauf-
fassung besteht darin, daß die in den Axiomen festgelegten und mit
Notwendigkeit geltenden *Beziehungen* das logisch Primäre gegenüber
den Elementen, *für* welche diese Beziehungen gelten können, sind. Diese
Beziehungen sind von der besonderen inhaltlichen Beschaffenheit der
Elemente völlig unabhängig und gegenüber dem Wechsel oder der
Transformation derselben *invariant*. Es ist somit auch kein Zufall, daß

---

ren hat, weist Cassirer an vielen Stellen ausdrücklich hin. Vgl. etwa EP IV, S. 53:
»In dieser Hinsicht unterscheidet sich der moderne Begriff des ›Axioms‹ charakteristisch von dem antiken Begriffe. Axiome sind jetzt nicht mehr inhaltliche
Behauptungen von absoluter Gewißheit, sei es, daß man diese Gewißheit als eine
rein intuitive oder als eine rationale faßt, daß man sie aus der Natur der Anschauung oder aus der Vernunft ableitet. Sie sind vielmehr Ansätze des Denkens,
die dieses zum Gebrauch bereit stellt; sie sind Schemata, die das Denken entwirft
und die so weit und frei gefaßt sein müssen, daß sie sich für jeden konkreten
Gebrauch, den die Erkenntnis von ihnen machen will, offen halten.«

[20] Hilbert: Axiomatisches Denken, S. 1. Vgl. dazu ebenfalls Frege: Briefwechsel
Frege-Hilbert, S. 67: »Ja, es ist doch selbstverständlich eine jede Theorie nur ein
Fachwerk oder Schema von Begriffen nebst ihren nothwendigen Beziehungen zu
einander«. Diesem Theorieverständnis korrespondiert innerhalb der strukturalistischen Wissenschaftsauffassung in etwa das, was Sneed als "mengentheoreti-
sches Prädikat" bezeichnet. Vgl. Joseph D. Sneed: The Logical Structure of
Mathematical Physics. Dordrecht 1971, S. 16: »The essential, distinguishing fea-
ture of theories of mathematical physics is that each has associated with it a formal, mathematical structure. This structure forms, so to speak, the core of the
theory, or the mathematical formalism characteristic of the theory. It is this formal, mathematical core which is precisely described by the definition of a set-
theoretic predicate which ›axiomatizes‹ the theory.« Allerdings bleiben das Wesen
und die Funktion wissenschaftlicher *Begriffe* im Rahmen des axiomatischen
Ansatzes von Sneed unterbelichtet.

Hilbert seine Auffassung mit einem Hinweis auf das *Dualitätsprinzip* erläutert, welches ja die Austauschbarkeit von beispielsweise Punkten und Linien als Grundelementen beim Aufbau der Geometrie gestattet, ohne daß davon die Gültigkeit der allgemeinen Sätze und Beziehungen berührt würde.[21]

Wenn man diesen Zusammenhang zwischen Hilberts Lehre von der impliziten Definition und seiner Auffassung von einer Theorie überhaupt als eines "Fachwerkes von Begriffen" im Auge behält, dann stellt sich letztere als ein Gefüge von Begriffen und Gesetzmäßigkeiten dar, deren Gültigkeit nicht an eine bestimmte inhaltliche Interpretation der Elemente gebunden ist. Hilberts Axiomensysteme legen somit nur gewisse allgemeine Strukturen fest, die als *Invarianten* gegenüber unterschiedlichen Interpretationen (oder "Modellen") betrachtet werden können.

Für unsere Themenstellung ist das hier erläuterte Hilbertsche Theorieverständnis deshalb von Bedeutung, weil es gleichzeitig bestimmte Annahmen über die Art der Veränderungen, die im Verlaufe der *Entwicklung* einer Wissenschaft auftreten können, einschließt. Wenn eine Theorie durch ein "Fachwerk von Begriffen" bestimmt ist, die untereinander in logischen Beziehungen stehen, dann wird sich demgemäß die Theorie verändern, wenn sich diese Beziehungen verändern. Unter welchen Umständen stellt eine derartige Veränderung einen *Fortschritt* in der Theorienentwicklung dar? Hilbert deutet eine Antwort auf diese Frage in den folgenden Worten an: »Die fortschreitende Entwicklung des einzelnen Wissensgebietes beruht dann lediglich in dem weiteren logischen Ausbau des schon aufgeführten Fachwerkes der Begriffe.«[22] Ein "logischer Ausbau" der in Frage stehenden Theorie findet statt, wenn die zugrunde gelegten Axiome auf »eine tiefer liegende Schicht von Axiomen« zurückgeführt werden können. Im Rahmen des von ihm gewählten Bildes fährt er fort: »Das Verfahren der axiomatischen Methode, wie es hierin ausgesprochen liegt, kommt einer *Tieferlegung der Fundamente* der einzelnen Wissensgebiete gleich, wie eine solche ja bei jedem Gebäude nötig wird in dem Maße, als man dasselbe ausbaut, höher führt und dennoch für seine Sicherheit bürgen will.«[23]

Mit der Auffassung von der Wissenschaftsentwicklung als einer "Tieferlegung der Fundamente" verbinden sich vier Charakteristika, die insbesondere für Cassirers erkenntnistheoretisches Interesse an Hilberts axiomatischer Methode von entscheidender Bedeutung sind. Erstens

---

[21] Vgl. Frege: Briefwechsel Frege-Hilbert, S. 67.
[22] Hilbert: Axiomatisches Denken, S. 2.
[23] Ebda., S. 3.

wird der Prozeß der Theoriendynamik als ein Prozeß der *Begriffs-entwicklung* verstanden. Zweitens macht er sich – zumindest in wesent-lichen Teilen – als eine *nicht-kumulative* Wissenserweiterung bemerkbar. Drittens zielt er auf eine *Verallgemeinerung* der Grundlagen eines ein-zelnen Wissensgebietes ab, und viertens schließlich führt er auf eine *Vereinheitlichung* der Prinzipien und Begriffe unterschiedlicher Wissens-gebiete.

Allen vier Momenten begegnet man auch in Cassirers Konzeption der Wissenschaftsentwicklung. Im Unterschied zu Hilbert beruht Cassirers Wissenschaftsauffassung auf explizit formulierten erkenntnistheoreti-schen Prämissen, die er in Anknüpfung an Kants theoretische Philo-sophie sowie aufgrund der Analyse der Struktur begrifflicher Erkenntnis in der modernen Mathematik und Naturwissenschaft entwickelt hat. Auf zwei dieser Prämissen möchte ich im folgenden Abschnitt kurz zu spre-chen kommen. Die erste betrifft die sog. "funktionale Erkenntnis-auffassung", die auf ein Theorienverständnis im Sinne eines *Systems von Invarianten* führt, die zweite die Deutung, die Cassirer den von Kant als "regulative Prinzipien" bezeichneten *Vernunftideen* im Hinblick auf eine *dynamische* Wissenschaftsauffassung gibt.

III. Die "funktionale Erkenntnisauffassung" und die Rolle der Vernunftideen

Was zunächst die sog. "funktionale Erkenntnisauffassung" betrifft, so wird sie von Cassirer häufig mit dem Schlagwort der *erkenntnislogischen Priorität des Gesetzbegriffes vor dem Gegenstandsbegriff* bzw. der erkenntnistheoretischen *Priorität der Relation vor dem Relata* bezeich-net. Er betont jedoch, daß dieser Grundsatz im Sinne eines rein (erkennt-nis-) logischen Grundes, aber nicht im Sinne eines psychologischen Anfangs zu verstehen ist.[24] Ausgangspunkt ist die Frage, »in welcher Weise sich unsere Erkenntnis überhaupt auf ›Gegenstände‹ beziehen und welche Bedingungen sie erfüllen muß, um ›objektive Bedeutung‹ zu gewinnen.«[25] Diese Frage läßt zwei prinzipiell verschiedene Antworten zu. Die eine Möglichkeit bestünde darin, von einem in einem absoluten Sinne vorausgesetzten "Seienden" bzw. "Gegebenen" auszugehen. Unse-ren Vorstellungen und Begriffen käme dann Objektivität zu, wenn sie diesem Gegebenen in irgendeinem Sinne korrespondierten bzw. es abbil-deten. Die Voraussetzung dieser Auffassungsweise des Erkenntnis-

[24] SuF, S. 123f.
[25] EP IV, S. 69.

problems, die Cassirer auch als "Abbildtheorie" der Erkenntnis bezeichnet, lautet demgemäß: »es muß sich ein gegebener objektiver Sachverhalt aufweisen lassen, dem der Begriff entspricht und den er zum Ausdruck bringen will.«[26] Im Unterschied dazu geht die "funktionale Ansicht der Erkenntnis" davon aus, daß es nichts in einem absoluten Sinne "Gegebenes" gibt, sondern daß alle Gegenstände, sofern sie Gegenstände unserer sind, gewissen allgemeinen Bedingungen unterliegen, die ihren Ursprung im *Denken* haben. Erst vermöge der Zuordnung zu diesen ursprünglichen Denkvoraussetzungen ist es möglich, Gegenstände als *Erkenntnisobjekte* wissenschaftlich zu analysieren. »Denn das Objekt gilt ihr nicht als das ›Gegebene‹, sondern als das Aufgegebene; es ist der Zielpunkt der Erkenntnis, nicht ihr Ausgangspunkt.«[27]

Cassirer stützt sich mit dieser Auffassung auf eine bestimmte Interpretation des Verhältnisses von Gegenstandsbegriff und Gesetzesbegriff bei Kant. Die Grundlage für seine diesbezügliche Ansichten bilden in erster Linie Kants Ausführungen in den "Analogien der Erfahrung". Kant hatte folgendes Prinzip den "Analogien der Erfahrung" vorangestellt: »Erfahrung ist nur durch die Vorstellung einer notwendigen Verknüpfung der Wahrnehmungen möglich.«[28] Dasjenige, was für den Begriff der *Objektivität* in den "Analogien der Erfahrung" wesentlich ist, muß demnach in der Art und Weise gesucht werden, in der die Vorstellungen miteinander *verknüpft* werden. Vorstellungen sind dann objektiv bzw. "gegenständlich", wenn sie auf eindeutige und *gesetzmäßige* Weise verknüpft sind. Dieses Begründungsverhältnis, daß nämlich die *Gesetzlichkeit* die *Voraussetzung* für die *Gegenständlichkeit* der Vorstellungen (bzw. Vorstellungsabläufe) darstellt, wird von Kant in den "Analogien der Erfahrung" ausführlich entwickelt. Daraus resultieren die drei Grundsätze der Substanz, Kausalität und Wechselwirkung.

Der Zusammenhang des Begriffs des Gegenstands mit dem Begriff der Objektivität sowie dem Gesetzesbegriff gestaltet sich auf der Grundlage von Kants Transzendentalphilosophie demnach wie folgt. "Gegenstände" oder "Objekte" sind für Kant in erkenntnistheoretischer Hin-

---

[26] Ebda., S. 69.
[27] Ebda., S. 70. Die hier skizzierte Alternative, das Erkenntnisproblem zu behandeln, findet sich übrigens auch bei Kant. In den einleitenden Paragraphen zur transzendentalen Deduktion der Kategorien heißt es: »Es sind nur zwei Fälle möglich, unter denen synthetische Vorstellung und ihre Gegenstände zusammentreffen, sich aufeinander notwendigerweise beziehen, und gleichsam einander begegnen können. Entweder wenn der Gegenstand die Vorstellung, oder diese den Gegenstand möglich macht.« KrV, B 124f. Die erste Möglichkeit entspricht grob gesprochen dem, was Cassirer die abbildtheoretische, die zweite Möglichkeit dem, was er die funktionale Ansicht der Erkenntnis nennt.
[28] KrV, B 218.

sicht mit "Gegenständen der Erfahrung" gleichzusetzen; denn nur als solche können sie objektiv *erkannt* werden. Damit etwas als Gegenstand der Erfahrung erkannt werden kann, ist erforderlich, daß es apriori unter gewissen allgemeinen und notwendigen Bedingungen steht. Diese Bedingungen sind auch die Voraussetzung dafür, daß überhaupt empirische Urteile über Objekte der Erfahrung möglich sind. Sie haben die Gestalt von Regeln oder Gesetzen apriori (denn die *Kategorien* sind nach Kant »allgemeine Verbindungsbegriffe a priori«[29]), welche die Notwendigkeit und Allgemeinheit der Verknüpfung von Wahrnehmungen (oder allgemeiner: Vorstellungen) möglich machen. Diese Notwendigkeit und Allgemeinheit der Verknüpfung stellt nach Kant die *Objektivität* des Verknüpften sicher. Daraus folgt, daß der Begriff des Gegenstands in der kritischen Philosophie die Geltung allgemeiner und notwendiger Regeln, d. i. Gesetze, voraussetzt. Cassirer spricht dabei häufig mit Blick auf diese Begründungspriorität von dem Grundsatz der »Vorordnung des Gesetzesbegriffs vor dem Gegenstandsbegriff«[30].

Seine Anknüpfung an Kants Begriff der Objektivität führt ihn auf die Idee eines Systems von *Erkenntnisbedingungen* von, welches sich in unterschiedliche Stufen, die er auch als "Stufen der Objektivierung" betrachtet, gliedert, wobei er versucht, die schon bei Kant vorkommende Gliederung in Anschauungen, Kategorien und Ideen im Sinne eines solchen Stufensystems zu deuten. Jede "höhere" Stufe enthält in gewissem Sinne Prinzipien der Synthesis des Mannigfaltigen in bezug auf die niederen Stufen und bedingt auf diese Weise die *Objektivität* dieses Mannigfaltigen.[31] Allerdings waren bei Kant die Objektivitätsstufen noch an ganz bestimmte Erkenntnisvermögen gebunden, ein Umstand, der insbesondere für den Systemgedanken nicht ohne Bedeutung war. Denn die systematische Einheit der reinen Verstandesbegriffe gründete sich bei ihm auf eine Analyse des Verstandes*vermögens*, welche die Grundlage für den Versuch bildete, in der "metaphysischen Deduktion" die Vollständigkeit des Systems dieser Begriffe nachzuweisen. Läßt man nun die Anbindung der Objektivitätsstufen an derartige Erkenntnisvermögen fallen, wie Cassirer dies tut, dann stellt sich die Frage nach einem neuen Einheitsprinzip, welches zugleich im Stande ist, die Verbindung dieser

[29] Ebda., KrV, B 308.
[30] ZMP, S. 278. Vgl. auch ebda., S. 331.
[31] Die Analogie, die hinsichtlich dieser synthetischen Einheitsfunktion in bezug auf Kategorien und Vernunftideen besteht, beschreibt Kant an einer Stelle mit folgenden Worten: »Die Vernunft hat also eigentlich nur den Verstand und dessen zweckmäßige Anstellung zum Gegenstande, und, wie dieser das Mannigfaltige im Objekt durch Begriffe vereinigt, so vereinigt jene ihrerseits das Mannigfaltige der Begriffe durch Ideen.« KrV, B 671f.

Stufen untereinander plausibel zu machen. Bei näherer Betrachtung von Cassirers Kantinterpretation stellt sich heraus, daß er versucht, die Einheit des "kritischen" Systems der Erkenntnis auf eine methodische Einheit zurückzuführen, wobei er die dabei in Anschlag gebrachte Methode als Methode der *Invariantenbildung* deutet, die bei der Konstitution der unterschiedlichen Objektivitätsstufen gleichermaßen als das allen diesen Stufen Gemeinsame eine entscheidende Rolle spielt.[32] Die hinsichtlich ihrer Funktion einheitliche Interpretation von (reinen) Anschauungen und reinen Verstandesbegriffen als Invarianten ist ebenfalls der Grund dafür, daß nach Cassirers Meinung zwischen beiden Stufen kein prinzipieller, sondern nur ein gradueller Unterschied besteht, der sich letztlich auf die Unterschiedlichkeit der Variationsprinzipien gründet, relativ zu denen sie Invarianten vorstellen.[33] In ähnlicher Weise wird der prinzipielle Unterschied zwischen Verstandesbegriffen und Vernunftideen, den Kant noch als einen Unterschied zwischen objektiven und subjektiven Prinzipien auffaßte, dadurch aufgehoben, daß auch den regulativen Prinzipien der Vernunft, welche die Einheit der mannigfaltigen partiellen Verstandeserkenntnisse herzustellen bestrebt sind, eine objektive Bedeutung zugestanden wird, sofern sie einer Objektivitätsstufe höherer Allgemeinheit angehören.[34]

Die Objektivitätsstufen sind nach Cassirer durch einen Inbegriff allgemeiner Gesetzmäßigkeiten, die gegenüber dem Wechsel der Einzelinhalte invariant sind und die sich hinsichtlich ihrer Allgemeinheitsgrade unterscheiden, charakterisiert. Unter dieser Voraussetzung beschreibt er die

[32] In welchem Sinne die Methode der Invariantenbildung für den Cassirerschen Gedanken eines "Systems der Erfahrung" konstitutiv ist, bedürfte einer ausführlicheren Begründung, die an dieser Stelle nicht gegeben werden kann. Vgl. dazu Karl-Norbert Ihmig: Cassirers Invariantentheorie der Erfahrung und seine Rezeption des 'Erlanger Programms', Bielefeld 1995 (unveröffentlichte Habilitationsschrift; erscheint vorauss. 1998 in der Reihe *Cassirer-Forschungen* im Felix Meiner Verlag).

[33] Vgl. dazu etwa KmM, S. 33: »Der Unterschied zwischen Anschauung und Begriff kann also - wenn wir den neuen kritischen Sinn des ›Begriffs‹ festhalten wollen - nur die Verschiedenheit zweier Arten der ›Synthesis‹ besagen wollen: eine *erste* Stufe der Objektivierung der Erscheinungen wäre durch Raum und Zeit, eine *zweite* durch die reinen Kategorien, wie Einheit und Vielheit, Substanz und Kausalität bezeichnet.«

[34] Vgl. etwa Ernst Cassirer: Goethe und die mathematische Physik. In: Ders.: Idee und Gestalt. Goethe, Schiller, Hölderlin, Kleist. Berlin 1921, S. 61: »In diesem gesetzmässigen Aufbau der Erkenntnis, in der Stufenfolge von Anschauung, Verstandesbegriff und Idee wird für uns alle empirische Wirklichkeit erst fassbar. Das Sein geht für uns in das System der möglichen Erfahrung auf; dieses aber erschliesst sich uns, indem wir uns die reine Form der Erfahrung und den Zusammenschluss aller ihrer einzelnen Bedingungen zum Bewusstsein bringen.«

Entwicklung der Wissenschaften als einen Prozeß, der in zwei Richtungen zielt. Die eine Richtung wird durch den Blick auf immer weitere Besonderungen, auf eine immer weitergehende Ausdifferenzierung allgemeiner Gesetze bestimmt, um so das *Einzelne* immer genauer erfassen zu können: »Diese Aufgabe schließt die *Forderung* in sich, die Spezifikation der Begriffe und Gesetze als solche beständig weiter zu treiben und damit eine vollständige systematische Natureinheit, wenn nicht zu behaupten, so doch stets von neuem *zu suchen.*«[35]

Die andere Richtung zielt auf die Aufsuchung immer allgemeinerer Gesetze ab, die die besonderen Gesetze zu einer möglichst umfassenden Einheit zusammenschließen sollen. Denn »am Besonderen selbst wird durch fortschreitende Betrachtung der Beziehungen, die es in sich schließt, und der Ähnlichkeiten und Unterschiede, die seine einzelnen Glieder untereinander aufweisen, ein Zusammenhang zu *entdecken* gesucht, der sich in Begriffen und Regeln immer umfassenderer Art aussprechen läßt.«[36] Oder anders ausgedrückt: "Die Möglichkeit zum mindesten und damit der *Anspruch* muß aufrechterhalten bleiben, daß das, was für die eine Erkenntnisstufe als isoliert und 'zufällig' erscheint, sich auf einer höheren Stufe aus dem Zusammenhang eines Gesetzes verständlich machen lassen werde. Das ist die neue Einheit, die hier zwischen dem Allgemeinen und Besonderen gestiftet wird: die Einheit nicht eines logisch beweisbaren Grundsatzes, wohl aber einer durchgängigen regulative *Idee.*«[37]

Beide Prozesse können nicht unabhängig voneinander ablaufen, sondern sind eng miteinander verknüpft. Es ist dabei unschwer zu erkennen, daß Cassirer hier die von Kant sog. Prinzipien der "Homogenität" und "Spezifikation" vor Augen hat, die – neben dem Prinzip der "Kontinuität" – als regulative Prinzipien oder Vernunftideen die partikularen Verstandeserkenntnisse zu einer systematischen Einheit verbinden sollen. Insofern die Vernunft Einheit in die Verstandeshandlungen bringt, beruht diese Einheit auf der *Methode;* denn die Vernunft gibt dem Verstand gewisse Maximen an die Hand, die ihn im Bereich der empirischen Forschung methodisch leiten sollen, und indem sie dies tut, verknüpft sie gleichzeitig die daraus entspringenden partikulären Verstandeserkenntnisse zu einem System. Allgemein verfolgt diese Methode das Ziel, der Verstandeserkenntnis »die größte Einheit neben der größten

---

[35] Ernst Cassirer: Das Erkenntnisproblem in der Philosophie und Wissenschaft der neueren Zeit. Bd. 3 (1920). Darmstadt 1994 (im folgenden zitiert unter der Sigle EP III), S. 14.
[36] Ernst Cassirer: Kants Leben und Lehre (1918). Darmstadt 1975, S. 313.
[37] EP III, S. 14f.

Ausbreitung zu verschaffen«[38]. Sie umfaßt drei Prinzipien, nämlich erstens das *Prinzip der Homogenität,* welches gebietet, das Mannigfaltige, soweit es möglich ist, unter immer höheren Gattungen zusammenzufassen, gemäß dem Grundsatz, "daß man die Anfänge (Prinzipien) nicht ohne Not vervielfältigen müsse"[39]. Zweitens impliziert sie das Prinzip, bei gegebenen Arten immer weiter nach besonderen Unterarten zu suchen und keine dieser Arten als eine letzte zu betrachten, welches Kant das "Gesetz der Spezifikation" nennt.[40] Und drittens schließlich fordert das letzte Prinzip dieser Reihe, daß der Übergang von einer Art zur anderen kontinuierlich "durch stufenartiges Wachstum der Verschiedenheit"[41] zu erfolgen hat. Dementsprechend wird es als *"Prinzip der Kontinuität"* bezeichnet.[42]

Ein von Kant selbst genanntes Anwendungsbeispiel der Prinzipien der »*Mannigfaltigkeit, Verwandtschaft und Einheit*« [43], das der Astronomie bzw. der Geometrie entnommen ist, mag ihre Bedeutung kurz illustrieren. Wenn ein Naturforscher in den Planetenbewegungen, die sich ihm bisher immer als kreisförmig dargestellt haben, Unregelmäßigkeiten entdeckt, so wird ihn das "Gesetz der Spezifikation" dazu führen, den kreisförmigen Verlauf in weitere Unterarten zu spezifizieren. Die Art und Weise, wie dies zu geschehen hat, wird ihm durch das "Prinzip der Kontinuität" nahegelegt, welches »den Zirkel nach einem beständigen Gesetze durch alle unendlichen Zwischengrade« zu verändern lehrt, so daß er dann zunächst bei einer Ellipse ankäme. Gibt es Himmelskörper mit noch größeren Abweichungen von der Kreisbahn, so kann er in dieser Variation stetig fortfahren und gelangt dann zu parabolischen und hyperbolischen Bahnformen. Die *Einheit* dieser Bahnformen ist dadurch gesichert, daß sie alle *einer* Gattung angehören, nämlich derjenigen der Kegelschnitte.[44] Der Übergang von der Annahme der Kreisförmigkeit der Bahnen zu der Annahme des kegelschnittförmigen Bahnverlaufs beinhaltet eine *Verallgemeinerung,* die gleichzeitig geeignet ist, verschiedene Phänomene (wie z. B. Planeten- und Kometenbahnen) unter ein und dieselbe gesetzmäßige *Einheit* zu fassen.

[38] KrV, B 672.
[39] Ebda., B 680.
[40] Ebda., B 684.
[41] Ebda., B 686.
[42] Ebda., B 686.
[43] Ebda., B 690.
[44] Ebda., B 690f.

IV. Hilberts Axiomatik und die "Methode der idealen Elemente"

Cassirer interpretiert die im letzten Abschnitt erläuterten Prinzipien als allgemeine Grundsätze des Fortschritts in den Wissenschaften überhaupt und bringt sie unmittelbar mit Hilberts axiomatischer Methode in Verbindung: »Der Bau der Wissenschaften – das müssen wir jetzt immer deutlicher erkennen – schreitet nicht in der Weise fort, daß er sich auf einem festen, ein für alle Mal gesicherten Fundament erhebt, um dann immer höher zu steigen. Jeder Aufstieg zur Höhe verlangt vielmehr von uns auch die entgegengesetzte Leistung und die entgegengesetzte Blickrichtung. Mitten im Aufbau und Ausbau müssen wir auf das Fundament zurückblicken – müssen wir uns um jene ›Tieferlegung der Fundamente‹ bemühen, die *Hilbert* einmal als das eigentliche Ziel aller theoretischen Wissenschaft bezeichnet hat.«[45]

Die Methode der "Tieferlegung der Fundamente" beinhaltet, wie bereits erwähnt (vgl. den Schluß von Abschnitt 2), vier Charakteristika, von denen zumindest drei auch auf die von Kant genannten regulativen Vernunftprinzipien zutreffen. Wie das Beispiel der Planetenbahnen zeigt, käme ein Fortschritt beispielsweise in der Astronomie dadurch zustande, daß aus der *kontinuierlichen Variation* eines Begriffs (desjenigen der Kreisbahn) ein *allgemeiner* Begriff (der des Kegelschnitts) hervorgeht, vermöge dessen unterschiedliche Gebiete (die Phänomene der Planeten- und der Kometenbewegungen) zu einer *Einheit* zusammengefaßt werden können. Vermittels der Merkmale der Begriffsentwicklung (in dem spezifischen Sinne einer Begriffs*variation*)[46], Verallgemeinerung und Vereinheitlichung werden also auch gemäß den regulativen Prinzipien Kants wesentliche Eigenschaften der wissenschaftlichen Entwicklung beschrieben.

Es stellt sich die Frage, ob diese Prinzipien tatsächlich universelle Gültigkeit (zumindest in der Mathematik und den mathematischen Naturwissenschaften) besitzen können, oder ob sie an Grenzen stoßen. Eine prinzipielle Grenze könnte z. B. dann erreicht sein, wenn der Prozeß der Verallgemeinerung auf Begriffe führt, die kein anschauliches

[45] Ernst Cassirer: Zur Logik des Symbolbegriffs (1938). In: Wesen und Wirkung des Symbolbegriffs, Darmstadt 1983, S. 230.
[46] Zum Problem des Zusammenhangs zwischen Begriffsvariation und Verallgemeinerung in der Wissenschaft vgl. die interessante Arbeit von Benno Kerry: System einer Theorie der Grenzbegriffe. Ein Beitrag zur Erkenntnistheorie, Leipzig / Wien 1890. Cassirer erwähnt diese Arbeit bereits 1902 in seinem Buch über "Leibniz' System in seinen wissenschaftlichen Grundlagen". Vgl. Ernst Cassirer: Leibniz' System in seinen wissenschaftlichen Grundlagen (1902). Hildesheim/New York 1980, S. 229, Anm. 1.

Korrelat mehr besitzen. Man denke etwa an die Räume der nicht-Euklidischen Geometrien, die nicht mehr unmittelbar auf den einen Raum der Anschauung bezogen werden können. Weil dies nicht möglich war, wurden sie häufig als bloße "Fiktionen" betrachtet, denen – im Unterschied zum Euklidischen Raum – nichts "Wirkliches" entsprach.[47] In einem solchen Fall führte also eine weitere Verallgemeinerung nicht auf eine höhere Objektivitätsstufe, sondern bedeutete geradezu eine Abkehr von jeglichem Objektivitätsgedanken. Der Vorteil der im letzten Abschnitt erläuterten "funktionalen" Erkenntnisauffassung liegt darin, daß sie das Problem der Objektivität von dem Problem der Anschauung ablöst. Dadurch bietet sie die Grundlage für eine universelle Anwendbarkeit der Prinzipien der Homogenität, Kontinuität und Spezifikation. Eine derartige universelle Anwendbarkeit fordert auch die axiomatische Methode Hilberts und das mit ihr verknüpfte Verfahren der "Tieferlegung der Fundamente". Auch dieses Verfahren macht an den Schranken der Anschauung nicht Halt, sondern geht über sie hinaus. Ein Beispiel für eine für die Mathematik höchst bedeutsame Anwendung der axiomatischen Methode in diesem Sinne bietet ein Verfahren, das ebenfalls die Merkmale der Begriffsentwicklung, Verallgemeinerung und Vereinheitlichung mit sich führt und deshalb für die Entwicklung der Wissenschaften überhaupt von Interesse ist. Es ist die von Hilbert sog. "Methode der idealen Elemente". Was man darunter zu verstehen hat, soll im folgenden kurz erläutert werden.

In seinem Bemühen, eine sichere Grundlage für das mathematische Denken zu finden, teilte Hilbert zunächst den Standpunkt Brouwers, daß gewisse logische Gesetze (der Satz vom ausgeschlossenen Dritten; Allaussagen; Existenzaussagen) nur für *endliche* Gesamtheiten Gültigkeit besitzen.[48] Darüber hinaus glaubte er, sich auf die *Erfahrung* berufen zu können, die zeige, daß es weder ein Unendlichgroßes noch ein Unendlichkleines in der Welt gebe.[49] Die Schlußfolgerung, die er aus diesen Voraussetzungen zieht, ist die, daß es eine Sicherheit allein im Operieren mit *endlichen* Mengen oder Gesamtheiten geben könne. Die Sicherheit im Umgang mit endlichen Gesamtheiten stützt sich nach Hilberts

---

[47] Sowohl Cassirer als auch Felix Klein verweisen in diesem Zusammenhang auf Lotzes Kritik an der nicht-Euklidischen Geometrie, die von ihm mit einem Argument vorgetragen wurde, das dem im Text genannten nahe verwandt war. Vgl. EP IV, S. 35 f., sowie Felix Klein: Vorlesungen über die Entwicklung der Mathematik im 19. Jahrhundert. Teil I (Berlin 1926). Berlin / Heidelberg / New York 1979, S. 152.

[48] Vgl. David Hilbert: Über das Unendliche (1925). In: Ders.: Hilbertiana. Darmstadt 1964, S. 91f.

[49] Ebda., S. 81-83.

Meinung darauf, daß sich alle Objekte und Operationen innerhalb der endlichen Sphäre als *anschauliche* Kombinationen von Zeichen bzw. als endliche Abfolge solcher Kombinationen darstellen lassen, welche als »außer-logische konkrete Objekte« einem evidenten »unmittelbaren Erlebnis« korrespondieren.[50] Um seine Methode zu demonstrieren, zieht Hilbert als Beispiel die elementare Arithmetik heran. Letztere läßt sich nun in zweierlei Hinsichten betrachten. Zum einen ist sie ein Teil der *inhaltlichen* Mathematik, in welchem bestimmte Sätze über *Zahlen* aufgestellt und bewiesen werden können. Zum anderen läßt sie sich rein *formal* als bloße Aneinanderreihung von *Strichen* und *Strich*kombinationen verstehen, die gewissen *Regeln* unterliegt. Das Objekt der Betrachtungen sind dann eben nur diese Striche bzw. Strichkombinationen, die »an sich keinerlei Bedeutung« haben.[51] Das, was ursprünglich (inhaltliche) Zahlen waren, erhält im Rahmen dieser letzteren Betrachtungsweise lediglich die Bedeutung von anschaulichen "Zahlzeichen", die als *Abkürzungen* für andere "Zahlzeichen", d. h. Ansammlungen von Strichen, dienen. Insofern die Objekte und Operationen, die rein mechanisch erfolgen, in diesen Fällen ein anschauliches Korrelat besitzen, welches die Korrektheit oder Inkorrektheit der durchgeführten Schritte *unmittelbar* erkennen läßt, spricht Hilbert auch in bezug auf diese Betrachtungsweise von einer "anschaulichen, inhaltlichen Art der Behandlung"[52]. Diese *Doppeldeutigkeit* von "Inhalt" oder "inhaltlich" im Rahmen der Hilbertschen Beweistheorie ist unbedingt zu beachten, wenn Hilbert auch in bezug auf die Metamathematik von "inhaltlichem Schließen" spricht.[53] Der Inhalt besteht dann in den anschaulichen Zeichen oder Formeln selbst. Damit hat Hilbert den Teil der Arithmetik auf sichere Grundlagen gestellt, der lediglich Aussagen über *endliche* Zahlen umfaßt, die in endlich vielen Schritten verifiziert werden können. Dazu sind nach seiner Auffassung auch keinerlei Axiome nötig.

Wie ist der Übergang von diesem finiten Teil der Arithmetik zur gesamten Arithmetik und damit zur gesamten klassischen Mathematik, welche auch unendliche Gesamtheiten und Mengen umfaßt, möglich? Denn aus "dem Paradies, das Cantor uns geschaffen" hat, wollte er sich um keinen Preis vertreiben lassen.[54] Hilbert bemerkt dazu: »Erinnern wir uns, *daß wir Mathematiker sind* und als solche uns schon oftmals in einer

---

[50] Ebda., S. 89.
[51] Ebda., S. 89.
[52] Ebda., S. 90.
[53] Vgl. David Hilbert: Neubegründung der Mathematik (1922). In: Hilbertiana. Darmstadt 1964, S. 29.
[54] Hilbert: Über das Unendliche, S. 88.

ähnlichen mißlichen Lage befunden haben und wie uns dann die geniale Methode der idealen Elemente daraus befreit hat.«[55] Er denkt dabei insbesondere an die Einführung "idealer Elemente" in der *Projektiven Geometrie,* wie z. B. die »unendlich fernen Punkte« oder die »unendlich ferne Gerade«, vermittels deren ja auch das *Dualitätsprinzip* sein Bürgerrecht erwarb, oder an die Einführung »komplex-imaginärer Größen« in der Algebra, mit deren Hilfe sich beispielsweise der Fundamentalsatz der Algebra beweisen läßt.[56] Diese Methode wendet er nun gleichfalls bei der Ausdehnung seiner Beweistheorie auf unendliche Gesamtheiten an. Das geschieht auf die Weise, daß er »zu den finiten Aussagen die idealen Aussagen *adjungiert*«.[57] Hilbert fügt zu den bislang bekannten Zeichen noch weitere Zeichen hinzu, die ebenfalls für sich genommen keine Bedeutung haben, die aber auch keine (inhaltlich-anschaulichen) Zahlzeichen mehr sind, sondern gewisse *formale Gebilde* oder Formeln.[58] Da mit diesen Formeln inhaltlich nicht in der Weise operiert werden kann, wie mit den Zahlzeichen, ist es nötig, auch die logischen Operationen (die vorher anschaulich-evident waren) ihrerseits zu formalisieren. Damit erhält man in gewissem Sinne eine Anschauung "höherer Stufe", weil der *mathematische Beweis selbst* zum Gegenstand der Anschauung wird: »Ein mathematischer Beweis ist eine Figur, die uns als solche anschaulich vorliegen muß«.[59] Das inhaltlich-anschauliche Schließen der finiten Mathematik wird hier durch gewisse *Regeln* ersetzt, gemäß denen die Formeln auseinander folgen. Diese Regeln können ihrerseits in bestimmte Formeln gefaßt werden und diese Formeln sind nichts anderes als die mathematischen *Axiome.* Die mathematische Wissenschaft stellt sich unter diesem Gesichtspunkt als ein "System der bewiesenen Formeln" dar.[60] Voraussetzung dieses Verfahrens ist jedoch der *Nachweis der Widerspruchsfreiheit.* Die *Regeln* und *Beziehungen,* welche in den Axiomen für die idealen Elemente festgelegt werden, müssen auch dann noch für die "alten" finiten Gebilde Gültigkeit besitzen, wenn man die idealen Elemente eliminiert. Der Nachweis der Widerspruchsfreiheit läßt sich nach Hilberts Meinung problemlos durchführen, weil man den

---

[55] Ebda., S. 92.
[56] Ebda., S. 84. Beide Beispiele, die die Fruchtbarkeit der Methode der idealen Elemente illustrieren sollen, werden auch von Cassirer genannt. Vgl. PsF III, S. 459f.; S. 466f. Poncelets Theorie der projektiven Geometrie wird von Cassirer bereits in "Substanzbegriff und Funktionsbegriff" unter demselben erkenntnistheoretischen Gesichtspunkt analysiert. Vgl. SuF, S. 102-111.
[57] Hilbert: Über das Unendliche, S. 92.
[58] Ebda., S. 93.
[59] Ebda., S. 95.
[60] Ebda., S. 96.

Bereich der (endlichen) anschaulichen Betrachtung im Rahmen seiner "formalen" Auffassung nicht verlassen muß. Denn: »Ein formalisierter Beweis ist aber, ebenso wie ein Zahlzeichen, ein konkreter und überblickbarer Gegenstand.«[61]

V. Die Bedeutung der Axiomatik für den Fortschritt der Wissenschaften

Worin liegt nach Cassirers Meinung die "erkenntniskritische" Bedeutung der gerade beschriebenen "Methode der idealen Elemente"? Eine wesentliche Bedingung dafür, daß die idealen Elemente adjungiert werden konnten, war die, daß für diese "neuen" Elemente gewisse Beziehungen und Verknüpfungsregeln gelten, die in den Axiomen festgelegt worden sind und die – ohne Widersprüche zu produzieren – für die "alten" Elemente ihre Gültigkeit auch dann behalten, wenn man die neuen Elemente eliminierte. Diese Bedingung bedeutet demnach, daß es bestimmte Verknüpfungsgesetze und Beziehungen gibt, die erhalten bleiben, wenn ein Wechsel von finiten zu idealen Elementen erfolgt und umgekehrt.[62] Dieses Prinzip der "Permanenz der mathematischen Relationen" ist die Grundlage eines »gedankliche(n) Verfahren(s) der mathematischen Objektivierung«[63], das nicht darin besteht, für die mathematischen Begriffe ein korrespondierendes anschauliches Einzelobjekt aufzuweisen, sondern vielmehr darin, einem Wissensgebiet die größtmögliche systematische Einheit zu verleihen: »Denn der Kern ihrer [der idealen Elemente; K.-N. I.] Objektivität kann jetzt nicht mehr in gegebenen Einzelinhalten gesucht werden, die ihnen entsprechen, sondern nur in einem rein *systematischen* Bestand: in der Wahrheit und Gültigkeit eines bestimmten Relationen-Komplexes.«[64]

---

[61] Ebda., S. 97.
[62] Vgl. PsF III, S. 457: »Das Recht zu einer solchen ›Adjungierung‹ ist für den Mathematiker hinlänglich gesichert, wenn er auf der einen Seite zeigen kann, daß die neuen Gegenstände, die er aufnimmt, denselben formalen Gesetzen der Verknüpfung gehorchen, die für die alten festgestellt waren, und wenn er weiterhin den Nachweis zu führen vermag, daß, durch die Hinzunahme der neuen idealen Elemente, in dem alten engeren Bereich niemals Widersprüche entstehen können; - daß also die Beziehungen, die sich bei Elimination der idealen Gebilde für die alten Gebilde herausstellen, stets im alten Bereiche gültig sind.«
[63] Ebda., S. 459.
[64] Ebda., S. 467. Vgl. ebda.: »Der Sinn der idealen Elemente läßt sich niemals in einzelnen ›Vorstellungen‹, die auf ein konkretes anschaulich-faßbares Objekt gehen, sondern er läßt sich immer nur in einem komplexen *Urteils-Gefüge* aufzeigen und faßbar machen.«

Entscheidend für die »philosophische Kritik der Erkenntnis«[65] ist
– und hier geht Cassirer über Hilbert hinaus, der gelegentlich noch eine
ontologische Differenz zwischen den adjungierten "idealen" und den
ursprünglichen Elementen konstatiert hat[66] –, daß zwischen den neuen
und ursprünglichen Elementen nicht bloß eine "formelle Vereinbarkeit"
besteht, sondern daß die neuen Elemente "eine systematisch-notwendige
Entfaltung der letzteren sind": »Jeder Schritt, der das Gebiet der
Mathematik, der den Kreis ihrer *Gegenstände* erweitert hat, ist immer
zugleich ein Schritt auf dem Wege zu ihrer tieferen prinzipiellen *Begründung,* zur Tieferlegung ihrer Fundamente gewesen.«[67] Die Bedeutung der
Methode der idealen Elemente für den Fortschritt der Wissenschaften
besteht insbesondere darin, daß sie den Weg für einen Prozeß der Verallgemeinerung und Vereinheitlichung innerhalb der Mathematik bereitet,
der zugleich für den *Fortschritt* und die Entwicklung dieser Wissenschaft
insgesamt charakteristisch ist. Das Wesen dieses Prozesses erblickt
Cassirer in dem Bestreben, immer allgemeinere Gesetzmäßigkeiten und
Beziehungen zu suchen, die die besonderen Gesetze, die zuvor völlig
getrennten Sphären anzugehören schienen, zu einer Einheit zusammenschließen, so daß letztere als *Spezifikationen* ein und derselben *allgemeinen* Gesetzmäßigkeit abgeleitet werden können. »Dies gilt nicht nur für
die Klassen der *Objekte,* mit denen es die Mathematik zu tun hat: es gilt
auch für ihre einzelnen *Disziplinen.* Denn immer zeigt sich, daß die
Einführung eines neuen, wahrhaft fruchtbaren idealen Elements in der
Mathematik ein ganz neues wechselseitiges Verhältnis dieser Disziplinen
und einen engeren und tieferen Zusammenschluß zwischen ihnen zur
Folge hat.«[68]
Die Methode der idealen Elemente, welche den Prozeß der "Tieferlegung der Fundamente" erst in seiner vollen Tragweite ermöglicht,
bleibt jedoch keineswegs auf die Mathematik beschränkt.[69] Vielmehr ist

[65] Ebda., S. 457.
[66] Vgl. etwa David Hilbert: Natur und mathematisches Erkennen. Vorlesungen, gehalten 1919-1920 in Göttingen. Nach der Ausarbeitung von P.
Bernays, D. E. Rowe (Hg.), Basel 1992, S. 90.
[67] PSF III, S. 458.
[68] Ebda., S. 466.
[69] Auch seitens der "strukturalistischen" Mathematikauffassung, wie sie die
einflußreiche französische Mathematikergruppe Bourbaki vertreten hat, wird die
Bedeutung der axiomatischen Methode für eine *dynamische* Auffassung der
Wissenschaft hervorgehoben: »denn nichts liegt der axiomatischen Methode ferner als eine statische Auffassung der Wissenschaft.« Nicolas Bourbaki: Die
Architektur der Mathematik. In: M. Otte (Hg.): Mathematiker über die
Mathematik. Berlin / Heidelberg / New York 1974, S. 155. Bemerkenswert ist
ebenfalls, daß Cassirer neben Hermann Weyl der einzige gewesen ist, der eine

zu konstatieren: »Der höchste Triumph des Imaginären aber besteht sodann darin, daß es unaufhaltsam auch in die Physik, in die Theorie der ›Wirklichkeitserkenntnis‹ eindringt«.[70] Daraus erklärt sich nach Hilbert die Bedeutung der axiomatischen Methode für die Entwicklung verschiedener anderer (vorwiegend Natur-) Wissenschaften sowie für die *Einheit des Wissens* überhaupt. Die "Tieferlegung der Fundamente" beinhaltet einen Prozeß, der als unentbehrliches Korrelat auch die *inhaltliche* Ausarbeitung eines Gebietes in die "Breite" einschließt und ohne die letztere völlig in der Luft hinge. In dieser Auffassung des Fortschritts in der Wissenschaft überhaupt, welche sich mit der axiomatischen Methode verbindet, ist demnach die Überzeugung enthalten, daß dieser Fortschritt nur unter der Voraussetzung zweier scheinbar *gegenläufiger* Tendenzen möglich ist. »Ich glaube: Alles, was Gegenstand des wissenschaftlichen Denkens überhaupt sein kann, verfällt, sobald es zur Bildung einer Theorie reif ist, der axiomatischen Methode und damit mittelbar der Mathematik. Durch Vordringen zu immer tieferliegenden Schichten von Axiomen im vorhin dargelegten Sinne gewinnen wir auch in das Wesen des wissenschaftlichen Denkens selbst immer tiefere Einblicke und werden uns der Einheit unseres Wissens immer mehr bewußt. In dem Zeichen der axiomatischen Methode erscheint die Mathematik berufen zu einer führenden Rolle in der Wissenschaft überhaupt.«[71]

Dies gilt beispielsweise für die Physik als die mathematische Naturwissenschaft par excellence. In seinem Vortrag über das "Verhältnis der Theorien zueinander" von 1915 beschreibt Max Planck das Bemühen der Physiker, ihre Theorien immer weiter unter allgemeineren Gesichtspunkten zu vereinigen, wie folgt: »In der Physik als einer Erfahrungswissenschaft dagegen ist es häufig vorgekommen und kommt auch jetzt

---

umfassendere erkenntnistheoretische Interpretation des Hilbertschen Axiomatisierungsprogramms zu geben versucht hat. Weyls Interpretation stützt sich auf eine interessante Analogie, die er zwischen den idealen Elementen der Mathematik und den theoretischen Begriffen der Physik konstatiert. Vgl. dazu auch Hans Niels Jahnke: Hilbert, Weyl und die Philosophie der Mathematik. In: Mathematische Semesterberichte 37 (1990), S. 174. Und Paul Bernays, ein unmittelbarer Schüler Hilberts, bemerkt mit Blick auf das Verfahren der "Tieferlegung der Fundamente": »Diese Art der Untersuchung, welche durchaus mathematischen Charakter besitzt, läßt sich nun auf jedes Wissensgebiet anwenden, das überhaupt einer theoretischen Behandlung fähig ist, und ihre Ausführung ist für die Klarheit der Erkenntnis und für die systematische Übersicht von höchstem Wert. Somit gewinnt durch die Idee der Axiomatik das mathematische Denken eine universale Bedeutung für das wissenschaftliche Erkennen.« Paul Bernays: Die Bedeutung Hilberts für die Philosophie der Mathematik. In: Die Naturwissenschaften 10 (1922), S. 97.

[70] PSF III, S. 467.

[71] Hilbert: Axiomatisches Denken, S. 11.

noch vor, daß zwei Theorien, die es zu einer gewissen Selbständigkeit gebracht haben, bei ihrer weiteren Ausbreitung aufeinander stoßen und sich gegenseitig modifizieren müssen, um miteinander verträglich zu bleiben. In dieser gegenseitigen Anpassung der verschiedenen Theorien liegt der Hauptkeim ihrer Befruchtung und Fortentwicklung zu einer höheren Einheit. Denn das Hauptziel einer jeden Wissenschaft ist und bleibt die Verschmelzung sämtlicher in ihr groß gewordenen Theorien zu einer einzigen, in welcher alle Probleme der Wissenschaft ihren eindeutigen Platz und ihre eindeutige Lösung finden.«[72] Bereits sieben Jahre zuvor hatte Planck in einem Vortrag über "Die Einheit des physikalischen Weltbildes" dieses Streben nach Vereinheitlichung als wesentlichen Grundzug der Wissenschaftsentwicklung hervorgehoben. Er nennt als Beispiele u. a. die Vereinheitlichung von Akustik und Mechanik sowie die Integration von der Lehre des Magnetismus und der Optik in die Elektrodynamik.[73] Die Methode der idealen Elemente vermag diesen Prozeß im Rahmen der axiomatischen Methode deshalb zu fördern, weil sie es erlaubt, bestimmte strukturelle Verknüpfungen als Invarianten festzuhalten und die verknüpften Inhalte zu variieren. Sie bietet Möglichkeiten der Verallgemeinerung, vermöge deren scheinbar ganz weit auseinanderliegende Gebiete unter einen einheitlichen Gesichtspunkt gestellt werden können, um auf diese Weise Zusammenhänge sichtbar zu machen, die sonst verborgen geblieben wären.

Wie eine solche Entwicklung hin zu immer allgemeineren invarianten Gesetzmäßigkeiten aussehen könnte, hat Cassirer beispielsweise anhand der Einsteinschen Verknüpfung der Gesetze und Prinzipien von Mechanik und Elektrodynamik in der speziellen Relativitätstheorie nachzuzeichnen versucht. Die Bewegungsgesetze der klassischen Mechanik waren gegenüber dem Wechsel der sog. "Inertialsysteme" invariant, d. h. sie änderten sich nicht, wenn von einem Bezugssystem zu einem anderen, das relativ zum ersten geradlinig-gleichförmig bewegt war, übergegangen wurde. Dieser Übergang wurde durch die sog. Galilei-Transformation mathematisch beschrieben. Nun stellte sich heraus, daß die Grundgleichungen der Elektrodynamik, die Maxwellschen Gleichungen, sich bei der Anwendung der Galilei-Transformation veränderten und somit nicht mehr als Invarianten betrachtet werden konnten. Damit schien die universelle Geltung des Relativitätsprinzips, das auch als grundlegendes Prinzip der *Einheit* des Systems der Erfahrung gegolten hat, in Frage

---

[72] Max Planck: Verhältnis der Theorien zueinander (1915). In: Vorträge und Erinnerungen. Darmstadt 1965, S. 106.
[73] Max Planck: Die Einheit des physikalischen Weltbildes (1908). In: Vorträge und Erinnerungen. Darmstadt 1965, S. 30.

gestellt. Insbesondere kollidierte damit das Prinzip der Konstanz der Lichtgeschwindigkeit im Vakuum, welches die Gesetze der Elektrodynamik forderten. Die Weiterentwicklung bestand im Übergang von der Galilei-Transformation zur sog. Lorentz-Transformation, bezüglich der sich auch die elektrodynamischen Gesetze als invariant erwiesen. Da die Lorentz-Transformation sich ebenso auf die Bewegungsgesetze der Mechanik anwenden ließ, war damit ein allgemeinerer Gesichtspunkt gefunden, unter dem sich Mechanik und Elektrodynamik zu einer einheitlichen Theorie zusammenschließen ließen.[74] Dennoch mußten einige Prinzipien und Voraussetzungen, die zuvor als notwendig und unveränderlich gegolten hatten, aufgegeben werden, sofern sie sich in bezug auf die höhere Allgemeinheitsstufe als veränderlich und zufällig erwiesen. Dazu zählten insbesondere die Annahmen von der unbedingten Konstanz räumlicher und zeitlicher Abstände, die relativiert werden mußten, sofern letztere nicht mehr unabhängig vom Bewegungszustand des jeweiligen Bezugssystems definiert werden konnten. "Aber alle diese Relativierungen stehen so wenig im Widerspruch zum Gedanken der Konstanz und der Einheit der Natur, daß sie vielmehr im Namen eben dieser Einheit gefordert und durchgeführt werden. Die Variation der Raum- und Zeitmaße bildet die notwendige *Bedingung*, vermöge deren die neuen Invarianten der Theorie sich erst finden und begründen lassen. Solche Invarianten ergeben sich in der für alle Systeme gleichen Größe der Lichtgeschwindigkeit und weiterhin in einer Reihe anderer Größen, die wie z. B. die Entropie eines Körpers, seine elektrische Ladung, oder wie das mechanische Wärmeäquivalent, der Lorentz-Transformation gegenüber unveränderlich sind und die daher in allen berechtigten Bezugssystemen den gleichen Wert besitzen."[75]

Cassirers Konzeption einer physikalischen Theorie als eines Systems invarianter Prinzipien und Gesetzmäßigkeiten macht gegenüber der Hilbertschen Charakterisierung derselben als eines "Fachwerks von Begriffen" noch einen weiteren Gesichtspunkt geltend. Dieser Gesichtspunkt besteht darin, daß der erkenntnistheoretische Status der Invarianten einer Theorie durchaus unterschiedlich zu bewerten ist. Während bei Hilbert die Wechselbeziehung der Grundbegriffe und die dadurch definierte axiomatische Struktur die Grundlage der Theorie vorstellt, aus der alle übrigen Gesetzmäßigkeiten deduktiv abgeleitet werden können, ver-

---

[74] Dieses Beispiel wird auch von Cassirer erörtert. Vgl. dazu Ernst Cassirer: Zur Einsteinschen Relativitätstheorie. Erkenntnistheoretische Betrachtungen (1921). In: Zur modernen Physik. Darmstadt 1987 (im folgenden ebenfalls zitiert unter der Sigle ZMP), S. 23-34.

[75] ZMP, S. 29.

sucht Cassirer darüber hinausgehend noch eine Differenzierung innerhalb dieser Grundstruktur vorzunehmen. Er geht dabei von der
Beobachtung aus, daß es allgemeine Grundsätze gibt, die denen einer
speziellen Theorie übergeordnet sind und die nicht in jedem Falle explizit in die Formulierung dieser Theorie eingehen müssen. Dazu zählen
beispielsweise Erhaltungssätze (Energieerhaltungssatz) oder Extremal-
prinzipien (Prinzip der kleinsten Wirkung), die als universelle erkenntnistheoretische und methodische Grundsätze zwar Vorgaben hinsichtlich
des Zusammenhangs der Grundlagen einer Theorie überhaupt enthalten,
die aber nicht unmittelbar empirisch verifizierbar sind. Diese Differenzierung muß man im Auge behalten, wenn man die eingangs (vgl.
Abschnitt 1) erwähnten scheinbar widersprüchlichen Äußerungen
Cassirers zum Problem des Verhältnisses von Kontinuität und Brüchen
in der Wissenschaftsentwicklung angemessen beurteilen will. In seinem
Werk über "Determinismus und Indeterminismus in der modernen
Physik" unterscheidet Cassirer grundlegende "Objektivitätsstufen"
innerhalb der wissenschaftlichen Erfahrung, nämlich die Stufen der
Maßaussagen, der *Gesetzesaussagen*, der *Prinzipienaussagen* und eine
Stufe *übergeordneter Prinzipien*, welche die Organisation und Anordnung der ersten drei Stufen regeln sollen.[76] Zwischen diesen unterschiedlichen Stufen bestehen erkenntnistheoretische Unterschiede sowohl hinsichtlich ihrer Quellen als auch ihrer Geltungsgründe. Ein unmittelbarer
deduktiver Zusammenhang besteht offenbar nicht, aber den Prinzipien
einer höheren Stufe ist eigentümlich, daß ihnen eine einheitstiftende
Funktion in bezug auf die unteren Stufen zukommt. Beim Übergang von
einer Stufe zur nächsten ist ein "Sprung", d.h. ein Übergang in einem
nicht-kumulativen Sinne nötig. Eine Prinzipienaussage beispielsweise
läßt sich nicht durch bloße "Summierung" von Gesetzesaussagen gewinnen.[77] Stößt man in der wissenschaftlichen Forschung auf Widersprüche,
sei es zwischen Theorie und Erfahrungsdaten, sei es zwischen den
Grundlagen verschiedener Theorien, dann wird die weitere Entwicklung
ganz wesentlich von dem Bemühen bestimmt sein, die *Einheit* der wissenschaftlichen Erfahrung vermöge einer »Variation in den begrifflichen
Grundlagen der Naturtheorie«[78] wiederherzustellen. Dies geschieht aber
nicht auf beliebige und willkürliche Weise, sondern die Begriffsvariation

---

[76] Vgl. DuI, 161-209. Vgl. dazu auch K. Sundaram: Cassirer's Conception of
Causality, New York/Bern/Paris/Frankfurt/M. 1987, S. 57-65, und Hans Günter
Dosch: Cassirer's Erkenntnistheorie. Kommentar eines Physikers. In: W. Marx
(Hg.): Determinismus - Indeterminismus. Philosophische Aspekte physikalischer
Theoriebildung. Frankfurt/M. 1990, S. 111-135.
[77] Vgl. ZMP, S. 189.
[78] ZMP, S. 28.

erfolgt gewissermaßen von "unten nach oben", d. h. man wird zunächst versuchen, die spezielleren Gesetze und Prinzipien einer Theorie abzuwandeln und erst, wenn dies keinen Erfolg bringt, wird man an die Umgestaltung allgemeinerer Grundsätze gehen.[79] Das bedeutet auch, daß sich auf bestimmten Ebenen oder Objektivitätsstufen grundlegende Wandlungen vollziehen können, die gleichwohl bestimmte Invarianten auf anderen Ebenen unangetastet lassen. Für aufeinanderfolgende Phasen der Wissenschaft gilt demnach: »Jede Veränderung, die sich im System der wissenschaftlichen Begriffe vollzieht, stellt zugleich die dauernden Strukturelemente, die wir diesem System zusprechen müssen, in helles Licht, da sie sich nur unter Voraussetzung dieser Elemente feststellen und beschreiben läßt. Denken wir uns das Ganze der Erfahrung, so wie es sich auf irgendeiner bestimmten Stufe der Erkenntnis darstellt, gegeben, so bildet dieses Ganze niemals ein bloßes Aggregat von Wahrnehmungsdaten, sondern ist nach bestimmten theoretischen Gesichtspunkten in sich selbst gegliedert und zur Einheit gestaltet.«[80]

Die Entwicklung einer Wissenschaft kann demnach sowohl Momente der Kontinuität als auch der Diskontinuität aufweisen, wenn die *systematische Einheit der wissenschaftlichen Erfahrung überhaupt* in Betracht gezogen wird.

---

[79] Das zuvor genannte Beispiel des Widerspruchs zwischen dem Relativitätsprinzip der Bewegung und der Konstanz der Lichtgeschwindigkeit vermag diese Verfahrensweise durchaus zu bestätigen. Denn das Relativitätsprinzip gehört hinsichtlich seiner Einheitsfunktion gegenüber dem Prinzip der Konstanz der Lichtgeschwindigkeit einer "höheren" Schicht an, da es nicht nur für eine Theorie, sondern für eine Vielheit von Theorien bedeutsam ist, bzw. "eine allgemeine *Maxime* der Naturbetrachtung" (ZMP, S. 33) darstellt. Entsprechend ist beim Übergang zur allgemeinen Relativitätstheorie nicht das Relativitätsprinzip, sondern das Gesetz der Konstanz der Lichtausbreitung im Vakuum in seiner Bedeutung eingeschränkt worden. Vgl. ZMP, S. 33: »Vom Standpunkt der allgemeinen Relativitätstheorie besitzt das Gesetz von der Konstanz der Vacuumlichtgeschwindigkeit keine unbegrenzte Gültigkeit mehr. Nach ihr wird vielmehr die Ausbreitungsgeschwindigkeit des Lichtes vom Gravitationspotential abhängig und muß daher im allgemeinen mit dem Orte variieren.«

[80] SuF, S. 353.

Literaturverzeichnis

Bernays, Paul: Die Bedeutung Hilberts für die Philosophie der Mathematik. In: Die Naturwissenschaften 10 (1922), S. 93-99.

Bourbaki, Nicolas: Die Architektur der Mathematik. In: M. Otte (Hg.): Mathematiker über die Mathematik. Berlin / Heidelberg / New York 1974, S. 140-159.

Cassirer, Ernst: Determinismus und Indeterminismus in der modernen Physik (Göteborg 1937). In: Zur modernen Physik. Darmstadt 1987.

– Das Erkenntnisproblem in der Philosophie und Wissenschaft der neueren Zeit. Bd. 1 (1906). Darmstadt 1994.

– Das Erkenntnisproblem in der Philosophie und Wissenschaft der neueren Zeit. Bd. 3: Die nachkantischen Systeme (1920). Darmstadt 1994.

– Das Erkenntnisproblem in der Philosophie und Wissenschaft der neueren Zeit. Bd. 4. (1957). Darmstadt 1994.

– Goethe und die mathematische Physik. In: Idee und Gestalt. Goethe, Schiller, Hölderlin, Kleist. Berlin 1921.

– Kants Leben und Lehre (1918). Darmstadt 1975.

– Kant und die moderne Mathematik. In: Kant-Studien 12 (1907).

– Zur Logik des Symbolbegriffs (1938). In: Wesen und Wirkung des Symbolbegriffs. Darmstadt 1994.

– Leibniz' System in seinen wissenschaftlichen Grundlagen (1902). Hildesheim/New York 1980.

– Philosophie der symbolischen Formen. Dritter Teil: Phänomenologie der Erkenntnis (Berlin 1929). Darmstadt 1990.

– Substanzbegriff und Funktionsbegriff. Untersuchungen über die Grundfragen der Erkenntniskritik (Berlin 1910). Darmstadt 1994.

– Zur Theorie des Begriffs. Bemerkungen zu dem Aufsatz von G. Heymans. In: Kant-Studien 33 (1928).

– Was ist 'Subjektivismus'? In: Theoria 5 (1939).

– Zur Einsteinschen Relativitätstheorie. Erkenntnistheoretische Betrachtungen (Berlin 1921). In: Zur modernen Physik, Darmstadt 1987.

Dijksterhuis, E. J.: Die Mechanisierung des Weltbildes (1956). Berlin / Heidelberg / New York 1983.

Dosch, Hans Günter: Cassirer's Erkenntnistheorie. Kommentar eines Physikers. In: W. Marx (Hg.): Determinismus – Indeterminismus. Philosophische Aspekte physikalischer Theoriebildung. Frankfurt/M 1990, S. 111-135.

Frege, Gottlob: Briefwechsel Frege-Hilbert. In: H. Hermes / F. Kambartel / F. Kaulbach (Hg.): Nachgelassene Schriften und wissenschaftlicher

Briefwechsel. Band II: Wissenschaftlicher Briefwechsel. Hamburg 1976, S. 55-80.

Hilbert, David: Axiomatisches Denken (1918). In: Hilbertiana. Darmstadt 1964, S. 1-11.

– Neubegründung der Mathematik (1922). In: Hilbertiana, Darmstadt 1964, S. 12-32.

– Natur und mathematisches Erkennen. Vorlesungen, gehalten 1919-1920 in Göttingen. Nach der Ausarbeitung von P. Bernays, D. E. Rowe (Hg.). Basel 1992.

– Über das Unendliche (1925). In: Hilbertiana. Darmstadt 1964, S. 79-108.

Ihmig, Karl-Norbert: Reine Anschauung und Reihenbegriff. Zu Cassirers Rezeption von Kants Theorie der Geometrie. In: Dialektik 1993/1, S. 113-128.

– Cassirers Begriff von Objektivität im Lichte der Wissenschaftsauffassungen des ausgehenden 19. Jahrhunderts. In: Philosophia Naturalis 30 (1993), S. 29-62.

– Cassirers Rezeption des *Erlanger Programms* von Felix Klein. In: M. Plümacher / V. Schürmann (Hg.): Einheit des Geistes. Probleme ihrer Grundlegung in der Philosophie Ernst Cassirers. Frankfurt/M. / Berlin / Bern / New York / Paris / Wien 1996, S. 141-163.

Jahnke, Hans Niels: Hilbert, Weyl und die Philosophie der Mathematik. In: Mathematische Semesterberichte 37 (1990), S. 157-179.

Kant, Immanuel: Kritik der reinen Vernunft. In: Werkausgabe Bd. 3/4. Hg. von Wilhelm Weischedel. Frankfurt/M. 1977.

Kerry, Benno: System einer Theorie der Grenzbegriffe. Ein Beitrag zur Erkenntnistheorie. Leipzig / Wien 1890.

Klein, Felix: Vorlesungen über die Entwicklung der Mathematik im 19. Jahrhundert. Teil I (1926). Berlin / Heidelberg / New York 1979.

Neurath, Otto: Wissenschaftliche Weltauffassung. Der Wiener Kreis (1929). In: R. Haller / H. Rutte (Hg.): Otto Neurath. Gesammelte philosophische und methodologische Schriften. Bd. 1. Wien 1981, S. 299-336.

Planck, Max: Die Einheit des physikalischen Weltbildes (1908). In: Vorträge und Erinnerungen. Darmstadt 1965, S. 28-51.

– Verhältnis der Theorien zueinander (1915). In: Vorträge und Erinnerungen. Darmstadt 1965, S. 106-111.

Sneed, Joseph D.: The Logical Structure of Mathematical Physics. Dordrecht 1971.

Sundaram, K.: Cassirer's Conception of Causality. New York/Bern/Paris/Frankfurt/M 1987.

Thiel, Christian: Philosophie und Mathematik. Eine Einführung in ihre Wechselwirkung und in die Philosophie der Mathematik. Darmstadt 1995.

Weyl, Hermann: Die heutige Erkenntnislage in der Mathematik (1925). In: K. Chandrasekharan (Hg.): Hermann Weyl. Gesammelte Werke. 2. Bd. Berlin/Heidelberg/New York 1968, S. 511-542.

Massimo Ferrari (Mailand)

Über die Ursprünge des logischen Empirismus, den Neukantianismus und Ernst Cassirer aus der Sicht der neueren Forschung[1]

1. Eine neue Phase der Forschung

Im Laufe der letzten fünfzehn Jahre hat sich zunehmend das Bewußtsein verbreitet, daß es – um ein Diktum Michael Dummets aus seiner Arbeit über die "Ursprünge der analytischen Philosophie" aufzugreifen – für den logischen Empirismus wichtig sei, daß er seine »eigene Geschichte begreift und ihre Stellung im Zusammenhang der allgemeinen Geschichte der Philosophie des neunzehnten und zwanzigsten Jahrhunderts sieht«[2]. Über die plakativen Beurteilungen der sog. "neuen Wissenschaftsphilosophie" und die "Ermordung", von der Popper einmal gesprochen hat, hinaus, ist neuerdings das übliche Bild der Ursprünge und der Entwicklung des logischen Empirismus durch die historisch-sytematische Forschung in Frage gestellt worden. Und in diesem Zusammenhang hat zugleich der Umstand Bestätigung erfahren, daß die Wissenschaftsphilosophie nicht nur "leer" bleibt, wenn sie auf die historisch-philosophische Betrachtung verzichtet, sondern auch Gefahr läuft, sich in der Diskussion über falsch gestellte Fragen zu verzetteln, weil die geschichtliche Perspektive nicht angemessen berücksichtigt wird.[3]

Es ist hier unmöglich, auf die eigentlichen Gründe einer solchen "Rehabilitierung" der historischen Forschung über den logischen Empirismus näher einzugehen; es ist jedenfalls unbestreitbar, daß sich heute das Erscheinungsbild dieses Forschungsgebietes sowohl quantitativ als auch qualitativ erheblich verändert hat. Die von Rudolf Haller 1982 betonte Forderung, »neues Licht« auf den Wiener Kreis zu werfen und

---

[1] Dieser Beitrag ist eine revidierte Fassung eines auf italienisch geschriebenen Referates, das ich anläßlich des II. Kongresses der "Italienischen Gesellschaft für analytische Philosophie" (Vercelli, 18.-21. September 1996) gehalten habe. Für die stilistische Überprüfung dieses Textes möchte ich Herrn Karl-Norbert Ihmig (Bielefeld) meinen herzlichsten Dank aussprechen.

[2] Vgl. M. Dummett: Die Ursprünge der analytischen Philosophie. Frankfurt/M. 1992, S. 7.

[3] Vgl. dazu die einleitenden Betrachtungen David Bells und Wilhelm Vossenkuhls zum Band Wissenschaft und Subjektivität. Der Wiener Kreis und die Philosophie des 20. Jahrhunderts. Hrsg. von D. Bell und W. Vossenkuhl. Berlin 1992, S. 7.

dessen ursprüngliche Motive, die von der offiziellen Darstellung der Geschichte desselben weitgehend verdunkelt wurden (so z. B. bezüglich des "Duhemschen" Holismus von Neurath), aufzudecken, scheint in der Forschung eine wachsende Resonanz gefunden zu haben.[4] Haller selbst hat mehrmals versucht, die Bedeutung des sog. "ersten Wiener Kreises" aufzuzeigen, der um 1907 in Wien aus einem Gesprächskreis erwuchs[5], der durch Ideen Machs, Poincarés und Duhems inspiriert war und an dem u. a. Otto Neurath, Philipp Frank und Hans Hahn teilgenommen haben; aber es muß hier auch Hallers allgemeine Darstellung des Neopositivismus erwähnt werden, die eine "Rekonstruktion" der "Grundzüge" der *Geschichte* des Wiener Kreises auch anhand unveröffentlichter Quellen beabsichtigt[6]. In diesen Arbeiten und anderen "Variationen" über dieses Thema hat Haller im wesentlichen zwei Thesen vertreten. Mit einer gewissen Einseitigkeit, die auch österreichische Forscher in Frage gestellt haben, reklamiert Haller einerseits eine überragende Bedeutung der "Habsburgischen Philosophie" (von Bolzano bis Brentano, von Mach bis Wittgenstein) für die Genese des logischen Empirismus. Er interpretiert die Tradition der österreichischen Philosophie als eine vom Anti-Kantianismus und Anti-Idealismus geprägte und sprachanalytisch orientierte Bewegung, die zwar auch sehr stark von Leibniz beeinflußt wurde, sich ansonsten aber klar von der deutschen spekulativen Philosophie unterscheide. Aufgrund dieser sie von der deutschen Tradition abhebenden Eigentümlichkeiten sei es kaum überraschend, daß die Philosophie der Donaumonarchie in ihrer weiteren Entwicklung zum Neopositivismus geführt habe.[7] Andererseits, aber immer in Einklang mit dieser "Linie" der österreichischen Philosophie, hat Haller unterstri-

---

[4] Vgl. R. Haller: New Light on the Vienna Circle, In: The Monist. (LXV). 1982, S. 25-37. Haller hat häufig darauf hingewiesen, daß die Hauptthesen der logischen Empiristen »weitgehend mißverstanden« worden sind. Darum gelte es, eine von der bislang üblichen Sichtweise neue Perspektive einzunehmen, die sich auf die Ideen konzentriert, die tatsächlich von ihnen vertreten wurden, und nicht auf die, die ihnen von anderen unterstellt wurden (vgl. R. Haller: Il Circolo di Vienna: Wittgenstein, l'atomismo e l'olismo. In: C. G. Hempel/G. H. von Wright/R. Haller/G. Wolters. Il Circolo di Vienna. Ricordi e riflessioni. Aa cura di M. C. Galavotti e R. Simili. Parma 1992, S. 59).

[5] Vgl. R. Haller: Der erste Wiener Kreis. Erkenntnis. (XXII), 1985, S. 341-58; ders., Fragen zu Wittgenstein und Aufsätze zur österreichischen Philosophie. Amsterdam 1986, S. 89-107. Siehe darüber hinaus die Erinnerungen Philipp Franks in: Modern Science and Its Philosophy. New York 1961 (2. Aufl.), S. 13-61.

[6] Vgl. R. Haller: Neopositivismus. Eine historische Einführung in die Philosophie des Wiener Kreises. Darmstadt 1993.

[7] R. Haller: Studien zur Österreichischen Philosophie. Variationen über ein Thema. Amsterdam 1979, S. 17, 108, 119-21. Vgl. ebenso den Aufsatz von 1979,

chen, daß die Hauptgestalt des Wiener Kreises Otto Neurath gewesen sei, dessen holistischer Konventionalimus auf philosophischer Ebene und dessen sozialer Humanismus auf der praktisch-politischen Ebene den logischen Empirismus in wesentlichen Aspekten geprägt habe.[8]

Die Neubewertung der Philosophie Neuraths bildet zweifellos das bedeutendste Ergebnis der historisch-systematischen Arbeit Hallers. Sein Verdienst besteht aber auch darin, zahlreiche weitere Forschungen angeregt zu haben, die sowohl die Eigentümlichkeit und Modernität der Neurathschen Wissenschaftsphilosophie als auch die Fruchtbarkeit und geschichtlich-soziale Tragweite seines Unternehmens einer philoso-phisch-politischen Reform betont haben – zwei Aspekte, die für eine angemessene Würdigung »eines der großen Unbekannten der Philo-sophiegeschichte unseres Jahrhunderts«[9] wesentlich sind. Diesbezüglich hat man von einer "Wiederentdeckung" des früher "vergessenen" Wiener Kreises gesprochen, so daß Neurath in diesem Sinne eine wesentliche Übergangsfigur bilde, ohne welche die heutige analytische Philosophie eine andere Gestalt angenommen hätte. Die Auffassung der Wissenschaft als ein geschichtliches Phänomen sowie die Ablehnung eines "starren Gesetzes" der wissenschaftlichen Methode, und vor allem die frühzeitige Assimilation der "Duhemschen These" erheben Neurath in den Rang nicht nur eines genialen (und glücklicherweise echt österreichischen) Vorläufers, sondern auch eines der einflußreichsten "Väter" der gegen-wärtigen Philosophie.[10] Von dieser Perspektive ausgehend läßt sich auch eine Bilanz des Erbes des logischen Empirismus ziehen, die sich dessen bewußt sein muß, welche Bedeutung für seine Geschichte dem schroffen

Gibt es eine österreichische Philosophie?, wiederabgedruckt in: Fragen zu Witt-genstein, a.a.O., S. 31-43 (sowie das Interview Grenzen der Sprache – Grenzen der Welt. Wittgenstein, der Wiener Kreis und die Folgen. Franz Kreuzer im Gespräch mit Rudolf Haller, Wien 1982).

[8] Studien zur Österreichischen Philosophie, a.a.O., S. 105-06. Vgl. auch das Neurath gewidmete Kapitel in: Neopositivismus, a.a.O., S. 150-78.

[9] So Haller selbst und Heiner Rutte in ihrem Vorwort zu O. Neurath. Gesammelte philosophische und methodologische Schriften. Hrsg. von R. Haller und H. Rutte. Wien 1981, Bd. I, S. XII (1991 ist Bd. III dieser Ausgabe der Werke Neuraths erschienen, der den Titel Gesammelte bildpädagogische Schriften trägt). Ein ausgezeichnetes Porträt Neuraths wurde aber schon 1979 von Rainer Hegselmann verfaßt: vgl. Otto Neurath – Empirischer Aufklärer und Sozial-reformer. Hrsg. von R. Hegselmann. Frankfurt/M. 1979, S. 7-73.

[10] Vgl. Th. E. Uebel: Otto Neurath and the Neurath Reception: Puzzle and Promise. In: Rediscovering the Forgotten Vienna Circle. Edited by Th. E. Uebel, Dordrecht/Boston/London 1991, S. 3-22. Zu diesem Band, in dem zahlreiche Beiträge der kompetentesten Neurath-Forscher versammelt sind, siehe die kriti-schen Bemerkungen von Danilo Zolo: Otto Neurath era un filosofo austriaco? In: Rivista di filosofia (LXXXIV) 1993, S. 295-303.

Bruch zukommt, der mit der Machtergreifung des Totalitarismus in Deutschland und in Österreich verbunden war[11]. Dieser Bruch – so Dirk Koppelberg – habe zur Folge gehabt, daß die ursprünglichen Wurzeln des logischen Empirismus in der späteren Debatte innerhalb der anglo-amerikanischen Philosophie verlorengegangen sind, wie dies etwa durch den Fall Quines belegt werden kann, der, während er »eine Karikatur des logischen Empirismus« kritisiert, tatsächlich exakt die Position Neuraths aufgreift: somit ist »Quines holistischer Empirismus weniger eine Kritik als vielmehr eine Fortführung der Philosophie des Wiener Kreises«[12].

Neben der *Neurath-Renaissance*, die Haller in der prägnanten Formel »zurück nach Wien« zusammengefaßt hat[13], sind auch die Arbeiten Friedrich Stadlers besonders zu erwähnen, die auf eine "historisch-gene-tische" Analyse des Neopositivismus abzielen[14]. Die Ergebnisse, zu denen Stadler in seinen Untersuchungen gelangt ist, liegen hauptsächlich in einem sehr gut dokumentierten Buch von 1982 vor, das die Entwicklung des Positivismus Machscher Prägung bis zur "wissenschaft-lichen Weltauffassung" hin eingehend darstellt und auf Mach als die ent-scheidende Verbindung zwischen dem alten Positivismus und dem Neopositivismus hinweist[15]. Obwohl es vom philosophischen Gesichts-punkt eher enttäuscht[16], bietet das Buch Stadlers dennoch eine ausge-zeichnete Rekonstruktion des "Vereins Ernst Mach" und darüber hinaus

[11] Vgl. R. Hegselmann: Wissenschaftliche Weltauffassung. Der Wiener Kreis - Eine Bilanz nach 60 Jahren. In: Jour Fixe der Vernunft. Der Wiener Kreis und die Folgen. Hrsg. von P. Kuntorad. Wien 1991, S. 93-107. Von der neueren Literatur zu Neurath sind mindestens zu erwähnen: D. Zolo: Reflexive Epistemology. The Philosophical Legacy of Otto Neurath. Dordrecht/Boston/London 1989, und Th. E. Uebel: Overcoming Logical Positivism from Within. The Emergence of Neurath's Naturalism in the Vienna Circle's Protocol Sentence Debate, Amsterdam 1992, sowie den Band von N. Cartwrigth, J. Cat, L. Fleck, Th. E. Uebel, Otto Neurath: Philosophy between Science and Politics. Cambridge 1996.

[12] D. Koppelberg,: Neurath, Quine und Physikalismus. In: Jour Fixe der Ver-nunft, a.a.O., S. 217-30. Von Koppelberg siehe auch die grundlegende Studie Die Aufhebung der analytischen Philosophie. Quine als Synthese von Carnap und Neurath. Frankfurt/M. 1987.

[13] Vgl. R. Haller: Zurück nach Wien. In: Jour Fixe der Vernunft, a.a.O., S. 11-22.

[14] Vgl. F. Stadler: Aspekte des gesellschaftlichen Hintergrundes und Standorts des Wiener Kreises am Beispiel der Universität Wien. In: Wittgenstein, der Wiener Kreis und der kritische Rationalismus. Hrsg. von H. Berghel, A. Hübner, E. Köhler. Wien 1979, S. 41.

[15] Vgl. F. Stadler: Vom Positivismus zur "wissenschaftlichen Weltauffassung". Am Beispiel der Wirkungsgeschichte von Ernst Mach in Österreich von 1895 bis 1934. Wien/München 1982, S. 39.

[16] Vgl. dazu die Besprechung Heiner Ruttes in: Grazer Philosophische Studien, Bd. 21, 1984, S. 213-18.

des allgemeinen geschichtlichen, ideologischen und kulturellen Kontextes, in welchem das Engagement des Wiener Kreises für die Emanzipation der menschlichen Vernunft gedeihen konnte – ein Engagement,
das leicht vergessen wird und das durch die Ereignisse von 1934 und dem
Ende des "roten Wien" brutal unterbrochen wurde[17]. Die Beiträge
Stadlers[18] haben allerdings eine eingehendere Forschung über den Wiener
Kreis gefördert, die nicht nur eine über die bisherigen Überlieferungen
hinausgehende neue Einschätzung von Werk und Wirkung Ernst
Machs[19] angeregt, sondern zugleich auch Anstöße zur weiteren Veröffentlichung von Schriften, Tagungsberichten (besonders hervorzuheben ist die Tagung von 1991, die dem Aufstieg der wissenschaftlichen
Philosophie in Wien, Berlin und Prag gewidmet war), und schließlich der
Institutionalisierung der Forschung über den logischen Empirismus
gegeben hat, wie die Gründung des "Instituts 'Wiener Kreis'" im Jahre
1991 belegt, dessen Aktivität sich u. a. in dem seit 1993 publizierten
Jahrbuch sowie in den "Veröffentlichungen des Instituts Wiener Kreis"
manifestiert[20].

Mit diesen Neuorientierungen der wissenschaftlichen Untersuchungen
ist eine neue Phase der Forschung verknüpft, die von Wissenschaftlern
aus dem Umkreis der amerikanischen Philosophie, aber auch – und hier
handelt es sich zweifellos um eine bemerkenswerte neue Erscheinung –
der deutschen Philosophie in Gang gesetzt wurde[21]. Die in den letzten

[17] Vgl. Vom Positivismus zur wissenschaftlichen Weltauffassung, a.a.O.,
S. 144, 151-66 (über den "Verein Ernst Mach" vgl. ebenso G. Wolters: Ernst
Mach e il "Verein Ernst Mach". In: Il Circolo di Vienna, a.a.O., S. 43-57). Daß der
Wiener Kreis "nicht philosophisch widerlegt, sondern politisch zerschlagen"
wurde, ist die These, die auch M. Geier in Der Wiener Kreis. Hamburg 1992,
S. 90-93, vertritt.

[18] Es ist nun auch auf den folgenden Band Stadlers zu verweisen: Studien zum
Wiener Kreis. Ursprung, Entwicklung und Wirkung des Logischen Empirismus
im Kontext. Frankfurt/M. 1997, der nach der Fertigstellung meines Beitrages
erschienen ist.

[19] Vgl. besonders Ernst Mach: Werk und Wirkung. Hrsg. von R. Haller und
F. Stadler, Wien 1988, und Ernst Mach – A Deeper Look. Documents and New
Perspectives. Edited by J. Blackmore. Dordrecht/Boston/London 1992.

[20] Vgl. F. Stadler: Editorial. In: Scientific Philosophy: Origins and Develop-
ments. Hrsg. von F. Stadler. Dordrecht/Boston/London 1993, S. IX-X. Die
Akten der im Text erwähnten Tagung finden sich in dem Band Wien – Berlin –
Prag. Der Aufstieg der wissenschaftlichen Philosophie.Hrsg. von R. Haller und
F. Stadler, Wien 1993. Dieser Band ist der zweite der Reihe "Veröffentlichungen
des Instituts Wiener Kreis", die mit dem schon erwähnten Band Jour Fixe der
Vernunft begonnen hat.

[21] Zur Rezeption des logischen Empirismus in der deutschen Philosophie nach
dem zweiten Weltkrieg vgl. W. Hochkeppel: Zur Rezeptionsgeschichte des
Wiener Kreises und seiner Nachfolge in der BRD. In: Jour Fixe der Vernunft,

Jahrzehnten in diesem Bereich der historisch-systematischen Forschung entstandenen Beiträge haben weniger Neurath, die politisch-sozialen Implikationen des Wiener Kreises und seine Wurzeln in der österreichischen Tradition thematisiert, vielmehr konzentrieren sie sich vor allem auf die wissenschaftsphilosophischen bzw. erkenntnistheoretischen Voraussetzungen des Denkens von Moritz Schlick, Rudolf Carnap und Hans Reichenbach, und dabei steht insbesondere die "kontinentale" Entwicklungsphase des logischen Empirismus im Vordergrund[22]. Nach dem Erscheinen eines Sammelbandes von 1985 mit dem programmatischen Titel *Zurück zu Schlick*[23] sind weitere ausführliche Studien über den frühen Schlick gefolgt, auf die wir im folgenden noch zu sprechen kommen werden. Vor allem aber – und dies ist den Arbeiten von Wissenschaftlern wie Alberto Coffa, Michael Friedman, Klaus Hentschel, Andreas Kamlah, Verena Mayer, Alan Richardson, Werner Sauer und noch vielen anderen zu verdanken – wurde ein grundlegender Teil des "intellektuellen Reiseführers" von Carnap auf der einen und von Reichenbach und dem lange vernachlässigten "Berliner Kreis" auf der anderen Seite neu (oder vielleicht zum ersten Mal überhaupt) geschrieben. Dabei sind auch die komplexen Beziehungen zum Neukantianismus, zur Phänomenologie, zum Konventionalismus und zur erkenntnistheoretischen Deutung der Relativitätstheorie näher beleuchtet worden. Dies geschah auf der Basis noch unveröffentlichter Quellen und Briefe (sie befinden sich im "Wiener Kreis Archiv" in Amsterdam und in den "Archives for Scientific Philosophy" in Pittsburgh)[24]. Ausgehend vom

---

a.a.O., S. 78-92. Vgl. außerdem H.-J. Dahms: Positivismusstreit. Die Auseinandersetzung der Frankfurter Schule mit dem logischen Positivismus, dem amerikanischen Pragmatismus und dem kritischen Rationalismus, Frankfurt/M. 1994. Zugleich ist an eine gewisse Wiedererweckung des Interesses für den logischen Empirismus auch in Frankreich zu erinnern: vgl. De Vienne à Cambridge. L'héritage du positivisme logique de 1950 à nos jours.Edité par P. Jacob, Paris 1980, sowie Le Cercle de Vienne, doctrines et controverses. Textes réunis et présentés par J. Sebestik et A. Soulez. Paris 1986.

[22] Mitte der 80er Jahre waren aber bereits zwei wichtige Aufsatzsammlungen erschienen: The Heritage of Logical Positivism. Edited by N. Rescher,. Lanham/New York/London 1985, und Philosophie, Wissenschaft, Aufklärung. Beiträge zur Geschichte und Wirkung des Wiener Kreises. Hrsg. von H.J. Dahms. Berlin/New York 1985.

[23] Vgl. Zurück zu Schlick. Eine Neubewertung von Werk und Wirkung. Hrsg. von B. McGuinness, Wien 1985; vgl. auch Rationality and Science. A Memorial Volume for Moritz Schlick in Celebration of the Centennial of His Birth. Edited by E. T. Gadol. Wien/New York 1982, sowie Schlick und Neurath – Ein Symposion. Hrsg. von R. Haller. Amsterdam 1982.

[24] Vgl. vor allem die Sammelbände Erkenntnis Orientated: A Centennial Volume for Rudolf Carnap and Hans Reichenbach. Edited by W. Spohn, Dord-

Standpunkt eines genauen Quellenstudiums und unter Zuhilfenahme des fruchtbaren Prinzips, Ideen innerhalb ihres historischen Kontextes zu analysieren, hat sich ein neues Paradigma etabliert, das den beiden Forschungsrichtungen, die man zusammenfassend als "deutsch-amerikanische" und "österreichische" charakterisieren kann, gemeinsam ist. Dessenungeachtet sind die theoretischen Ansätze und Ergebnisse doch recht unterschiedlich geblieben. Das liegt vor allem daran, daß die Untersuchungen von Haller, wie man gesehen hat, die wesentliche Fremdheit des Wiener Kreis gegenüber der deutschen Philosophie betonen, während sich die zuletzt genannten (und andere von der "Hallerschen Linie" abweichende) Arbeiten statt dessen auf die mehr oder weniger engen und mehr oder weniger konfliktträchtigen Beziehungen konzentrieren, die zwischen den Ursprüngen des logischen Empirismus und der kantischen und neukantianischen Tradition bestehen, so daß er dadurch eine Stellung erhält, die als Mittelweg zwischen »dem traditionellen Kantianismus und dem traditionellen Empirismus«[25] erscheint. Und diese Haltung bringt natürlich eine scharfe Polemik gegenüber den reduktionistischen Lesarten mit sich, die – seit der Zeit des berühmten Manifestes von 1929 – statt dessen die strikte Trennung der "wissenschaftlichen Weltauffassung" von der gefährlichen Metaphysik des kantischen Apriorismus propagiert hat[26].

Im Zusammenhang mit einer deutlichen Erinnerung an den vielgestaltigen, komplexen Charakter des logischen Empirismus[27] ist mit dem Buch von Coffa über die "semantische Tradition" von Kant bis Carnap ein Beitrag von unbestreitbarer Originalität erschienen[28]. Es handelt sich dabei um einen Versuch, auf theoretischer und historischer Ebene die

recht/Boston/London 1991; Carnap: A Centenary Reappraisal, fasc. monografico di "Synthese". Bd. 93, 1992, S. 1-295; Hans Reichenbach und die Berliner Gruppe. Hrsg. von L. Danneberg, A. Kamlah, L. Schäfer. Braunschweig/Wiesbaden 1994; Logic, Language and the Structure of Scientific Theories. Hrsg. von W. Salmon und G. Wolters. Pittsburgh/Konstanz 1994. Auf diese Studien werden wir im folgenden noch Bezug nehmen.

[25] M. Friedman: The Re-Evaluation of Logical Positivism. In: The Journal of Philosophy (LXXXVIII) 1991, S. 514.

[26] Vgl. H. Hahn/O. Neurath/R. Carnap: Wissenschaftliche Weltauffassung. Wien 1929, S. 18.

[27] Vgl. dazu M. Geier: Der Wiener Kreis, a.a.O., S. 16-17, 38.

[28] Vgl. A. Coffa: The Semantic Tradition from Kant to Carnap. At the Vienna Station. Cambridge 1991. Zum Werk des früh gestorbenen Coffa vgl. die Beiträge, die in Alberto Coffa et la tradition sémantique. In: Archives de philosophie (L) 1987, S. 353-473, veröffentlicht worden sind. Die im Mittelpunkt des Buches von Coffa stehenden Themen werden auch, obwohl aus einer anderen Perspektive, bei Joelle Proust eingehend diskutiert; vgl. Questions de forme. Logique et proposition analytique de Kant à Carnap. Paris 1986.

Tradition des Denkens zu rekonstruieren, die seit den ersten Jahrzehnten des XIX. Jahrhunderts, d. h. seit dem Werk Bernard Bolzanos, als Alternative zur Philosophie Kants beschrieben wurde. »Die semantische Tradition«, schreibt Coffa, »wurde von denjenigen begründet und weitergeführt, die zwar an ein Apriori, aber nicht an das konstitutive Vermögen des Geistes glaubten«[29]; und diese Tradition (Coffa spricht sogar von einer "philosophischen Bewegung")[30] läßt sich sowohl durch die Abkehr von der "copernicanischen Wende" Kants als auch durch die Ausarbeitung einer Theorie des Apriori kennzeichnen, in der die reine Anschauung keine Rolle mehr spielt[31]. Aufgrund einer eingehenden Analyse, die Frege und Russell, Brentano und v. Helmholtz, Poincaré und Hilbert, und auch Schlick, Carnap, Reichenbach, Wittgenstein, den frühen Popper und den Streit über die "Protokollsätze" thematisiert, vergleicht Coffa den semantischen Ansatz und dessen Logikkonzeption, dessen Theorie der Bedeutung und des Apriori mit den Philosophien positivistischer und kantischer Prägung, ohne dabei die Berührungspunkte und Verflechtungen zwischen den beiden Denkrichtungen zu übersehen. So sieht Coffa z. B. bei dem späten, auf den "Tractatus" folgenden Wittgenstein eine Form der "Kritik des Verstandes" am Werke, die von Kant und einer Wiederaufnahme "transzendentaler Argumente" nicht weit entfernt zu sein scheint[32], während – sehr allgemein gesprochen – die Entwicklungen der philosophischen Grammatik Wittgensteins und der logischen Syntax Carnaps als eine Art "copernicanischer Revolution" gedeutet werden können, die eher in einer Konzeption des Apriori innerhalb einer Theorie der Bedeutung verankert ist als innerhalb einer Theorie der Erfahrung[33].

Allgemein gesehen, kommt dem Buch Coffas das große Verdienst zu, auf der Basis interessanter unveröffentlichter Quellen eine Begriffsgeschichte nachgezeichnet zu haben, die im Rahmen der traditionellen Sichtweise der Entstehung der analytischen Philosophie bislang völlig vernachlässigt wurde. Es bleibt allerdings die Frage, ob bei dieser Darstellung nicht ein Grenzbereich noch im Dunkeln geblieben ist, in dem sich der von Bolzano und Frege inaugurierte semantische Gesichtspunkt in gewisser Weise mit der kantischen und noch stärker mit der neukantianischen Tradition berührt. Insbesondere einige Fragestellungen, die Coffa als wesentliche Züge der "semantischen Bewegung" identifiziert

---

[29] The Semantic Tradition, a.a.O., S. 1.
[30] Ebda., S. 23.
[31] Ebda., S. 22.
[32] Ebda., S. 243, 251.
[33] Ebda., S. 259, 263, 373.

(wie z. B. der Antipsychologismus, die Zurückdrängung der reinen Anschauung bei der Grundlegung der Mathematik, die Überwindung des Mentalismus), sind in Wahrheit auch das Erbe einiger neokritizistischer Strömungen am Ende des 19. Jahrhunderts. So bleibt beispielsweise ein großer Teil der antipsychologistischen Polemik unverständlich, wenn nicht nur Lotze (der von Coffa übrigens nie erwähnt wird), sondern auch Wilhelm Windelband, Heinrich Rickert, Hermann Cohen und noch mehr Paul Natorp nicht in Betracht gezogen werden. Letzterer übte großen Einfluß auf Husserl aus, der – nebenbei gesagt – im Rahmen der Rekonstruktion Coffas ebenfalls nur eine unbedeutende Rolle spielt. Es fehlt allerdings nicht an Untersuchungen, die dieses Grenzgebiet genauer erforscht haben: sie reichen von dem Beitrag Gottfried Gabriels über Frege und den Neukantianismus[34] bis zu demjenigen von Geert Edel über Cohen und die analytische Philosophie[35]. Die in dieser Richtung noch zu leistende Arbeit ist recht umfangreich und sollte sich, indem sie sich die Einsichten Coffas zunutze macht, einerseits an einer eingehenden Analyse der neukantianischen Strömungen und andererseits an der Bedeutung Kants für die erkenntnistheoretischen und wissenschaftsphilosophischen Debatten des 19. Jahrhunderts orientieren[36]. Es geht jedoch zugleich um ein Forschungsvorhaben, das sich mit den Ursprüngen des logischen Empirismus berühren muß, wenn es stimmt, was Coffa schreibt, nämlich, daß »der logische Positivismus als eine Verzweigung aus dem Neukantianismus hervorgegangen ist«. Dies erscheint durchaus plausibel, wenn man etwa nur die frühe Phase Moritz Schlicks in Betracht zieht, die viel stärker »dem Umkreis kantischer Problemstellungen und halbkantischer Antworten«[37] verpflichtet ist als der semantischen Tradition.

---

[34] Vgl. G. Gabriel: Frege als Neukantianer. In: Kant-Studien (LXXVII) 1986, S. 84-101, und La "Logica" di Hermann Lotze e la nozione di validità. In: Rivista di filosofia (LXXXI) 1990, S. 457-468. Vgl. auch V. Mayer: Gottlob Frege, München 1966, S. 23-24, 30, 163-65.

[35] Vgl. G. Edel: Cohen und die analytische Philosophie der Gegenwart. In: Philosophisches Denken – Politisches Wirken. Hermann-Cohen-Kolloquium Marburg 1992. Hrsg. von R. Brandt und F. Orlik. Hildesheim/Zürich/New York 1993, S. 179-203.

[36] Zu diesem letzten Aspekt vgl. Kant and Contemporary Epistemology. Edited by S. Parrini, Dordrecht/Boston/London 1994. Besonders zu erwähnen ist auch das Buch von M. Friedman: Kant and the Exact Sciences. Cambridge (Mass.) 1992.

[37] Vgl. The Semantic Tradition, a.a.O., S. 3, 171-88.

2. Schlick in seiner Zeit "vor Wien"

Heute stimmen zahlreiche Studien in der Einschätzung überein, daß die philosophische Entwicklung des "frühen Schlick" ein wichtiges Kapitel in der Rekonstruktion der Ursprünge des logischen Empirismus darstellt und daß sein Hauptwerk – die *Allgemeine Erkenntnislehre* von 1918 – eine entscheidende Etappe auf dem Weg der Herausbildung von Schlicks Denken in seiner späteren Wiener Zeit ausmacht. Diese Untersuchungen haben auch dazu beigetragen, das stilisierte Bild Schlicks als der unter dem maßgeblichen Einfluß Wittgensteins stehende Prophet der "Wende der Philosophie" erheblich zu modifizieren[38]. Zu dieser neuen Art der Herangehensweise hat sicherlich die Publikation zweier 1979 ins Englische übersetzter Schriften Schlicks beigetragen (sie enthalten seine ersten philosophischen Arbeiten, die zwischen 1910 und 1916 verfaßt wurden sowie einige Texte der "mittleren" Periode)[39]. Diese bedeutenden Editionen wurden begleitet von der in Deutschland besorgten Neuedition einiger bislang sehr schwer zugänglicher Schriften Schlicks. Es handelt sich dabei um die "Allgemeine Erkenntnislehre" (in der zweiten Auflage von 1925), die "Fragen der Ethik" und die Aufsätze (unter denen sich auch die Habilitationsschrift von 1910 befindet), die Bernd Philippi 1986 in einem Band zusammengestellt hat[40]. Inzwischen haben sich die Forscher intensiver dem reichhaltigen noch unveröffentlichten Material zugewendet, das im Nachlaß Schlicks beim *Wiener-Kreis-Archiv* in Amsterdam aufbewahrt wird. Dort befindet sich ein Nachlaß von außerordentlichem Interesse. Darin enthalten sind der weitläufige Briefwechsel Schlicks zusammen mit einer ansehnlichen Menge noch unveröffentlichter Arbeiten sowie weitere Pläne, Aufzeichnungen und biographische Skizzen. Dieses Material ist nicht nur im Hinblick auf ein genaueres Studium der Schlickschen Philosophie unverzichtbar, sondern ebenso im Hinblick auf ein angemessenes Verständnis der Ursprünge der "wissen-

---

[38] Vgl. zunächst die Beiträge von L. Geymonat: Entwicklung und Kontinuität im Denken Schlicks, R. Haller: Erkenntnisprobleme bei Moritz Schlick und A. Quinton: Vor Wittgenstein: der frühe Schlick. In: Zurück zu Schlick, a.a.O., S. 24-31: 32-42; 114-33.

[39] Vgl. M. Schlick: Philosophical Papers. Edited by H. L. Mulder and B. F. B. von de Velde Schlick. 2 Bände. Dordrecht/Boston/London 1978/1979.

[40] Vgl. M. Schlick: Allgemeine Erkenntnislehre. Frankfurt/M. 1979; Fragen der Ethik. Hrsg. von R. Hegselmann. Frankfurt/M. 1986. Bemerkenswert ist auch die Veröffentlichung der Vorlesungen vom WS 1933/34: Die Probleme der Philosophie in ihrem Zusammenhang. Hrsg. von H. Mulder, A. J. Kox und R. Hegselmann. Frankfurt/M. 1986.

schaftlichen Philosophie" im Kontext der deutschen und europäischen Philosophie in den ersten Jahrzehnten des 20. Jahrhunderts[41].

Schlicks ursprüngliches erkenntnistheoretisches Programm und die tatsächliche Tragweite der Faktoren, die nach seiner Wiener Zeit und seiner Begegnung mit Wittgenstein zu einer "Wende in der Philosophie" geführt haben, verlangen also – wie schon Friedman 1983 hervorhob – eine Neubewertung und Revision der bislang vorherrschenden *standard view*. Sehr allgemein kann man sagen, daß damit das gängige Interpretationsschema, demgemäß die eigentliche analytische Philosophie von den philosophischen Positionen, die ihr vorausgegangen waren, durch einen geradezu revolutionären Umbruch getrennt ist, in Zweifel gezogen wird. Im Gegenteil – so Friedman – es bliebe die philosophische Entwicklung Schlicks unverständlich, wenn man ausschließlich den Machschen Empirismus, aber nicht den Neukantianismus und den Konventionalismus als mögliche philosophische Hintergründe in Betracht zieht. Denn seine Erkenntnistheorie behandelt darüber hinaus auch Themen, die im Verlaufe der weiteren Entwicklung zentrale Punkte auch der nachpositivistischen Entwicklung der Wissenschaftsphilosophie geblieben sind, wie z. B. die These von der "Theoriegeladenheit" wissenschaftlicher Beobachtungen oder die These des holistischen Erfahrungsbezugs von Theorien[42]. Liest man aber andererseits die "Allgemeine Erkenntnislehre" vor dem Hintergrund der erkenntnistheoretischen Debatte, die gegen Ende des 19. Jahrhunderts stattgefunden hat, so ist nicht schwer zu sehen, daß die Gesprächspartner Schlicks vor allem Heinrich Hertz, Poincaré oder v. Helmholtz gewesen sind. Dazu kommen noch die Erkenntnisauffassungen, die im weiteren Sinne besonderen Wert auf das Verhältnis von Zeichen (oder Symbolen) zur Welt der Tatsachen gemäß der ordnenden Funktion des Geistes gelegt haben. Eine solche Erkenntnisauffassung erreichte in dem Werk "Substanzbegriff und Funktionsbegriff" von Ernst Cassirer einen ersten Höhepunkt, welches auffallende Ähnlichkeiten mit Schlicks holistischer und semiotischer Konzeption aufweist, auch wenn es Unterschiede im Bezug auf den Begriff der *Zuordnung* und seine Verwendungsweise gibt[43].

---

[41] Eine zusammenfassende Information über dieses Material bietet H. Mulder: Das "Wiener-Kreis-Archiv" und der schriftliche Nachlaß von Moritz Schlick und Otto Neurath. In: Zurück zu Schlick, a.a.O., S. 104-13.

[42] Vgl. M. Friedman: Moritz Schlick's "Philosophical Papers". In: Philosophy of Science (L) 1983, S. 498-514.

[43] Vgl. T. A. Ryckman: Conditio sine qua non? "Zuordnung" in the early Epistemologies of Cassirer and Schlick. In: Synthese (Bd. 88) 1991, S. 57-95, und M. Plümacher/H.-J. Sandkühler: Im Streit über die Wirklichkeit. Distanzen und

Es erscheint also plausibel, den Hintergrund des kantischen "framework" – um einen Ausdruck Barry Gowers aufzugreifen – hervorzuheben, der für die erste Phase der philosophischen Arbeit Moritz Schlicks, sowohl was den historischen als auch systematischen Gesichtspunkt betrifft, von entscheidender Bedeutung gewesen ist, und zwar mindestens bis zum Erscheinen der ersten Auflage der "Allgemeinen Erkenntnislehre" von 1918[44]. Es ist jedoch erforderlich, darauf hinzuweisen, daß auch im Falle Schlicks – wie bei allen zeitgenössischen deutschen Philosophen, Reichenbach und Carnap eingeschlossen – der kritische Bezug zur kantischen Philosophie durch den Neukantianismus vermittelt war. Die sich leider hartnäckig haltende Tendenz, den Neukantianismus schlicht mit der Kantischen Philosophie zu identifizieren, läuft Gefahr, gewichtige Unterschiede, die zwischen dem Neukantianismus und der kantischen Philosophie bestehen, zu verdunkeln, sowie seinen Einfluß auf die philosophische Entwicklung, die um die Jahrhundertwende stattgefunden hat, nur unzureichend wahrzunehmen[45]. Es geht hier nicht darum, die Hypothese einer engen Anlehnung Schlicks an die kantische Philosophie schlechthin zu vertreten; denn dies wäre gewiß ein Irrtum. Es liegt aber nahe, einen Zusammenhang zwischen einigen zentralen Punkten seiner philosophischen Reflexionen bis zu Beginn der 20er Jahre und einigen leitenden erkenntnistheoretischen Fragestellungen, die im Rahmen der wissenschaftlichen Orientierung des deutschen Neukantianismus im Vordergrund gestanden haben, anzunehmen. Dies gilt in erster Linie für den Neukantianismus Friedrich Albert Langes, Hermann v. Helmholtz' (von dessen Schriften Schlick 1921 einen mit einem ausführlichen Kommentar versehenen Sammelband herausgab), Alois Riehls, der Marburger Schule und, hinsichtlich gewisser Aspekte, auch Richard Hönigswalds[46].

Nähern zwischen Ernst Cassirer und Moritz Schlick. In: Dialektik, 1995/1, S. 121-32.

[44] Vgl. B. Gower: Realism and Empiricism in Schlick's Philosophy. In: Wissenschaft und Subjektivität, a.a.O., S. 202-24.

[45] Für eine zusammenfassende Darstellung der neukantianischen Richtungen in Deutschland sowie in Europa sei es mir gestattet, auf mein Buch Introduzione al Neocriticismo, Roma/Bari 1997, zu verweisen.

[46] Es wäre auch eine lohnende Aufgabe, auf die Auseinandersetzung Schlicks mit Rickert in seinem Aufsatz von 1910 näher einzugehen: vgl. Die Grenze der naturwissenschaftlichen und philosophischen Begriffsbildung. In: Philosophische Logik, a.a.O., S. 11-30. Auf die Polemik Schlicks gegen Rickert weist am Rande auch Friedrich Vollhardt hin in seinem Nachwort zu H. Rickert: Kulturwissenschaft und Naturwissenschaft. Hrsg. von F. Vollhardt. Stuttgart 1986, S. 200.

Abgesehen von dem Einfluß Langes und seiner Auffassung von der "Organisation" des erkennenden Subjekts (im psychologischen Sinne), der bei Schlick schon in seiner Schrift von 1910 über das Wesen der Wahrheit spürbar ist, steht außer Frage, daß die "Geschichte des Materialismus" einen wichtigen (und häufig vernachlässigten) Bezugspunkt für Schlicks philosophische Reflexionen über die Wissenschaften darstellte[47]. Ein Beweis dafür liegt in dem Umstand, daß noch zu Anfang der 30er Jahre Carnap und Reichenbach in einem der ersten Hefte von *Erkenntnis* einen Briefwechsel Langes herausgaben und seine Art der philosophischen Deutung der Wissenschaft als vorbildlich betrachteten, eine Art, der leider aus philosophischen Fachkreisen zu wenig Aufmerksamkeit geschenkt würde[48]. Andererseits stellte der Hinweis auf das *Faktum* der Wissenschaft, das im Zentrum der von Cohen formulierten und dann von der Marburger Schule weiterentwickelten "Theorie der Erfahrung" kantischer Prägung stand, einen positiven Anknüpfungspunkt für Schlick dar, der durch Lange und v. Helmholtz vermittelt wurde. Dies ist sehr gut sichtbar innerhalb der "Allgemeinen Erkenntnislehre" und dem Aufsatz von 1915 über das Relativitätsprinzip, in dem Schlick eine Sichtweise der Philosophie als kritische Reflexion der *Fakta* der wissenschaftlichen Erkenntnis vorschlägt, die die Erkenntnistheorie zur ständigen Überprüfung ihrer eigenen Prinzipien im Lichte der wissenschaftlichen Entwicklung anregen soll[49]. Diese Konvergenz wird nicht nur durch häufige Verweise Schlicks auf die Werke von Natorp und Cassirer bestätigt, sondern auch durch die Sichtweise, die er mit den Vertretern der Marburger Schule teilte, dergemäß der Gegenstand der Wissenschaft als in einem Netzwerk von Gesetzen und Relationen eingeschlossen gedacht werden muß, innerhalb dessen seine Position vermittels der "Methode der Koinzidenzen" bestimmt werden kann[50]. Nicht zufällig würdigte

---

[47] Vgl. M. Schlick: Das Wesen der Wahrheit nach der modernen Logik. In: Philosophische Logik, a.a.O., S. 53, 83, 101, 105. Zur Einschätzung des Denkens von Lange vgl. auch Allgemeine Erkenntnislehre, a.a.O., S. 365.

˙ [48] Vgl. "Dokumente über Naturwissenschaft und Philosophie. Briefwechsel zwischen Friedrich Albert Lange und Anton Dohrn. In: Erkenntnis (III) 1932/33, S. 262-300, besonders S. 263: »Es ist gerade das historische Verdienst Langes und der von ihm begründeten Marburger Schule gewesen, daß sie den Naturwissenschaftler Kant wieder entdeckt und gegen die metaphysischen Deutungen des Kantianismus durchgesetzt haben.«

[49] Vgl. M. Schlick: Die philosophische Bedeutung des Relativitätsprinzips. In: Zeitschrift für Philosophie und philosophische Kritik (CLIX) 1915, S. 129-31, 148, 163, und Allgemeine Erkenntnislehre, a.a.O., S. 7-8, 15-18, 388. In der Regel werden wir Passagen aus der Allgemeinen Erkenntnislehre zitieren, die schon in der ersten Auflage von 1918 vorliegen.

[50] Vgl. Allgemeine Erkenntnislehre, a.a.O., S. 306.

insbesondere Cassirer die Schlicksche Zurückführung des Substanzbegriffs auf einen "reinen Gesetzesbegriff", obwohl Cassirer der "Enttranszendentalisierung", die bei Schlick damit verbunden war, nicht zu folgen vermochte[51]. Aber sogar die Kritik, die Schlick am kantischen Begriff der "reinen Anschauung" geübt hat, scheint mit den Auffassungen des Marburger Neukantianismus nicht völlig unvereinbar zu sein. Dies gilt zwar nicht für Schlicks Identifikation von Raum und Zeit mit rein psychologischen und qualitativen Bestimmungen. Was allerdings den Hinweis auf die konstruktiv-begriffliche Natur des geometrischen Raumes betrifft, so teilte Cassirer mit Schlick die Ansicht, daß die reine Anschauung als eine unter dem Verstandesgesetz stehende "Methode der Objektivierung" neu interpretiert werden müsse[52]. Auch Schlicks weitergehende Thesen, daß der geometrische Raum vom psychologischen Raum zu unterscheiden sei, und daß der physikalische Raum in einer begrifflichen Konstruktion bestehe, haben Cassirer und andere Vertreter des Neukantianismus, wie z. B. Bruno Bauch, kaum zum Widerspruch herausfordern können[53].

Der zentrale Punkt der Meinungsverschiedenheit zwischen Schlick und der Marburger Schule besteht statt dessen in Schlicks Ablehnung des reinen Denkens als synthetische Erzeugung des Erkenntnisinhalts, wie sie in der "Allgemeinen Erkenntnislehre" zum Ausdruck gebracht wird. Zwar stimmt Schlick mit Natorp darin überein, den Erkenntnisgegenstand nicht als etwas "Gegebenes", sondern als "unendlich Aufgegebenes" zu betrachten, sofern es unmöglich sei, den Beziehungsreichtum der Gegenstände auch nur annähernd erschöpfend darzustellen; aber wenn dies so aufgefaßt werden sollte, daß die Ebene der Tatsachen für das Bewußtsein nicht *gegeben* und nicht deren Fundament darstelle, dann sei die Marburger Position nicht haltbar[54]. Das hat auch mit Schlicks Auffassung des "Dings an sich" zu tun, aber es ist an dieser Stelle nicht möglich, auf seine von der Marburger Schule stark abweichende Deutung einzugehen. Jedoch ist diese realistische Sichtweise, die Schlick gegen den

[51] Vgl. dazu die kritischen Bemerkungen Cassirers zur Allgemeinen Erkenntnislehre. In: Erkenntnistheorie nebst den Grenzfragen der Logik und Denkpsychologie. In: Jahrbücher der Philosophie, III, 1927, S. 67-79 (abgedruckt in: E. Cassirer: Erkenntnis, Begriff, Kultur. Hrsg. von R. A. Bast. Hamburg 1993, S. 121-136). Was Schlick betrifft, so vgl. dazu auch Die philosophische Bedeutung des Relativitätsprinzips, a.a.O., S. 175, und Allgemeine Erkenntnislehre, a.a.O., S. 420.

[52] Vgl. Allgemeine Erkenntnislehre, a.a.O., S. 283 ff., und E. Cassirer: Zur Einsteinschen Relativitätstheorie, Berlin 1921 (wieder abgedruckt in: Zur modernen Physik, Darmstadt 1987, S. 114-15, Anm. 36).

[53] Vgl. Allgemeine Erkenntnislehre, a.a.O., S. 394-95, und Raum und Zeit in der gegenwärtigen Physik. 4. erweiterte Auflage, Berlin 1922, S. 79, 93-95.

[54] Vgl. Allgemeine Erkenntnislehre, a.a.O., S. 404-405.

Marburger geltend macht, *kein* dogmatischer Realismus, und Schlick selbst hat sich gegen die Annahme eines Absoluten "in irgendeinem metaphysischen Sinne" bereits in der ersten Auflage der "Allgemeinen Erkenntnislehre" sehr klar ausgesprochen[55]. Der Realismus Schlicks ist vielmehr durch kantische Komponenten geprägt, die ihren Bezugspunkt im Neokantianismus Riehls (ein Autor, mit dem Schlick, wie unter anderem aus seinem Nachlaß hervorgeht, gut vertraut war) und, wenigstens teilweise, in der Kritik, die Hönigswald an der Marburger Schule in einer Schrift, die von Schlick auch explizit zitiert wird[56], geübt hat, zu haben scheinen. Auch aus diesem Grund ist der Brief von großem Interesse, in welchem Schlick 1927 auf den Einwand Cassirers, daß Schlicks Begriff des "Dings an sich" mit dem kantischen Begriff des "empirischen Gegenstands" zusammenfalle, geantwortet hat. Wenn auch mit gewissem Vorbehalt, gibt Schlick zu, daß es sich dabei *auch* um etwas Ähnliches handele[57]. Nicht weniger bedeutend ist aber der Umstand, daß Schlick noch in seinem späteren Aufsatz über den "Positivismus und Realismus" von 1932 die Frage nach der Realität der Außenwelt zwar als sinnlos angesehen hat, aber dennoch den empirischen Realismus Kants, soweit er die Einordnung des Gegenstands in »einen gesetzmäßigen Wahrneh-

[55] Ebda., S. 225. Vgl. auch den betreffenden Passus in der ersten Auflage der Allgemeinen Erkenntnislehre. Berlin 1918, S. 170.

[56] Vgl. R. Hönigswald: Beiträge zur Erkenntnistheorie und Methodenlehre. Leipzig 1906, bes. S. 84 und Anm. 1. Was Riehl betrifft, dessen Hauptwerk Schlick häufig zitiert, vgl. A. Riehl: Der philosophische Kritizismus. Geschichte und System. Bd. I: Geschichte des philosophischen Kritizismus. Dritte Auflage, Leipzig 1924; vgl. auch das im Nachlaß aufbewahrte Material, insbesondere die Briefe Riehls an Schlick, die unveröffentlichte Schrift Schlicks von 1909, Die Lehre vom Raum in der gegenwärtigen Philosophie, und schließlich die aus dem Philosophischen Kritizismus entnommenen Notizen (resp. Signaturen Inv. Nr. 114, Inv. Nr. 1 "A. 1", Inv. Nr. 163 "A. 128"). Zu Riehl (am Rande bemerkt: ein österreichischer Philosoph!) vgl. das Porträt von W. Röd: Alois Riehl und der Herbartianismus in Österreich. In: Von Bolzano zu Wittgenstein. Zur Tradition der österreichischen Philosophie. Hrsg. von C. Nyiri. Wien 1986, S. 132-40.

[57] Der Brief Schlicks an Cassirer vom 30. März 1927 ist von Paolo Parrini vollständig veröffentlicht worden: vgl. Origini e sviluppi dell'empirismo logico nei suoi rapporti con la "filosofia continentale". Alcuni testi inediti (II). In: Rivista di storia della filosofia (XLVIII) 1993, S. 389-392 (siehe S. 382-384 für den Kommentar Parrinis); vgl. außerdem A. Coffa: The Semantic Tradition, a.a.O., S. 397-98., Anm. 11. Diese kritische Bemerkung war bereits von Seiten Reichenbachs vorgebracht worden, und zwar in einem Brief an Schlick vom 29. November 1920: vgl. P. Parrini,: Origini e sviluppi dell'empirismo logico nei suoi rapporti con la "filosofia continentale". Alcuni testi inediti (I). In: Rivista di storia della filosofia (XLVIII) 1993, S. 140.

mungszusammenhang«, der empirisch nachweisbar ist, betrifft[58], durchaus anerkannt.

Wie gesehen, hat also Gower guten Grund zu behaupten, daß »man die Rolle der kantischen Philosophie im Denken Schlicks durch keine einfache Formel beschreiben kann«[59]. Vermutlich genügt auch keine einfache Formel, um zu bestimmen, welche Elemente gleichgeblieben und welche sich beim Übergang von der "vor-Wiener" zur "Wiener" Phase mehr oder weniger radikal verändert haben. Dessenungeachtet muß an der Tatsache festgehalten werden, daß auf einem anderen Gebiet, nämlich dem der Ethik, eine durchgehende Linie zu erkennen ist. Sie besteht in der Formulierung eines naturalistischen und epikureischen Standpunkts, der in der Auseinandersetzung mit kantischen Positionen entwickelt wurde, und reicht von dem Buch, das Schlick in seiner Jugend 1908 verfaßt hat und das sehr stark von Nietzsche beeinflußt war, bis hin zu den etwa zwanzig Jahre später erschienenen "Fragen der Ethik"[60]. Aber abgesehen von diesem Aspekt des Schlickschen Denkens ist nicht zu bestreiten, daß zwischen seinen ersten philosophischen Arbeiten und den folgenden bis zur "Allgemeinen Erkenntnislehre" sich bedeutsame Motive erhalten haben, von denen sich einige bereits in seiner Habi-

[58] Vgl. Positivismus und Realismus. In: Erkenntnis (III) 1932/33, S. 18. Siehe dazu auch P. Parrini: With Carnap, Beyond Carnap: Metaphysics, Science and the Realism/Instrumentalism Controversy. In: Logic, Language and the Structure of Scientific Theories, a.a.O., S. 264.

[59] B. Gower: Realism and Empiricism in Schlick's Philosophy, a.a.O., S. 205. Das könnte man ebenso in bezug auf die Verwendung kantischer und aus der „Allgemeinen Psychologie" Natorps stammender Theoreme sagen, die die Auseinandersetzung Schlicks mit dem psychophysischen Problem kennzeichnen; vgl. dazu Idealität des Raumes. Introspektion und psychophysisches Problem. In: Vierteljahrsschrift für wissenschaftliche Philosophie und Soziologie (XL) 1916, S. 230-54, sowie Allgemeine Erkenntnislehre, a.a.O., S. 365-66.

[60] Vgl. M. Schlick: Lebensweisheit. Versuch einer Glückseligkeitslehre, München 1908, und R. Haller: Neopositivismus, a.a.O., S. 102-04. Diese Deutung wird auch durch eine autobiographische Skizze bestätigt, die vermutlich um 1918 entstanden ist. Vgl. die im Nachlaß mit Signatur inv. Nr. 82 aufbewahrte Autobiographie, aus der auch hervorgeht, daß Schlick bereits im Alter von 16 Jahren die Werke Nietzsches mit großer Begeisterung gelesen hatte. Es wäre jedenfalls ratsam, diese Seite der intellektuellen Biographie Schlicks zu erforschen, da bei Schlick die Frage nach dem Sinn des Lebens sowie eine "Sokratische" Neigung in der Philosophieauffassung ein dauerndes bzw. stets wiederkehrendes Thema auch nach der "Wende in der Philosophie" geblieben ist: vgl. z. B. Vom Sinn des Lebens. In: Symposion (I) 1927, S. 331-54; Die Probleme der Philosophie, a.a.O., S. 75, sowie Natur und Kultur. Aus dem Nachlaß hrsg. von J. Rauscher. Wien/Stuttgart 1952. Die neuere Sekundärliteratur zu Schlick hat fast immer diesen Aspekt seiner philosophischen Tätigkeit vernachlässigt; eine Ausnahme bildet jedoch S. Marini: Socrate nel Novecento: Vailati, Schlick, Wittgenstein, Milano 1994.

litationsschrift von 1910 aufweisen lassen. Das gilt beispielsweise für die – dort allerdings nur angedeutete – Unterscheidung zwischen "kennen" und "erkennen" sowie für den Begriff der *Zuordnung* und die These vom Primat der Form gegenüber dem Inhalt (nicht zu vergessen ist allerdings auch seine Kritik an Husserl und dessen Lehre von der anschaulichen Evidenz)[61]. Dennoch kann sicherlich niemand die Bedeutung der Umwälzung herunterspielen, die das Schlicksche Denken nach dem Treffen mit Wittgenstein und nach dem Eintauchen in die Atmosphäre Wiens erfahren hat, aber dies muß nicht einen vollständigen Bruch mit den vorangegangenen Arbeiten bedeuten, wie auch aus einem sorgfältigen Vergleich der beiden Auflagen der *Allgemeinen Erkenntnislehre* hervorgeht[62]. Dessenungeachtet ist eine bedeutende Zäsur bereits vor Schlicks Ankunft in Wien sichtbar. Sie entwickelte sich im Zuge der Debatte über die erkenntnistheoretischen Folgen der Relativitätstheorie, die zweifellos für Schlick der Anlaß war, seine erkenntnistheoretischen Grundsätze neu zu überdenken, und die gleichzeitig einen entscheidenden Impuls für die Entstehung des logischen Empirismus darstellte[63].

3. Die Relativitätstheorie und die Ursprünge des logischen Empirismus

Nach den wichtigen Arbeiten Paolo Parrinis, die bereits Mitte der 70er Jahre entstanden sind, wurde die bedeutende Rolle, die die Diskussion über die Relativitätstheorie für die Entstehung des logischen Empirismus gespielt hat, zunehmend erkannt und infolgedessen eine Reihe von Untersuchungen zu diesem Thema angeregt[64]. Friedmans Buch von

[61] Vgl. Das Wesen der Wahrheit nach der modernen Logik, a.a.O., S. 43-55, 93-94, 96, 98. Siehe außerdem die unveröffentlichten Texte aus den Jahren 1911-1912, die nun in der englischen Übersetzung zur Verfügung stehen (Philosophical Papers, a.a.O., Bd. I, S. 104-140).

[62] Was insbesondere das Verhältnis Schlicks zu Wittgenstein betrifft, so wäre die Frage zu stellen, inwieweit Schlick schon zur "Wahlverwandtschaft" mit Wittgensteins "Tractatus" prädestiniert war: siehe dazu R. Haller: Neopositivismus, a.a.O., S. 93, 104, 114, 127, und B. McGuinness: Wittgensteins Beziehungen zum Schlick-Kreis. In: Jour Fixe der Vernunft, a.a.O., S. 110-11.

[63] Darauf weist auch M. Friedman hin in: Moritz Schlick's "Philosophical Papers", a.a.O., S. 505-06. Friedman unterstreicht dort (vielleicht etwas übertrieben) die Wiederannäherung Schlicks zum Empirismus Machscher Prägung.

[64] Vgl. P. Parrini: Per un bilancio dell'empirismo contemporaneo: contributo alla storia del positivismo logico. In: Rivista critica di storia della filosofia (XXXI) 1976, S. 193-239 (wiederabgedruckt in: Una filosofia senza dogmi. Materiali per un bilancio dell' empirismo contemporaneo. Bologna 1980, S. 21-92.). Siehe auch Fisica e geometria dall'Ottocento a oggi. Torino 1979, und Empirismo logico,

1983[65], Klaus Hentschels Untersuchung über die Interpretationen der speziellen und allgemeinen Relativitätstheorie[66], die partielle Veröffentlichung einiger Briefwechsel[67] sowie eine erneute Aufmerksamkeit für den "liberalen" Neukantianismus Ernst Cassirers, mit dem sich vor allem Schlick und Reichenbach auseinandergesetzt hatten[68], und auch die zahlreichen Studien zu den erkenntnistheoretischen Voraussetzungen der Einsteinschen Physik[69] haben sowohl qualitativ als auch quantitativ das Bild einer Diskussion bereichert, die eine sehr bewegte Episode der Geschichte der Philosophie der Wissenschaften geblieben ist[70]. Der detaillierte Überblick, über den wir nun verfügen, und die zahlreichen Dokumente, die die Forschung immer mehr auszuwerten vermag[71], erlauben also eine genauere Analyse der gewundenen und komplizierten Wege, die – um Reichenbach zu zitieren – zur endgültigen »Zersetzung des Apriori« geführt haben[72]. Vor allem ist es nötig, darauf hinzuweisen, daß die unveröffentlichten Quellen neue und oft unerwartete Perspektiven eröffnen und zugleich wichtige Problemzusammenhänge aufgeklärt

kantismo e convenzionalismo. In: Atti del Congresso 'Logica e filosofia della scienza oggi. Bologna 1986, Bd. II, S. 127-42.

[65] Vgl. M. Friedman: Foundations of Space-Time Theories. Relativistic Physics and Philosophy of Science, Princeton 1983.

[66] Vgl. K. Hentschel: Interpretationen und Fehlinterpretationen der speziellen und allgemeinen Relativitätstheorie durch Zeitgenossen Albert Einsteins. Basel/Boston/Berlin 1990.

[67] Vgl. D. A. Howard: Realism and Conventionalism in Einstein's Philosophy of Science. In: Philosophia Naturalis, XXI, 1984, S. 616-29, und K. Hentschel: Die Korrespondenz Einstein-Schlick: Zum Verhältnis der Physik zur Philosophie. In: Annals of Science (XLIII) 1986, S. 475-88 (sowie K. Hentschel: Die Korrespondenz Petzold-Reichenbach: Zur Entwicklung der "wissenschaftlichen Philosophie" in Berlin. Berlin 1991).

[68] Vgl. beispielsweise A. Bartels: Von der Substanz zur Struktur. Schlick, Cassirer und Reichenbach über wissenschaftliche Erkenntnis und Relativitätstheorie. In: Bremer Philosophica. 1995; es sei mir außerdem gestattet, auf mein Buch zu verweisen Ernst Cassirer. Dalla scuola di Marburgo alla filosofia della cultura. Firenze 1996, S. 111-46.

[69] In der neueren Literatur ist besonders zu erwähnen M. Paty: Einstein philosophe. Paris 1993 (aber auch K. Hentschel: Einstein, Neokantianismus und Theorienholismus. In: Kant-Studien (LXXVII) 1987, S. 459-70).

[70] Vgl. dazu die schöne Darstellung Coffas in: The Semantic Tradition, a.a.O., S. 189-206.

[71] Vgl. noch D. Howard: Einstein, Kant and the Origins of Logical Empiricism. In: Logic, Language and the Structure of Scientific Theories, a.a.O., S. 45-105 (ich verweise aber auch auf meinen Aufsatz. Il neocriticismo tedesco e la teoria della relatività. In: Rivista di filosofia (LXXXVI) 1995, S. 239-81).

[72] H. Reichenbach: L'empirisme logique et la désagrégation de l'apriori. In: Actes du Congrès International de Philosophie Scientifique. Paris 1935, Bd. I, S. 28-35.

haben. Davon betroffen sind zum einen die Auseinandersetzung zwischen dem Neukantianismus und den Positionen Schlicks und Reichenbachs und zum anderen der Disput zwischen Schlick und Reichenbach bezüglich des Konventionalismus und der konstitutiven Funktion des Apriori.

Von diesem Gesichtspunkt erscheint es wichtig, auf die Ursprünge der Debatte über die Relativitätstheorie zurückzugehen und zwar insbesondere auf die Diskussion, die 1915 von Schlick mit Blick auf Natorp und Hönigswald begonnen wurde. Bemerkenswert ist dabei, daß Schlick in seiner früheren Auseinandersetzung mit der neukantianischen Deutung des Relativitätsprinzips noch die Notwendigkeit sah, die kantische Erkenntnistheorie »in wesentlichen Stücken« zu modifizieren, ohne sie aber völlig zu verwerfen[73]. Der Weg, den Schlick von dieser "gemäßigten" Stellungnahme zur späteren Ablehnung der Transzendentalphilosophie geführt hat und der in seiner Auseinandersetzung mit Cassirer seinen Ausdruck gefunden hat – und in dessen Verlauf Schlick bekanntlich die Unvereinbarkeit zwischen der modernen Physik und der Transzendentalphilosophie auf der Grundlage der Deutung aller für die Wissenschaft konstitutiven Prinzipien als Hypothesen oder Konventionen, also als Prinzipien, die nicht apriorisch (mindestens weder apodiktisch noch allgemeingültig) und nicht synthetisch sind, behauptet hat – war ohne Zweifel auch für die Ursprünge des logischen Empirismus richtungsweisend[74]. Die Identifikation der für die Wissenschaft konstitutiven Prinzipien mit Konventionen im Sinne Poincarés ist ein Ergebnis, zu dem Schlick – auch durch Anstöße seitens Einsteins, wie Don Howard bemerkt hat – nur ganz allmählich durch die fortschreitende Aufhebung jedes Zugeständnisses auch an einen "modifizierten" Kantianismus gelangt ist. Dieser Prozeß müßte noch genauer untersucht werden, wobei auf die verschiedenen Auflagen insbesondere der Schriften über "Raum und Zeit in der gegenwärtigen Physik" sowie der "Allgemeinen Erkenntnislehre" zu achten wäre und die Umbildungen die in der zweiten Auflage der "Allgemeinen Erkenntnislehre" von 1925 insbesondere be-

[73] Vgl. M. Schlick: Die philosophische Bedeutung des Relativitätsprinzips, a.a.O., S. 163. Was die Auseinandersetzung mit Hönigswald betrifft, sei es mir erlaubt, auf meine Studie zu verweisen: Eine Diskussion über die Relativitätstheorie. Richard Hönigswald und Moritz Schlick. In: Erkennen-Monas-Sprache. Internationales Richard Hönigswald Symposion Kassel 1995. Hrsg. von W. Schmied-Kowarzik. Würzburg 1997, S. 183-94.

[74] Vgl. M. Schlick: Kritizistische oder empiristische Deutung der neuen Physik? Bemerkungen zu Ernst Cassirers Buch "Zur Einsteinschen Relativitätstheorie". In: Kant-Studien XXVI, 1921, S. 99, 107-08.

züglich der Rolle der Konventionen zu erkennen sind[75]. In diesem Sinne
definiert sich der "kritische Empirismus" Schlicks zu Beginn der 20er
Jahre vor allem durch eine zweifache Abgrenzung, nämlich zum einen
durch die Anerkennung der konstitutiven Rolle nichtempirischer Prinzipien für die physikalische Erkenntnis und zum anderen durch die
Bestreitung der These, daß es sich dabei um synthetische Prinzipien apriori handele. Während Schlick also einerseits den Poincaréschen Konventionalismus als eine unentbehrliche wissenschaftsphilosophische Voraussetzung für die Relativitätstheorie ansieht und dabei insbesondere die
Verwendung der Riemannschen Geometrie im Auge hat, unterstellt er
andererseits dem Neukantianismus den Anspruch, die Existenz syntheti-
scher Urteile apriori in der Geometrie und der modernen Physik nachweisen zu wollen[76]. Gerade bezüglich dieser Unterstellung ist es nicht
ohne Interesse zu sehen, daß Cassirer hingegen seinerseits – in einem
noch unveröffentlichten Brief an Schlick vom 23. Oktober 1920 – die
Relevanz einer von jeder inhaltlichen Bestimmung unabhängigen apriorischen Funktion hervorhebt, die für den Fortschritt der wissenschaftlichen Erkenntnis offen ist und die auf der Grundlage einer "Revision"
kantischer Prinzipien durchaus fähig ist, den theoretischen Neuerungen
der wissenschaftlichen Entwicklung Rechnung zu tragen[77].

Andererseits werfen die brieflichen Quellen auch neues Licht auf die
Diskussion zwischen Schlick und Reichenbach im Herbst 1920, als
Schlick gerade Reichenbachs Buch "Relativitätstheorie und Erkenntnis
Apriori" gelesen hat und versuchte, ihn davon zu überzeugen, daß die
einzige folgerichtige Möglichkeit darin bestehe, das konstitutive Moment
des Apriori vom apodiktisch-notwendigen abzutrennen und ersteres im
Sinne einer Konvention zu interpretieren[78]. Daß Reichenbach zu dieser

---

[75] Vgl. D. Howard: Einstein, Kant and the Origins of Logical Empiricism. In:
a.a.O., S. 52-56, und Allgemeine Erkenntnislehre, a.a.O., S. 89-100, 396-97, die
mit der ersten Auflage, a.a.O., S. 63-66, 302-03, zu vergleichen wäre. Die immer
stärkere Betonung der Rolle der Konventionen im Aufbau der Relativitätstheorie
geht besonders aus dem abschließenden Kapitel der vier verschiedenen Auflagen
(1917, 1919, 1920, 1922) von Raum und Zeit in der gegenwärtigen Physik hervor.

[76] Vgl. besonders M. Schlick: Kritizistische oder empiristische Deutung der
neuen Physik?. A.a.O., S. 100.

[77] Auszüge dieses Briefes finden sich in meiner Arbeit Ernst Cassirer, a.a.O.,
S. 130-40.

[78] Was diesen Briefwechsel betrifft, der bereits von K. Hentschel dokumentiert
wurde, vgl. Interpretationen und Fehlinterpretationen. A.a.O., S. 520-22 (ebenso
Die vergessene Rezension der "Allgemeinen Erkenntnislehre" Moritz Schlicks
durch Hans Reichenbach – Ein Stück Philosophiegeschichte. In: Erkenntnis
Orientated, a.a.O., S. 22-24), vgl. auch die Edition von P. Parrini: Origini e sviluppi dell'empirismo logico nei suoi rapporti con la "filosofia continentale".
Alcuni testi inediti (I)", a.a.O., S. 134-46.

Zeit noch unter dem Einfluß des Neukantianismus stand, ist sicher kein Geheimnis. Die Frage ist dennoch, ob und in welchem Maße dieses Bekenntnis nur eine kurze und vorübergehende Episode gewesen ist, oder ob es nicht ein bedeutendes Moment für seine Philosophie darstellt, das merkliche Spuren auch in seiner späteren "empiristischen Philosophie" hinterlassen hat[79]. Natürlich muß man auch in diesem Falle zwischen der Philosophie Kants und dem Neukantianismus unterscheiden, um zu vermeiden, daß man die Reichenbachsche Kritik an der Kantischen Philosophie ohne weiteres auf den Neukantianismus überträgt. Dazu gehört insbesondere der von ihm häufig angeführte Punkt, daß der Kantianismus den Fehler begangen habe, eine Analyse und Kritik der Vernunft durchzuführen, ohne die Naturwissenschaften in ihren historischen Entwicklung zu berücksichtigen[80]. Tatsächlich trifft diese Anschuldigung aber nicht den Neukantianismus der Marburger Schule und noch weniger den Neukantianismus Ernst Cassirers, mit dem Reichenbach vielmehr einen ganz zentrale Auffassung teilte, nämlich die Absicht, das Apriori zu relativieren und damit in die Nähe einer "wissenschaftsanalytischen Methode" zu rücken, welche nach dem Urteil Reichenbachs dazu führen sollte, das Apriori von jedem Anspruch auf Apodiktizität zu befreien und statt dessen im Lichte der sich stets verändernden und erweiternden Prinzipien der Wissenschaften das Schwergewicht auf dessen unabdingbare *konstitutive* Funktion für wissenschaftliche Erfahrung zu legen[81]. Cassirer hat in einem Brief vom 7. Juli 1920 nicht zufällig gerade diesen letzten Aspekt unterstrichen, obwohl er den Verdacht zugleich hegte, daß Reichenbach eben eine allzu tiefe Kluft zwischen der kantischen Vernunftanalyse und der wissenschaftsanalytischen Methode konstatieren wollte[82]. Im Hintergrund steht dabei die von Cassirer von

[79] Siehe dazu: Kamlah: The Neo-Kantian Origin of Hans Reichenbach's Principle of Induction. In: The Heritage of Logical Positivism, a.a.O., S. 157-67. Reichenbachs neukantianische Anfänge werden auch von D. Zittlau: Die Philosophie Hans Reichenbachs. München 1981, S. 5-10, erläutert. Darüber hinaus ist auch auf die interessanten unveröffentlichten Texte zu verweisen, die durch Andreas Kamlah bekannt gemacht worden sind: vgl. A. Kamlah: Hinweise des Nachlasses von Hans Reichenbach auf sein Menschenbild, auf Motive und Quellen seiner Philosophie. In: Hans Reichenbach und die Berliner Gruppe, a.a.O., S. 192-98 (in demselben Band siehe auch U. Meyer: Hilbert, Reichenbach und der Neu-Kantianismus, S. 253-73.).

[80] Vgl. Relativitätstheorie und Erkenntnis Apriori. Berlin 1920, jetzt in: Gesammelte Werke. Hrsg. von A. Kamlah und M. Reichenbach. Bd. III. Braunschweig 1979, S. 263-64. In ähnlicher Weise äußert sich Reichenbach auch z. B. in Ziele und Wege der heutigen Naturphilosophie. Leipzig 1931.

[81] Vgl. H. Reichenbach: Relativitätstheorie und Erkenntnis Apriori, a.a.O., S. 38-62.

[82] Zu diesem Brief siehe mein Buch Ernst Cassirer, a.a.O., S. 136.

der Marburger Schule übernommene methodische Deutung des Kritizismus im Sinne einer transzendentalen Besinnung auf die Bedingungen
der Möglichkeit *wissenschaftlicher* Erfahrung. Zwar ist das Cassirersche
Programm einer "Dynamisierung" des Apriori vor dem Hintergrund der
Entwicklungen der modernen Physik ein wenig hinter den "notwendigen
erkenntnistheoretischen Vermittlungen", die der logische Empirismus
entwickelt hat, zurückgeblieben[83]. Aber die Konvergenzen mit Reichenbach sind dennoch von erheblicher Bedeutung, weil Cassirer nicht auf
der Ebene der "Existenz" des "synthetischen Apriori" stehengeblieben
ist (wie Schlick meinte), sondern sich in Richtung auf eine "Invariantentheorie der Erfahrung" bewegt hat, die das Ziel verfolgte, die
Bedingungen der Möglichkeit und die konstitutiven Prinzipien der wissenschaftlichen Erfahrung herauszuarbeiten[84].

Dieser Problemkreis berührt sich aber auch mit der brieflichen Diskussion zwischen Reichenbach und Schlick gegen Ende des Jahres 1920,
der offenbar mit der Anerkennung des konventionellen Charakters der
konstitutiven Prinzipien seitens Reichenbach endete. Dennoch, wenn
man den Briefwechsel aufmerksam liest und sich vergegenwärtigt, was
Reichenbach noch im selben Jahr in einer Rezension zur "Allgemeinen
Erkenntnislehre", die von Hentschel wiederentdeckt wurde, geschrieben
hat, ist unschwer zu sehen, daß die Übereinstimmung mit Schlick viel
weniger klar ist, als es auf den ersten Blick scheinen mag[85]. Für Reichenbach blieb nicht nur das Kriterium der "Einfachheit", das von Schlick im
Anschluß an Poincaré verfochten wurde, ein vieldeutiges und schwer
abzugrenzendes Kriterium, sondern auch das den Konventionen anhaf-
tende Merkmal der Beliebigkeit muß seiner Auffassung nach durch die
Möglichkeit der Zusammenstimmung verschiedener Prinzipien aufgrund

---

[83] Vgl. dazu P. Parrini: Conoscenza e realtà. Saggio di filosofia positiva. Roma/-
Bari 1995, S. 117.

[84] Vgl. E. Cassirer: Substanzbegriff und Funktionsbegriff. Untersuchungen
über die Grundfragen der Erkenntniskritik (1910), Darmstadt 1990, S. 356. Zu
diesem spannenden Thema vgl. die ausgezeichnete Arbeit von K.-N. Ihmig:
Cassirers Invariantentheorie der Erfahrung und seine Rezeption des "Erlanger
Programms". Bielefeld 1995.

[85] Vgl. K. Hentschel: Die vergessene Rezension der "Allgemeinen Erkenntnislehre" Moritz Schlicks, a.a.O., S. 14-17. Bei der Gelegenheit einer erneuten
Prüfung der Diskussion zwischen Schlick und Reichenbach weisen M. Friedman
und P. Parrini darauf hin, daß eine dauerhafte Meinungsverschiedenheit bezüglich der Rolle des Konventionalismus zwischen beiden bestand. Vgl.
M. Friedman, "Geometry, Convention, and the Relativized Apriori: Reichenbach, Schlick, and Carnap. In: Logic, Language, and the Structure of Scientific
Theories, a.a.O., S. 25-30, P. Parrini: Origini e sviluppi dell'empirismo logico nei
suoi rapporti con la "filosofia continentale". Alcuni testi inediti (I), a.a.O., S. 123-
129.

ihres empirisch-kognitiven Gehalts eingeschränkt werden[86]. Dieser
Einwand war allerdings von großer Tragweite, wie man an der folgenden
Studie Reichenbachs sehen kann, die der Diskussion über die Relativi-
tätstheorie gewidmet war. Darin findet sich neben der in Anknüpfung an
Schlick entwickelten und gegen Cassirer gerichteten antikantianischen
Argumentation eine Interpretation des Konventionalismus, die die
Gefahr einer "Überbetonung der willkürlichen Elemente" erneut vor
Augen stellt und die die bestimmende Funktion der Konventionen für
den "Gegenstandsbegriff" im Rahmen eines "invariantentheoretischen
Verfahrens" betont: Der Versuch, eine solche Methode zu entwickeln,
führte Reichenbach schließlich zu seinem Unternehmen, eine Axiomatisierung der Relativitätstheorie durchzuführen[87]. Daraus erwächst die
Frage, die neuerdings von Hartmut Hecht aufgeworfen wurde, ob und
inwieweit der wissenschaftsphilosophische Werdegang Reichenbachs bis
zur "Philosophie der Raum-Zeit-Lehre" nicht den »kritischen Kantianer
von 1920 voraussetzt«. Diese Frage stellt sich vor allem dann, wenn man
sich die Bestimmungen des Reichenbachschen Begriffs der Zuordnungs-
definition vor Augen hält, die als Bedingungen der »geometrischen Form
eines Körpers« betrachtet werden und gegen die Vorstellung eines »absoluten Datums der Erfahrung« gerichtet sind[88].

Aufgrund der erneuten, sorgfältigen Lektüre veröffentlichter und
unveröffentlichter Texte wird noch einmal deutlich, daß es sich durchaus
als fruchtbar erweisen kann, die traditionellen "Genealogien" in Frage zu
stellen. So hat Kamlah sehr richtig bemerkt, daß »bei der Diskussion philosophischer Probleme zu viel verloren geht, wenn wir vergessen, wie sie
zu Problemen geworden und welche Versuche in der Vergangenheit
unternommen worden sind, um sie zu lösen.«[89] Es handelt sich allerdings
um einen Problembereich, der nicht nur Schlick, Reichenbach und die

---

[86] Vgl. den Brief Reichenbachs an Schlick vom 29. November 1920, der publi-
ziert ist in P. Parrini: Origini e sviluppi dell'empirismo logico nei suoi rapporti
con la "filosofia continentale". Alcuni testi inediti (I), a.a.O., S. 142.

[87] Vgl. H. Reichenbach: Der gegenwärtige Stand der Relativitätsdiskussion. In:
Logos (X) 1921, S. 362 (= Gesammelte Werke, a.a.O., Bd. III, S. 388).

[88] Vgl. H. Reichenbach: Philosophie der Raum-Zeit-Lehre. Berlin/Leipzig
1928, S. 27 (= Gesammelte Werke. Hrsg. von A. Kamlah und M. Reichenbach,
Bd. II, Braunschweig/Wiesbaden 1977, S. 35). Siehe auch H. Hecht: Hans
Reichenbach zwischen transzendentaler und wissenschaftsanalytischer Methode.
In: Hans Reichenbach und die Berliner Gruppe, a.a.O., S. 227. Zu erinnern ist
auch an Hechts Beitrag Apriori und mögliche Welten. In: Einheit des Geistes.
Probleme ihrer Grundlegung in der Philosophie Ernst Cassirers. Hrsg. von
M. Plümacher und V. Schürmann. Frankfurt/M. 1996, S. 205-32.

[89] A. Kamlah: The Neo-Kantian Origin of Hans Reichenbach's Principle of
Induction. A.a.O., S. 158.

Diskussion über die Relativitätstheorie betrifft, sondern auch die philosophischen Arbeiten des jungen Carnap umfaßt, die von seinen Schriften zu Anfang der 20er Jahre bis hin zum "Logischen Aufbau der Welt" reichen[90]. Und gerade in der Interpretation des ersten großen Werkes von Rudolf Carnap deutet sich augenblicklich ein ziemlich grundlegender Wandel an.

4. Eine neue Lesart von Carnaps "Aufbau"

Bei mehreren Gelegenheiten hat Peter Galison unterstrichen, daß der Titel des Buches von Carnap an eine weitläufige Verbreitung des Ausdrucks "Aufbau" im deutsch-österreichischen Kulturbereich in der Zeit nach dem ersten Weltkrieg anknüpft. Dies betrifft insbesondere die Bedeutung dieses Ausdrucks als "rationale Rekonstruktion" und die damit verbundene Ablehnung jeder Tradition, die Carnap nicht nur mit dem dem "roten Wien" der 20er Jahre verpflichteten Neurath, sondern auch mit der "Bauhaus-Bewegung" verbinden[91]. Noch interessanter sind allerdings die philosophischen Implikationen, die dem Wort »Aufbau«, sofern er an den Ausdruck »Konstitution« geknüpft ist, zukommen. Denn Coffa erinnert daran, daß das Buch Carnaps ursprünglich den Titel "Konstitutionstheorie" tragen sollte und daß es erst nach einer brieflichen Diskussion Carnaps mit Schlick seinen endgültigen Titel erhalten hat. Im Verlaufe dieser Diskussion hat Carnap die Auffassung vertreten, daß die Konstitution der Wirklichkeit sowohl auf der Grundlage psychischer (die im "Aufbau" zum Zweck der Erkenntnistheorie vorgeschlagen werden) als auch physischer Elemente (die man zum Zweck des Aufbaus der Wissenschaften annehmen könnte) möglich sei; denn die Wirklichkeit geht aus der Analyse letztlich immer nur als »erkannte Wirklichkeit« hervor: "von einer anderen Wirklichkeit – so Carnap – »kann ja nicht die Rede sein«[92].

Nach Coffa hat die Zweideutigkeit, die durch die zwei Möglichkeiten, eine Konstitution der Welt und eine Konstitution unserer Behauptungen

---

[90] Vgl. D. Howard: Einstein, Kant and the Origins of Logical Empiricism. A.a.O., S. 75-84, sowie M. Friedman: Carnap and Weyl on the Foundation of Geometry and Relativity Theory. In: Erkenntnis (XLII) 1995, S. 247-60.

[91] Vgl. P. Galison: The Cultural Meaning of "Aufbau". In: Scientific Philosophy: Origins and Developments, a.a.O., S. 75-93, sowie Aufbau/Bauhaus. In: Critical Inquiry (XVI) 1990, S. 709-52. Über die Beziehungen Carnaps und Neuraths zur Dessauer Bauhaus-Bewegung siehe außerdem die Bemerkungen Stadlers in Wien-Berlin-Prag, a.a.O., S. 18.

[92] Vgl. A. Coffa: The Semantic Tradition, a.a.O., S. 231, und S. 403, Anm. 11.

über die Welt durchzuführen (diese Zweideutigkeit geht möglicherweise
auf Russell zurück, der ein ganz ähnliches Programm formuliert hat),
gegeben ist, das Projekt des "Aufbaus" in ernsthafte Schwierigkeiten
gebracht, und eine Diskrepanz ans Licht gebracht zwischen der idealisti-
schen Position Carnaps, mit der er die Abfassung des "Aufbaus" begonnen hatte (Coffa spricht diesbezüglich von einem "ontologischen Idealismus") und dem "semantischen" Ergebnis, zu dem er schließlich gelangte[93]. Diese Interpretation Coffas steht auch im Mittelpunkt des größten
Teils der Studien über den "Aufbau", die in den letzten zehn Jahren
erschienen sind. Der gemeinsame Nenner dieser Arbeiten besteht zum
einen in der Ablehnung einer strikt "fundamentalistischen" Sichtweise
und vor allem eines "radikalen Reduktionismus", den Quine bekanntlich
dem Carnap von 1928 zugeschrieben hat[94]. Lenkt man aber die Aufmerksamkeit auf den Weg, der Carnap dann zur endgültigen Fassung des
"Aufbaus" geführt hat (bekanntlich fällt die Fertigstellung der ersten
Fassung in die Zeit zwischen 1922 und 1925), fällt die große Bedeutung
ins Auge, die nun eine Erklärung Carnaps erhält, mit der er eine seiner
Jugendschriften von 1923 eingeleitet hat. Er spricht dort vom Ende der
»Herrschaft des reinen Empirismus« innerhalb der physikalischen
Erkenntnis und der unverzichtbaren Rolle, die dabei »nichterfahrungs-

---

[93] Ebda., S. 223-39. Von Coffa siehe auch Idealism and the Aufbau. In: The
Heritage of Logical Positivism, a.a.O., S. 141, 146.

[94] Vgl. W. V. Quine: Two Dogmas of Empiricism. In: From a Logical Point of
View. Cambridge (Mass.) 1980 (2. Aufl.), S. 39. Bezüglich kritischer Stimmen zu
Coffas Interpretationen siehe J. Proust: L'expérience et les formes. In: Archives
de Philosophie (L) 1987, S. 439-64. Zu den "antifundamentalistischen" Motiven
bei Carnap und dem logischen Empirismus vgl. Th. E. Uebel: Anti-
Foundationalism and the Vienna Circle's Revolution in Philosophy. In: British
Journal of the Philosophy of Science (XLVII) 1996, S. 415-40. Der Kürze wegen
ist es hier nicht möglich, auf die zahlreichen Studien einzugehen, die neuerdings
Carnaps Denken nach dem Aufbau und namentlich seine Logische Syntax der
Sprache in Betracht gezogen haben. Vgl. R. Cirera: Carnap and the Vienna Circle.
Empiricism and Logical Syntax. Amsterdam/Atlanta 1994, S. 220-369, sowie die
Aufsätze von M. Friedman: Carnap and Apriori Truth; W. Goldfarb/Th.
Ricketts: Carnap and the Philosophy of Mathematics; U. Metschl: Toleranz und
Pluralismus, die in: Wissenschaft und Subjektivität, a.a.O., S. 47-99, veröffentlicht
worden sind. Siehe außerdem Th. Oberdan: The Synthesis of Logicism and
Formalism in Carnap's "Logical Syntax of Language". In: Scientific Philosophy:
Origins and Developments, a.a.O., S. 157-68, und J. Hintikka: Carnaps Arbeiten
über die Grundlagen der Logik und Mathematik aus historischer Perspektive. In:
Wien-Berlin-Prag, a.a.O., S. 73-97. Von großem Interesse sind schließlich die
Carnap und Gödel gewidmeten Studien: R. P. Born: Carnap contra Gödel: Ist
Mathematik (nichts weiter) als Syntax (oder Semantik) von Sprache und
E. Köhler: Gödel und Carnap in Wien und Prag, ebda., S. 136-64, 165-74 (von
Köhler vgl. auch Gödel und der Wiener Kreis. In. Jour Fixe der Vernunft, a.a.O.,
S. 127-58.).

mäßigen Grundsätzen« zukommt[95]. Daß Carnap zu Anfang keine "reduktionistische" Position vertreten hat und daß er in dieser Phase insbesondere nicht nur dem Neukantianismus, sondern auch dem Konventionalismus Dinglers und Poincarés verpflichtet war, ist ein wichtiger Aspekt seiner Arbeit, der seit langer Zeit bekannt ist und durch zahlreiche neuere Studien erneut ins rechte Licht gerückt wurde[96]. Weniger bekannt, wenn auch in jeder Hinsicht interessant, ist indessen die Konvergenz, die Carnap (in der Zeit bis zum "Aufbau") mit jenen philosophischen Positionen offenbart, die von einem phänomenalistischen Reduktionismus (und dem Russellschen Programm einer "Erkenntnis der Außenwelt") sehr weit entfernt sind. Vielmehr scheint Carnap sein subtiles theoretisches Arsenal gerade dazu benutzt zu haben, einem derartigen Reduktionismus, der ihm häufig unterstellt worden ist und der ebenso häufig einen Ausgangspunkt der Kritik geboten hat, entgegenzutreten. »Der Aufbau«, so hat Friedman etwa provokatorisch geschrieben, »führt uns die Fehler eines radikalen Empirismus und Verifikationismus vor Augen und bereitet den Weg zu liberaleren und holistischeren Auffassungen«[97].

Wenn man andererseits ernst nimmt, was Carnap im § 60 des "Aufbaus" sagt, nämlich daß er keine »sensualistische oder positivistische Anschauung« vertrete (und in diesem Sinne müßten auch andere Passagen gelesen werden, in denen er sich mit Mach auseinandersetzt)[98], dann ist es nicht unberechtigt sich zu fragen, ob Carnap nicht als ein "echter Positivist" im Sinne Husserls angesehen werden kann[99]. Genau auf dieses Verhältnis von Carnap zu Husserl haben zwei überzeugende

---

[95] R. Carnap: Über die Aufgabe der Physik und die Anwendung des Grundsatzes der Einfachstheit. In: Kant-Studien (XXVII) 1923, S. 90.

[96] Vgl. P. Parrini: Empirismo logico e convenzionalismo. Milano 1983, S. 63-77; E. Rungaldier: Carnap's Early Conventionalism. Amsterdam 1984; G. Wolters: The First Man Who almost Understands me": Carnap, Dingler, and Conventionalism. In: The Heritage of Logical Positivism, a.a.O., S. 93-107; R. Creath: Carnap's Conventionalism. In: Carnap: A Centenary Reappraisal, a.a.O., S. 141-65.

[97] M. Friedman: Carnap's "Aufbau" Reconsidered. In: Noûs (XXI) 1987, S. 522. Für eine interessante Kritik der vermeintlichen Kontinuität zwischen Russell und Cassirer siehe auch W. Sauer: Über das Verhältnis des "Aufbau" zu Russells Außenwelt-Programm. In: Wien-Berlin-Prag, a.a.O., S. 98-119.

[98] Vgl. R. Carnap: Der logische Aufbau der Welt. Vierte unveränderte Auflage. Frankfurt/M./Berlin/Wien 1979, S. 82, 91, 103.

[99] Vgl. E. Husserl: Ideen zu einer reinen Phänomenologie und phänomenologischen Philosophie (= Husserliana, Bd. III). Den Haag 1950, S. 38. Dieser Ausdruck charakterisiert nach Husserl eine Haltung, die frei von allen Vorurteilen der Erfahrung gegenübertritt.

Arbeiten von Verena Mayer die Aufmerksamkeit gelenkt[100]. Allem Anschein zum Trotz, so Mayer, sei Carnap von Husserl durch keine unüberbrückbare Kluft getrennt, sondern er teile vielmehr mit der Phänomenologie sowohl gewisse Positionen in methodischer Hinsicht – die "epoché" und den Solipsismus[101] – als auch das "beschreibend-konstitutive" Verfahren, welches von der "eigenpsychischen Basis" ausgehend sukzessive die Sinnesdaten und die objektive Sphäre konstituiert, indem es vom Leib zur Welt übergeht: die Welt, die nur eine Welt ist, sofern sie konstituiert wurde[102]. Offensichtlich geht es nicht darum, aus Carnap einen heimlichen Phänomenologen zu machen oder die evidenten Unterschiede zwischen Carnap und Husserl zu leugnen. Es bleibt jedoch die Tatsache, daß die Ähnlichkeiten zwischen beiden philosophischen Programmen zahlreich sind. Dazu zählen insbesondere die Idee der Konstitution, die es nicht erlaubt, eine strikte Trennung des Ich von einer äußeren Welt (oder zwischen Immanenz und Transzendenz) zu unterstellen, sowie die Entwicklung - wie Carnap im § 3 des "Aufbau" unterstreicht - einer "Mathesis der Erlebnisse"[103].

Wenn man im übrigen die historischen "Koordinaten" und das philosophische Umfeld, aus dem der "Aufbau" hervorgegangen ist[104], näher erforscht, dann stößt man auf einen weithin vergessenen Punkt, nämlich daß Carnap auch Kant und der kantischen Tradition und noch deutlicher dem Neukantianismus (von Natorp bis Cassirer und Bauch) verpflichtet war. Diese ungewöhnliche und offensichtlich "revisionistische" Sichtweise ist nachdrücklich von Werner Sauer verteidigt worden, der sie nicht nur als bloße Deutungsmöglichkeit betrachtet, sondern vermittels eines direkten Vergleichs zwischen Carnap und Cassirer zu untermauern versucht hat (Sauer spricht explizit von einer »programmatischen Ähnlich-

---

[100] Vgl. V. Mayer: Die Konstruktion der Erfahrungswelt. Carnap und Husserl. In: Erkenntnis Orientated, a.a.O., S. 287-303, sowie Carnap und Husserl. In: Wissenschaft und Subjektivität, a.a.O., S. 185-201.

[101] Vgl. Der logische Aufbau der Welt, a.a.O., bes. § 64, S. 85-87.

[102] Es ist übrigens auch an die Husserlsche "Wesensschau" zu erinnern, die in der Dissertation Carnaps eine wichtige Rolle spielt: vgl. R. Carnap: Der Raum. Ein Beitrag zur Wissenschaftslehre. Berlin 1922, S. 22-23. Vgl. dazu auch M. Friedman: Carnap and Weyl on the Foundations of Geometry and Relativity Theory. A.a.O., S. 249-50.

[103] Vgl. Der logische Aufbau der Welt, a.a.O., S. 4.

[104] Auf der Angemessenheit einer solchen Analyse besteht C. U. Moulines: Hintergründe der Erkenntnistheorie des frühen Carnap. Grazer philosophische Studien (Bd. 23) 1985, S. 1-18 (vgl. aber auch seinen Aufsatz: Making Sense of Carnap's "Aufbau". In: Erkenntnis Orientated, a.a.O., S. 263-86).

keit«)[105]. In der Folgezeit ist diese Interpretationslinie, insbesondere was die Beziehung zur Marburger Schule des Neukantianismus betrifft, in einigen Arbeiten von Friedman und in den Forschungen von Richardson, dessen letzte, grundlegende Arbeit sich dem Vorkommen des logischen Idealismus im "Aufbau" widmet, weiter vertieft worden[106]. Ohne hier in eine detaillierte Diskussion eintreten zu können, genügt es, sich daran zu erinnern, daß sich der Ausgangspunkt dieser Revision des traditionellen Bildes des Werkes von Carnap – über die bekannte Autobiographie und der in ihr enthaltenen Erklärungen von Carnap selbst in bezug auf seine Orientierung am Neukantianismus, der die Grundlage seiner Schrift von 1922 über den Raum bildete, hinaus – in der Hauptsache auf eine Reihe von Passagen des "Aufbaus" gründet, in denen nach Friedmans Ansicht die erkenntnistheoretischen Motive des Neukantianismus viel deutlicher sichtbar sind, als diejenigen, die der empiristischen Tradition angehören[107]. Die Ähnlichkeit zwischen der Konstitutionstheorie und dem transzendentalen Idealismus hinsichtlich der These, daß »alle Gegenstände der Erkenntnis [...] konstituiert [werden]« (§ 177); die Zustimmung zu Cassirers Einschätzung der Relationslogik (§ 12) und die Überzeugung, daß der Neukantianismus (Cassirer, Rickert, Bauch) im Unterschied zum Positivismus den Umstand klar herausgestellt hat, daß die Materie der Erkenntnis nicht völlig unbearbeitet ist, sondern durch bestimmte Ordnungen und "Grundrelationen" bereits strukturiert ist (§ 75 und § 100); die Bestimmung der wissenschaftlichen Behauptungen als Sätze über Strukturen, die sich auf formale Eigenschaften und nicht auf inhaltliche Wahrnehmungselemente beziehen (§ 6, §§ 10-12 und § 16): dies sind einige der Themen, die Sauer, Richardson und Friedman bei ihrer Neueinschätzung des "Aufbaus" zugrunde legen[108]. Bei dem sich

---

[105] Vgl. W. Sauer: Carnaps "Aufbau" in Kantianischer Sicht. In: Grazer philosophische Studien (Bd. 23) 1985, S. 19-35, und On the Kantian Background of Neopositivism. In: Topoi (VIII) 1989, S. 111-119. In diesem Zusammenhang war bereits der kurze Aufsatz von S. Haack: Carnap's "Aufbau": Some Kantian Reflections. In: Ratio (XIX) 1977, S. 170-75, wegweisend. Zu Carnap und Cassirer siehe auch A. Graeser: Ernst Cassirer. München 1994, S. 118-24.

[106] Vgl. A. W. Richardson: Logical Idealism and Carnap's Construction of the World. In: Synthese (Bd. 93) 1992, S. 59-92, und M. Friedman: Epistemology in the "Aufbau". In: Synthese (Bd. 93 1992, S. 15-57. Von seiten Richardsons ist auch der Aufsatz Metaphysics and Idealism in the "Aufbau". In: Grazer philosophische Studien (Bd. 43) 1992, S. 45-72, zu erwähnen (noch nicht erschienen, obwohl seit langem angekündigt ist das mit Spannung erwartete Buch Richardsons: Carnap's Construction of the World. Cambridge/Mass.

[107] Vgl. M. Friedman: Epistemology in the "Aufbau". A.a.O., S. 29.

[108] Vgl. Der logische Aufbau der Welt, a.a.O., S. 7, 11-15, 20-21, 105, 138-39, 249.

aus diesen Themen entwickelnden Rekonstruktionsversuch steht vor
allem der Bezug zu Cassirer im Mittelpunkt, während hingegen Natorp,
Rickert und vor allem Bauch (dessen Bedeutung für Carnap noch genauer erforscht werden muß) eher im Hintergrund bleiben[109]. Aber abgesehen von diesen mehr oder weniger tiefgründigen Bezügen erwachsen
daraus zwei merklich verschiedene Perspektiven. Richardson, den
Spuren Sauers folgend, schlägt eine Interpretation des "Aufbaus" vor,
innerhalb deren der logische Idealismus neukantianischer Prägung eine
tonangebende Rolle spielt und zwar in dem Sinne, daß die logische Form
die transzendentale Funktion übernimmt, die physikalische Welt in
objektiver Weise zu konstituieren[110]. Sauer seinerseits hält die These von
der Neutralität gegenüber dem Idealismus und Realismus – den »schönen
Traum«, von dem Reichenbach in einem Brief an Carnap ironisch
gesprochen hat[111] – nur dann für sinnvoll, wenn man sie im Rahmen eines
Systems der Erfahrung aufstellt, und zwar in der Kantischen oder in
erster Linie in der Cassirerscher Lesart[112]. Vorsichtiger hingegen präsen-
tiert Friedman die unleugbar vorhandenen neukantianischen Elemente.
Er verweist dabei zunächst auf den Objektivitätsbegriff, der nicht primär
in den Sinnesdaten verankert ist, sondern vielmehr in den logisch-mathe-
matischen Strukturen, die erst eine objektive Ordnung innerhalb diese
Daten schaffen können. Daraus erwächst ein Transformationsprozeß, der
von der Russellschen Relationslogik genährt wird und die Überwindung
jeder Form eines transzendentalen Psychologismus beabsichtigt, wobei
das Resultat in einem Philosophiebegriff besteht, der innerhalb der kantischen Tradition keinen Platz hat: eine "logisch-analytische" Philosophie, deren erkenntnistheoretischer Hintergrund mit dem "Empirismus

---

[109] Was Bauch betrifft, so wäre mindestens sein großes Werk Wahrheit, Wert
und Wirklichkeit. Leipzig 1923) in Betracht zu ziehen, in dem zahlreiche
Probleme behandelt werden (von der Logik der Relationen bis zum Verhältnis
von Verstand und Anschauung), die sich auch in Carnaps Aufbau wiederfinden.
Zu Bauch vgl. die ausgezeichnete Studie von M. Gonzales Porta: Transzendentaler "Objektivismus". Bruno Bauchs kritische Verarbeitung des Themas der
Subjektivität und ihre Stellung innerhalb der Neukantianischen Bewegung.
Frankfurt/M. 1990 (wo aber Carnap nicht erwähnt wird).
[110] A. W. Richardson: Logical Idealism and Carnap's Construction of the
World, a.a.O., S. 83-83.
[111] Vgl. A. Coffa: The Semantic Tradition, a.a.O., S. 223, 401-02, n. 1; sowie
P. Parrini: Origini e sviluppi dell'empirismo logico nei suoi rapporti con la "filosofia continentale". Alcuni testi inediti (II). A.a.O., S. 381, 387.
[112] Vgl. W. Sauer: Carnaps "Aufbau" in Kantianischer Sicht, a.a.O., S. 33. Ähn-
liche Einschätzungen findet man bei Richardson: Metaphysics and Idealism in
the "Aufbau", a.a.O., S. 84.

und dem phänomenalistichen Fundationalismus" allerdings kaum ver-
einbar ist[113].

Mit dem wiederholten Hinweis auf den kantischen "Unterton", der in
Carnaps Hauptwerk[114] zu finden ist, befinden wir uns also auf der Ebene
einer Revision der Geschichtsschreibung (und nicht nur der Geschichtsschreibung), die darauf abzielt, eine *andere* als die "offizielle" Geschichte
des logischen Empirismus vorzulegen. Bezüglich vieler Aspekte handelt
es sich dabei noch um thematisch begrenzte Forschungen, die gelegentlich auch den Eindruck polemischer Übertreibungen und des Versuchs
einer radikalen Umkehrung tradierter Auffassungen erwecken können[115]. Dennoch lädt Richardson nicht zu Unrecht dazu ein, den Gedanken ernst zu nehmen, daß »Carnap ein deutscher (nicht ein englischer
oder österreichischer) Philosoph war, der in einer sehr stark durch Kant
geprägten Atmosphäre großgeworden ist«[116]. Auf dieser Grundlage,
befreit von den gängigen Etiketten und Klassifikationen, wird es möglich
sein, den "Aufbau" (so wie andere Texte, die für die Ursprünge des logischen Empirismus bedeutsam sind) derart neu zu lesen, daß der Sinn für
philosophische Probleme mit dem Bewußtsein verbunden wird, daß sich
diese Probleme stets in komplexen historischen Situationen entwickelt
haben. Dies mag in einer Zeit, in der alle von "Denkstilen" reden, die
Perspektive eines "Denkstils" eröffnen, der gewiß nicht ohne Nutzen
sein wird, und sei es nur dahingehend, daß er dazu beiträgt, die sehr oft
für unüberbrückbar gehaltene Distanz zwischen "analytischer" und
"kontinentaler" Philosophie schrittweise zu verringern[117].

---

[113] Vgl. M. Friedman: Epistemology in the "Aufbau", a.a.O., S. 22, 37. Eine
gleichgewichtige Bewertung der "phänomenalistischen Option" bei Carnap wird
von Vossenkuhl erläutert: vgl. Farben in Carnaps "Logischem Aufbau". In:
Wissenschaft und Subjektivität, a.a.O., S. 153-68.

[114] Vgl. R. Cirera: Carnap and the Vienna Circle. Empiricism and Logical
Syntax, a.a.O., S. 37.

[115] Mit Friedmans "Extremismus" setzt sich Andrew Hamilton auseinander,
der den "Aufbau" im Rahmen eines "ungewöhnlichen" Phänomenalismus zu
lesen versucht: vgl. Carnaps "Aufbau" and the Legacy of Neutral Monism: In:
Wissenschaft und Subjektivität, a.a.O., S. 131-52.

[116] A. Richardson: Metaphysics and Idealism in the "Aufbau", a.a.O., S. 69.

[117] Nach Abschluß dieses Beitrags ist der Band: Origins of Logical Empiricism.
Edited by R. N. Giere and A. W. Richardson. Minneapolis 1996, erschienen, den
wir leider nicht mehr haben berücksichtigen können.

Literatur

Bartels, A.: Von der Substanz zur Struktur. Schlick, Cassirer und Reichenbach über wissenschaftliche Erkenntnis und Relativitätstheorie. Bremen 1995.

Bauch, B.: Wahrheit, Wert und Wirklichkeit. Leipzig 1923.

Bell, D. und Vossenkuhl, W. (Hg.): Wissenschaft und Subjektivität. Der Wiener Kreis und die Philosophie des 20. Jahrhunderts. Berlin 1992.

Blackmore, J. (Hg.): Ernst Mach - A Deeper Look. Documents and New Perspectives. Dordrecht-Boston-London 1992.

Born, R. P.: Carnap contra Gödel: Ist Mathematik (nichts weiter) als Syntax (oder Semantik) von Sprache? In: Haller, R. und Stadler, F. (Hg.): Der Aufstieg der wissenschaftlichen Philosophie. Wien 1993, S. 136-164.

Carnap, R.: Der Raum. Ein Beitrag zur Wissenschaftslehre. Berlin 1922.

– Über die Aufgabe der Physik und die Anwendung des Grundsatzes der Einfachstheit. In: Kant-Studien (27), 1923, S. 90-107.

– Der logische Aufbau der Welt (1928). Frankfurt/M-Berlin-Wien 1979.

Carnap, R. und Reichenbach, H. (Hg.): Dokumente über Naturwissenschaft und Philosophie. Briefwechsel zwischen Friedrich Albert Lange und Anton Dohrn. In: Erkennntis (3) 1932/33, S. 262-300.

Cartwright, N., Cat, J. und Fleck, L. (Hg.): Otto Neurath: Philosophy between Science and Politics. Cambridge 1996.

Cassirer, E.: Substanzbegriff und Funktionsbegriff. Untersuchungen über die Grundfragen der Erkenntniskritik (1910). Darmstadt 1994.

– Zur Einsteinschen Relativitätstheorie (1921). In: Zur modernen Physik. Darmtadt 1987.

– Erkenntnistheorie nebst den Grenzfragen der Logik und Denkpsychologie. In: Jahrbücher der Philosophie (3) 1927, S. 31-92. Wiederabgedruckt in: Erkenntnis, Begriff, Kultur. Hg. von R. A. Bast. Hamburg 1993.

Cirera, R.: Carnap and the Vienna Circle. Empiricism and Logical Syntax. Amsterdam-Atlanta 1994.

Coffa, A.: Idealism and the Aufbau, in: Rescher, N. (Hg.): The Heritage of Logical Positivism. Lanham-New York-London 1985. S. 133-155.

– The Semantic Tradition from Kant to Carnap. At the Vienna Station. Cambridge 1991.

Creath, R.: Carnap's Conventionalism. In: Carnap: A Centenary Reappraisal. In: Synthese (93) 1992, S. 141-165.

Dahms, H.-J. (Hg.), Philosophie, Wissenschaft, Aufklärung. Beiträge zur Geschichte und Wirkung des Wiener Kreises. Berlin-New York 1985.

Dahms, H.-J.: Positivismusstreit. Die Auseinandersetzung der Frankfurter Schule mit dem logischen Positivismus, dem amerikanischen Pragmatimus und dem kritischen Rationalismus. Frankfurt/M. 1994.

Danneberg, L.- Kamlah, A.- Schäfer, L. (Hg.): Hans Reichenbach und die Berliner Gruppe. Braunschweig/Wiesbaden 1994.

Dummett, M.: Die Ursprünge der analytischen Philosophie. Frankfurt/M. 1992.

Edel, G.: Cohen und die analytische Philosophie der Gegenwart. In: Brandt, R. und Orlik, F. (Hg.): Philosophisches Denken - Politisches Wirken. Hermann-Cohen-Kolloqium Marburg 1992. Hildesheim-Zürich-New York 1993, S. 179-203.

Ferrari, M.: Il neocriticismo tedesco e la teoria della relatività, in: Rivista di filosofia (86) 1995, S. 239-281.

– Ernst Cassirer. Dalla scuola di Marburgo alla filosofia della cultura. Firenze 1996.

– Introduzione al Neocriticismo. Roma-Bari 1997.

– Eine Diskussion über die Relativitätstheorie. Richard Hönigswald und Moritz Schlick. In: W. Schmied-Kowarzik (Hg.): Erkennen-Monas-Sprache. Internationales Richard Hönigswald Symposion Kassel 1995. Würzburg 1997, S. 183-194.

Frank, Ph.: Modern Science and Its Philosophy (New York 1941). New York 1961.

Friedman, M.: Foundations of Space-Time Theories. Relativistic Physics and Philosophy of Science. Princeton 1983.

– Moritz Schlick's "Philosophical Papers". In: Philosophy of Science (50) 1983, S. 498-514.

– Carnap's "Aufbau" Reconsidered. In: Noûs (21) 1987, S. 512-545.

– The Re-Evaluation of Logical Positivism. In: The Journal of Philosophy (88) 1991, S. 505-519.

– Kant and the Exact Sciences. Cambridge (Mass.) 1992.

– Carnap and A Priori Truth. In: Bell, D. und Vossenkuhl, W. (Hg.): Wissenschaft und Subiektivität. Der Wiener Kreis und die Philosophie des 20. Jahrhunderts. Berlin 1992, S. 47-60.

– Epistemology in the "Aufbau". In: Synthese (93) 1992, S. 15-57.

– Geometry, Convention, and the Relativized A Priori: Reichenbach, Schlick, and Carnap. In: Salmon, W. und Wolters, G. (Hg.): Logic, Language and the Structure of Scientific Theories. Pittsburgh-Konstanz 1994, S. 25-30.

– Carnap and Weyl on the Foundation of Geometry and Relativity Theory. In: Erkenntnis (42) 1995, S. 247-260.

Gabriel, G.: Frege als Neukantianer. In: Kant-Studien (77) 1986, S. 84-101.

– La "Logica" di Hermann Lotze e la nozione di validità. In: Rivista di filosofia (81) 1990, S. 457-468.

Gadol, E. T. (Hg.): Rationality and Science. A Memorial Volume for Moritz Schlick. In: Celebration of the Centennial of His Birth. Wien-New York 1982.

Galison, P.: Aufbau/Bauhaus. In: Critical Inquiry (16) 1990, S. 709-752.

– The Cultural Meaning of Aufbau. In Stadler, F. (Hg.): Scientific Philosophy: Origins and Developments. Dordrecht-Boston-London 1993, S. 75-93.

Geier, M.: Der Wiener Kreis. Hamburg 1992.

Geymonat, L: Entwicklung und Kontinuität im Denken Schlicks. In: McGuinness, B. (Hg.): Zurück zu Schlick. Eine Neubewertung von Werk und Wirkung. Wien 1985, S. 24-31.

Giere, R. N. und Richardson, A. W. (Hg.): Origins of Logical Empiricism. Minneapolis 1996.

Goldfarb, W.-Ricketts, Th.: Carnap and the Philosophy of Mathematics. In: Bell, D. und Vossenkuhl, W. (Hg.): Wissenschaft und Subiektivität. Der Wiener Kreis und die Philosophie des 20. Jahrhunderts. Berlin 1992, S. 61-78.

Gonzales Porta, M. A.: Transzendentaler "Objektivismus". Bruno Bauchs kritische Verarbeitung des Themas der Subjektivität und ihre Stellung innerhalb der Neukantianischen Bewegung. Frankfurt/M. 1990.

Gower, B.: Realism and Empiricism in Schlick's Philosophy. In: Bell, D. und Vossenkuhl, W. (Hg.): Wissenschaft und Subjektivität. Der Wiener Kreis und die Philosophie des 20. Jahrhunderts. Berlin 1992, S. 202-224.

Graeser, A.: Ernst Cassirer. München 1994.

Haack, S.: Carnap's "Aufbau": Some Kantian Reflections. In: Ratio (19) 1977, S. 170-175.

Hahn, H.- Neurath, O.- Carnap, R.: Wissenschaftliche Weltauffassung. Wien 1929.

Haller, R.: Studien zur Österreichischen Philosophie. Variationen über ein Thema. Amsterdam 1979.

– Grenzen der Sprache – Grenzen der Welt. Wittgenstein, der Wiener Kreis und die Folgen. Franz Kreuzer im Gespräch mit Rudolf Haller. Wien 1982.

– Erkenntnisprobleme bei Mortitz Schlick. In: McGuinness, B. (Hg.): Zurück zu Schlick. Eine Neubewertung von Werk und Wirkung. Wien 1985, S. 32-42.

– New Light on the Vienna Circle. In: The Monist (65) 1982, S. 25-37.

– Der erste Wiener Kreis. In: Erkenntnis (22) 1985, S. 341-358.

– Fragen zu Wittgenstein und Aufsätze zur österreichischen Philosophie. Amsterdam 1986.

– Zurück nach Wien. In: Kuntorad, P. (Hg.): Jour Fixe der Vernunft. Der Wiener Kreis und die Folgen. Wien 1991, S. 11-22.

– Il Circolo di Vienna: Wittgenstein, l'atomismo e l'olismo. In: Galavotti, M. C. und Simili, R. (Hg.): Il Circolo di Vienna. Ricordi e riflessioni. Parma 1992, S. 59-81.

– Neopositivismus. Eine historische Einführung in die Philosophie des Wiener Kreises. Darmstadt 1993.

Haller, R. (Hg.): Schlick und Neurath – Ein Symposion, Amsterdam. 1982.

Haller, R. und Rutte, H.: Vorwort. In: Neurath, O.: Gesammelte philosophische und methodologische Schriften. Hg. von R. Haller und H. Rutte, Bd. I. Wien 1981.

Haller, R. und Stadler, F. (Hg.): Ernst Mach: Werk und Wirkung. Wien 1988.

Haller, R. und Stadler, F. (Hg.): Wien-Berlin-Prag. Der Aufstieg der wissenschaftlichen Philosophie. Wien 1993.

Hamilton, A.: Carnap's "Aufbau" and the Legacy of Neutral Monism. In: Bell, D. und Vossenkuhl, W. (Hg.): Wissenschaft und Subjektivität. Der Wiener Kreis und die Philosophie des 20. Jahrhunderts. Berlin 1992, S. 131-152.

Hecht, H.: Hans Reichenbach zwischen transzendentaler und wissenschafts-
analytischer Methode. In: Danneberg, L.- Kamlah, A.- Schäfer, L. (Hg.):
Hans Reichenbach und die Berliner Gruppe. Braunschweig/Wiesbaden
1994. S. 219-227.
– Apriori und mögliche Welten. In: Plümacher, M. und Schürmann, V.
(Hg.): Einheit des Geistes. Probleme ihrer Grundlegung in der Philoso-
phie Ernst Cassirers. Frankfurt/M. 1996, S. 205-232.
Hegselmann, R.: Otto Neurath – Empirischer Aufklärer und Sozialreformer.
In: O. Neurath, Wissenschaftliche Weltauffassung, Sozialismus und
Logischer Empirismus. Hg. von R. Hegselmann. Frankfurt/M. 1979, S. 7-
73.
– Wissenschaftliche Weltaufffassung. Der Wiener Kreis – Eine Bilanz nach
60 Jahren. In: Kuntorad, P. (Hg.): Jour Fixe der Vernunft. Der Wiener
Kreis und die Folgen. Wien 1991, S. 93-107.
Hentschel, K.: Die Korrespondenz Einstein-Schlick: Zum Verhältnis der
Physik zur Philosophie. In: Annals of Science (42) 1986, S. 475-488.
– Einstein, Neokantianismus und Theorienholismus. In: Kant-Studien (87)
1987, S. 459-470.
– Interpretationen und Fehlinterpretationen der speziellen und allgemeinen
Realtivitätstheorie durch Zeitgenossen Albert Einsteins. Basel-Boston-
Berlin 1990.
– Die Korrespondenz Petzoldt-Reichenbach: Zur Entwicklung der "wissen-
schaftlichen Philosophie" in Berlin. Berlin 1991.
– Die vergessene Rezension der "Allgemeinen Erkenntnislehre" Moritz
Schlicks durch Hans Reichenbach - Ein Stück Philosophiegeschichte. In:
Spohn, W. (Hg.): Erkenntis Orientated: A Centennial Volume for Rudolf
Carnap and Hans Reichenbach. Dordrecht-Boston-London 1991, S. 11-
28.
Hintikka, J.: Carnaps Arbeiten über die Grundlagen der Logik und Mathe-
matik aus historischer Perspektive. In: Haller, R. und Stadler, F. (Hg.):
Wien-Berlin-Prag. Der Aufstieg der wissenschaftlichen Philosophie. Wien
1993, S. 73-97.
Hochkeppel, W.: Zur Rezeptionsgeschichte des Wiener Kreises und seiner
Nachfolge in der BRD. In: P. Kuntorad (Hg.): Jour Fixe der Vernunft. Der
Wiener Kreis und die Folgen. Wien 1991, S. 78-92.
Hönigswald, R.: Beitraege zur Erkenntnistheorie und Methodenlehre. Leip-
zig 1906.
Howard, D. A.: Realism and Conventionalism in Einstein's Philosophy of
Science. In: Philosophia Naturalis (21) 1984, S. 616-629.
– Einstein, Kant and the Origins of Logical Empiricism, in: Salmon, W. und
Wolters, G. (Hg.): Logic, Language and the Structure of Scientific
Theories. Pittsburgh-Konstanz 1994, S. 45-105.
Husserl, E.: Ideen zu einer reinen Phänomenologie und phänomenologi-
schen Philosophie (= Husserliana, Bd. III). Den Haag 1950.
Ihmig, K.-N.: Cassirers Invariantentheorie der Erfahrung und seine Rezep-
tion des "Erlanger Programms". Bielefeld 1995.

Jacob, P. (Hg.): De Vienne à Cambridge. L'héritage du positivisme logique de 1950 à nos jours. Paris 1980.

Kamlah, A.: The Neo-Kantian Origin of Hans Reichenbach's Principle of Induction. In: Rescher, N. (Hg.): The Heritage of Logical Positivism. Lanham-New York-London 1985, S. 157-167.

Kamlah, A.: Hinweise des Nachlasses von Hans Reichenbach auf sein Menschenbild, auf Motive und Quellen seiner Philosophie. In: Danneberg, L.- Kamlah, A.- Schäfer, L. (Hg.): Hans Reichenbach und die Berliner Gruppe. Braunschweig/Wiesbaden 1994, S. 183-200.

Köhler, E.: Gödel und der Wiener Kreis, in: P. Kuntorad (Hg.): Jour Fixe der Vernunft. Der Wiener Kreis und die Folgen. Wien 1991, S. S. 127-158.

- Gödel und Carnap in Wien und Prag. In: Haller, R. und Stadler, F. (Hg.): Wien-Berlin-Prag. Der Aufstieg der wissenschaftlichen Philosophie. Wien 1993, S. 165-174.

Koppelberg, D.: Die Aufhebung der analytischen Philosophie. Quine als Synthese von Carnap und Neurath. Frankfurt/M. 1987.

- Neurath, Quine und Physikalismus. In: Kuntorad, P. (Hg.): Jour Fixe der Vernunft. Der Wiener Kreis und die Folgen. Wien 1991, S. 217-230.

Marini, S.: Socrate nel Novecento: Vailati, Schlick, Wittgenstein. Milano 1994.

Mayer, V.: Die Konstruktion der Erfahrungswelt: Carnap und Husserl. In: Spohn, W. (Hg.): Erkenntnis Orientated: A Centennial Volume for Rudolf Carnap and Hans Reichenbach. Dordrecht-Boston-London 1991, S. 287-303.

- Carnap und Husserl. In: Bell, D. und Vossenkuhl, W. (Hg.): Wissenschaft und Subiektivität. Der Wiener Kreis und die Philosophie des 20. Jahrhunderts. Berlin 1992, S. 185-201.

- Gottlob Frege. München 1996.

McGuinness, B.: Wittgensteins Beziehungen zum Schlick-Kreis. In: P. Kuntorad (Hg.): Jour Fixe der Vernunft. Der Wiener Kreis und die Folgen. Wien 1991, S. 110-111.

McGuinness, B. (Hg.): Zurück zu Schlick. Eine Neubewertung von Werk und Wirkung. Wien 1985.

Metschl, U.: Toleranz und Pluralismus. In: Bell, D. und Vossenkuhl, W. (Hg.): Wissenschaft und Subiektivität. Der Wiener Kreis und die Philosophie des 20. Jahrhunderts. Berlin 1992, S. 79-99.

Meyer, U.: Hilbert, Reichenbach und der Neu-Kantianismus. In: Danneberg, L.- Kamlah, A.- Schäfer, L. (Hg.): Hans Reichenbach und die Berliner Gruppe. Braunschweig/Wiesbaden 1994, S. 253-273.

Moulines, C. U.: Hintergründe der Erkenntnistheorie des frühen Carnap. In: Grazer philosophische Studien (23) 1985, S. 1-18.

- Making Sense of Carnap's Aufbau. In: Spohn, W. (Hg.): Erkenntnis Orientated: A Centennial Volume for Rudolf Carnap and Hans Reichenbach. Dordrecht-Boston-London 1991, S. 263-286.

Mulder, H.: Das "Wiener-Kreis-Archiv und der schriftliche Nachlaß von Moritz Schlick und Otto Neurath". In: McGuinness, B. (Hg.): Zurück zu

Schlick. Eine Neubewertung von Werk und Wirkung. Wien 1985, S. 104-113.

Neurath, O.: Gesammelte philosophische und methodologische Schriften. Hg. von R. Haller und H. Rutte (Bd. I). Wien 1981.

Oberdan, Th.: The Synthesis of Logicism and Formalism in Carnap's "Logical Syntax of Language". In Stadler, F. (Hg.): Scientific Philosophy: Origins and Developments. Dordrecht-Boston-London 1993, S. 157-168

Parrini, P.: Per un bilancio dell'empirismo contemporaneo: contributo alla storia del positivismo logico. In: Rivista critica di storia della filosofia (31) 1976, S. 193-239 (Wiederabgedruckt in: Una filosofia senza dogmi. Materiali per un bilancio dell'empirismo contemporaneo. Bologna 1980, S. 21-92).

– Fisica e geometria dall'Ottocento a oggi. Torino 1979.

– Empirismo logico, kantismo e convenzionalismo. In: Atti del Congresso "Logica e filosofia della scienza, oggi". Bologna 1986 (Bd. II) S. 127-42.

– Empirismo logico e convenzionalismo. Milano 1983.

– Origini e sviluppi dell'empirismo logico nei suoi rapporti con la "filosofia continentale". Alcuni testi inediti (I). In: Rivista di storia della filosofia (48) 1993, S. 121-146.

– Origini e sviluppi dell'empirismo logico nei suoi rapporti con la "filosofia continentale". Alcuni testi inediti (II). In: Rivista di storia della filosofia (48) 1993, S. 377-393.

– With Carnap, Beyond Carnap: Metaphysics, Science, and the Realism/Instrumentalism Controversy. In: Salmon, W. und Wolters, G. (Hg.): Logic, Language and the Structure of Scientific Theories. Pittsburgh-Konstanz 1994, S. 255-277.

– Conoscenza e realtà. Saggio di filosofia positiva. Roma-Bari 1995.

Parrini, P. (Hg.): Kant and Contemporary Epistemology. Dordrecht-Boston-London 1994.

Paty, M.: Einstein philosophe. Paris 1993.

Plümacher, M.-Sandkühler, H.-J.: Im Streit über die Wirklichkeit. Distanzen und Nähen zwischen Ernst Cassirer und Moritz Schlick. In: Dialektik, 1995/1, S. 121-132.

Plümacher, M. und Schürmann, V. (Hg.): Einheit des Geistes. Probleme ihrer Grundlegung in der Philosophie Ernst Cassirers. Frankfurt/M. 1996.

Proust, J.: Questions de forme. Logique et proposition analityque de Kant à Carnap. Paris 1986.

– L'expérience et les formes. In: Archives de Philosophie (50) 1987, S. 439-464.

Quine, W. V. O.: Two Dogmas of Empiricism. In: From a Logical Point of View. Cambridge (Mass.) 1980.

Quinton, A.: Vor Wittgenstein: der frühe Schlick. In: McGuinness, B. (Hg.): Zurück zu Schlick. Eine Neubewertung von Werk und Wirkung. Wien 1985, S. 114-133.

Reichenbach, H.: Relativitätstheorie und Erkenntnis Apriori, Berlin 1920 (Wiederabgedruckt in: Gesammelte Werke, hg. von A. Kamlah und M. Reichenbach, Bd. III. Braunschweig-Wiesbaden 1979).

- Der gegenwärtige Stand der Relativitätsdiskussion. In: Logos (9) 1921, S. 316-378 (Wiederabgedruckt in: Ders.: Gesammelte Werke. Hg. von A. Kamlah und M. Reichenbach, Bd. III. Braunschweig-Wiesbaden 1979).
- Philosophie der Raum-Zeit-Lehre. Berlin und Leipzig 1928, (Wiederabgedruckt in: Ders.: Gesammelte Werke. Hg. von A. Kamlah und M. Reichenbach, Bd. II, Braunschweig-Wiesbaden 1977).
- Ziele und Wege der heutigen Naturphilosophie. Leipzig 1931.
- L'empirisme logique et la désagrégation de l'a priori. In: Actes du Congrès International de Philosophie Scientifique. Paris 1935 (Bd. I), S. 28-35.
Rescher, N. (Hg.): The Heritage of Logical Positivism. Lanham-New York-London 1985.
Richardson, A. W.: Logical Idealism and Carnap's Construction of the World. In: Synthese (93) 1992, S. 59-92.
- Metaphysics and Idealism in the "Aufbau". In: Grazer philosophische Studien (43) 1992, S. 45-72.
- Carnap's Construction of the World. Cambridge (im Druck).
Rickert, H.: Kulturwissenschaft und Naturwissenschaft. Hg. von F. Vollhardt. Stuttgart 1986.
Riehl, A.: Der philosophische Kritizismus. Geschichte und System, Bd. I, Geschichte des philosophischen Kritizismus. Leipzig 1924.
Röd, W.: Alois Riehl und der Herbartianismus in Österreich. In: Nyiri, J. C. (Hg.): Von Bolzano zu Wittgenstein. Zur Tradition der österreichischen Philosophie. Wien 1986, S. 132-140.
Rungaldier, E.: Carnap's Early Conventionalism. Amsterdam 1984.
Rutte, H.: Besprechung von Stadler, F.: Vom Positivismus zur "wissenschaftlichen Weltauffassung". Am Beispiel der Wirkungsgeschichte von Ernst Mach in Österreich von 1895 bis 1934. Wien-München 1982. In: Grazer Philosophische Studien (21) 1984, S. 213-218.
Ryckman, T. A.: Conditio sine qua non? Zuordnung in the early Epistemologies of Cassirer and Schlick. In: Synthese (88) 1991, S. 57-95.
Salmon, W. und Wolters, G. (Hg.): Logic, Language and the Structure of Scientific Theories. Pittsburgh-Konstanz 1994.
Sauer, W.: Carnap's "Aufbau" in Kantianischer Sicht. In: Grazer philosophische Studien (23) 1985, S. 19-35.
- On the Kantian Background of Neopositivism. In: Topoi (8) 1989, S. 111-119.
- Über das Verhältnis des "Aufbau" zu Russells Aussenwelt-Programm. In: Haller, R. und Stadler, F. (Hg.): Wien-Berlin-Prag. Der Aufstieg der wissenschaftlichen Philosophie. Wien 1993., S. 98-119.
Schlick, M.: Lebensweisheit. Versuch einer Glückseligkeitslehre. München 1908.
- Die Grenze der naturwissenschaftlichen und philosophischen Begriffsbildung. In: Vierteljahrschrift für wissenschaftliche Philosophie und Soziologie, N.F. 34, 1910, S. 121-142 (Wiederabgedruckt in: Philosophische Logik. Hg. von B. Philippi. Frankfurt/M. 1986).
- Das Wesen der Wahrheit nach der modernen Logik. In: Vierteljahrschrift für wissenschaftliche Philosophie und Soziologie, N.F. 34, 1910, S. 386-

477 (Wiederabgedruckt in: Philosophische Logik. Hg. von B. Philippi. Frankfurt/M. 1986).

– Die philosophische Bedeutung des Relativitätsprinzips. In: Zeitschrift für Philosophie und philosophische Kritik (159) 1915, S. 129-175.

– Idealität des Raumes, Introspektion und psychophysisches Problem,. In: Vierteljahrschrift für wissenschaftliche Philosophie und Soziologie (40) 1916, S. 230-254.

– Allgemeine Erkenntnislehre. Berlin 1918 (erste Auflage).

– Kritizistiche oder empiristische Deutung der neuen Physik? Bemerkungen zu Ernst Cassirers Buch "Zur Einsteinschen Relativitätstheorie". In: Kant-Studien (26) 1921, S. 96-111.

– Raum und Zeit in der gegenwärtigen Physik, vierte erweiterte Auflage. Berlin 1922.

– Allgemeine Erkenntnislehre. Berlin 1925 (zweite Auflage; Nachdruck: Frankfurt/M. 1979).

– Vom Sinn des Lebens. In: Symposion (1) 1927, S. 331-354.

– Positivismus und Realismus. In: Erkenntnis (3) 1932/33, S. 1-31.

– Natur und Kultur. Aus dem Nachlass hg. von J. Rauscher. Wien-Stuttgart 1952.

– Philosophical Papers. Hg. von H. L. Mulder und B. F. B. van de Velde Schlick, 2 Bände. Dordrecht-Boston-London 1978-1979.

– Fragen der Ethik. Hg. von R. Hegselmann (1930). Frankfurt/M. 1984.

– Philosophische Logik. Hg. von B. Philippi. Frankfurt/M. 1986.

– Die Probleme der Philosophie in ihrem Zusammenhang. Hg. von H. Mulder, A. J. Kox und R. Hegselmann. Frankfurt/M. 986.

Sebestik, J. und Soulez, A. (Hg.): Le Cercle de Vienne, doctrines et controverses. Paris 1986.

Spohn, W. (Hg.): Erkennntis Orientated: A Centennial Volume for Rudolf Carnap and Hans Reichenbach. Dordrecht-Boston-London 1991.

Stadler, F.: Aspekte des gesellschaftlichen Hintergrundes und Standorts des Wiener Kreises am Beispiel der Universität Wien. In: H. Berghel, A. Hübner, E. Köhler (Hg.): Wittgenstein, der Wiener Kreis und der kritische Rationalismus. Wien 1979, S. 41-59.

– Vom Positivismus zur "wissenschaftlichen Weltauffassung". Am Beispiel der Wirkungsgeschichte von Ernst Mach in Österreich von 1895 bis 1934. Wien-München 1982.

– Editorial. In: Stadler, F. (Hg.) Scientific Philosophy: Origins and Developments. Dordrecht-Boston-London 1993, S. IX-X.

– Wien-Berlin-Prag. Zum Aufstieg der wissenschaftlichen Philosophie. In: Haller, R. und Stadler, F. (Hg.): Wien-Berlin-Prag. Der Aufstieg der wissenschaftlichen Philosophie. Wien 1993, S. 11-37.

– Studien zum Wiener Kreis. Ursprung, Entwicklung und Wirkung des Logischen Empirismus im Kontext. Frankfurt/M. 1997.

Uebel, Th. E. (Hg.): Rediscovering the Forgotten Vienna Circle. Dordrecht-Boston-London 1991.

- Otto Neurath and the Neurath Reception: Puzzle and Promise. In: Uebel, Th. E. (Hg.): Rediscovering the Forgotten Vienna Circle. Dordrecht-Boston-London 1991, S. 3-22.
- Overcoming Logical Positivism from Within. The Emergence of Neurath's Naturalism in the Vienna Circle's Protocol Sentence Debate. Amsterdam 1992.
- Anti-Foundationalism and the Vienna Circle's Revolution in Philosophy. In: British Journal of the Philosophy of Science (48) 1996, S. 415-40.
Vollhardt, F.: Nachwort. In: Rickert, H.: Kulturwissenschaft und Natur-wissenschaft. Hg. von F. Vollhardt. Stuttgart 1986.
Vossenkuhl, W.: Farben in Carnaps "Logischem Aufbau". In: Bell, D. und Vossenkuhl, W. (Hg.): Wissenschaft und Subiektivität. Der Wiener Kreis und die Philosophie des 20. Jahrhunderts. Berlin 1992, S. 153-168.
Wolters, G.: "The First Man Who almost Understands me": Carnap, Dingler and Conventionalism. In: Rescher, N. (Hg.): The Heritage of Logical Positivism. Lanham-New York-London 1985, S. 93-107.
- Ernst Mach e il "Verein Ernst Mach". In: Galavotti, M. C. und Simili, R. (Hg.): Il Circolo di Vienna. Ricordi e riflessioni. Parma 1992, S. 43-57.
Zittlau, D.: Die Philosophie Hans Reichenbachs. München 1981.
Zolo, D.: Reflexive Epistemology. The Philosophical Legacy of Otto Neurath. Dordrecht-Boston-London 1989.
- Otto Neurath era un filosofo austriaco? In: Rivista di filosofia (84) 1993, S. 295-303.

Volker Schürmann (Bremen)

Anthropologie als Naturphilosophie.
Ein Vergleich zwischen Helmuth Plessner und Ernst Cassirer

»Nur im Hinblick darauf verstehe ich die Funktion der Anthropologie, jeden Versuch, der Zukunft die Unvorhersehbarkeit zu nehmen, ein für alle Mal - was aber von jeder Generation irgendwie neu gemacht werden muß - zu liquidieren.«[1]

Anlaß und Fragestellung des folgenden Vergleichs ist das Problem des Verhältnisses von Einheit und Vielheit der symbolischen Formen in Cassirers Philosophie. Meine Arbeitshypothese ist, daß dieses Problem auch und vor allem ein logisches ist, eben das Problem des Verhältnisses von *Einheit und Vielheit* der symbolischen Formen. Als solches ist es in der europäischen Geistesgeschichte sehr nachdrücklich in Platons "Parmenides" herausgestellt und verhandelt worden. Demgegenüber ist das materiale Problem des Verhältnisses der Einheit und Vielheit "der symbolischen Formen" eine besondere Manifestation dieses allgemeineren Problems. Will man nun, Cassirer folgend,[2] trotz dieser Asymmetrie keinem logischen Metaphysizismus das Wort reden, so steht zu erwarten, daß die materiale Besonderung nicht einfach eine Anwendung des allgemeineren logischen Problems ist, sondern eben eine besondere Manifestation, in der das allgemeine Problem *als solches* in besonderer Weise gebrochen ist. Cassirer hat daraus wohl geschlossen, daß es auch gar nicht möglich oder nötig ist, das logische Problem als solches zu behandeln, da es selbst ja prinzipiell nur in je besonderer Manifestation vorliegt. Dies jedenfalls scheint sein faktisches Vorgehen zu dokumentieren, das versucht, das Verhältnis von Einheit und Vielheit der symbolischen Formen gleichsam "zu Fuß" herauszustellen, d.h. ohne die logische und die materiale Dimension dieses Problems zu sondern, um dann nach deren Verhältnis zu fragen.[3] Diesem Weg will ich hier in kritischer Ab-

---

[1] Plessner, Brief an König v. 9.8.1934. Zitiert nach B. Westermann: Anschlüsse und Erfahrungen. Grenzen und Spielräume einer anthropologischen Diskussion in Deutschland. In: J. Friedrich u. B. Westermann (Hrsg.): Unter offenem Horizont. Anthropologie nach Helmuth Plessner. Frankfurt 1995, S. 35.

[2] Vgl. E. Cassirer: Philosophie der symbolischen Formen. Bd. 1: Die Sprache (1923). Darmstadt 1990, S. 35 (im folgenden unter der Sigle PSF I).

[3] Vgl. ausführlicher dazu Schürmann 1996a. Ich habe dort insbesondere zu zeigen versucht, daß dieses Vorgehen verhindert, Cassirers Philosophie als einheitliche zu begreifen. Dies ist aber nur dann schon als solches ein Einwand, wenn

sicht folgen: Anliegen ist es, den Aspekt, daß das allgemeine logische Problem des Verhältnisses von Einheit und Vielheit nur in je besonderer Manifestation vorliegt, so stark als irgend möglich zu machen, um daran zu entdecken, ob, und ggf. wo, *dennoch* eine Sonderung der beiden Problemdimensionen notwendig ist.[4]

Ein geeigneter Einsatzort dazu scheinen mir die *Begründungen* dafür zu sein, daß es überhaupt und nach wie vor um das Problem des *Verhältnisses* von Einheit und Vielheit geht, nicht aber um eine Verzichtserklärung auf eine der beiden Kategorien zugunsten der anderen;[5] mit Cassirer ist konfliktfrei weder ein schlecht verstandener Pluralismus und erst recht kein schlecht verstandener Monismus zu begründen. Daß er meint, sowohl an der Vielheit der symbolischen Formen als auch an deren Einheit festhalten zu müssen, ist eine eigenständige These, und Begründungen für diese These werden wesentlich mit bestimmen, *wie* das Verhältnis von Einheit und Vielheit konzipiert wird. So ist es z.B. ein gravierender Unterschied, ob man davon ausgeht, daß die Einheit der symbolischen Formen den Status einer, vielleicht unendlichen, Aufgabe hat, die es erst noch zu vollbringen gilt, auf deren Vollbringung der *Philosoph der symbolischen Formen* aber nicht glaubt, verzichten zu können; oder ob man die Einheit und Vielheit der symbolischen Formen als prinzipiell realisiert ansieht.

als fraglos sicher unterstellt wird, daß das Problem des Verhältnisses von Einheit und Vielheit der symbolischen Formen überhaupt eine nicht-aporetische Lösung zuläßt – und gerade das ist nach Platons "Parmenides" das eigentliche Problem. Daß die wesentliche Zwei-Seitigkeit der Philosophie Cassirers jedoch mindestens sehr problematisch ist, habe ich versucht, anhand seiner anthropologischen Annahmen zu zeigen. – Im folgenden geht es unter dem Titel "Anthropologie" nicht um die anthropologischen Grundannahmen Cassirers, sondern um den Status der Anthropologie in der und für die "Philosophie der symbolischen Formen".

[4] Nach meinem Verständnis ist Hegel den umgekehrten Weg, nämlich von der Sonderung auszugehen, gegangen, was seinen Texten in der Regel, so auch von Cassirer, die Interpretation eingehandelt hat, sie formulierten einen logischen Metaphysizismus. Eine Alternative zu dem hier begangenen Weg wäre also, das Verhältnis von Logik und Realphilosophie bei Hegel zu analysieren, um aus dessen eventuellem Scheitern Argumente für das Vorgehen Cassirers zu gewinnen. Diesen Weg zu gehen, ist mir momentan nicht möglich, da ich zu denen gehöre, die den Übergang von der Logik zur Realphilosophie bei Hegel nicht verstanden haben. Allerdings bemühe ich mich, dies nicht als Fehler der Hegelschen Texte zu interpretieren.

[5] »Das Christentum ist der *Widerspruch* von *Polytheismus* und *Monotheismus*.« In: L. Feuerbach: Vorläufige Thesen zur Reformation (1843). In: L. Feuerbach: Gesammelte Werke Bd. 9. Herausgegeben von W. Schuffenhauer. Berlin 1969ff. Im folgenden dieser Text unter der Sigle 1843a. Hier S. 244.

Die Analyse der Begründungen für ein solches Zugleich von Einheit und Vielheit will ich im folgenden auf einen Aspekt zuspitzen, nämlich auf die Frage des Verhältnisses der "Philosophie der symbolischen Formen" zur Anthropologie. Dies ist zunächst einfach eine Entscheidung: mit zunächst gleicher Berechtigung könnte auch nach dem Verhältnis zur Geschichtsphilosophie, zur politischen Philosophie, o.ä. gefragt werden; mit vielleicht weitaus mehr Berechtigung könnte an dieser Stelle ein Desiderat der Plessner- und Cassirer-Forschung angegangen werden, nämlich ein Vergleich der "Einheit der Sinne" und der "Philosophie der symbolischen Formen" hinsichtlich der Dreiheit von "Ausdruck", "Darstellung" und "Bedeutung". Die Zuspitzung auf das Verhältnis zur Anthropologie erfolgt deshalb, weil die Anthropologie in beiden Konzeptionen eine Grundlegungsfunktion bekommt. Sie ist letztlich der Ort der Begründung der gewollten Endlichkeit menschlichen Wissens nach dem Ende der alten Metaphysik. Die Anthropologie rückt damit funktional an den Ort der spezifisch *transzendental*philosophischen Fragestellung, nämlich der Frage nach den Bedingungen der Möglichkeit von Erfahrung *überhaupt*. Und erst an dieser Stelle stellt sich das Problem des Verhältnisses der gleichsam materialen Ermöglichungsbedingungen der Erfahrung eines *bestimmten* Gegenstandes und der transzendentalen Ermöglichungsbedingungen der Erfahrung eines Gegenstandes *überhaupt* in letzter Zuspitzung und, wichtiger noch, mit einer zu vermutenden ausschlaggebenden Spezifik. Leitende Fragestellung der folgenden Überlegungen ist insofern, ob und wie Plessner und Cassirer dieser Spezifik des *transzendental*philosophischen Arguments gerecht werden (können oder wollen). Dies vor dem Hintergrund, daß eine Kritik am Kantschen Apriorismus dem eigentümlichen Status von Transzendentalien – etwa im Unterschied zu Hypothesen oder Vor-Annahmen des Alltagswissens – oftmals nicht gerecht wird.

Eine "symbolische Form" ist für Cassirer selbstverständlich eine *menschliche* »geistige Energie«: daß der propagierte Übergang von der »Kritik der Vernunft zur Kritik der Kultur«[6] nicht nur als gebietsmäßige Ausdehnung zu verstehen ist, sondern auch als konzeptionelle Änderung dessen, was dann Vernunft und Geist meint, hat für Cassirer selbstverständlich auch den Aspekt, daß seit Protagoras und Sokrates und spätestens seit Feuerbach das Konzept eines göttlichen Wissens im Unterschied zu menschlichem Wissen hochgradig problematisch geworden ist. Der Begriff des Geistes ist nunmehr konstitutiv bezogen auf die Sphäre des Menschen und dessen Geschichte. Eine fragliche Einheit des Geistes kann dann nicht mehr durch einen Einen Gott begründet werden, son-

---

[6] PSF I, S. 11.

dern auch sie ist, wenn überhaupt, als Menschenwerk zu erweisen. Und eben diesen Weg geht auch Cassirer: er hält fest an der Einheit des Geistes unter Bezugnahme auf eine Einheit des Mensch-seins. Wir müßten schon deshalb an der Einheit der vielen symbolischen Formen festhalten, weil diese menschliche Sphäre eine Eine ist; es sei »letzten Endes ›derselbe‹ Mensch, der uns in tausend Offenbarungen und in tausend Masken in der Entwicklung der Kultur immer wieder entgegentritt«.[7]

Der Vergleich ·mit Plessner soll nun ermöglichen, Differenzen innerhalb einer Inanspruchnahme philosophischer Anthropologie herauszustellen, um daraus Rückschlüsse ziehen zu können auf Unterschiede in der Konzeptualisierung des Verhältnisses von Einheit und Vielheit der symbolischen Formen.[8] Daß der Vergleich Cassirer/Plessner theoretisch legitim ist, haben einige Arbeiten von Orth aufgezeigt, an die ich hier anschließe. Die strukturelle Übereinstimmung liegt nicht nur in der unbestimmten, und darin beinahe selbstverständlichen, Inanspruchnahme anthropologischer Bestimmungen – nicht in der bloßen Tatsache, *daß* bei beiden Konzeptionen von einer Kulturanthropologie gesprochen werden kann –, sondern diese Übereinstimmung liegt darin, daß in beiden Konzeptionen eine philosophische Anthropologie in einem gewissen Sinne als »erste Philosophie«[9] gedacht wird, d.h. daß »eine eigentümliche Kulturanthropologie bei Plessner wie bei Cassirer die Funktion der traditionellen Metaphysik [übernimmt]«.[10] Und noch schärfer formuliert, liegt die strukturelle Übereinstimmung darin, daß dieser Erweis der philosophischen Anthropologie als funktionales Äquivalent traditioneller Metaphysik in beiden Konzeptionen auf eine vergleichbare Weise geschieht, nämlich daß hier Kultur *nicht* gedacht werden soll als eine, immer nötige, Kompensationsleistung fehlender Instinktsicherheit, sondern daß Kultur die Art und Weise des Mensch-seins *ist*: in beiden Kon-

---

[7] E. Cassirer: Zur Logik der Kulturwissenschaften. Fünf Studien (1942). Darmstadt 1989, S. 76. Ritter hat am Beispiel von Dilthey gezeigt, daß ein solcher Rekurs in der Gefahr steht, als ahistorische Annahme »dem Bereich der Geschichte entrückt« zu werden. In. J. Ritter: Über die antinomistische Struktur der geisteswissenschaftlichen Geschichtsauffassung bei Dilthey (1931). In: Dilthey-Jahrbuch 9 (1994/95).

[8] Eine erste Skizze dazu findet sich in: V. Schürmann: Einheit der symbolischen Formen? In: Dialektik 3/1995.

[9] Vgl. E.W. Orth: Philosophische Anthropologie als erste Philosophie. Ein Vergleich zwischen Ernst Cassirer und Helmuth Plessner. In: Dilthey-Jahrbuch 7 (1990/91).

[10] Ders.: Helmuth Plessners Anthropologiekonzeption und sein Begriff von Wissenschaft und Philosophie. In: J. Friedrich und B. Westermann (Hrsg.): Unter offenem Horizont. Anthropologie nach Helmuth Plessner. Frankfurt/M. 1995, S. 68, Anm. 4.

zeptionen soll gedacht werden, daß Kultur die Natur des Menschen *ist*, nicht aber, daß Kultur die Überformung eines natürlichen Trägers ist und der Mensch somit ein kultürliches Wesen erst *wird*. In diesem Sinne wäre ein Vergleich der Konzeptionen Cassirers und z.B. Gehlens sicherlich möglich, aber nicht im gleichen Sinne und in der gleichen Strenge möglich wie ein Vergleich mit Plessner.[11] Im folgenden geht es nun darum, auf der Basis dieser Gemeinsamkeiten diejenigen Unterschiede zwischen beiden Konzeptionen herauszustellen, die von Orth nur angedeutet werden konnten. Als Vergleichsmaßstab werde ich jedoch zunächst kurz an Feuerbach erinnern; nicht etwa, weil ich der Meinung wäre, daß das Feuerbachsche Konzept in der *Durchführung* unhintergehbar wäre, wohl aber in der Überzeugung, daß Feuerbachs Kritik an der "theologischen", nicht-menschlichen Philosophie in diesem Zusammenhang wohl bedacht werden will.

I. Problemaufriß bei Feuerbach

Ein Grundgedanke, vielleicht sogar der Grundgedanke, der Philosophie Feuerbachs liegt in der These, daß jegliche Philosophie ein passives Prinzip in bezug auf den Menschen benötigt. Dieser Grundgedanke ist für die christliche Theologie ganz selbstverständlich; ihr gemäß macht es die Ontologie der natürlichen Welt aus, Schöpfung Gottes zu sein, mithin nicht aus sich selbst heraus verständlich zu sein; insbesondere ist hier der Mensch ein zwar ausnehmend besonderes, aber doch ein Geschöpf Gottes. Bei aller grundsätzlichen Kritik an der Theologie ist es der Grundgedanke des Menschen als eines bedingten Wesens, den Feuerbach nicht nur beibehält und verteidigt, sondern gar meint, gegen die von ihm als wahre Theologie ausgewiesene spekulative Philosophie, namentlich Hegels,[12] einklagen zu müssen: sie habe »kein *passives Prinzip* in sich«.[13] So beruht Feuerbachs Kritik der Theologie geradezu darauf, daß er den Menschen als religiöses Wesen bestimmt: er nimmt als Faktum in Anspruch, daß kein Naturwesen, und so auch nicht der Mensch, »ohne ein andres, von ihm unterschiednes Wesen existiert und existieren kann, daß er nicht sich selbst seine Existenz verdankt«;[14] im Unterschied zum

---

[11] Vgl. Ders.: FN 9, S. 259f.
[12] Vgl. L. Feuerbach: Grundsätze der Philosophie der Zukunft (1843). In: Gesammelte Werke Bd. 9. Herausgegeben von W. Schuffenhauer 1969ff. Im folgenden dieser Text unter der Sigle 1843b.
[13] 1843a, S. 253.
[14] L. Feuerbach: Das Wesen der Religion (1846). In: Gesammelte Werke Bd. 10. Herausgegeben von W. Schuffenhauer 1969ff. Im folgenden dieser Text unter der Sigle 1846. Hier S. 3.

Tier wird der Mensch dieser Abhängigkeit inne, und »wenn man unter
Religion nichts weiter versteht als dieses Abhängigkeitsgefühl«, dann ist
»die Behauptung, daß die Religion dem Menschen eingeboren, natürlich
sei [...] vollkommen wahr«; falsch ist jedoch – aber auch nur dies ist
falsch –, daß es dem Menschen eingeboren sei, an einen Schöpfergott zu
glauben.[15] Der Glaube an einen Schöpfergott ist vielmehr die genaue
Verkehrung der Sachlage, und sie beruht gleichsam auf einem logischen
Fehler: Die Anerkennung des Faktums, daß ein bestimmtes Naturwesen
seine Existenz nicht sich selbst verdankt, verlangt gerade nicht die
Annahme, daß die Natur als ganze eine abhängige Entität ist; die
Abhängigkeit eines bestimmten Naturwesens verweist immer nur auf
andere Wesen innerhalb der Natur, und dieses wechselseitige Abhängig-
keitsgeflecht kann durchaus als selbstgenügsame Natur gedacht werden,
ja es muß wohl sogar so gedacht werden, nimmt man nur die Aporien
aller Erklärungsversuche ernst, die eine vermeintliche Schöpfung der
Natur durch Gott dartun wollen.[16] Deshalb gründet sich der Glaube an
die Existenz Gottes »nur auf die *Existenz der Natur*«; der Glaube an die
Existenz Gottes ist eine Nötigung, »weil du von der Natur selbst
genötigt wirst, deiner Existenz und deinem Bewußtsein die *Existenz der
Natur vorauszusetzen*, und der erste Grundbegriff Gottes kein andrer ist
als eben der, daß er die deiner Existenz vorangehende, *vorausgesetzte
Existenz ist*«.[17] In diesem Sinne ist die Theologie »Gespensterglaube«,[18]
denn in dem Glauben an einen existierenden Schöpfergott »spukt kein
andres Wesen dir im Kopfe als die Natur«, die insofern »nicht nur der
erste, ursprüngliche Gegenstand« ist, sondern »auch der *bleibende
Grund*, der *fortwährende, wenn auch verborgne, Hintergrund der Religion*«.[19]

Es ist dieser »erste Grundbegriff Gottes«, den keinerlei Bestimmung
der Existenz und des Bewußtseins des Menschen – und also keine
Philosophie – entbehren kann, und es ist die Natur, die die Realisation
dieses Grundbegriffes ist: *sie*, und nur sie, ist die vorauszusetzende
Existenz, die der Existenz des Menschen vorausgesetzt ist – »deren

---

[15] Ebda.
[16] »In der Vorstellung von der Erschaffung der Welt aus einem bloßen Ent-
schlusse oder überhaupt in dem Verhältnis Gottes zur Welt tritt die Differenz
zwischen Theologie und Philosophie am schlagendsten hervor.« (L. Feuerbach:
Geschichte der neueren Philosophie. Darstellung, Entwicklung und Kritik der
Leibnizischen Philosophie. In: Gesammelte Werke Bd. 3. Herausgegeben von
W. Schuffenhauer 1969ff. Im folgenden der Text unter der Sigle 1837. Hier
S. 115).
[17] 1846, S. 10.
[18] 1843a, S. 247.
[19] 1846, S. 10.

Existenz sich nicht auf die Existenz des Menschen, geschweige auf Gründe des menschlichen Verstands und Herzens, stützt«.[20] Die Philosophie der Zukunft wird deshalb bestrebt sein, dieses (in bezug auf den Menschen) passive Prinzip als *inneres* Moment ihrer selbst zu konzipieren, während jede »Philosophie, welche kein *passives Prinzip* in sich hat, [...] als eine durchaus *einseitige, notwendig* die Empirie zu ihrem Gegensatz« hat.[21] Eben deshalb darf diese Philosophie der Zukunft nicht mit sich selbst beginnen, »sondern mit ihrer *Antithese*, mit der *Nichtphilosophie*«;[22] sie hat also mit der Natur als der vorauszusetzenden und vorausgesetzten Existenz zu beginnen, um überhaupt über sich und ihren Inhalt, den Menschen, reden zu können. Jede andere Philosophie, die nur mit sich selbst beginnen will und somit ihre eigene Bedingtheit leugnet, ist 1. nur vermeintlich eine voraussetzungslose Philosophie, denn sie setzt sich selbst fraglos voraus,[23] und zahlt 2. den Preis, daß ihr das auch für sie konstitutive passive Moment im Status eines äußeren Gegensatzes verbleibt. Eine solche Philosophie der Vergangenheit mag hier abkürzend als Konstitutionsphilosophie[24] bezeichnet werden. Sie ist nach Feuerbach dadurch bestimmt, daß sie zwar, wie jede Philosophie, ein passives Prinzip hat, daß sie sich dies aber »nur auf *indirekte* Weise ein[gesteht], indem es sein passivum zu einem activum macht«,[25] mithin reflektiert sie nicht die eigene Bedingtheit innerhalb ihrer selbst. Eine solche Philosophie muß, folgt man Feuerbach, umgekehrt werden.

Diese Forderung hat zur Konsequenz, daß bereits die grundlegende Fragestellung umzukehren ist. Eine Philosophie, die das Gegenstandsein als ohne Rest auflösbar denkt in das Konstituiert-sein des Gegenstandes durch die menschliche Erkenntnisleistung, steht folgerichtig vor dem Problem, die Objektivität der Erkenntnis zu begründen; sie »[setzt] ihr wesentlichstes Interesse in die Beantwortung der Frage: Wie kommt Ich zur Annahme einer Welt, eines Objekts?«[26]. Wenn man sich demgegenüber »die *entgegengesetzte*, weit interessantere und fruchtbarere Frage [stellt]: *Wie kommen wir zur Annahme eines Ich, welches also*

---

[20] Ebda.

[21] 1843a, S. 253.

[22] Ebda., S. 254.

[23] Vgl. L. Feuerbach: Einige Bemerkungen über den "Anfang der Philosophie" von Dr. J.F. Reiff (1841). In: Gesammelte Werke Bd. 9. Herausgegeben von W. Schuffenhauer 1969ff. Im folgenden der Text unter der Sigle 1841b.

[24] Also das, was Feuerbach "Idealismus" nennt: »dieser hat seinen *Pantheismus* im *Ich* – außer dem Ich ist nichts, alle Dinge sind nur als Objekte des Ich« (1843b, § 17).

[25] 1841b, S. 147.

[26] Ebda.

fragt und fragen kann?«,[27] dann wird deutlich, daß dieses konstituierende Ich seinerseits abhängig ist von dem Objekt, das es als Gegenstand
konstituiert. Und deshalb »schiebe man also nicht auf die Virtuosität und
Universalität des Ich allein, was auch der eignen Lebenskraft und
Individualität der Dinge angehört«.[28] Der alles entscheidende und sprin-
gende Punkt dabei ist, daß die Hereinnahme eines passiven Prinzips gerade nicht zu einer Unterordnung unter das aktive Prinzip gerät als vermeintlich immer schon in ihm enthalten; die Umkehrung des *äußeren*
Gegensatzes von aktivem und passivem Prinzip in "Eine Philosophie" ist
nur gewahrt als "Einheit" tatsächlich *zweier* Prinzipien; »es ist falsch,
diese Passivität des Ich *unmittelbar* aus seiner Aktivität ableiten oder als
Aktivität darstellen zu wollen. Im Gegenteil: Das passivum des Ich ist das
activum des Objekts. Weil auch das Objekt *tätig* ist, leidet das Ich – ein
Leiden, dessen sich übrigens das Ich nicht zu schämen hat, denn das
Objekt gehört selbst zum innersten Wesen des Ich«.[29] Diese Abhängigkeit des Ich vom Objekt kann nun keine direkte sein, denn dies wäre eine
Ableitung des aktiven Prinzips aus dem passiven; das Ich ist nicht *als Ich*
durch das Objekt bestimmt, sondern ist »durch sich als leibliches Wesen,
also durch den Leib, der ›Welt offen‹. [...] Im Leib sein heißt in der Welt
sein. Soviel Sinne – soviel Poren, soviel Blößen. Der Leib ist nichts als das
poröse Ich.«[30]

Das Modell, das Feuerbach vorschlägt, ist also, das die menschliche
Welt konstituierende Ich als eingebettet zu denken in einen tätigen Leib,
den einzelnen Leib eingebettet zu denken in eine sympathetische
Gemeinschaft von Leibern,[31] und diese Gemeinschaft von Leibern eingebettet zu denken in einen übergreifenden Naturzusammenhang.

II. Die Funktionsbestimmung der Anthropologie bei Cassirer

In den kürzlich veröffentlichten Nachlaßmanuskripten ist dokumentiert,
daß Cassirer bemüht war, den Status der philosophischen Anthropologie
im Hinblick auf seine eigene "Philosophie der symbolischen Formen" zu
bestimmen; ihm geht es dort um Erweis und Rechtfertigung einer
Aufgabenstellung der philosophischen Anthropologie im Rahmen des
kritischen Idealismus. *Daß* es eine solche Aufgabenstellung gibt, nimmt
er unter Berufung auf Kant als Faktum in Anspruch. Entsprechend

---

[27] Ebda., S. 147f.
[28] Ebda., S. 149.
[29] Ebda., S. 150; »unmittelbar« fehlt in der Ausgabe 1846.
[30] Ebda., S. 151.
[31] Vgl. 1843b, §§ 55-67.

knüpft er selbst an die Kantischen Hinweise an. Kant unterscheidet die Frage der Geltung der reinen Verstandesbegriffe von der Frage, "wie das Vermögen zu denken selbst möglich ist". Dabei nimmt Cassirer eine klare Zuordnung vor: die Frage des Bestands und der Geltung der Verstandesbegriffe gilt ihm als "objektive" Fragestellung, die er der (transzendentalen) Logik zuordnet; die Frage der Genese des Verstandesvermögens selbst gilt ihm als die "subjektive" Fragestellung und der philosophischen Anthropologie zugehörig.[32] Beide Fragestellungen sind scharf voneinander zu sondern, denn sonst folgen alle Irrtümer des Psychologismus;[33] zugleich aber ist die subjektive Fragestellung nur im Rahmen einer Antwort auf die objektive Fragestellung überhaupt beantwortbar, denn bei Wahrung Kantscher Einsichten ist der Weg der Naturalisierung der subjektiven Fragestellung versperrt. In diesem Sinne geht es tatsächlich um eine philosophische oder auch kritische Anthropologie, denn jegliches *Erkennen* der Genese des Verstandesvermögens steht bereits unter der Bedingung der fraglichen Geltung der Verstandesbegriffe. Dies würde auf einen klaren Primat der Logik vor der Anthropologie hinauslaufen; und so wäre schon auf Grund der Sache erklärlich, daß Kants »Zentralproblem in der ›objektiven‹, nicht in der ›subjektiven‹ Deduktion [liegt]«, und daß bei Kant selbst die Beantwortung der subjektiven Fragestellung zwar klar konzipiert ist, aber »nicht zur Durchführung und zur vollkommenen Ausreifung gelangt« ist[34]; Cassirer zitiert Kant mit der Bemerkung, daß diese subjektive Fragestellung von "grosser Wichtigkeit" ist, aber "doch nicht wesentlich" zu seinem "Hauptzweck" gehört.[35]

Nun wird diese Klarheit eines Primats der Logik vor der Anthropologie bei Cassirer deutlich relativiert. Eine Analyse des Bestands und der Geltung der Verstandesbegriffe löst nicht schon als solche – und zwar prinzipiell nicht – das Problem des Geltungsgrundes dieser Geltungsanalyse selbst; »Auch der Begriff des ›Bestandes‹ ist – nur ein Gleichnis!«.[36] In diesem Sinne hat eine Antwort auf die subjektive Fragestellung nicht lediglich eine Klärung des Tatbestandes des Verstandesvermögens zum Ziel – wie es die Redeweise von der *quid facti*-Frage suggeriert –, sondern sie hat in der Klärung dieses Faktums die Aufgabe, eine Antwort zu liefern auf Feuerbachs "weit interessantere Frage, wie wir

---

[32] Vgl. E. Cassirer: Zur Metaphysik der symbolischen Formen. In: Nachgelassene Manuskripte und Texte. Herausgegeben von J.M. Krois. Hamburg 1995, S. 32-34; 269-271. Im folgenden unter der Sigle ECN 1.

[33] Vgl. ebda., S. 53f.

[34] Ebda., S. 33.

[35] Ebda.

[36] Ebda., S. 271; vgl. ebda., S. 27f.

zur Annahme eines Ich kommen, welches also fragt und fragen kann". Eine Antwort auf die subjektive Fragestellung liefert somit allererst den Geltungsgrund der Logik selbst, was einen Primat der Anthropologie vor der Logik bedeuten würde.

In diesem Nachweis eines doppelten Primats sieht Cassirer die Lösung des methodologischen Problems. Es seien zwei Gesichtspunkte unserer Analyse, die einmal einen Primat der Logik vor der Anthropologie begründen und einmal den umgekehrten Primat, und die wechselweise aufeinander verweisen. Die Aufgabe des kritischen Idealismus besteht nunmehr nur noch darin, darauf zu achten, daß sich beide Fragen und Antworten »die Waage halten«;[37] »beide Standpunkte sind nicht *absolut*; keiner von ihnen giebt ›das‹ Wesen schlechthin, sondern nur einen spezifischen *Blickpunkt*, unter dem es von uns betrachtet wird – Damit ist die Antinomie gelöst –«.[38] Dieser wechselseitige Verweis schließt bestimmte Problemlösungen des Verhältnisses von "Geist" und "Leben" aus: der Geltungsgrund der Logik kann nunmehr weder durch ein unmittelbares Erfassen gewonnen werden, wie dies in einigen Varianten der Lebensphilosophie gedacht wird, noch kann er gleichgesetzt werden mit dem natürlichen Entstehungsgrund; sowohl "das" Leben als auch "die" (nicht-menschliche) Natur werden ihrerseits bereits unter den Bedingungen des menschlichen Geistes erkannt. Zu erklären ist keineswegs bloß die »reale« Verschiedenheit von menschlicher Sphäre und nicht-menschlicher Natur bzw. von der Sphäre des menschlichen Geistes und deren Geltungsgrund des Lebens, sondern zu erklären ist, daß der menschliche Geist »sich auch ideell als von ihnen unterschieden *erkennt*. Dieses ›Begreifen‹ [seiner] selbst und [seiner] eigenen Bedingtheit ist in sich selber schon wieder ein ›Umgreifen‹ und ›Übergreifen‹: ein Überblicken der *Totalität* des Lebens vom ›Standpunkt‹ der Intelligenz.«[39] Die subjektive Fragestellung scheint dann, verstanden als Klärung des Geltungsgrundes der Antwort auf die objektive Fragestellung, nur noch durch eine Art Kulturgeschichte des menschlichen Geistes beantwortet werden zu können: allein in der Analyse der Gewordenheit seiner selbst im Sinne der Gewordenheit seiner vielfältigsten Gestaltungen beziehe sich der menschliche Geist in *der* Weise auf sich selbst, daß ihm »kein *salto mortale* zugemutet« wird.[40] In dieser Lösungsrichtung besteht eine sachliche Übereinstimmung mit der Diltheyschen Richtung der Lebensphilosophie, die einen Zugang zum

---

[37] Ebda., S. 51.
[38] Ebda., S. 270.
[39] Ebda., S. 46f.
[40] Vgl. ebda., S. 27f., 50-53; hier: 52.

Leben ebenfalls allein in den Objektivationen des Geistes gewährleistet sieht.[41]

Und trotz dieser so möglich werdenden Abgrenzungen gegen problematische Lösungsstrategien ist die Antwort, die Cassirer bereits als Lösung betrachtet, theoretisch hochgradig unbefriedigend: so wohlklingend seine Verzichtserklärungen auf absolute Standpunkte und die Beschwörung einer Harmonie des Wechselverweises auch sind, so geht dies doch einher mit der Auflösung des befragten Gegenstandes: daß jeder der beiden Standpunkte nicht "das" Wesen liefert, sondern lediglich einen spezifischen Blickpunkt, das mag so sein, und dies mag man auch gegen problematische Metaphysizismen herausstellen müssen; aber das entbindet nicht von der Frage, *was* denn dort aus spezifischem Blickpunkt je betrachtet wird. Zu sagen, daß "das" Wesen nichts ist als die beiden Blickpunkte auf es, ist nichts anderes als ein leerer Zirkel.[42] Und ganz entsprechend ist auch die von Cassirer vorgeschlagene Lösungsrichtung zunächst nicht mehr als eine Problemverschiebung: auch eine Analyse der kulturgeschichtlichen Gewordenheit des menschlichen Geistes geschieht bereits unter den Bedingungen des menschlichen Geistes, womit sich diese Lösungsrichtung zunächst überhaupt nicht prinzipiell von den von Cassirer abgelehnten Lösungsrichtungen unterscheidet. Es bedarf eines zusätzlichen Arguments, etwa die Berufung auf das "Vico-Axiom", daß die Selbstbegründung des menschlichen Geistes qua Analyse seiner von ihm selbst hervorgebrachten Gestaltungen sich grundsätzlich unterscheidet von einer Begründung des menschlichen Geistes qua Analyse "der Natur" bzw. "des Lebens": es bliebe allererst zu zeigen, daß eine *Selbst*begründung des Geistes im Unterschied zu einer Letztbegründung des Geistes in ›Natur‹ oder ›Leben‹ tatsächlich *kein* salto mortale ist. Dieses zusätzliche Argument läßt Cassirer im Unbestimmten; den Allgemeinplatz, daß diese Analyse nicht ontologisch, sondern rein methodisch gemeint ist,[43] hält er bereits für die Lösung – so, als ob nur eine ontologische, nicht aber eine methodische Analyse der Kulturgeschichte des menschlichen Geistes unter der Bedingung ihrer selbst stehen würde. Immerhin behauptet er aber, *daß* das Problem, und daß es nur, als *Selbst*begründung des menschlichen Geistes lösbar ist. Hier liegt

---

[41] Und auch hier bestätigt sich noch einmal das hohe Maß an Übereinstimmung mit Plessner, der ebenfalls, vermittelt über Misch, an Dilthey anschließt. – Zur Problematisierung dieses Ansatzes vgl. Ritter, Fußnote 7.

[42] Auch und gerade dann, wenn die Leibnizsche "Monade" Spiegel der ganzen Welt ist, ist die Welt vorausgesetzt und keinesfalls auflösbar in die vielen Spiegelungen ihrer selbst; immerhin hat sich, so Leibniz, Gott für sie als die "beste aller möglichen" entschieden.

[43] Vgl. ECN 1, S. 52.

das vor, was Feuerbach vehement kritisiert hatte: mit dem Argument, daß
jeglicher Gegenstand des menschlichen Wissens ein konstituierter
Gegenstand ist, gerät auch noch das Bedingtsein des menschlichen
Geistes zu einem aktiven Schöpfungsakt. Hat Cassirers Konzept so zwar
gegen die Vielzahl der Anrufer eines unmittelbar Gegebenen den unverzichtbaren Vorteil, die Aktivität des menschlichen Geistes herauszustellen, so ist es ihm doch zugleich unmöglich, ein dieser Aktivität gleichge-
ordnetes Prinzip der Passivität des menschlichen Geistes zu denken; der
Rekurs auf ein "Pathos" oder ein "Erleiden" ist ihm synonym mit einem
Konzept vom Typus »Klages«, »Romantiker«, »Mystik«.[44] Klagt er
gegen diese leibhaftigen Teufel jeden Aufklärers ein, daß es »kein
Schauen [gibt], das *blosses* Leiden wäre«,[45] so hat doch der Gegen-Satz,
daß es kein Schauen gibt, das bloße actio wäre, in seinem Konzept *als
gleichwertiges* Prinzip keinen Platz. Dies hatte er in affirmativer Absicht
bereits 1923 in der Stiftungsurkunde der "Philosophie der symbolischen
Formen" bekundet, nämlich den Verzicht auf jeglichen "Weltbegriff"
zugunsten eines "Kulturbegriffs".[46]

Dieses Folgeproblem[47] ist bereits darin grundgelegt, daß ihm die
objektive und die subjektive Fragestellung als zwei Fragen gelten, die
dann, *auch noch*, wechselseitig aufeinander verweisen. Es ist hier gerade
nicht so, daß "Bestand" und "Geltung" der Verstandesbegriffe als *an sich
selbst* auf die Sphäre des Menschen eingeschränkt gedacht werden, sondern es bedarf einer zusätzlichen kritischen Leistung, diese Grenzbestimmung allererst vorzunehmen – im Prinzip ist es dem Menschen
möglich, diese Grenzen auch zu überschreiten, allein er sollte es vernünf-
tigerweise nicht tun.[48] Aufklärung ist so das selbstbeschränkte Verweilen
im Vernünftigen unter der Leitung des Aufklärers.[49]

[44] Ebd., S. 28f.
[45] Ebd., S. 29.
[46] Vgl. PSF I, S. 11.
[47] Wohlgemerkt: Cassirer stellt sich dieses Problem nicht. Aber es scheint mir
keine Lösung zu sein, einen bereits formulierten Einwand, nämlich den
Feuerbachschen, schlicht zu ignorieren.
[48] Dem entspricht, daß Cassirer zwar durchaus ein gesondertes Gebiet der
»reinen Logik« kennt, aber dies nur in Abgrenzung gegen einen Psychologismus:
diese Reinheit der Logik ist eine Sonderung gegenüber den »Vorgängen, in denen
sie den einzeln(en) Individuen zum *Bewussts(ein)* kommen« (ECN 1, S. 269),
nicht aber eine Sonderung gegenüber ihrer besonderen Manifestation (s.o., insb.
Anm. 3, 4).
[49] In der Regel kann diese Leitung ganz im Hintergrunde verweilen, denn
damals wie wohl auch heute waren der Nomaden »aber zum Glück nur wenige«
(I. Kant: Kritik der reinen Vernunft. In: Werkausgabe Bd. 3/4. Herausgegeben
von W. Weischedel. Frankfurt/M 1977, A IX); und selbst die können noch mit der
allumfassenden Güte des Aufklärers rechnen, weiß der doch, daß die Ausbruchs-

III. Die Funktionsbestimmung der Anthropologie bei Plessner

Die Pointe von Plessners "Stufen des Organischen und der Mensch" besteht demgegenüber darin, daß Plessner nur *eine* Fragestellung kennt, nämlich wie die logische Frage der Geltung *an sich selbst* als anthropologische Frage begreifbar ist: »die Ebene geistigen Tuns [...] kreuzt sich mit der Ebene seines leiblichen Daseins. So hat der Existenzkonflikt, ohne den der Mensch eben nicht Mensch ist, eine Bedeutung für die philosophische Methode: Er weist an der Janushaftigkeit dieses Lebewesens die Notwendigkeit einer Erkenntnis auf, die den Doppelaspekt seines Daseins – nicht etwa aufhebt oder vermittelt, sondern aus *einer* Grundposition begreift.«[50] Zwar beruft sich Cassirer auf Plessner und zitiert eben diese Passage,[51] aber ihm entgeht dabei, daß hier von Plessner ein gänzlich anderes Modell von "Einheit" gedacht wird. Der Verweis auf die *eine* Grundposition ist der Verweis auf ein *eigenbedeutsames* Moment gegenüber dem Doppelaspekt des Daseins; die exzentrische Positionalität, die er hier mit der *einen* Grundposition im Blick hat, ist in keinem Sinne als ein Kompositum zweier Aspekte gedacht, insbesondere nicht als ein wechselseitiger Verweis. Alle Kompositions-Modelle setzten voraus, daß die beiden Aspekte auch außerhalb ihrer "Einheit" einen eigenbedeutsamen Bestand haben, die dann, *auch noch*, eine Einheit bilden können. Der »Doppelaspekt des Daseins« ist demgegenüber nur als Doppelaspekt *der einen Exzentrizität* das, was er ist, und dies ist in der Sache ein gravierender Unterschied, auch wenn er in sprachlicher Formulierung leicht verschwindet. Das, was für Cassirer vermeintlich alternativloses Ergebnis ist – daß nunmehr eine »Harmonie« der »Accente« vorliegt[52] –, ist für Plessner die eigentliche Fragestellung: »Haben diejenigen Gegenstände, welche im Doppelaspekt erscheinen, nur alternative Bestimmtheiten, so daß die Einheit des Gegenstandes nicht bestimmt gegeben, sondern nur bestimmbar aufgegeben ist, oder sind bestimmte

---

versuche aus dem Sektor des Vernünftigen »ohne ihre Schuld« geschieht, wird doch die menschliche Vernunft »durch Fragen belästigt, die sie nicht abweisen kann; denn sie sind ihr durch die Natur der Vernunft selbst aufgegeben, die sie aber auch nicht beantworten kann« (ebd. A VII). – Bereits Hamann mokierte den »unbestimmten anderen« und »unsichtbaren Vormund« im Kantschen Text; und erinnert sei auch daran, daß Feuerbach sein Hauptwerk "Kritik der *unreinen* Vernunft" nennen wollte – »scherzhaft«, wie Ruge versichert (vgl. 1843a, S. 80f.).

[50] H. Plessner: Die Stufen des Organischen und der Mensch. Einleitung in die Philosophische Anthropologie (1928). In: Gesammelte Schriften Bd. IV. Herausgegeben von G. Dux. Frankfurt/M. 1981, S. 71. Im folgenden der Text unter der Sigle GS IV.
[51] Vgl. Cassirer, ECN 1, S. 35f.
[52] Ebda., S. 15.

Einheitscharaktere dem Doppelaspekt immanent bzw. vorgegeben? Ist der Doppelaspekt vielleicht sogar von solchen vorgegebenen Einheitscharakteren bestimmt und in ihrem Wesen mit angelegt?«[53]

Ähnlich vergleichgültigend ist Cassirers positive Bezugnahme auf Plessners »kritisch fundierte N a t u r p h i l o s o p h i e «.[54] Plessners Grundsatz »ohne Philosophie der Natur keine Philosophie des Menschen«[55] versteht sich keineswegs als aus irgendeinem Grunde notwendige Ergänzung zu einer Philosophie des menschlichen Geistes so, daß solcherart Naturphilosophie »Ergebnisse« liefern könnte, die als »mittelbare Bestätigung« der "Philosophie der symbolischen Formen" gebraucht werden können.[56] Plessners Naturphilosophie liefert keine Zubringerdienste, sondern will eine Fundierung der Philosophie des Geistes sein. Ganz im Sinne Feuerbachs richtet sich der Grundsatz, daß Anthropologie nur als Naturphilosophie möglich ist, gegen alle Versuche einer Konstitutionsphilosophie, wie er auch im "Vorwort zur zweiten Auflage" noch einmal nachdrücklich bekräftigt.[57] Bereits 1928 hatte Plessner dies insbesondere gegen Heideggers "Sein und Zeit "gekehrt; Heideggers Grundsatz eines Primats der Ontologie des Daseins vor allen Ontologien des nicht-menschlichen Seins[58] begreift Plessner als säkularisierte Version, die ausnehmende Besonderheit des Menschen als eine Sonderstellung über nicht-menschlichem Sein zu werten: »Diese Idee zeigt ihn noch im Banne jener alten Tradition (die sich in den verschiedensten Formen des Subjektivismus niedergeschlagen hat), wonach der philosophisch Fragende sich selbst existentiell der Nächste und darum der sich im Blick auf das Erfragte Liegende ist. Wir verteidigen im Gegensatz dazu die These – die der Sinn unseres naturphilosophischen Ansatzes und seine Legitimation ist –, daß sich der Mensch in seinem Sein dadurch auszeichnet, *sich weder der Nächste noch der Fernste zu sein*, durch eben diese Exzentrizität seiner Lebensform sich selber als

---

[53] GS IV, S. 124f.; vgl. ebda., S. 127. – Bereits im *Vorwort* betont Plessner (1928, S. 12) die sachliche Übereinstimmung mit Königs *Begriff der Intuition*, und das meint mit dem dort entwickelten Konzept von "Verschränkung" (vgl. auch H. Plessner und J. König: Briefwechsel 1923-1933. Herausgegeben von H.-U. Lessing und A. Mutzenbecher. Freiburg/München 1994, S. 130f.; 168. Im folgenden unter der Sigle Bw). Auch Cassirer bezieht sich auf Königs Buch (vgl. ECN 1, S. 200, 225), jedoch bezeichnender Weise lediglich auf das Synthesis-Kapitel und als Sekundärliteratur zu Bergson, nicht aber auf das König eigene Kapitel zur "Verschränkung".

[54] ECN 1, S. 60.

[55] GS IV, S. 63.

[56] Vgl. ECN 1, S. 60.

[57] Vgl. GS IV, S. 17, S. 21 und öfter.

[58] Vgl. M. Heidegger: Sein und Zeit (1927). Tübingen 1993, S. 13.

Element in einem Meer des Seins vorzufinden und damit trotz des nichtseinsmäßigen Charakters seiner Existenz in eine Reihe mit allen Dingen dieser Welt zu gehören.«[59] Eine solche »Naturphilosophie als Rahmen und Basis der ganzen Philosophie«[60] ist keineswegs eine harmlose Ergänzung und Bestätigung z.B. der "Philosophie der symbolischen Formen"; sie will gerade nicht mehr einer jener Reformversuche der Philosophie »nur der *Art, nicht der Gattung* nach« sein:[61] »Setzen wir die Welt wieder in ihre Rechte ("wieder" ist gut, sie hat sie noch nie gehabt: erst läßt man sie von Gott geschaffen sein, später vom Menschen), [...]. Die Welt als das Nichtkreatürliche, Unschöpfbare – Unvergängliche und *doch* nicht Ewige (auch nicht ewig, insofern es zeitigt). Das erst wäre Atheismus.«[62] Und dies richtet sich auch explizit gegen den Grundsatz der Auflösung des Weltbegriffs in einen Kulturbegriff: »Wer da glaubt, daß mit Sprachphilosophie oder Kulturphilosophie die Sache gemacht ist, irrt sich ganz gewaltig und unterschätzt denn doch den Sinn der Situation, die in Dilthey zum Bewußtsein ihrer selbst gekommen war.«[63]

Nun sind dies zunächst nicht mehr als programmatische Aussagen, die die Richtung angeben, aber noch offen lassen, ob hier nicht eine Konfusion der Problemebenen statthat. Der Verweis auf die Exzentrizität ist nämlich keineswegs eindeutig: Exzentrizität ist zunächst einmal ein sehr spezifisches, nur vom Menschen realisiertes, Verhältnis von Körper-sein und Körper-haben, das Plessner "Leib" nennt; es ist somit ein Verweis auf diejenige Ebene, die schon Feuerbach als das Problem des Verhältnisses von Ich und Leib thematisierte. Zum anderen ist Exzentrizität eine ausnehmend besondere Weise der Positionalität, was auf die Ebene des Problems des Verhältnisses von Leib und Natur verweist. Nimmt man nun noch den Begriff des "Geistes" (im Hegelschen Sinne) hinzu, dann verweist dies auf die Problemebene des Verhältnisses von Leib und

---

[59] GS IV, S. 12. – Vgl. die Antwort Heideggers (ohne Plessners Namen zu nennen) in: M. Heidegger: Vom Wesen des Grundes (1929). Frankfurt/M. 1995, S. 36, Anmerkung 55; S. 42, Anm. 59. In einem gewissen Sinne ist Heideggers Einwand durchaus berechtigt; Plessner (GS IV) läßt im Unklaren, daß Naturphilosophie auch nur vom Standpunkt der Exzentrizität bzw. vom Standpunkt einer "Ontologie des Daseins" aus möglich ist (vgl. Bw, S. 175-177). Erst Plessner (H. (H. Plessner: Macht und menschliche Natur. Ein Versuch zur Anthropologie der geschichtlichen Weltsicht (1931). In: Gesammelte Schriften Bd. V. Herausgegeben von G. Dux. Frankfurt/M. 1981. Im folgenden unter der Sigle GS V) klärt diese Unklarheit bzw. wendet sie positiv.

[60] Bw, S. 177.

[61] 1843b, § 67.

[62] Bw, S. 177-181.

[63] GS IV, S. 63.

Gemeinschaft von Leibern.[64] Es bleibt deshalb allererst zu erweisen, *wie* Plessners Konzept tatsächlich der Versuch ist, die "Verstandesbegriffe" als an sich selbst eingeschränkt auf die menschliche Sphäre zu erweisen.

Plessners "Stufen" gehen aus »vom Menschen als personaler Lebenseinheit«.[65] In Anspruch genommen wird damit ein Punkt der Indifferenz gegenüber den gewöhnlichen, möglichen und notwendigen, Unterscheidungen: der Mensch – »nicht dieser oder jener, nicht diese Rasse, jenes Volk, sondern der Mensch schlechthin« – wird hier betrachtet »nicht als Objekt einer Wissenschaft, nicht als Subjekt seines Bewußtseins, sondern als Objekt und Subjekt seines Lebens«; er wird auch nicht betrachtet als sinnliches *oder* als geistiges Wesen, und auch nicht als natürliches *oder* kultürliches Wesen. Die Rede von der »personalen Lebenseinheit« ist vielmehr die These, daß der Mensch zunächst als »neutrale Lebenseinheit« existiert und sein Leben lebt.[66] Diese personale Lebenseinheit macht jene eine, oben zitierte, Grundposition aus, aus der heraus der Doppelaspekt von Natur und Kultur allererst begreifbar sei.

Plessner fragt nun danach, ob es eine innere Konformität, und ggf. welches Maßes, gibt zwischen der personalen Lebenseinheit "Mensch" und seiner menschlichen Welt; er stellt damit die analoge Frage zu Uexkülls These und Programm, daß der Regenwurm nur Regenwurmdinge, die Ameise nur Ameisendinge kennt,[67] jedoch mit der Betonung, daß diese Frage nicht empirisch beantwortet werden kann – und dies richtet sich auch gegen die »Charybdis des Uexküllprogramms«.[68]

Diese Frage kann jedoch »in doppelter Richtung«[69] aufgerollt werden, nämlich einmal in Richtung der *inner*kulturellen Entwicklung, also gleichsam als philosophische Kulturgeschichte – von Plessner die »horizontale« Richtung genannt; zum anderen hinsichtlich der inneren Konformuität des *Lebe*wesens Mensch und seiner Welt, also gleichsam als philosophische Naturgeschichte – von Plessner die »vertikale« Richtung

---

[64] Ich beziehe mich hier auf diejenigen Äußerungen Hegels, in denen er sagt, "daß der Geist das Leben der Gemein(d)e *ist*" (G.W.F. Hegel: Phänomenologie des Geistes [1807]. In: Theorie-Werkausgabe Bd. 3. Herausgegeben von K.M. Michel und E. Moldenhauer. Frankfurt/M. 1970, S. 557f.). In dem hier versuchten Vergleich ist das insofern problematisch, als der Cassirersche Begriff des Geistes trotz der Anleihen bei Hegel ein gänzlich anderer zu sein scheint, und eher so etwas bezeichnet wie ein Gattungsallgemeines gegenüber den transzendentalen Ichen.

[65] GS IV, S. 70.

[66] Alle Zitate ebda.

[67] Vgl. ebda., S. 107ff.

[68] Ebda., S. 113.

[69] Ebda.

genannt.[70] Der alles entscheidende Punkt dabei ist, daß diese Unterscheidung gerade nicht bedeutet, daß die zugrundegelegte neutrale Lebenseinheit nunmehr doch wieder hinsichtlich ihres Naturseins und hinsichtlich ihres Kulturseins unterschieden wird; vielmehr wird in *beiden* Richtungen nach Wesenskorrelationen zwischen der neutralen Lebenseinheit und ihrer Welt gefragt. Die Unterscheidung der beiden Richtungen ist eine Unterscheidung hinsichtlich dessen, was je "Welt" heißt: in horizontaler Richtung ist dies die Welt der Objektivationen des »geistigen Tuns, schöpferischer Arbeit« des Menschen; in vertikaler Richtung ist dies seine Lebens-Welt als spezifischer, eben menschlicher, *Organismus*. Gleichwohl geht es in *beiden* Richtungen darum, wie die Verschränkung *zweier* Aspekte in der einen Grundposition innerlich verbunden ist mit der so unterschiedenen jeweiligen Welt.[71]

Bei der Aufgabenbeschreibung der horizontalen Richtung ist die Übereinstimmung mit der "Philosophie der symbolischen Formen" bis in den Wortlaut hinein überdeutlich.[72] Bei Plessner trägt dieses Programm den Titel "Ästhesiologie des Geistes" und war 1923 in der "Einheit der Sinne" formuliert und begonnen worden. Allerdings deuten sich bereits im Titel bei aller grundsätzlichen Übereinstimmung auch Differenzen zu Cassirer an. Plessner legt Wert darauf, daß dieses Programm der Analyse der Objektivationen des menschlichen Geistes nur durchführbar ist, »wenn durch die Fragestellung der Rahmen *so weit als irgend möglich* gespannt wird«. Und dies heißt für ihn, daß die beiden äußersten Pole des menschlichen Geistes, nämlich der »leiblich-sinnliche« und der »geistige« i.e.S., aufeinander bezogen werden müssen: »Versinnlichung des Geistes, Vergeistigung der Sinne wird das Thema der Analyse.«[73] Plessner geht es nicht so sehr um eine Analyse der Objektivationen des menschlichen Geistes als solchen, sondern »um das innere Konditionssystem, welches zwischen den symbolischen Formen und der physischen Organisation herrscht«[74]. So ist es mindestens fraglich, ob auch die "Philosophie der symbolischen Formen" als eine »Kritik der Sinne« ansprechbar ist oder ansprechbar sein will, wie es Plessner für die "Ästhesiologie des Geistes" in Anspruch nimmt.[75]

Die Verfolgung der vertikalen Richtung ist jedoch, ganz unabhängig vom Maß der Übereinstimmung hinsichtlich der horizontalen Richtung, ein Weg, der Plessner strikt von Cassirer trennt. Plessner hebt

---

[70] Vgl. ebda., S. 70f.
[71] Vgl. ebda.
[72] Vgl. ebda., S. 71f.
[73] Ebda., S. 71.
[74] Ebda., S. 72.
[75] Ebda.

nachdrücklich hervor, daß »der Weg der Ästhesiologie« das »große Problem, welches die psychophysisch indifferente Einheit der menschlichen Person *als Lebewesen* bietet« nicht lösen kann: »Neue Wege müssen ausfindig gemacht werden, neue Methoden.«[76] Der Sinn des naturphilosophischen Ansatzes Plessners ist definiert durch die oben benannten Abgrenzungen gegen eine "Konstitutionsphilosophie". Der Sinn der Ausführungen Cassirers zum Tier-Mensch-Vergleich ist ein gänzlich anderer: er will mittelbare Bestätigungen für die Geisphilosophie mittels einer "kritisch fundierten Naturphilosophie" beibringen. Deshalb ist auch der "Essay on Man" keinesfalls das Cassirersche Parallelwerk zu Plessners "Stufen", denn er bleibt gänzlich im Rahmen der Philosophie der symbolischen Formen – er ist ja sogar enstanden aus Anlaß einer Zusammenfassung der "Philosophie der symbolischen Formen" -; nirgends formuliert er den Verdacht oder gar die These, daß eine Analyse der Objektivationen des menschlichen Geistes *als solche* nicht »erschöpfend« sein könnte hinsichtlich einer »Grundlegung der philosophischen Anthropologie«.[77]

IV. Das Anliegen der "Ästhesiologie des Geistes"

Plessner gibt ein klares Kriterium, was eine Kritik der Sinne zu leisten hat: sie muß das Problem der Gegenständlichkeit der Sinne klären. Wie üblich, inszeniert auch Plessner zunächst das Drama einer Typologie an dieser Frage scheiternder Lösungsstrategien: das Problem bleibt im Rationalismus unlösbar und wird im Sensualismus zersetzt. Dabei kennt Plessner durchaus innere Differenzierungen beider Grundtypen; er unterscheidet einen ontologischen und einen funktionalistischen Rationalismus sowie einen Sensualismus des Abbilds und des Zeichens.

Dabei gilt ihm als »*ontologisch* [...] jede Erkenntnistheorie, welche den erkenntnisbegründenden Akt in eine Erfassung unmittelbar gegebener Einheiten (Wesen, Begriffe, Ideen und ihre intentionalen Korrelate) setzt«;[78] und als funktionalistisch »jede Erkenntnistheorie, welche den erkenntnisbegründenden Akt in eine Formung des puren Stoffes unserer Sinnesqualitäten durch Ordnungsweisen oder Kategorien setzt«.[79] Ganz unabhängig aber davon, ob man diesen erkenntnisbegründenden Akt als

---

[76] Ebda., S. 75.
[77] Ebda.
[78] H. Plessner: Die Einheit der Sinne. Grundlinien einer Ästhesiologie des Geistes. In: Gesammelte Schriften Bd. III. Herausgegeben von G. Dux. Frankfurt/M. 1989, S. 48. Im folgenden unter der Sigle GS III.
[79] Ebda., S. 49.

»ein kontemplatives Erfassen von Wesensbeständen« oder als »eine subjektive Synthesis in Kategorien« faßt, spielt für den Rationalismus als solchen »die Sinnlichkeit die Rolle eines stoffliefernden Apparates, dessen
Organisation nur aus Nützlichkeitsgründen, also nur biologisch zu verstehen ist. Die Sinnesorgane haben einen Zweck, nicht aber einen außer-
zweckmäßigen Sinn.«[80] Demgegenüber »[sieht der Sensualist,] in den
sinnlichen Elementen unserer Erfahrung die Fundamente der Erkenntnis, nicht nur ihre Stoffquelle«.[81] Dies bedeutet zwar nicht die Leugnung
jeglicher Theorie bzw. Logizität, aber diese ist dem Sensualisten
»Abstraktion, Entstellung der Wirklichkeit«.[82] Dabei ist gegen einen
"Sensualismus des Abbilds" zunächst »einzuwenden, daß dieser Art
Sensualismus kein Prinzip vorweisen kann, mit dem er seine Einsichten
verteidigt. Woher nämlich weiß er, daß die Wirklichkeit getreu abbildbar
ist? [...] Zweitens haben wir uns davon überzeugt, daß, selbst wenn das
Bewußtsein wirklich eine Art fotografischer Kamera wäre, Abbildung
nie Erkenntnis heißen könnte. Die Abbildtheorie ist Unsinn und ihre
Voraussetzung ist Unsinn.«[83] Doch mit diesen Einwänden »gibt sich der
Sensualismus jedoch nicht verloren. Er verwandelt sich, kritisch gerei-
nigt, in die andere Form, in den *Sensualismus des Zeichens*. [...] Das
Guckkastenprinzip des Bewußtseins macht einem anderen Platz, dem
Gedanken der Selbstenthaltenheit des Bewußtseinssubjektes im Bewußtsein. In aller Strenge genommen, ist das eine Unmöglichkeit. Um sie zu
umgehen, macht man Unterschiede im Bewußtseinssubjekt.«[84] Und auch
hier gilt, unabhängig von diesen inneren Differenzierungen, daß der
Sensualismus die gegenständliche Funktion der Sinne nicht erklären
kann: »Der Sensualismus des Abbilds versagt. Der Sensualismus des
Zeichens versagt zwar nicht aus inneren logischen Gründen, doch gibt er
statt einer Lösung ein neues Rätsel. Denn, muß man sich fragen, wie
kommt das Bewußtsein dazu, in dem Zustand von Selbsterregungen
ursprünglich eine Welt zu sehen, zu hören und zu fühlen, da ihm doch
nicht irgendwo eine Lücke gelassen, durch die es sich von der Welt an
sich überzeugen könnte, nicht ein Mentor gegeben ist, der es darüber
belehrte? Was sind die angeblich so entscheidenden Erfahrungen, die wir
als Kinder machen, wenn wir wie Erwachsene nach den Sternen greifen?
Sind Enttäuschungen, sind Beulen, die wir uns an den harten Dingen
holen, wirklich an sich schon Lehrmeister von der Natur der Dinge? Auf

---

[80] Ebda., S. 50f.
[81] Ebda., S. 53.
[82] Ebda.
[83] Ebda., S. 56.
[84] Ebda., S. 56–58.

dieses "an sich schon" kommt es genau an. [...] Um Anordnung der Erlebnisse in Raum und Zeit zu lernen, ist Ordnung des Raumes, der Zeit als Leitfaden vorausgesetzt, da ein Lernen nie ohne Angabe ursprünglicher Richtung, in welcher die Kenntnisse entwickelt werden sollen, möglich ist. Raumhaftigkeit, Zeithaftigkeit sind die unmittelbaren Ordnungsmöglichkeiten für jede An- und Einordnung konkreter Erlebnisse, *an* und *mit* denen wir zwar, nicht aber *aus* denen wir schon die Struktur der Umwelt kennenlernen. [...] Also werden Raumhaftigkeit und Zeithaftigkeit, die unmittelbaren und unausweichlichen Ordnungsmöglichkeiten für jede konkrete An- und Einordnung unserer Erlebnisse, nicht auf beseelenden Akten, auf Funktionen des Einzelbewußtseins beruhen, nicht subjektive Anschauungsformen sein können, wenn nicht zugleich Garantien dafür gegeben sind, daß der wirkliche Raum, die wirkliche Zeit, in denen wir leben, sowohl ihrer allgemeinen Gesetzmäßigkeit als auch ihrem Dasein nach damit begründet und gesichert sind. Die Aufmerksamkeit der Erkenntnistheorie, welche das weder vom Rationalismus noch vom Sensualismus enträtselte Geheimnis der gegenständlichen Beziehung des Bewußtseins durch die Sinne bisher zu deuten vermochte, muß sich von der Einseitigkeit intellektualistischer, nicht weniger radikal aber auch von der Einseitigkeit physiologischer Blickhaltung freimachen, um den rechten Zugang zu dem Problem der Gegenständlichkeit der Sinne zu gewinnen.«[85]

Folgt man Plessner, dann scheitern sowohl die Varianten des Rationalismus als auch des Sensualismus aufgrund einer ihnen gemeinsamen Voraussetzung: letztlich deuten beide Grundtypen die Sinnlichkeit als ein zweckdienliches Instrument des Überlebens; die Sinnesorgane sind ihnen lediglich »Vorposten, Meldeapparate, Kundschafter des Organismus in seinem Kampf ums Dasein«.[86] Damit gähnt sachnotwendig eine Kluft zwischen Subjekt und Gegenstand,[87] deren Überwindung als eine Anpassungsleistung gedacht wird; der zu erklärende Sachverhalt kann so jedoch prinzipiell nicht in den Blick kommen, denn keine Analyse eines Anpassungsgeschehens kann zugleich klären, *was* sich dort *woran* anpaßt. Die innere Konformität von Subjekt und Gegenstand muß immer schon vorausgesetzt werden, und dies geschieht gerade dann nicht, wenn das Erkennen als ein Mittel zum Zwecke des Überlebens gedacht wird, denn als Mittel ist es einsetzbar *oder auch nicht*. Paradoxerweise kann also die Gegenständlichkeit des Erkennens erst dann in den Blick geraten, wenn das Erkennen als ein autonomes

---

[85] Ebda., S. 64f.
[86] Ebda., S. 71.
[87] Vgl. ebda., S. 71f.

Geschehen betrachtet wird,[88] das seinen Sinn in sich selbst hat und nicht erst verliehen bekommt durch Bezugnahme auf das Überleben des Organismus. Erst dann kann das Wesen der Erkenntnis als innerlich bezogen auf den Menschen gedacht werden,[89] denn diese Bezugnahme ist nicht erst eine nachträgliche Bestimmung durch die Spezifik des menschlichen Organismus und der menschlichen Welt. »Der naturphilosophische Ertrag dieses Kapitels liegt daher, kurz gesagt, in einer Widerlegung der Anpassungslehre in dem Sinne, als könnte Anpassung an die Umwelt, zu welchem weiteren Zweck auch immer, ein Prinzip des Verständnisses gewisser Formbildungen sein.«[90] Somit ist die Alternative, das Prinzip der Autonomie des Erkennens, offenkundig nicht ein Korollar aus einer irgendwie festgestellten Gegenständlichkeit des Erkennens, sondern umgekehrt Ermöglichungsgrund der Erklärung einer angenommenen bzw. behaupteten Gegenständlichkeit des Erkennens. Die Analyse der »inneren Konformität« von Subjekt und Gegenstand ist eben deshalb eine *Kategorial*analyse, und keinesfalls Gegenstand einer einzelwissenschaftlichen Untersuchung: »Niemals steht der Naturphilosophie eine Entscheidung darüber zu, welche Faktoren eine Naturerscheinung hervorrufen können, sondern nur darüber, welche Begriffe, Ideen, Prinzipien geeignet sind, ein Verständnis von der Notwendigkeit ihres Daseins als Erscheinungen zu ermöglichen.«[91]

Auffällig ist nun, daß, systematisch gesehen, Cassirer in die von Plessner abgelehnte Lösungstypologie nicht so recht hineinpassen will. Spätestens seit 1929 ist es offenkundig, daß Cassirer die sinnlichen Daten keineswegs als »puren Stoff« denkt, der erst noch geformt werden müsse: insofern ist er nicht Rationalist im Sinne Plessners. Genauso offenkundig aber ist er nicht Sensualist im Sinne Plessners, denn als »Fundament des Erkennens« gilt ihm nicht die Sinnlichkeit, sondern gewisse »geistige Energien«. Und nicht zuletzt argumentiert auch Cassirer gegen das Konzept der bloßen Nützlichkeit des Erkennens für das Überleben.[92] Jedoch ist Cassirers Schluß aus dieser Ablehnung das direkt gegenteilige Konzept von Plessner: Die Absehung von der bloßen Nützlichkeit begründet bei Cassirer gerade die *Abwendung* von der Bezugnahme auf Gegenstände. War für Plessner das Prinzip der Autonomie des Erkennens noch der Ermöglichungsgrund der inneren Konformität von Subjekt und Gegenstand, so gilt Cassirer die Abkehr von der Nützlich-

---

[88] So bereits L. Feuerbach: Das Wesen des Christentums (1841). In: Gesammelte Werke Bd. 5. Herausgegeben von W. Schuffenhauer 1969ff., S. 31f.
[89] Vgl. GS III, S. 53.
[90] Ebda., S. 73.
[91] Ebda.
[92] ECN 1, S. 27f.

keitsfunktion des Erkennens als Argument für die Autarkie einer besonderen Weise des Erkennens, nämlich des "Denkens des Denkens", gegenüber jeder Gegenständlichkeit überhaupt: »In dieser Form des Sehens, der Theoria in ihrem allgemeinsten und umfassenden Sinne, zehrt der Geist gewissermaßen nicht mehr vom Mark der Objekte, der Gegenstände, sondern nur noch von seiner eigenen Substanz – er ist zum ›Denken des Denkens‹, zur noesis noeseos geworden.«[93] Cassirer vollzieht damit eine Bereichsunterscheidung innerhalb des Erkennens: im Bereich der Nicht-"Theoria" zehrt der Geist noch vom Mark der Objekte, und hier gilt das Prinzip der Nutzenfunktion des Erkennens; dies aber erschöpft nicht den Umfang des menschlichen Geistes, der sich gerade von einer so verstandenen Nicht-"Theoria" »entwinden« kann und muß.[94] Und dementsprechend kann er bei einer Bezugnahme auf eine "heilige Passivität", auf Konzepte wie "Pathos", "passio" oder "Leidenschaft" auch und gerade in dem Bereich der "Theoria" nichts anderes am Werk sehen als Romantiker und Mystiker, die der Aktivität und Freiheit des Geistes Gewalt antun.[95] Dagegen steht die These Plessners, daß die "Nützlichkeitsfunktion des Erkennens Gegenständlichkeit" überhaupt nicht, auch nicht im Bereich der Nicht-"Theoria", erklären kann, und daß das Konzept einer Autarkie gegenüber jeder Gegenständlichkeit nur ein neues Rätsel schafft, nämlich keine Lücke zu lassen, durch die hindurch der Organismus überhaupt von Welt wissen kann. *Im Lichte der Plessnerschen These* hätte Cassirer damit keinesfalls die Alternative Rationalismus/ Sensualismus überwunden, weil ihm die beiden Typen *gemeinsame* Grundannahme der Korrelation von Gegenständlichkeit und Nutzenfunktion überhaupt nicht als solche, sondern nur als Vereinseitigung problematisch ist. Statt diesseits der Alternative zu stehen, würde Cassirer dort, wo er gegen einen Rationalismus argumentiert, einen Sensualismus des Zeichens konzipieren, und dort, wo er gegen den Sensualismus argumentiert, einen "funktionalistischen Rationalismus."[96]

[93] Ebda., S. 28.
[94] Ebda.
[95] Vgl. ebda., S. 28f.; s.o.
[96] Dies ist eine Auseinandersetzung auf der Ebene der methodologischen Reflexion des je eigenen Tuns, mithin auf der Ebene des Selbstverständnisses von Plessner bzw. von Cassirer. Weitere Klärung wäre erst durch eine detaillierte Analyse des materialen Vorgehens in der "Einheit der Sinne" einerseits und in der "Philosophie der symbolischen Formen" andererseits zu erbringen. Gemeinsamkeiten und Unterschiede könnten hier etwa anhand der von beiden Schriften konzipierten Dreiheit von Ausdruck, Darstellung, Bedeutung herausgearbeitet werden – ein Vergleich, der nunmehr auch ergänzt werden kann durch die jüngst veröffentlichten ausführlichen Ausführungen Mischs (vgl. G. Misch: Der Aufbau

Da Plessner in der "Einheit der Sinne" daran festhält, daß die
Sinnesorgane gleichsam die Kontaktstellen des Organismus zum
Gegenstand sind, glaubt er 1923, aus dieser notwendig zu unterstellenden
Autonomie des Erkennens auf eine Autonomie, auf einen »außer-
zweckmäßigen Sinn«,[97] auch der Sinnlichkeit, und sogar auf die Autonomie jedes einzelnen Sinns schließen zu können. In seiner Argumentation erscheinen diese Schritte erst gar nicht als ein Schluß, sondern ihm
ist dieser Dreischritt je synomym: die Autonomie des Erkennens *ist* ihm
die Autonomie der Sinnlichkeit und diese *ist* ihm die Autonomie der einzelnen Sinne und je umgekehrt, denn die Annahme der Autonomie der
Sinnlichkeit ist ihm die alles entscheidende These, um gegen den Rationalismus und Sensualismus die Gegenständlichkeit der Sinne erklären
und damit das Konzept der bloßen Nutzenfunktion des Erkennens auf-
geben zu können.

Die besondere Pointe der "Einheit der Sinne" liegt nun in der
Annahme auch der Autonomie der einzelnen Sinne. Plessner geht es hier
um die Möglichkeit einer Theorie derjenigen Modale, »nach denen sich
die Sinne voneinander unterscheiden«.[98] Dies nicht verstanden als Frage
danach, wie die unterschiedlichen Sinnesorgane entstanden sind oder
danach, welcher Ausschnitt der Wirklichkeit den einzelnen Sinnen
gleichsam zugänglich ist, sondern verstanden als Frage nach der »inneren
Konformität« zwischen dem Auge und den optischen Erscheinungen,
dem Ohr und den akustischen Erscheinungen, etc. Wenn man so will,
geht es also um die Frage, ob der allgemeine Sachverhalt der »symbolischen Prägnanz«[99] in jedem einzelnen Sinn in je besonderer Manifestation realisiert ist. Auch hier ist Plessner entschieden der Meinung,
daß eine solche innere Konformität immer schon vorausgesetzt sein muß,
um die Fragen der Genese und des Umfangbereichs der einzelnen Sinne
stellen und beantworten zu können. Plessner postuliert *kategoriale*
Eigenbedeutsamkeiten des Sehens als Sehen, des Hörens als Hören, des
Tastens als Tasten, etc., von ihm als material-apriorische Sachverhalte
bezeichnet.[100] Dabei zielt die Bezeichnung *material*-apriorisch nicht auf
eine *inhaltliche* Bestimmung dieserart Apriori – dies ist eo ipso eine
Unmöglichkeit –, sondern darauf, daß dieserart kategoriale Bestim-

---

der Logik auf dem Boden der Philosophie des Lebens. Göttinger Vorlesungen
über Logik und Einleitung in die Theorie des Wissens. Herausgegeben von
G. Kühne-Bertram und F. Rodi. Freiburg/München 1994).

[97] Plessner GS III, S. 51.

[98] Ebda., S. 29.

[99] E. Cassirer: Philosophie der symbolischen Formen. Bd. 3: Phänomenologie
der Erkenntnis (1929). Darmstadt 1990, S. 234f.

[100] Vgl. GS III, S. 13, S. 15 und öfter.

mungen an sich selbst eingeschränkt sind auf einen besonderen, und insofern materialen, Gegenstandsbereich: es geht um Bestimmungen X, die für das Sehen als Sehen, nicht aber für das Hören, etc. konstitutiv sind, um Bestimmungen Y, die für das Hören als Hören, nicht aber für das Sehen, etc. konstitutiv sind, usw. Unbeschadet dieserart Materialität verlieren diese Bestimmungen nicht ihren *kategorialen* Charakter, insofern die These gerde die ist, daß sie immer schon im Gebrauch sind, wenn wir bestimmte, und nicht beliebige, Erscheinungen als optische *oder* als akustische *oder* als taktile Erscheinungen ansprechen. Eine so verstandene Kritik der Sinne ist keine messende Einzelwissenschaft, sondern eine Maßwissenschaft in dem Sinne, daß sie auf die Bestimmung des inneren Maßes eines Sachverhalts, auf dessen Grenzbestimmung, zielt.[101]

Plessners Fragestellung auch in dieser horizontalen Richtung war die nach dem Maß der inneren Konformität von erkennender Person[102] und der Welt der kulturellen Gebilde;[103] insofern er von einer solchen inneren Konformität ausgeht, »[ist] die Einheit der Person in ihrer Mannigfaltigkeit auf diese Weise ein Index für die Objektivität der sinnlichen Grundeigenschaften der erscheinenden Welt«.[104] Nun ist es selbstverständlich ein logischer Fehler, aus der Einheit der personalen Lebenseinheit als Index der Objektivität auf die Gegenständlichkeit der Sinnlichkeit zu schließen, und ein weiterer logischer Fehler, auf die Gegenständlichkeit der einzelnen Sinne zu schließen. Selbst wenn man mit Plessner annimmt, daß der "Synthesispunkt des Erkennens" ein innerer ist – daß das Erkennen als solches nicht als ein Mittel erklärt werden kann zum Zwecke des Überlebens des Organismus –, so folgt daraus allein doch keinesfalls, daß der Synthesispunkt der Sinnlichkeit ein innerer der Sinnlichkeit ist: rein formal gesehen, wäre gleich gut möglich, daß etwa der Verstand der Synthesispunkt der Sinnlichkeit ist, daß gleichwohl aber

---

[101] Was ich hier Maßwissenschaft nenne, nennt Plessner "Normwissenschaft." *"Norm"* bzw. *"Wert"* ist der Plessnersche Gegenbegriff zu "Zweck"; eine Norm ist ein *innerer* Zweck: »Einheit durch Zwecke hat ihren synthetischen Punkt außerhalb ihrer selbst, Einheit durch Werte hat ihn in sich.« (GS III,, S. 71; vgl. ebda., S. 31, 42, 43, 49f., 72f.) Eine solche Einheit durch ein Maß ist das, was ich oben auch als *Autonomie* bzw. als *Sinn an sich selbst haben* bezeichnet habe. – Plessner bringt diese material-apriorischen Modalitäten, ebenso wie Cassirer die Bestimmung der "Symbolfunktion", in eine sachliche Nähe zu den Goetheschen »Urphänomenen«, die eine Metaphysik nach Kinderart, noch hinter den Spiegel schauen zu wollen, verhindern sollen (vgl. ebda., S. 31-33).

[102] »Person ist nicht ganz der adäquate Ausdruck für das Konjunktum von Leib und Seele.« (GS III, S. 20f.)

[103] Vgl. H.H. Holz: Das System der Sinnlichkeit. In: J. Friedrich und B. Westermann (Hrsg.): Unter offenem Horizont. Anthropologie nach Helmuth Plessner. Frankfurt/M. 1995, S. 123f.

[104] GS III, S. 21.

das Erkennen als ganzes einen inneren Synthesispunkt besitzt. Und entsprechend für die einzelnen Sinne: aus der Autonomie des Erkennens und selbst aus einer Autonomie der Sinnlichkeit folgt noch keine Autonomie der einzelnen Sinne. Freilich erscheint 1923 die Ableitung der Autonomie der Sinnlichkeit aus der Autonomie des Erkennens nicht als ein logischer Fehler, denn Plessner denkt die Sinnlichkeit gar nicht als eines von mehreren Momenten des Erkennnes, oder besser gesagt: Sinnlichkeit reduziert sich nicht darauf, ein Moment des Erkennens etwa neben Verstand und Vernunft zu sein, sondern Sinnlichkeit ist hier gedacht als ein ausnehmend besonderes Moment: Erkennen als Erkennen ist gegenständliches Erkennen und in diesem Sinne *ist* Sinnlichkeit Erkennen, denn *sie*, nicht aber die anderen Momente, garantiere die Gegenständlichkeit des Erkennens. Anders ausgedrückt: Sinnlichkeit ist hier kein Vermögen neben anderen, sondern »die Seinsweise des lebendigen Seins«.[105] Hier ist Plessner ganz Feuerbachianer, denn bereits für Feuerbach war die Sinnlichkeit die Repräsentation des eingeklagten passiven Prinzips des Erkennens im Erkennen. 1970 dann wird Plessner diese Ebenen weitaus deutlicher differenzieren: der entscheidende Gedanke dort ist, daß die Einheit der Sinne nicht an der (ruhenden) Einheit der Person als solcher ablesbar und begründbar ist, sondern nur im Tun der Einen Person. Er spricht dort von der »Aktionsrelativität der Sinne«:[106] das Tun des Organismus ist ein gegenständliches Tun, und (nur) darüber vermittelt kann von der Gegenständlichkeit des Erkennens gesprochen werden, und wiederum darüber vermittelt von der Gegenständlichkeit der Sinnlichkeit; und dies alles gilt »unter Berücksichtigung der dem Menschen eigenen Art von Aktion«,[107] denn das Tun des Menschen ist nicht einfach ein gegenständliches Tun wie das Tun jedes lebendigen Organismus, sondern es ist dies in ausnehmend besonderer Weise: der Unterschied zum Tier ist die »Gabe der Vergegenständlichung«.[108]

Mit dieser Präzisierung geht einher, daß er die logischen Ebenen sehr viel klarer voneinander trennt als noch 1923, allerdings um den Preis, daß nicht mehr recht klar ist, was von der eigentlichen Pointe von 1923 noch übrig bleibt: eine fragliche Eigenbedeutsamkeit der einzelnen Sinnesmodalitäten ist nunmehr zwar nicht ausgeschlossen oder gar erledigt, aber diese Eigenbedeutsamkeit durch eine Autonomie der einzelnen

---

[105] Holz Fußnote 103, S. 123.
[106] H. Plessner: Anthropologie der Sinne (1970). In: Gesammelte Schriften Bd. III. Herausgegeben von G. Dux u.a. Frankfurt/M. 1980, S. 388 und öfter.
[107] Ebda., S. 388.
[108] Ebda., S. 328; vgl. ebda., S. 331.

Sinne zu begründen, ist nicht mehr recht möglich. Plessner spricht nunmehr von einzelnen »Modalbezirken«, und er gibt Phänomenen, bei denen »die Zuordnung – vielleicht mit gutem Grund – fehlt oder strittig ist wie beim Schmerz«, oder »Intermodalitäten« wie dem »Farbenhören«[109] einen weitaus größeren Stellenwert; er bezieht die Beziehungen zwischen diesen Modalbezirken in sein Modell mit ein, und spricht in dieser Hinsicht von einer »negativen Einheit der Sinne, um sie einer positiven [= der Einheit der Sinnlichkeit] gegenüberzustellen, welche die Gesamtheit der Modalbezirke ins Auge faßt und womöglich ihrer Einheit als Mannigfaltigkeit auf die Spur kommt«.[110] Um dieses »Geheimnis« zu lüften, müssen die Sinne allerdings in den Gesamtorganismus als »ihrer sie umfassenden Einheit« eingebettet werden,[111] wobei Plessner *diese* Einbettung als ein Zweck-Mittel Verhältnis denkt, als ein Verhältnis von »dienen« und »beherrschen«. Qua dieser Einbettung der Sinne in den Gesamtorganismus kann nicht mehr in direktem, unmittelbarem Sinn von der Gegenständlichkeit der Sinne gesprochen werden, sondern die »Gegenständlichkeit« der Sinne ist immer nur eine solche vermöge der Gegenständlichkeit des Tuns des Organismus. Die Übereinstimmung mit Marxens "1. Feuerbach-These" ist hier beinahe handgreiflich. »Als Modalitäten des *Daseins* geben die Sinne ihr Geheimnis nicht preis. Erst in der *Arbeit* mit und an ihnen zeigen sie, was sie können und was ihnen verwehrt ist.«[112] Hier ist ein Schritt getan, Sinnlichkeit als »sinnlich menschliche Tätigkeit«[113] zu denken.

Dies ist nun zwar kein Gegensatz zu dem Kern des Konzeptes von 1923, denn die Autonomie des Erkennens als Erkennen ist nicht angetastet, aber immerhin ist hier der Schluß vollzogen, daß aus der Autonomie des Erkennes eine Autonomie der Sinnlichkeit nicht nur nicht abgeleitet werden kann, sondern daß es sich, umgekehrt, um ein Zweck-Mittel Verhältnis handelt. Dies belegt, daß die Plessnersche Weiterentwicklung seiner Konzeption von 1923 nicht ohne konzeptionelle Härten vollzogen wurde, geraten doch die Sinne 1970 nun doch wieder in des Status eines »Kundschafters für den Organismus«.[114]

---

[109] Ebda., S. 329.
[110] Ebda., S. 330.
[111] Ebda., S. 384.
[112] Ebda., S. 393.
[113] K. Marx: Thesen über Feuerbach (1845). In: Marx/Engels-Werke Bd. 3. Berlin 1983, S. 5.
[114] Und dieser Status ist konzeptionell vermutlich erst dort überwunden, wo das Tun des Organismus als gegeben unterstellt wird, d.h. wenn Bewegung nicht als zu erklärende Abweichung aus der Ruhelage gedacht wird. Dies mindestens nicht konsequent zu tun, charakterisiert das Plessnersche Konzept, und hier liegt dann doch die Differenz zur Marxschen Bestimmung von Sinnlichkeit.

V. Die Überwindung der Konstitutionsphilosophie bei Plessner

Wie oben angedeutet, sind die *Stufen* zwar nicht das direkte Gegenteil von Heideggers Grundsatz eines Primats der Ontologie des Daseins vor jeglicher Ontologie nichtmenschlichen Seins, wohl aber ein radikales Gegenkonzept. Wenn Plessners »Forschungsmaxime lautet«, daß »die Doppelaspektivität (das Ineinander nicht überführbarer Richtungen) *anschaulich* zu präzisieren« ist,[115] so ist dies auch und vor allem der Versuch des Nachweises, daß wir eine Ontologie des Lebendigen konzipieren können, ohne daß eine Ontologie des Menschen *vorangeht*. Dies ist zwar *nicht* die Unterstellung, daß eine Ontologie des nichtmenschlichen Lebens einer Ontologie des Menschen *vorangehen* müßte oder gar nur könnte – dies wäre das direkte Gegenteil des Heideggerschen Konzepts –, wohl aber soll erwiesen werden, daß sich beide Ontologien isosthenisch gegenüberstehen, d.h., daß keine den Primat vor der anderen hat. Plessner will nicht gegen Heidegger zeigen, daß sich der Mensch der Fernste ist, sondern daß er »sich weder der Nächste noch der Fernste« ist (s.o.), will sagen: daß seine Besonderheit innerhalb der (lebendigen) Natur den Menschen mit gleichem Rang bestimmt wie sein sich Vorfinden in »einer Reihe mit allen Dingen dieser Welt«.

Ein entscheidender Schritt in der Durchführung dieser Forschungsmaxime liegt nun darin, eine strikte Differenz von Sinnlichkeit und Anschauung anzunehmen: nicht alle Gehalte der Anschauung sind sinnlich »belegbar«.[116] Dieser Schritt versteht sich als Alternative zu der *Fundamentalisierung* der Unterscheidung von "Physis" und "Psyche" im Anschluß an Descartes. Eine solche Fundamentalisierung sei in drei Schritten vollzogen worden, nämlich »mit der Identifikation 1. von Körperlichkeit und Ausdehnung, 2. der ausschließlichen Alternative von Ausdehnung und Innerlichkeit (Denken, Bewußtsein), 3. der Identifikation von res cogitans und dem ›Ich selbst‹«;[117] diese Fundamentalisierung ist notwendigerweise mit dem methodischen Konzept atomistisch gedachter Sinnesdaten verbunden, die allererst durch das erkennende Subjekt synthetisiert werden:[118] im Cartesianismus kann die »qualitative Seite des Physischen« nur als vom erkennenden Subjekt konstituiert gedacht werden, das zudem als ein vorgelagertes Selbst gedacht ist.[119] Und gegen diese Auflösung des Ganzheitscharakters anschaulicher

---

[115] G. Arlt: Der Mensch als Macht. Helmuth Plessner zum hundertsten Geburtstag. In: Philosophisches Jahrbuch 100 (1993), S. 116; vgl. GS IV, S. 162.
[116] GS IV, S. 130.
[117] Ebda., S. 85.
[118] Vgl. ebda., S. 104; vgl. insgesamt Kap. 2.
[119] Ebda., S. 85.

Gehalte in konstituierende Akte des Subjekts steht die These des phänomenalen Gegebenseins nichtsinnlicher anschaulicher Gehalte,[120] eine
These, von deren Rechtmäßigkeit »nur der Fortgang der Untersuchung
überzeugen« kann,[121] wobei es allein auf die *Struktur* des Phänomens
bzw. das »Phänomen der Struktur« ankommt, »*nicht* auf ihre Genesis,
nicht auf ihre Legitimation und *nicht* auf ihren Wahrheitswert«.[122]

Die definierende Differenz zwischen sinnlichen und nichtsinnlichen
Gehalten der Anschauung sieht Plessner in der Feststell- bzw.
Darstellbarkeit der sinnlichen Gehalte, was hier die »Übersetzbarkeit
eines Sachverhalts von einer Gegebenheitsweise in eine andere oder das
zur Gegebenheit Bringen in prinzipiell mehr als einer Sinnesmodalität«
meint.[123] Nicht darstellbare bzw. »nur zu erschauende Gehalte« der
Anschauung sind dann solche, »welche nur in *einer* Gegebenheitsweise
zu fassen sind«: sie gehen in die Erfahrung ein, »ohne im Fortgang der
Erfahrung bestimmbar« im Sinne der Feststellbarkeit zu werden, und
insofern gibt es »viel mehr in der Welt, als an ihr feststellbar ist«.[124] Diese
nicht feststellbaren Gehalte der Anschauung zerfallen, so Plessner, in
zwei Klassen: in die Empfindungen einerseits, »an deren Gehalt die
Gegebenheitsweise selbst ausgesprochen, manifest ist«, und in die Wesen,
Ideen und Wesenheiten andererseits, die wiederum in zwei Unterklassen
zerfallen: diese Wesenheiten sind entweder »an eine Gegebenheitsweise
gebunden, wie die material-apriorischen Wesenscharaktere und -gesetze
(etwa des optischen, akustischen, taktilen Sinneskreises), oder sie sind
nicht derart gebunden und lassen sich an verschiedenen Gegebenheits-
weisen, d.h. gleichgültig gegen sie zur intuitiven Evidenz bringen«.[125]

Die Bestimmung der Lebendigkeit gehört – dies ist die grundlegende
These Plessners – »zur Klasse der nur erschaubaren Gehalte«.[126] Damit
ist der entscheidende und nötige Schritt gegen eine "Konstitutionsphilosophie" getan: die Bestimmung der Lebendigkeit fällt, als eine nicht

---

[120] »Die Anschauung giebt mir [...] nicht nur Bäume, sondern Wälder.«
(L. Feuerbach: Nachgelassene Aphorismen. In: Sämtliche Schriften Bd. 10. Neu
herausgegeben von W. Bolin und F. Jodl. Stuttgart 1960, S. 298).

[121] GS IV, S. 157.

[122] Ebda., S. 135.

[123] Ebda., S. 172. – »Daß es heiß ist, empfindet ein jeder in der Gegebenheitsweise, die der Temperatur eigentümlich ist. Zur Darstellung aber wird die Hitze
erst durch das Steigen der Quecksilbersäule am Thermometer oder durch den
Schmelzvorgang an einer Substanz, durch Verdunstung usw. gebracht.« (ebda.,
S. 171f.) Die sinnlichen Gehalte der Anschauung sind die Gegenstände der empirischen, rechnenden und messenden, Einzelwissenschaften.

[124] Ebda.

[125] Ebda.; vgl. ebda., S. 173.

[126] Ebda., S. 173.

feststellbare, nicht wie im Cartesianismus zwingend auf die Seite der *ausschließlich* subjektiv konstituierten Bestimmungen, sondern gedacht ist eine »Trennung im Gegenstande«,[127] und damit gleichsam ein ontisch-ontologisches Korrelat der nur erschaubaren Lebendigkeit.[128] In Auseinandersetzung mit der Kontroverse zwischen Köhler und Driesch macht Plessner in diesem Zusammenhang jedoch auf eine wichtige, und für sein Konzept alles entscheidende, Differenz aufmerksam: Die Lebendigkeit des Organismus bzw. seine »Ganzheit« ist *nicht* deckungsgleich mit der Übersummenhaftigkeit seiner Teile, d.h. mit der Gestalthaftigkeit. Die Gestalthaftigkeit eines Organismus ist eine *feststellbare* Bestimmung; würde Plessner Gestalthaftigkeit und Ganzheit des Organismus für deckungsgleich halten, wäre die These der nur erschaubaren Lebendigkeit nichts weiter als ein Vitalismus im schlechten Sinne. Ohne also Drieschs tendenzieller Identifizierung von Übersummenhaftigkeit und Übergestalthaftigkeit zu folgen, hält Plessner an dessen Grundeinsicht fest, daß Lebendigkeit nicht auf Gestalthaftigkeit reduzierbar ist.[129] Die eigentliche These von Plessner ist damit eine These zum Verhältnis von Gestalthaftigkeit und (behaupteter) Übergestalthaftigkeit bzw. Ganzheit bzw. Lebendigkeit von Organismen: feststellbar an einem Organismus ist ausschließlich seine Gestalthaftigkeit, und in diesem Sinne ist ein lebendiger Organismus auch nichts als ein solch feststellbares übersummenhaftes Gebilde; hier wird eine Zuordnung vorgenommen zwischen gewissen Bedingungen des Ent- und Bestehens dessen, was Lebendigkeit ist. Damit aber sei noch nicht »erklärt«, was Lebendigkeit ist und bedeutet, und dies kann – wenn man einmal zugesteht, *daß* die Angabe aller Bedingungen noch keine Erklärung ist –, prinzipiell nicht geschehen durch eine noch weitergehende Suche nach immer neuen und präziser bestimmten Bedingungen; verlangt ist dann ein Wechsel der Dimension, so daß Lebendigkeit in diesem Sinne nicht noch ein zusätzliches Merkmal ist, welches zu all den feststellbaren Bestimmungen hinzukommt: die empirischen Wissenschaften sind in diesem Sinne nicht mangelhaft, sondern sie haben einen anderen Gegenstand. Dieser Ansatz

---

[127] Ebda., S. 157.
[128] Und es scheint mir, daß Cassirer genau diesen Schritt nicht mitmacht bzw. mitmachen würde; und deshalb an dieser Stelle die ausführliche Darstellung der Plessnerschen Konzeption.
[129] Plessner kritisiert an Driesch, daß er diese Grundeinsicht in falscher Weise verteidigt, nämlich durch Rekurs auf feststellbare Sachverhalte, die als feststellbare jedoch immer nur Phänomene der Gestalthaftigkeit sind, wie Köhler u.a. dann auch jeweils zeigen können; wiewohl diese Gegenbelege gerade nicht dem gerecht werden, was Driesch damit im Sinne habe (vgl. insgesamt GS IV, S. 138-149).

Plessners wendet systematisch konsequent, was der so genannten naiven
Weltanschauung völlig selbstverständlich ist: daß die Angabe physikalischer und chemischer Bestimmungen wie Wellenlänge, etc. noch nichts
sagt darüber, was für uns der Anschauungsgehalt "grün" meint; und,
wichtiger noch, daß diese nicht erschöpfende Übersetzbarkeit der
Anschauung "grün" in eine physikalisch-chemische Sprache nicht nur
nicht pragmatisch nicht gelingt (etwa weil wir uns noch nicht genügend
an die Sprache der Einzelwissenschaften gewöhnt haben), sondern deshalb nicht gelingt, weil für uns die Anschauung "grün" etwas anderes *ist*
als eine bestimmte Wellenlänge des Lichts.[130] Oder allgemein: eine
Anschauungs*qualität* ist nicht reduzierbar auf feststellbare, quantifizier-
bare Bestimmungen; und diese Redeweise ist nur deshalb so konflik-
treich mißverständlich, weil "quantifizierbar" hier gerde nicht behauptet,
die Einzelwissenschaften würden einen Organismus nur denken können
als Summe von Teilen: mindestens für Plessner ist es selbstverständlich,
daß letzteres *nicht* der Fall ist, denn Gestalthaftigkeit *ist* feststellbar, und
was allein nicht feststellbar sei, ist die Übergestalthaftigkeit. Und weil
hier ein prinzipieller, und kein gradueller, Unterschied zwischen Gestalthaftigkeit und Ganzheit gedacht ist, konkurrieren auch nicht eine einzel-
wissenschaftliche und eine »philosophische« Analyse von Lebendigkeit:
»Wir gehen darin sogar weiter als die naturwissenschaftlichen Logiker,
wenn wir die restlose Zurückführbarkeit aller organischen Modale auf
physikalisch-chemische Bedingungen für nicht nur theoretisch möglich
und praktisch durchführbar, sondern geradezu für wesensnotwendig
erklären. Aber wir fassen den Begriff Modal enger, wenn wir es in seiner
Qualität für unbedingt unauflösbar und irreduzibel halten und damit
sagen, daß es als solches nie aufhört, auch wenn seine physikalisch-che-
mischen Bedingungen exakt angegeben worden sind.«[131]

Plessner sucht und findet nun einen anschaulichen Gehalt, von dem er
annimmt, daß er die »Minimalbedingung« aller lebendigen Organismen
ist, und in diesem Sinne »Lebendigkeit ausmacht«, nämlich das Faktum
der Begrenzung.[132] Dabei ist einerseits hervorgehoben, daß das Wort
Begrenzung »in seiner visuellen und taktilen Anschaulichkeit zu nehmen
ist«, insofern der Sachverhalt der Begrenzung durch das Faktum der
»Umrandung und Konturierung« *indiziert* ist, daß aber andererseits
Begrenzung und Umrandung nicht zusammenfallen: »Umrandung,
Kontur lassen sich zeichnen, der Sachverhalt der Begrenzung läßt sich

---

[130] Vgl. GS IV, S. 159.
[131] Ebda., S. 158f.; vgl. ebda., S. 156f.
[132] GS IV, S. 30.

nur verstehen, nicht zeichnen.«[133] Der Sachverhalt der Begrenzung läßt sich als solcher nicht feststellen, insofern er ein spezifisches *Verhältnis* des organismischen Körpers zu seinem Grenzkontur ist. Begrenzung ist dasjenige Verhältnis von Körper und Umrandung, bei dem die Grenze nicht nur »ein virtuelles Zwischen« dem Körper und den anstoßenden Medien ist, »sondern eine den Bestand des Körpers gewährleistende Eigenschaft seiner selbst«.[134] Im letzteren Falle hat der »Körper außer seiner Begrenzung (Umrandung) den Grenz*übergang* selbst als Eigenschaft«,[135] und dieser Fall charakterisiert lebendige Organismen. Hier hört der Körper nicht nur an seiner Umrandung auf, sondern der Körper ist zugleich die Grenze[136] gegen das Medium: »Nicht insofern das anstoßende Medium aufhört, fängt der Körper an (oder umgekehrt), sondern sein Anfangen bzw. Aufhören ist unabhängig von außer ihm Seiendem, *obwohl die sinnliche Feststellung nicht in der Lage ist, diese Unabhängigkeit an sinnlichen Merkmalen direkt aufzuzeigen.*«[137] Im Verhältnis der Begrenzung ist die Grenze mehr als bloß räumliches Grenzverhältnis von Innen und Außen; als räumliches Verhältnis ist sie hier zugleich das Verhältnis einer Aspektdivergenz, die Grenze ist hier »Umschlagszone der prinzipiell divergenten«, d.h. nicht in einander überführbaren, Richtungen.[138] Und diese Aspektdivergenz ist nicht feststellbar, sondern nur verstehbar; was sich ändert, ist nicht notwendig ein Erscheinungsgehalt, sondern die formale Erscheinungsweise.[139] Und deshalb glaubt Plessner erwiesen zu haben, daß »zur Kennzeichnung der spezifisch organischen Einheitsform der Begriff Gestalt nicht aus[reicht]. [...] Er faßt gewissermaßen nur eine Dimension an diesem mehrdimensionalen Phänomen und vernachlässigt vollkommen die eigentümliche Autokratie des lebendigen Systems. Driesch spürt dies, seine Argumente verraten es, auch wenn er nicht ausdrücklich den Schwerpunkt seiner Einwände darauf verlegt.«[140]

Nun ist es sehr suggestiv, den anschaulichen Gehalt "Begrenzung" synonym mit dem zu gebrauchen, was Plessner Positionalität nennt. Doch eine unmittelbare Deckung besteht gerade nicht, was bereits daran sichtbar ist, daß Plessners Ausgangsdefinition der Lebendigkeit völlig

---

[133] Ebda.

[134] Ebda.; vgl. GS IV, S. 154.

[135] Plessner 1928, S. 154.

[136] »Der Terminus [begrenzt] ›sich‹ wird hier noch vermieden, da er später eine besondere Bedeutung zu übernehmen hat.« (GS IV, S. 181)

[137] Ebda., S. 154f.

[138] Ebda., S. 152; vgl. ebda., S. 127f.

[139] Vgl. ebda., S. 155; vgl. ebda., S. 183.

[140] Ebda., S. 155f.

unabhängig ist von dem Rekurs auf die Grenze: »Körperliche Dinge der Anschauung, an welchen eine prinzipiell divergente Außen-Innenbeziehung als zu ihrem Sein gehörig gegenständlich auftritt, heißen *lebendig.*«[141] Als Modal des Organischen ist Positionalität die gegenstandsdefinierende Bestimmung, die schon im Gebrauch ist, wenn bestimmte Körper, und nicht beliebige, empirisch oder phänomenologisch analysiert werden; als ontologische Bestimmung ist Positionalität in gar keinem Sinne ein *Ergebnis* irgendeiner Analyse, sondern Ermöglichungsgrund solcher Analysen als Analysen *bestimmter* Gegenstände. Sämtliche Charakterisierungen lebendiger Körper, seien es die »indikatorischen Wesensmerkmale der Lebendigkeit«,[142] seien es die erschaubaren Gehalte, können keinesfalls als Belege im Sinne eines Beweises genommen werden für eine "Richtigkeit" dieser ontologischen Bestimmung der Lebendigkeit; als ontologische Bestimmung ist Positionalität nicht empirisch oder phänomenologisch verifizierbar bzw. verbesserbar, sondern man kann höchstens mittels ganz anderer ontologischer Bestimmungen der Lebendigkeit zu anderen empirischen oder phänomenologischen Ergebnissen kommen.[143] In diesem Sinne ist mit Positionalität die kategoriale bzw. logische Dimension der Bestimmung der Lebendigkeit bezeichnet. Im Unterschied dazu steht der Rekurs auf die Begrenzung für den versuchten Nachweis, daß diese Fassung der Lebendigkeit »nicht nur logisch möglich« ist, sondern »real stattfinden soll«, daß sich die ontologische Bestimmung auch »an dem Realen aussprechen und bemerkbar machen« muß, »in einer Art, die dem Realen als physischem Ding nicht zuwiderläuft und seinen ›Mitteln‹ konform ist«.[144] Anders gesagt: jedes Modal hat den Status eines »schon im Gebrauch Seins« und verweist insofern auf eine prinzipiell zirkuläre Begründungsstruktur. Weil es Ermöglichungsgrund der Analyse ist, ist es nicht durch *diese* Analyse zu bestätigen oder zu widerlegen; der Versuch, diese ontologische Bestimmung mit einem erschaubaren Gehalt zu korrelieren, kann nun zwar nicht diese prinzipielle Zirkularität gerade biegen – linearisieren –, aber dieser Versuch steht konzeptionell für das Bemühen, einen vitiösen Zirkel von einem "synthetischen", erkenntniserweiternden Zirkel unterscheiden zu können. Diese Zirkularität bekommt eine eigentümliche Zuspitzung bei denjenigen Modalen, die als Transzendentalien fungieren. Alle anderen sind auf nächster Stufe selbst noch einmal durch eine empirische oder phänomenologische (Meta-) Analyse zu

[141] Ebda., S. 138.
[142] Ebda., S. 177ff.
[143] Vgl. ebda., S. 175f.
[144] Ebda., S. 182.

fundieren, die diese Modale selbst zum Gegenstand hat.[145] Eine solche (Meta-) Analyse kann im Falle der Transzendentalien nur eine Selbst-Analyse sein, insofern die Transzendentalien qua Transzendentalien insbesondere Ermöglichungsgrund dieser (Meta-) Analyse sind. In bezug auf die "Stufen" ist nun offen, ob die von Plessner unterstellte Transzendentalie das Modal des Organischen (Positionalität) ist oder das Modal des Menschlichen (Exzentrizität); jenes würde einen Primat der Naturphilosophie vor der Anthropologie bedeuten, dieses einen Primat der Anthropologie vor der Naturphilosophie.

Als Ausblick sei angemerkt, daß Plessner 1931 eine wesentliche Weiterentwicklung seines Konzeptes formuliert: die Inanspruchnahme der Exzentrizität wird in "Macht und menschliche Natur" – im Unterschied zu einigen Schwankungen in den "Stufen" – explizit als kategoriale Bestimmung, als Prinzip der Ansprechbarkeit des Menschen als Menschen, ausgewiesen. Er betont dort, daß eine solche ontologische Bestimmung in gar keinem Fall zugleich eine Bestimmung des Wasseins des Menschen sein könne. Er wirft dort insbesondere den Phänomenolgen bis einschließlich Heidegger vor, in einer ontologischen Bestimmung des Mensch-seins zugleich die Garantie zu sehen für das Wasein des Menschen – und diese Identifizierung ist die Auszeichnung *bestimmter* menschlicher Möglichkeiten und in diesem Sinne eine Art theoretischer "Rassismus" bzw. "Kulturimperialismus".[146] Dagegen setzt Plessner das Theorem der Unergründlichkeit des Menschen, und dies will nicht nur eine negative Grenzbestimmung sein – gleichsam eine resignative Einsicht darin, daß wir angesichts des historischen Wandels das "eigentliche" Mensch-sein nicht bestimmen können –, sondern selber positives Prinzip. Dies gelingt durch eine eigentümliche Verschränkung der beiden Prinzipien der Exzentrizität und Unergründlichkeit. Das Prinzip der Unergründlichkeit ist der Ermöglichungsgrund des Prinzips der Exzentrizität *dann*, wenn letzteres nicht zu einer Identifizierung der ontologischen Bestimmung mit des Wasein des Menschen und damit zu einem theoretischen Kulturimperialismus führen soll; das Prinzip der Exzentrizität ist Ermöglichungsgrund des Prinzips der Unergründlichkeit *dann*, wenn letzteres nicht zu einem negativen Grenzbegriff und damit zu einem Kulturrelativismus führen soll. Es handelt sich also jeweils um *bedingte* Ermöglichungsgründe, nicht aber um Ermöglichungs-

---

[145] Z.B. ist das Modal des Sehens nicht Ergebnis einer Analyse aller sichtbaren Dinge, wohl aber kann es, unter Gebrauchnahme des Modals *Sinnlichkeit*, in einer (Meta-) Analyse näher bestimmt werden durch Vergleich mit den *Modalen* des Hörens, Riechens, etc. (also nicht etwa durch Vergleich mit den hörbaren, riechbaren, etc. Dingen).

[146] Vgl. GS V, S. 154, 156f., 158f.

gründe schlechthin. Es ist somit weder möglich, das Prinzip der Unergründlichkeit aus dem Prinzip der Exzentrizität abzuleiten, noch umgekehrt. Dieses Verhältnis der Verschränkung ist dadurch charakterisiert, daß nicht entscheidbar ist, welches der beiden Prinzipien den Primat hat.[147] Exzentrizität erweist sich hier als »die offene Einheit der Verschränkung des hermeneutischen in den ontisch-ontologischen Aspekt: der Möglichkeit, den Menschen zu verstehen, und der Möglichkeit, ihn zu erklären, *ohne* die Grenzen der Verständlichkeit mit den Grenzen der Erklärbarkeit zur Deckung bringen zu können [...]. Diese Unstimmigkeit tritt an der Gebrochenheit der menschlichen Transparenz hervor, von der man [...] nicht sagen kann, wer für sie verantwortlich ist: das Leben in Kündung und Deutung oder die physische Natur.«[148] In diesem Lichte stellen die "Stufen" gleichsam den Versuch dar, vermöge der Korrelierung der Positionalität mit einem anschaulichen Gehalt der »physischen Natur« die Verantwortung für den Doppelaspekt zuzuschanzen, während "Macht und menschliche Natur" demgegenüber das Leben in Kündung und Deutung als Grund erweist. 1931 ist die Unklarheit von 1928 zum positiven Prinzip gewendet: für eine *geschichtliche* Anthropologie ist die Frage des Primats von Naturphilosophie und Anthropologie aus positiven Gründen *nicht entscheidbar*.

VI. Schlußbetrachtung

Als Antwort auf die Frage, warum neben der Vielheit der symbolischen Formen auch an der Einheitlichkeit der Symbolfunktion festgehalten werden muß bzw. soll, verweist Cassirer u.a. auf die Einheitlichkeit des Mensch-seins – und insofern ist die Symbolfunktion anthropologisch, und darüber vermittelt auch naturtheoretisch, fundiert. Cassirer behandelt diesen Zusammenhang von Symboltheorie und Anthropologie jedoch als zwei Fragen, die wechselweise aufeinander verweisen. Somit ist nicht gedacht, daß die Symbolfunktion an sich selbst anthropologisch eingeschränkt ist, sondern es bedarf einer kritischen Anstrengung, diese Beschränkung eigens vorzunehmen. Dabei läßt Cassirer jedoch im Unbestimmten, warum bei dieser grenzbestimmenden Aufgabe die Bezugnahme auf die Objektivationen des menschlichen Geistes eine

---

[147] Und Nichtentscheidbarkeit oder Isosthenie ist etwas gänzlich anderes als die These eines wechselweisen Primats je eines der beiden Prinzipien je nach Blickpunkt; ausführlicher dazu vgl. V. Schürmann: Grundannahmen einer politischen Anthropologie bei Plessner. In: Bremer Philosophica 6 (1996).
[148] GS V, S. 231.

prinzipiell andere Basis einer Lösung sein soll: auch eine Analyse der Objektivationen des menschlichen Geistes steht bereits unter der Bedingung der Symbolfunktion; dies in bezug auf das Leben bzw. die Natur nicht zu konzipieren, war Cassirers entscheidender Einwand gegenüber den so genannten irrationalistischen Varianten der Lebensphilosophie und gegenüber den Versuchen der Naturalisierung der Symbolfunktion. Die "Einheit" von Symboltheorie und Anthropologie in einem notwendigen wechselweisen Bedingungszusammenhang zu sehen – beim Ausgang von zwei Fragen jeder von beiden einmal den Primat über die je andere zusprechen zu müssen –, läßt das offen, was als Lösung angesehen wird: warum die Selbstbegründung des menschlichen Geistes *kein* »salto mortale« ist.

Demgegenüber geht Plessner davon aus, daß das Verhältnis von Symboltheorie und Anthropologie nur aus Einer Grundposition heraus verständlich und erklärbar ist; ihre "Einheit" kann nicht als »bestimmbar aufgegeben«, sondern muß als »bestimmt gegeben« gedacht werden, will sagen: die Symbolfunktion ist zu konzipieren als *an sich selbst* anthropologisch eingeschränkt. Es bleibt aber festzuhalten, daß auch bei Plessner das Ausgangsproblem – wie eine Einheit der menschlichen Sphäre zu bestimmen sei – als solches nicht gelöst ist, sondern auf eine andere Grundlage gestellt ist. Was eine *Verschränkung* zweier divergenter Aspekte in einer Grundposition ist, ist zunächst nicht verständlicher, und auch nicht weniger verständlich, als Cassirers Konzept eines wechselseitigen Verweises von Aspekten aus je einem Blickpunkt.[149] Dies wird insbesondere daran deutlich, daß das Verhältnis der "Stufen" zu der "Einheit der Sinne" nicht wirklich klar bestimmt ist. Gedacht wird hier eine horizontale und eine vertikale Richtung der Analyse; beide Analysen zusammen bestimmen allererst das zu Analysierende, und zugleich garantiert nur das zu Analysierende, daß beide Analysen dasselbige bestimmen. Verwirrt wird die Zuordnung der beiden Schriften zur horizontalen bzw. vertikalen Richtung zudem dadurch, daß Plessner zugleich eine Differenz *innerhalb* der vertikalen Richtung zwischen dem Unorganischen und dem Organischen formuliert und unter dem Aspekt einer Theorie der Modale die "Stufen" dem lebendigen Sein zuordnet und die "Einheit der Sinne" dem unbelebtem Sein.[150] Plessner selbst hat Klärungsbedarf an diesem Punkte zugestanden, wenn er in einem Brief

---

[149] Zum Konzept der Verschränkung s.o., Anm. 54.
[150] Vgl. GS IV, S. 160.

vom 19.2.1933 an Buytendijk eine Schrift ankündigt, die den Zusammenhang beider Bücher dartun soll.[151]

Was die Plessnersche Grundlage jedoch, diesseits aller zu lösender Folgeprobleme, leistet, ist ein aktives Umgehen mit der Feuerbachschen Kritik der »neueren Philosophie«: die Selbstrelativierung des eigenen Ansatzes ist *inneres* Moment des Plessnerschen Konzepts. Dies ist bei Cassirer nicht der Fall, der seine Leser stattdessen auf die lange Reise der Einheit der Kultur als einer unendlichen Aufgabe schickt. Und dagegen hatte bereits Hegel, so meine ich, das Nötige eingewandt. Aber was heißt das schon, fiel doch Hegel, so meinen andere, hinter Kantsche Einsichten zurück.

Literatur

Arlt, G.: Der Mensch als Macht. Helmuth Plessner zum hundertsten Geburtstag. In: Philosophisches Jahrbuch 100 (1993), 1. Halbbd.

Cassirer, E.: Zur Logik der Kulturwissenschaften. Fünf Studien (1942). Darmstadt 1989.

– Philosophie der symbolischen Formen. Bd. 1: Die Sprache (1923). Darmstadt 1990.

– Philosophie der symbolischen Formen. Bd. 3: Phänomenologie der Erkenntnis (1929). Darmstadt 1990.

– An Essay on Man. An Introduction to a Philosophy of Human Culture (1944), New Haven and London 1972.

– Nachgelassene Manuskripte und Texte, Bd. 1: Zur Metaphysik der symbolischen Formen. Hg.v. J.M. Krois, Hamburg 1995.

Feuerbach, L.: Gesammelte Werke, Hg.v. W.Schuffenhauer. Berlin, 1969ff.

– Geschichte der neuern Philosophie. Darstellung, Entwicklung und Kritik der Leibnizschen Philosophie. In: Gesammelte Werke. Bd. 3.

– Das Wesen des Christentums. In: Gesammelte Werke. Bd. 5.

– Einige Bemerkungen über den "Anfang der Philosophie" von Dr. J.F. Reiff. In: Gesammelte Werke. Bd. 9.

– Vorläufige Thesen zur Reformation der Philosophie. In: Gesammelte Werke. Bd. 9.

– Grundsätze der Philosophie der Zukunft. In: Gesammelte Werke. Bd. 9,

---

[151] Vgl. H.-U. Lessing: Eine hermeneutische Philosophie der Wirklichkeit. Zum systematischen Zusammenhang der "Einheit der Sinne" und der "Stufen des Organischen und der Mensch". In: J. Friedrich und B. Westermann: Unter offenem Horizont. Anthropologie nach Helmuth Plessner. Frankfurt/M. 1995, S. 115.

- Das Wesen der Religion. In: Gesammelte Werke. Bd. 10.
- Nachgelassene Aphorismen. In: Sämtliche Werke. Neu hg.v. W.Bolin/ F.Jodl. Bd. 10. Stuttgart 1960.

Friedrich, J./ Westermann, B. (Hg.): Unter offenem Horizont. Anthropologie nach Helmuth Plessner. Frankfurt/M./ Berlin u.a. 1995.

Hegel, G.W.F.: Phänomenologie des Geistes (1807). In: Theorie-Werkausgabe Bd. 3. Hg. v. K.M. Michel und E. Moldenhauer. Frankfurt/M 1970.

Heidegger, M.: Sein und Zeit (1927). Tübingen 1993.
- Vom Wesen des Grundes (1929). Frankfurt/M. 1995.

Holz, H.H.: Das System der Sinnlichkeit. In: Westermann/ Friedrich 1995.

Kant, I.: Kritik der reinen Vernunft. In: Werkausgabe Bd. 3/4. Hg. v. Wilhelm Weischedel, Frankfurt/M. 1977.

Lessing, H.-U.: Eine hermeneutische Philosophie der Wirklichkeit. Zum systematischen Zusammenhang der "Einheit der Sinne" und der "Stufen des Organischen und der Mensch". In: Friedrich/ Westermann 1995.

Marx, K.: Thesen über Feuerbach (1845). In: Marx Engels Werke. Bd. 3. Berlin 1983.

Misch, G.: Der Aufbau der Logik auf dem Boden der Philosophie des Lebens. Göttinger Vorlesungen über Logik und Einleitung in die Theorie des Wissens. Hg.v. G. Kühne-Bertram/ F. Rodi. Freiburg/ München 1994.

Orth, E.W.: Philosophische Anthropologie als Erste Philosophie. Ein Vergleich zwischen Ernst Cassirer und Helmuth Plessner. In: Dilthey-Jahrbuch 7 (1990/91).
- Helmuth Plessners Anthropologiekonzeption und sein Begriff von Wissenschaft und Philosophie. In: Friedrich/Westermann 1995.

Plessner, H.: Die Einheit der Sinne. Grundlinien einer Ästhesiologie des Geistes (1923).. In: Gesammelte Schriften, Bd. III. Hg. v. G. Dux u.a., Frankfurt/M. 1980.
- Die Stufen des Organischen und der Mensch. Einleitung in die philosophische Anthropologie (1928). In: Gesammelte Schriften. Bd. IV.
- Macht und menschliche Natur. Ein Versuch zur Anthropologie der geschichtlichen Weltansicht (1931). In: Gesammelte Schriften. Bd. V.
- Anthropologie der Sinne. In: Gesammelte Schriften. Bd. III.

Plessner, H./ König, J.: Briefwechsel 1923-1933. Hg.v. H.-U. Lessing/ A. Mutzenbecher. Freiburg/München 1994.

Ritter, J.: Über die antinomische Struktur der geisteswissenschaftlichen Geschichtsauffassung bei Dilthey (1931). Hg.v. K.C. Köhnke. In: Dilthey-Jahrbuch 9 (1994/95).

Schürmann, V.: Einheit der symbolischen Formen? Nachfragen am Beispiel der Anthropologie Cassirers. In: Dialektik 3/1995.

– Die Aufgabe einer Art Grammatik der Symbolfunktion. In: Plümacher, M./ Schürmann, V. (Hg.), Einheit des Geistes. Probleme ihrer Grundlegung in der Philosophie Ernst Cassirers, Frankfurt a.M./ Bern u.a. 1996.
– Grundannahmen einer politischen Anthropologie bei Plessner. In: Bremer Philosophica 6/1996.
Westermann, B.: Anschlüsse und Erfahrungen. Grenzen und Spielräume einer anthropologischen Diskussion in Deutschland. In: Friedrich/ Westermann 1995.

Martina Plümacher (Bremen)

Gestaltpsychologie und Wahrnehmungstheorie bei Ernst Cassirer

Der Nachweis der Gestaltpsychologie, daß die Wahrnehmung keine Widerspiegelung der physikalischen Reize ist, sondern ein Prozeß der Strukturierung und Zusammenfassung – der Gestaltung – des Wahrgenommenen, war für Ernst Cassirer inspirierend, die neukantianische These der "Theoriegeladenheit" der Wahrnehmung neu zu durchdenken. Sein Lehrer Hermann Cohen hatte betont, daß die Sinnlichkeit nicht im Auge, sondern in der wissenschaftlichen Vernunft liegt. Gegenstände werden von der (Natur-)Wissenschaft als "gegeben" bezeichnet und von den Erzeugungen und Bearbeitungen des Denkens als in der Sinnlichkeit gegründet unterschieden. Die Wahrnehmung selbst wurde als der psychische Vorgang der Erkenntnisgewinnung aus dem Themenbereich der philosophischen Erkenntniskritik ausgeschlossen.[1] Cassirer macht sie zum Gegenstand seiner Symboltheorie; er nimmt ihre "Logik" in Augenschein und entwickelt eine Theorie der Wahrnehmung, die den Theorie- und Kontextbezug des *Sehens, Hörens, Tastens* herausstellt. So nimmt er Argumente vorweg, die 30 Jahre später Norwood Russell Hanson in "Patterns of Discovery" (1958) vortrug, um das Sehen als »a ›theory-laden‹ undertaking« auszuweisen.[2] Seitdem gehört die These der Theoriegeladenheit der Wahrnehmung zu den Grunderkenntnissen der modernen Wissenschaftstheorie. Cassirers Ansatz ist gleichwohl heute noch interessant, weil er die Aufmerksamkeit auf die Verschiedenheit der symbolischen Strukturen der Wahrnehmung lenkt und zwischen der Wandelbarkeit der Phänomene im Wechsel der theoretischen Bezugs-

---

[1] Hermann Cohen: Das Princip der Infinitesimal-Methode und seine Geschichte. Ein Kapitel zur Grundlegung der Erkenntniskritik (1883). In: Hermann Cohen Werke 5.1. Hg. v. P. Schulthess, Hildesheim / Zürich / New York 1984, § 88, S. 127.

[2] Norwood Russell Hanson: Patterns of Discovery. An Inquiry into the Conceptual Foundations of Science, Cambridge 1965, S. 19. Hanson bezieht sich auf die Gestaltpsychologie und Wittgenstein, der sich auch, wie Joachim Schulte zeigt, mit der Gestalttheorie Köhlers auseinandergesetzt hatte (J. Schulte: Erlebnis und Ausdruck. Wittgensteins Philosophie der Psychologie. München / Wien 1987). Vor ihm hatte bereits Suanne K. Langer in "Philosophy in a New Key" (1942) auf die Erkenntnisse der Gestaltpsychologie verwiesen und betont, daß die reine Sinneserfahrung bereits ein Prozeß der Formulierung und der Symbolbildung ist _ eine These, die sie von Cassirer übernahm. Hanson verweist weder auf Langer noch auf Cassirer, er dürfte sie aber gekannt haben.

punkte und den Veränderungen der symbolischen Repräsentation, der Zuordnung des Phänomenalen zu Theorien resp. Wissens- und Glaubenskonstellationen, unterscheidet.

I. Entstehung der Gestaltpsychologie

Von Christian von Ehrenfels Schrift *Über "Gestaltqualitäten"* (1890) ausgehend entwickelte sich eine Diskussion über "Gestalten" bzw. Relationen der einzelnen Wahrnehmungselemente, die Anfang des 20. Jahrhunderts in die sogenannte Gestaltpsychologie mündete. "Gestalt" wurde zu einem neuen Paradigma der Psychologie, das das Denkmodell der Assoziation psychischer Elemente relativierte oder ganz aufhob. Ehrenfels hatte Phänomene thematisiert, wie das Wiedererkennen einer Melodie bei Variation der Tonart, die vor dem Hintergrund der vorherrschenden Assoziationspsychologie ein Problem darstellten. Denn sie verdeutlichten, daß etwas als identisch erkannt werden kann, obwohl die Empfindungselemente verschieden sind. Das Denkmodell der Assoziationspsychologie basierte auf der Annahme, das psychische Geschehen baue sich auf der Grundlage einfachster psychischer Elemente auf, die man sich physiologisch mit der Reizung einzelner Sinnesnervenfasern korreliert vorstellte. Die Assoziationsthese besagte, daß jeder psychologische Vorgang mit den ihm unmittelbar nachfolgenden Vorgängen assoziiert ist und sich bei Wiederholung des Vorgangs die Assoziation stabilisiert und verstärkt. Das bekannte Phänomen der Erinnerung und Assoziation, sobald ein Aspekt der Erfahrung wiederholt auftritt, wurde mit der Annahme erklärt, daß die Verbindungen der psychischen Elemente als abrufbare Residuen im Gedächtnis eingelagert seien. Dieses Modell konnte jedoch wesentliche Aspekte des psychischen Geschehens nicht oder nicht befriedigend berücksichtigen: Dazu gehörten Phänomene der Selektivität der Assoziationen, die Gerichtetheit der Vorstellungstätigkeit, aber auch Phänomene, die für eine Differenz von physikalisch beschreibbaren Reizverhältnissen und Wahrnehmungsverhältnissen sprachen, wie etwa zwangsläufige optische Täuschungen oder die sogenannte angenäherte Konstanz der Farbigkeit der "Sehdinge" im Lichtwechsel, die Experimente zur Wahrnehmung der Farben Ende der 60er Jahre des 19. Jahrhunderts verdeutlichten.

Ehrenfels warf die Frage auf, ob durch die Art des Zusammentretens der Empfindungselemente ein *neuer* Bewußtseinsinhalt, die Vorstellung einer "Gestaltqualität" entsteht.[3] Was seinen Aufsatz über Gestaltquali-

---

[3] Vgl. Christian von Ehrenfels: Über "Gestaltqualitäten". In: Philosophische Schriften Bd. 3. Hg. v. R. Fabian, München / Wien 1988, S. 129. Daß das Erleben

täten von anderen, die diese Phänomene auch thematisierten, abhob, war vor allem die Angabe einer Methode der Identifizierung von Gestaltqualitäten: »Hat man im Bewußtsein einen Vorstellungskomplex C gegeben, und taucht nun die Frage auf, ob ein gleichzeitig vorhandener Vorstellungsinhalt V als identisch mit jenem Komplex oder als eine in ihm begründete Gestaltqualität zu betrachten sei, so beachte man, ob es möglich ist, die Elemente von C dergestalt (unter Beibehaltung ihrer gegenseitigen Beziehungen) zu verändern, daß V ganz oder nahezu unverändert bleibt, während es bei geringerer, etwa nur teilweiser, aber gesetzloser Umwandlung der Elemente von C seinen Charakter vollständig verliert. Trifft dies zu, so ist V nicht identisch mit C, sondern eine zu C gehörige Gestaltqualität.«[4] Wolfgang Köhler nannte später diese Eigenschaft der Gestalten "Transponierbarkeit".[5] Die "Übersummativität", die Nicht-Reduzierbarkeit der Gestalt auf ihre Elemente und die Dominanz des Gesamteindrucks gegenüber der Realisierung der Teile des Ganzen, wurde zum zweiten Kriterium der "Gestalt".

Der Gestaltgedanke beflügelte die theoretische und experimentelle Forschung. Schulbildend wirkten vor allem drei Theorieansätze: die *Gestalttheorie* der sogenannten Berliner Schule, zu der M. Wertheimer, K. Koffka, W. Köhler, K. Lewin, A. Gelb und K. Goldstein u.a. gehörten; der weithin *Produktionstheorie* genannte Ansatz von A. Meinong und dessen Grazer Kreis, dem V. Benussi, St. Witasek und A. Höfler zuzurechnen waren; die *Ganzheitspsychologie* der Leipziger Schule um F. Krueger, dem Wundt-Nachfolger in Leipzig, der sich F. Sander, H. Volkelt, J. Rudert, A. Wellek u.a. zuzählten.

nicht auf eine bloße Summe einzelner Elemente reduzierbar sei, hatte vor ihm auch W. Wundt betont und von einer »schöpferischen Synthese« gesprochen. A. Meinong hatte 1888 auf die Bedeutung der "Form" der Komplexionen der Elemente verwiesen, da gleiche Bestandstücke zu verschiedensten Komplexionen zusammentreten könnten. Husserl schlug, etwa zur gleichen Zeit wie Ehrenfels, den Begriff »figurales Moment« vor (vgl. Adhémar Gelb: Theoretisches über "Gestaltqualitäten". In: Zeitschrift für Psychologie 58. 1911; sowie Theo Herrmann: Ganzheitspsychologie und Gestalttheorie. In: Die Psychologie des 20. Jahrhunderts, Bd. I. Hg. v. H. Balmer, Zürich 1976). W. James machte in seinen ebenfalls 1890 erschienenen *The Principles of Psychology* das Bewußtsein von Relationen gegen die Elementenpsychologie geltend.

Den Begriff der Gestalt übernahm Ehrenfels von E. Mach, der 1886 in den "Beiträgen zur Analyse der Empfindungen" von Raum- und Zeit- bzw. Tongestalten gesprochen und auf den Unterschied zwischen optischen und geometrischen Gebilden verwiesen hatte. Mach machte bereits damals auf Phänomene aufmerksam, die später unter dem Begriff der Prägnanz-Tendenz der Wahrnehmung diskutiert werden sollten.

[4] Ehrenfels: Über "Gestaltqualitäten", S. 137.
[5] Wolfgang Köhler: Die psychischen Gestalten in Ruhe und im stationären Zustand. Eine naturphilosophische Untersuchung, Braunschweig 1920, S. 37.

Meinong und seine Schule betrachteten die "Gestaltqualität" als das Produkt einer besonders auf sie gerichteten intellektuellen Tätigkeit. Meinong charakterisierte sie als einen "fundierten Inhalt", der fundierender Inhalte, der Komplexionen der Sinneselemente bedarf.[6] Diesem Ansatz wurde vor allem die Unmittelbarkeit der Gestaltwahrnehmung entgegengehalten. Koffka argumentierte in der bekannt gewordenen Auseinandersetzung mit Benussi gegen die prinzipiell nicht beweisbare Annahme "objektiver" Reize.[7] Reize existierten nicht unabhängig von den Prozessen eines Organismus. Wenn er sich verändere, ändere sich auch die Reizeigenschaft eines Dings. »Die Gestalt ist deskriptiv ebenso unmittelbar, funktionell ebenso ursprünglich wie die Empfindung und auch im physiologischen ist der Gesamtvorgang, nicht die Summe der Einzelvorgänge, originär. Somit entfällt jeder Grund, den mehrdeutigen Gestaltvorstellungen eindeutige bestimmte konstante Empfindungen zu unterlegen.«[8]

Die Berliner Schule hatte, ausgehend von Wertheimers Erklärung der stroboskopischen Scheinbewegungen,[9] einen psychophysiologischen Erklärungsansatz für Gestaltphänomene entwickelt. Wertheimer machte für die zwangsläufige Bewegungserscheinung physiologische Gesamtvorgänge verantwortlich, räumlich und zeitlich ausgedehnte Erregungsabläufe, die im schnellen Wechsel der physikalischen Reize »zusammenfließen« und einen »Kurzschluß« auslösen.[10] Die Annahme ausge-

---

[6] Vgl. Alexius Meinong: Zur Psychologie der Komplexionen und Relationen (1891). In: Ders. Gesamtausgabe, Bd. 1. Hg. von R. Haller und R. Kindinger. Graz 1969; sowie Ders.: Über Gegenstände höherer Ordnung und deren Verhältnis zur inneren Wahrnehmung (1899). In: Ders.: Gesamtausgabe. Bd. 2. Hg. v. R. Haller und R. Kindinger. Graz 1971.

[7] Kurt Koffka: Zur Grundlegung der Wahrnehmungspsychologie. Eine Auseinandersetzung mit V. Benussi. In: Zeitschrift für Psychologie 73 (1915).

[8] Ebda., S. 59.

[9] Vgl. Max Wertheimer: Experimentelle Studien über das Sehen von Bewegung (1912). In: Ders.: Drei Abhandlungen zur Gestaltpsychologie. Erlangen 1925. Es galt die Notwendigkeit des Auftretens einer stroboskopischen Scheinbewegung zu erklären. Wenn etwa in einer schnellen Folge ein visueller Gegenstand, z.B. eine Linie, an einer Stelle kurz gezeigt wird und unmittelbar darauf eine zweite Linie an einer nicht zu weit vom Ort der anderen entfernten Stelle erscheint, sieht der Beobachter nicht zwei Gegenstände in schneller Folge an zwei verschiedenen Orten, sondern nur ein Objekt, da sich von der einen zur anderen Stelle bewegt. Auch ein Wissen um den Versuchsaufbau hilft nicht, sich des phänomenalen Eindrucks zu entziehen. Das Phänomen wurde allgemein als Scheinproblem oder Täuschung interpretiert, weil es sich nicht mit der Theorie des Aufbaus von Wahrnehmungsfakten aus unabhängigen Einzelreizen vereinbaren ließ (vgl. Wolfgang Köhler: Die Aufgabe der Gestaltpsychologie. Berlin / New York 1971, S. 28).

[10] Wertheimer: Experimentelle Studien über das Sehen von Bewegung, S. 88.

dehnter, in Wechselwirkung stehender Erregungsabläufe war gegenüber der damals vorherrschenden Vorstellung isolierter, über Nervenbahnen zur Hirnrinde geleiteter Erregungsimpulse ein neuer Gedanke, der zu der Annahme von Gestalteigenschaften auch des physiologischen Geschehens anregte. Im Zentrum der Gestalttheorie stand die Zurückweisung eines "objektiven" Reiz-Empfindungs-Zusammenhangs,[11] gegen den die stroboskopischen Scheinbewegungen sprachen, aber auch zahlreiche andere Beobachtungen, die die experimentelle Forschung zu Gestaltphänomenen zutage förderte.

Auf dem Göttinger Kongreß für experimentelle Psychologie 1914 warteten Vertreter der verschiedensten Forschungsinstitute mit Befunden auf, die nicht nur die Nicht-Übereinstimmung der Wahrnehmung mit physikalisch beschreibbaren Reizen belegten, sondern für eine Ausrichtung der Wahrnehmung auf eine gestalthafte Ordnung des Wahrgenommenen sprachen. Ein Beispiel ist Benussis Experiment zur taktilen Wahrnehmung, bei dem an zwei nicht zu nahe benachbarten Punkten in rhythmischer Folge Hautstellen berührt werden. Es entsteht der Eindruck einer geraden Berührungsbewegung und unter bestimmten Umständen nimmt die wahrgenommene Bewegung eine Kreisform an. Aufgrund der Regelmäßigkeit des Auftretens bestimmter Gestalten mußte man davon ausgehen, daß "Gestaltgesetze" existieren. Wertheimer prägte den Begriff der "prägnanten Gestalt" für die Tendenz der Wahrnehmung, bestimmte möglichst einfache Gestalten zu bevorzugen. Die Erforschung der 'Gesetze der Prägnanz' wurde in der Folgezeit zu einem Schwerpunkt der Wahrnehmungspsychologie.[12]

In seiner für die Gestalttheorie richtungsweisenden Schrift "Die psychischen Gestalten in Ruhe und im stationären Zustand" (1920) erweiterte Köhler den Wertheimerschen Ansatz zu einer an der Feldphysik orientierten Theorie der Selbstorganisation des physiologischen Geschehens. Systemprozesse des Ausgleichs von Bewegung in Richtung auf ausgezeichnete Gleichgewichtszustände in der Elektrostatik, Hydrodynamik und Thermodynamik regten ihn zu der Idee "physischer Gestalten" an. Er ging davon aus, daß die Gehirnprozesse physikalische Prozesse dieser Art sind, so daß Gehirnvorgänge und erlebte Wahrnehmungen als isomorph zu betrachten seien.

---

[11] Köhler prägte dafür den Begriff "Konstanzannahme".
[12] Vgl. die Berichte von Kurt Koffka: Die Wahrnehmung von Bewegung; sowie: Psychologie der optischen Wahrnehmung, beide in: Handbuch der normalen und pathologischen Physiologie. Bd. 12.2. Hg. von A. Bethe u.a., Berlin 1931; und Köhler: Die psychischen Gestalten in Ruhe und im stationären Zustand, S. 260f.

Wenngleich die Berliner Schule im allgemeinen als wissenschaftlich fundiert und äußerst produktiv anerkannt wurde, stieß doch die Gestalttheorie auf vielfältige Kritik. Die Leipziger Schule bemängelte die Unterbelichtung der Gefühle und Willensregungen; Erich Jaensch, selbst biologistisch orientiert, lehnte sie als "Materialismus" ab; Karl Bühler fehlte vor allem die Sinndimension der Sprache und der Signale; der Begründer der Personalistischen Psychologie William Stern sah das Subjekt vernachlässigt und brachte seine Kritik auf die griffige Formel: »Keine Gestalt ohne Gestalter«.[13]

Die Leipziger Schule stand unter dem Eindruck von Diltheys Erlebnisbegriff sowie des Gedankens von Hans Cornelius, daß Gefühle als "Gestaltqualitäten des Gesamtbewußtseins" zu betrachten seien. Ihr Schwerpunkt war eine Gefühls- und Charakterlehre, die Gefühle als Gesamtqualitäten eines jeweiligen Erlebnistotals bestimmte. Die Gestaltqualitäten nahmen in der Ganzheitspsychologie eine untergeordnete Stellung ein; sie wurden als in sich gegliederte Komplexe definiert und als eine Unterart der Ganzheitsqualitäten begriffen. Eine zentrale Rolle spielte der Strukturbegriff. Krueger verstand unter "psychischer Struktur" das relativ Beharrende gegenüber den psychischen Erscheinungen, das er als "dispositionellen Seinsgrund" der Erlebnisse bestimmte. Der lebensphilosophischen Idee des Gesamtzusammenhangs des Lebens entsprechend wurde betont, daß die ein Individuum auszeichnenden personalen Strukturen als Teilstrukturen in das übergeordnete Ganze der "überpersonalen" Sozialstrukturen eingebettet sind.[14]

Cassirer vermied es, explizit Partei für eine der Schulen zu ergreifen. Doch zeigen seine Argumente in mehrfacher Hinsicht eine Übereinstimmung mit der Berliner Gestalttheorie, obgleich seine Beziehungen zur Psychologie nicht auf eine Schule fixiert waren. Ausdrücklich betont er gedankliche Gemeinsamkeiten mit der Sprachpsychologie und Sprachphilosophie Bühlers;[15] er erklärt, in seiner Hamburger Zeit von Stern

---

[13] William Stern: Allgemeine Psychologie auf personalistischer Grundlage, (1935), Den Haag 1950, S. 153; vgl. auch Mitchell G. Ash: Die experimentelle Psychologie an den deutschsprachigen Universitäten von der Wilhelminischen Zeit bis zum Nationalsozialismus. In: Geschichte der deutschen Psychologie im 20. Jahrhundert. Ein Überblick. Hg. v. M.G. Ash und U. Geuter. Opladen 1985, 64ff.

[14] Vgl. Herrmann: Ganzheitspsychologie und Gestalttheorie; sowie Alfred Brunner: Die personale Psychologie William Sterns und die Charakterologie. In: Die Psychologie des 20. Jahrhunderts. Hg. v. H. Balmer, Bd. 1, Zürich 1976, S. 332ff.

[15] Ernst Cassirer: Philosophie der symbolischen Formen, Dritter Teil: Phänomenologie der Erkenntnis (1929), Darmstadt 1990 [im folgenden unter der Sigle PSF III], S. 128, Anm. 3.

gelernt zu haben.[16] Die Theorie der Berliner Schule der Gestaltpsychologie dürfte ihm sein Cousin Kurt Goldstein nahegebracht haben.
Durch ihn, den Neurologen, ließ sich Cassirer in die Psychopathologie
einführen. Trotz des großen Interesses an der Psychologie unterließ es
Cassirer, sich argumentativ auf das Gebiet der Psychologie zu begeben.
Für ihn war das Frege-Husserlsche Diktum der disziplinären Arbeits-
teilung zwischen Psychologie und Philosophie maßgebend.[17] Er konzen-
trierte sich auf Fragen der Epistemologie und grenzte psychophysiologische Problemstellungen aus seiner Betrachtung aus. Konsequent nahm er
auch nicht Stellung zu dem diesbezüglichen Streit der Forschung.

II. Symbolische Repräsentation in Mathematik und Wahrnehmung

Erst der dritte, 1929 veröffentlichte Band der "Philosophie der symbolischen Formen" enthält eine Theorie der Wahrnehmung, die unter Bezugnahme auf die Gestaltpsychologie formuliert ist. Doch etwa zwei Jahr-

---

[16] Ernst Cassirer: William Stern. Zur Wiederkehr seines Todestages. In:
William Stern: Allgemeine Psychologie auf personalistischer Grundlage, Den
Haag 1950, S. XXXIII.
[17] Vgl. zu Husserl und dem Psychologismusstreit Nicole D. Schmidt:
Philosophie und Psychologie. Trennungsgeschichte, Dogmen und Perspektiven,
Reinbek bei Hamburg 1995; zu Cassirer Martina Plümacher: Implementierung
einzelwissenschaftlichen Wissens in die Philosophie: Die Bedeutung der
Gestaltpsychologie für Ernst Cassirer und Rudolf Carnap (erscheint 1997 in der
Veröffentlichung der Beiträge des 5. Bremer Wissenschaftsphilosophischen
Symposiums. Hg. v. H.J. Sandkühler. Frankfurt/M). Cassirer hatte schon
während seines Studiums ein besonderes Interesse an der Psychologie entwickelt.
Aber die Rolle der Psychologie für seine Philosophie ist bislang kaum erforscht;
zum Thema vgl. Reto Luzius Fetz: Ernst Cassirer und der strukturgenetische
Ansatz. In: Über Ernst Cassirers Philosophie der symbolischen Formen. Hg. v.
H.-J. Braun, H. Holzhey und E.W. Orth. Frankfurt/M. 1988; Stefano Poggi:
Cassirers Auseinandersetzung mit dem gestaltpsychologischen Ansatz. In:
Kulturkritik nach Ernst Cassirer. Hg. v. E. Rudolph und B.-O. Küppers. Ham-
burg 1995; Beatrice Centi: La storia della filosofia "come problema" nel pensiero
di Wilhelm Wundt e Ernst Cassirer. Estratto da "La Storia della filosofia come
problema", Seminario 1985-1987 a cura di Paolo Cristofolini, Scuola Normale
Superiore, Pisa 1988; Dies.: Apriorismus und Psychologismus am Beispiel der
Auseinandersetzung Cassirers mit Wundt. In: Einheit des Geistes. Probleme
ihrer Grundlegung in der Philosophie Ernst Cassirers. Hg. v. M. Plümacher und
V. Schürmann, Frankfurt/M. 1996; Martina Plümacher: Die Einheit der Regel der
Veränderung. Zur Bedeutung der Wissenschaftsrezeption für Cassirers Theorie
des Wissens. In: Einheit des Geistes, a.a.O.; zu Kurt Lewins Verhältnis zu
Cassirer siehe Israel Idalovichi: Der Neu-Kantianismus und seine Wirkung auf
die Theorien der Verhaltenswissenschaft. Hermann Cohens und Ernst Cassirers
philosophische Einflüsse auf Kurt Lewin. In: Philosophia naturalis 24 (1987).

zehnte zuvor hatte sich Cassirer in "Substanzbegriff und Funktionsbegriff" (1910) schon einmal mit der damals noch im Anfangsstadium befindlichen gestaltpsychologischen Diskussion auseinandergesetzt und dabei bereits einige Grundzüge seiner späteren Theorie der Wahrnehmung entwickelt. In dem der Psychologie gewidmeten Kapitel des Buchs von 1910 steht die Kritik an einigen unkritischen Ontologisierungen im Mittelpunkt.[18] Im Hinblick auf die Theorie der Wahrnehmung ist Cassirers eher beiläufige Bemerkung zu Ehrenfels Begriff der Gestaltqualität besonders interessant: »Die psychologische Erörterung des Problems der 'Gestaltqualitäten' hätte zweifellos an allgemeiner Bedeutung gewonnen, wenn sie näher auf die entsprechenden logischen Probleme, die sich hier unmittelbar aufdrängen, eingegangen wäre. Wie schon die angeführten psychologischen Beispiele zeigen, handelt es sich um jenen allgemeinen Prozeß der Loslösung und selbständigen Setzung des *Relationsgehalts*, der insbesondere für weite Gebiete der *Mathematik* charakteristisch und von grundlegender Bedeutung ist. [...] Die Möglichkeit, eine Beziehung ihrem Sinne nach als *invariant* festzuhalten, während die Beziehungsglieder die mannigfachsten Umformungen erfahren, wird in den rein psychologischen Erwägungen nur von einer neuen Seite her beleuchtet und sichergestellt.«[19] In Ehrenfels' Definition der Gestaltqualität durch das Prinzip der Erhaltung der Struktur bei Variabilität der Glieder sah Cassirer ein Verhältnis zum Ausdruck gebracht, das er in einer früheren Schrift[20] als Grundlage der symbolischen Repräsentation im mathematischen Beweisverfahren bestimmt

---

[18] Die Assoziationspsychologie hatte "psychische Elemente" ursprünglich als theoretische Entitäten eingeführt, um einen Ansatzpunkt zur Analyse des Bewußtseins zu haben, aber diese Elemente wurden schließlich als die einzig wirklichen Elemente betrachtet. Cassirer hebt hervor, daß die neuere Diskussion die Vereinseitigung des Blickwinkels auf 'Elemente' zwar korrigiert, indem sie das Beziehungsgeflecht der Elemente und die von diesen ausgehende Wirkung problematisiert, aber einen neuen unkritischen Substanzbegriff einführt, wenn sie die Relationsvorstellungen als neben den Elementen nicht weiter reduzierbare 'Daten' des Bewußtseins betrachtet. Desweiteren sah Cassirer die aus neukantianischer Sicht problematische Abbildtheorie der Erkenntnis in der Behauptung dokumentiert, die Wahrnehmung spiegele die Wirkungen der Reizkomplexe bzw. das Beziehungsgeflecht der physikalischen Gegenstände und ihrer Teile wider. Darin liege ein erkenntnistheoretischer Zirkel, denn der Begriff des Seins, von dem man ausgeht, enthält bereits, was man nachträglich, auf dem Wege der psychophysiologischen Ableitung aus ihm wieder herausziehen will: die Strukturen [siehe Ernst Cassirer: Substanzbegriff und Funktionsbegriff. Untersuchungen über die Grundfragen der Erkenntniskritik (1910). Darmstadt 1994 (im folgenden unter der Sigle SuF), S. 441, 444, 447f.].
[19] Ebda., S. 443.
[20] Ernst Cassirer: Das Erkenntnisproblem in der Philosophie und Wissenschaft der neueren Zeit (1907). Bd. 2. Darmstadt 1994 S. 287-301.

hatte und das er in "Substanzbegriff und Funktionsbegriff" generell als die Struktur des Begriffs auswies: die Konstanz einer Beziehung in einer geregelten Variation.

Der Frage "Worin besteht die symbolische Repräsentation der Mathematik?" hatte sich Cassirer in der Auseinandersetzung mit dem Berkeley-Kantschen Problem des "allgemeinen Dreiecks" zugewandt. Das Problem war das folgende: Wie kann das mathematische Beweisverfahren, das stets an einer geringen Zahl bestimmter Dreiecke demonstriert wird, Gültigkeit für alle Dreiecke insgesamt oder für alle Dreiecke einer bestimmten Art beanspruchen? Was heißt es, daß ein einzelnes konkretes Dreieck alle anderen stellvertretend vertritt? Berkeley hatte argumentiert, es stehe als Zeichen nicht für eine allgemeine Idee, wie Locke meinte, sondern für alle anderen möglichen Einzelvorstellungen und dadurch werde es allgemein. Cassirer wandte gegen Berkeley ein, um sich von der Gültigkeit des Beweises zu überzeugen, muß man nicht gedanklich eine Vielzahl passender Fälle durchlaufen – alle zu durchlaufen ist schon garnicht möglich. Es werden vielmehr *in der Anschauung* Momente fixiert, für die allgemeine Gültigkeit in Anspruch genommen wird. An der konkreten Gestalt wird ein Typisches und ein Individuelles, Variations*fähiges* unterschieden. Das Festhalten einer bestimmten Beziehung als invariant, während die Beziehungsglieder mannigfache Umformungen erfahren können, ist in der Geometrie die Grundlage des Beweisverfahrens, das sich an einer endlichen Zahl der Formen vollziehen läßt, aber *logisch* für unendlich viele Formen gleicher Art gelten soll.[21]

Kant hatte in der *Kritik der reinen Vernunft* darauf hingewiesen, daß dem Bild eines Dreiecks ein kognitives Schema korrespondiert, das selbst niemals mit irgendeinem Bild identisch ist, denn ein Bild muß stets ein bestimmtes sein. »Dem Begriffe von einem Triangel überhaupt würde gar kein Bild desselben jemals adäquat sein. Denn es würde die Allgemeinheit des Begriffs nicht erreichen, welche macht, daß dieser für alle, recht- oder schiefwinklige usw. gilt, sondern immer nur auf einen Teil dieser Sphäre eingeschränkt sein. Das Schema des Triangels kann niemals anderswo als in Gedanken existieren, und bedeutet eine Regel der Synthesis der Einbildungskraft, in Ansehung reiner Gestalten im Raume«.[22] Diese Funktion der Schemabildung ist nach Kant nicht nur den mathematischen Begriffen eigen, sondern bestimmt auch die empirischen Begriffe: Der Begriff Hund, führt Kant aus, bedeutet eine Regel,

---

[21] Ebda.
[22] Immanuel Kant: Kritik der reinen Vernunft. In: Werkausgabe Bd. 3/4. Hg. v. Wilhelm Weischedel, Frankfurt/M. 1977, B 180.

nach welcher die Einbildungskraft die Gestalt eines solchen vierfüßigen Tieres allgemein verzeichnen kann, ohne auf eine besondere Erfahrung oder ein Vorstellungsbild eingeschränkt zu sein.[23] Das Schema wird bestimmt als ein allgemeines Verfahren der Einbildungskraft, einem Begriff sein Bild zu verschaffen.

Daran anknüpfend argumentiert Cassirer, die "Repräsentationsfunktion" eines Zeichens beruhe auf der Bildung eines kognitiven Schemas bzw. eines Begriffs, der bestimmte Beziehungen gegenüber anderen konstant setzt und so einen begrifflichen Extensionsbereich konstituiert. Denn Cassirer bestimmte in "Substanzbegriff und Funktionsbegriff", anknüpfend an Hermann Lotze und Gottlob Frege, Begriffe als Funktionen. Danach ist der Begriff die Setzung oder Fixierung solcher allgemeiner Merkmale, denen gegenüber das Besondere – Gegenstände des Extensionsbereichs – eine Reihe der Variation darstellt. Die besonderen Fälle bilden eine durch die Funktion definierte Klasse.[24]

Zum ideengeschichtlichen Hintergrund Cassirers gehört nicht alleine Kants Schematismuslehre, auf die er sich in seinen Schriften wiederholt bezieht. Wichtig war insbesondere auch das Leibnizsche Kontinuitätsprinzip.[25] Leibniz hatte entdeckt, daß durch Variation eines Elements der strukturelle Zusammenhang etwa zweier geometrischer Formen oder naturwissenschaftlicher Gesetze deutlich wird. So zeigt sich beispielsweise durch kontinuierliche Variation des einen Brennpunkts der Ellipse die Parabel als ein besonderer Fall der Ellipse. Dieser Grundgedanke liegt

---

[23] Ebda.

[24] Vgl. auch Cassirers Argumentation gegenüber K. Marc-Wogau, daß »Inhalt« und »Umfang« des Begriffs nicht zu trennen sind (Ernst Cassirer: Inhalt und Umfang des Begriffs. Bemerkungen zu Konrad Marc-Wogaus gleichnamiger Schrift [1936]. In: Erkenntnis, Begriff, Kultur. Hg. v. R.A. Bast. Hamburg 1993, S. 175ff.).

[25] K.-N. Ihmig verdeutlicht in verschiedensten Arbeiten den Invariantengedanken bei Leibniz, Kant, Cassirer und in der Mathematik des 19. Jahrhunderts (K.-N. Ihmig: Cassirers Invariantentheorie der Erfahrung als Theorie der Wissenschaftsentwicklung. In: Report Nr. 5/ 93 of the Research Group on Semantical Aspects of Spacetime Theories (1992/ 93) at the Center for Interdisciplinary Research (ZiF), University of Bielefeld/ Germany 1993; Ders.: Reine Anschauung und Reihenbegriff. Zu Cassirers Rezeption von Kants Theorie der Geometrie. In: Dialektik 1993, Heft 1; Ders.: Cassirers Rezeption des *Erlanger Programms* von Felix Klein. In: Einheit des Geistes. Hg. von M. Plümacher und V. Schürmann. Frankfurt/M. 1996; Ders.: Leibniz' Kontinuitätsprinzip und seine Bedeutung für die Wissenschaftsauffassung des 19. Jahrhunderts. In: Cognitio humana Dynamik des Wissens und der Werte, XVII. Deutscher Kongreß für Philosophie Leipzig 1996. Workshop-Beiträge Bd. 2. Hg. v. C. Hubig und H. Poser. Leipzig 1996; im Erscheinen ist die Habilitationsschrift *Cassirers Invariantentheorie der Erfahrung und seine Rezeption des "Erlanger Programms"*).

auch der Theorie der Transformationsgruppen der Geometrie zugrunde, die Felix Klein 1872 aufstellte und die Cassirer schon während seines Studiums faszinierte. Sie verdeutlichte den Strukturzusammenhang zwischen den Geometrien, der euklidischen und den nicht-euklidischen, da von einer Geometrie zur anderen durch eine Erweiterung der Transformationsgruppen fortgeschritten werden kann.

Das war grob umrissen Cassirers Horizont, der es ihm ermöglichte, in den Gestaltphänomenen der Wahrnehmung die gleiche Struktur wie in anderen Erscheinungen des Geistes zu sehen. Mit dem Verweis auf das epistemische Verhältnis zwischen Invariantem und Variablem betonte er eine Struktur der Wahrnehmung, der in der Psychologie erst in den 20er Jahren eine generelle Bedeutung beigemessen wurde und zwar unter den Bezeichnungen "Konstanzphänomen" der Wahrnehmung oder "Beständigkeit der Wahrnehmungsdinge unter wechselnden Reizbedingungen".[26] In Bezug auf die Wahrnehmung von Farben war bereits Ende der 60er Jahre des 19. Jahrhunderts ein solches Konstanzphänomen festgestellt worden. Experimente zur Farbwahrnehmung unter wechselnden Beleuchtungsverhältnissen hatten gezeigt, daß die Wahrnehmung die physikalisch beschreibbaren Reizverhältnisse des Lichts nicht exakt widerspiegelt. Denn auch bei veränderter Beleuchtung und sogar bis zu einem gewissen Grad unter Bedingungen farbigen Lichts erscheinen dem Betrachter die Objekte in annähernd konstanten Farben. Es wird ein Gegenstand als weiß identifiziert, der im grünlichen Schatten der Blätter eines Baumes eine grünliche Färbung besitzt. Um die Färbung wahrzunehmen, bedarf es einer bewußten Einstellung auf die Farbigkeit der Schatten und die Tönung der Farben im Licht. Aufschlußreich waren insbesondere Experimente mit dem Photometer, einer Apparatur, die den Blick ausschließlich auf die Farbfläche begrenzt und so die Wahrnehmung von Gegenstand, Raum und Beleuchtung verhindert. Unter diesen Bedingungen erscheint ein z.B. bei normaler Beleuchtung blaues Papier, das im Photometerversuch von dem gelblichen Licht einer Gasflamme beleuchtet wird, als braun. Aber sobald der Blick auf die

---

26 Vgl. Karl Bühler: Die Krise der Psychologie, Jena 1929 (19271), S. 81 f.; Adhémar Gelb: Die 'Farbenkonstanz' der Sehdinge. In: Handbuch der normalen und pathologischen Physiologie. Hg. v. A. Bethe u.a., Bd. 12.1, Berlin 1929, S. 595, 678; G. Katona: Farbenkonstanz und Farbenkontrast. In: Bericht über den XII. Kongreß der Deutschen Gesellschaft für Psychologie in Hamburg vom 12.-16.4.1931. Hg. v. G. Kafka, Jena 1932. Metzger stellt fest, daß die Ausdrücke "Konstanz" bzw. 'Beständigkeit' erst 1915 als allgemeine Begriffe für eine ganze Klasse bestimmter Wahrnehmungsphänomene zu belegen sind und seit 1922 gebräuchlich wurden Vgl. Metzger: Konstanz / Konstanzannahme. In: Historisches Wörterbuch der Philosophie. Hg. v. J. Ritter und K. Gründer, Bd. IV. Darmstadt 1976, Sp. 986).

Beleuchtungsverhältnisse freigegeben wird, wird das Papier – von der Gasflamme beleuchtet – zweifelsfrei als blau gekennzeichnet.[27] Hering prägte für dieses Phänomen den Begriff der "angenäherten Farbenkonstanz der Sehdinge" und betonte den Zeichencharakter der Farben: Der Mensch gibt sich im allgemeinen keine Rechenschaft über die Farbe, die er sieht, sondern benutzt sie als Zeichen, über die er Dinge wiedererkennt.[28]

In den 20er Jahren wurden auch andere Gestaltphänomene der Wahrnehmung unter dem Gesichtspunkt der "Konstanz" bzw. der "Beständigkeit der Wahrnehmungsdinge unter wechselnden Reizbedingungen" betrachtet. So ist beispielsweise die Bestimmung der Größe eines Gegenstands in weitem Maße unabhängig von der Entfernung, aus der er betrachtet wird, d.h. unabhängig von der Größe des ihm entsprechenden Netzhautbildes. Annähernd gleich bleibt das empfundene Gewicht eines Gegenstandes, ob er mit einer freien Hand oder mit einer Zange gehalten wird. Von einer "Konstanz der Lage" wurde angesichts der Ruhe der Objekte trotz Blickbewegung oder einem sich bewegenden Betrachter gesprochen; eine Konstanz der Raumsenkrechten kann bei einer Neigung des eigenen Körpers festgestellt werden, eine Lautstärken-Konstanz bei wechselndem Abstand der Schallquelle.[29] Gelb betonte daher 1929, «daß das Problem der ›Farbenkonstanz der Sehdinge‹ nur ein Spezialproblem der umfassenderen Frage nach der sog. "Konstanz" unserer Wahrnehmungswelt überhaupt ist.«[30]

---

[27] Einen ausführlichen Bericht über die Experimente zur Farbwahrnehmung und die Theoriediskussion bis Ende der 20er Jahre gibt Gelb in: Die "Farbenkonstanz" der Sehdinge.

[28] Ewald Hering: Zur Lehre vom Lichtsinn, Sonderabdruck aus Gräfe-Sämisches Handbuch der gesamten Augenheilkunde, Teil 1, Kap. 12, Leipzig 1905/ 07, S. 11, zit. von David Katz: Die Erscheinungsweisen der Farben und ihre Beeinflussung durch die individuelle Erfahrung, Leipzig 1911, S. 3. Helmholtz interpretierte generell Sinnesempfindungen als Zeichen für äußere Dinge und Vorgänge (vgl. Hans Jörg Sandkühler: Der Geist und die Welt zusammen erschaffen den Geist und die Welt. Zur Bildung einer neuen wissenschaftlichen Mentalität. In: Interaktionen zwischen Philosophie und Wissenschaften. Hg. v. H.J. Sandkühler. Frankfurt/M. 1995, S. 454). Der Verweis auf die Zeichenfunktion des Wahrgenommenen bürgerte sich in der Psychologie ein, vgl. Bühler: Die Krise der Psychologie, S. 97.

[29] Vgl. Wolfgang Metzger: Psychologie. Die Entwicklung ihrer Grundannahmen seit der Einführung des Experiments. Darmstadt 1975, S. 169ff.

[30] Gelb: Die 'Farbenkonstanz' der Sehdinge, S. 678.

III. Stoff, Form und Urteil

Im ersten Jahrzehnt des 20. Jahrhunderts war die Frage, ob die Relationen der Elemente im Wahrnehmungsakt unmittelbar und implizit mitgegeben sind oder aber ein Produkt der geistigen Tätigkeit darstellen, in der Diskussion um die Gestaltpsychologie besonders umstritten. Cassirer gab zu bedenken, daß aus dem Tatbestand, daß die Wahrnehmung schon allgemeine Formelemente in sich schließt, nicht gefolgert werden kann, daß diese Elemente ohne eine spezifische Aktivität des Bewußtseins, d.h. allein durch einen Mechanismus der passiven Rezeption und Verarbeitung von Reizen gegeben sind. Er glaubte vielmehr die Folgerung aufstellen zu können, »daß der Prozeß des Wahrnehmens von dem des *Urteils* nicht zu trennen ist. Es sind elementare *Urteilsakte*, kraft deren der Einzelinhalt als Glied einer bestimmten Ordnung erfaßt und damit erst in sich selbst gefestigt wird. Wo dies geleugnet wird, da versteht man das Urteil selbst nur in dem äußerlichen Sinne einer vergleichenden Tätigkeit, die einem bereits feststehenden und gegebenen ›Subjekt‹ ein neues Prädikat nachträglich hinzufügt. Eine derartige Tätigkeit erscheint freilich dem Stoff gegenüber, an welchen sie anknüpft, als zufällig und willkürlich: gleichviel ob sie ausgeübt oder unterlassen wird, so bleibt doch dieser Stoff, was er einmal ist und behält die Merkmale, die ihm vor aller logischen Bearbeitung zukommen.« Das Urteil aber sei kein Akt der Willkür, sondern ist »die Form der objektivierenden Bestimmung überhaupt, durch welche ein Sonderinhalt als solcher unterschieden und zugleich einer Mannigfaltigkeit systematisch eingeordnet wird.«[31] Die Wahrnehmung wird damit als ein wesentlich kognitiver Gestaltungsakt charakterisiert, der Wissen generiert – eine These, die Cassirer im dritten Band der "Philosophie der symbolischen Formen" (1929) unter Rückgriff auf die Gestaltpsychologie näher ausführen sollte.

Stefano Poggi sieht in der These Cassirers, daß Wahrgenommenes immer als ein Geformtes existiert, eine Vorwegnahme der Gestalttheorie.[32] Es war allerdings kein psychologisches Wissen, das Cassirer zu dieser These verleitete; er bewegte sich vielmehr mit seinen Überlegungen im Rahmen der kantischen und neukantianischen Argumentation, nach der die Erfahrung eine Synthese der sinnlich gegebenen Mannig-

[31] SuF, S. 453f. Die Berücksichtigung der "Geltung" der Relationen in der Theorie von Meinong und dessen Schule findet Cassirers Anerkennung. Aber er hält die Hierarchie von fundierenden und fundierten Inhalten für einen Ausdruck des Einflusses der traditionellen Begriffsbildung (ebda., S. 449ff.).

[32] Poggi: Cassirers Auseinandersetzung mit dem gestaltpsychologischen Ansatz, S. 239.

faltigkeit mittels des Verstandes und seiner Kategorien darstellt. Dabei wies der Marburger Neukantianismus den bei Kant zum Teil angelegten Dualismus der Erkenntnisquellen "Sinnlichkeit" und "Verstand" sowie die Idee der sinnlichen Mannigfaltigkeit als etwas dem Subjekt vor allem Denken 'Gegebenen' zurück.[33] Den Logizismus seines Lehrers Cohen, dem bereits Natorp entgegengetreten war,[34] nimmt Cassirers Wahrnehmungstheorie 1929 zurück: Nun wird der Wahrnehmung als einem *Sehen, Hören, Tasten* etc. die Aufmerksamkeit geschenkt; Cassirer interpretiert sie als eine symbolische, durch den Geist gestaltete Form. Aber 'Denken' bezieht sich bei Cassirer nicht mehr allein auf das sprachgebundene Denken und Urteilen, sondern umfaßt auch, wie noch zu erklären sein wird, die Gestaltung und Fokussierung des Sinnlichen. Insofern werden Wahrnehmung und Sprache zum Teil entkoppelt. Grundlage dieser Überlegungen ist die am Beispiel des Problems des "allgemeinen Dreiecks" gewonnene Erkenntnis, daß in der Anschauung ein Allgemeines fixiert und von einem Individuellen geschieden wird, – eine Erkenntnis, die sich durch die experimentellen Befunde der Gestaltpsychologie bestärkt sehen konnte. So betont Cassirer 1929: »Die Tendenz zum Allgemeinen gehört keineswegs allein der Sprache an, sondern sie liegt schon in der Form der Wahrnehmung selbst begründet und beschlossen. Würde die Wahrnehmung nicht ein ursprünglich-symbolisches Element in sich schließen, so würde sie auch für die Symbolik der Sprache keinen Halt und keinen Ansatzpunkt darbieten. [...] die Sprache knüpft an diese erste Bedeutungsfunktion nur an, um sie nach allen Seiten hin zur Durchführung und Vollendung zu bringen. Das Wort der Sprache expliziert dasjenige, was implizit an Darstellungswerten, an repräsentativem Gehalt in der Wahrnehmung selbst gelegen ist.«[35] Durch die Fixierung und Allgemein-Setzung bestimmter Elemente in der Anschauung werden Sprache und Wahrnehmung erst aufeinander beziehbar.

Cassirer hat aber die Wahrnehmung nicht zu einem selbständigen, Kultur prägenden Symbolsystem neben Sprache, Mythos, Religion, Kunst und Wissenschaft erhoben, sondern sie als ein Bezugssystem die-

[33] Vgl. Helmut Holzhey: Die Marburger Schule des Neukantianismus. In: Erkenntnistheorie und Logik im Neukantianismus: eine Textauswahl. Hg. v. W. Flach und H. Holzhey, Hildesheim 1979, S. 17; ders.: Cohen und Natorp, Bd. 1: Ursprung und Einheit. Die Geschichte der "Marburger Schule" als Auseinandersetzung um die Logik des Denkens. Basel / Stuttgart 1986, S. 140ff.

[34] Siehe Paul Natorp: Allgemeine Psychologie nach kritischer Methode (1912). Amsterdam 1965

[35] PSF III, S. 270f. Vgl. auch ebda., S. 527 sowie S. 133, wo Cassirer von »zwei Stämmen« spricht, die »derselben geistigen Wurzel entspringen«.

ser Systeme begriffen. Die verschiedenen Symbolsysteme sind ihm zufolge in einer eigentümlichen Form der Wahrnehmung fundiert. Mit anderen Worten: Cassirer versucht zu zeigen, daß die Form der Wahrnehmung in Korrelation zu einem bestimmten Symbolsystem und seinen *Sinn*orientierungen[36] steht. Diese Strategie wird deutlich in seiner Argumentation zur epistemologischen Begründung des Mythos, die analog auch für die Begründung anderer Symbolsysteme gelten kann: »Will [...] die Philosophie des Mythos die prinzipielle Forderung erfüllen, die *Schelling* zuerst gestellt hat, will sie ihn [...] als ein Sinngebilde von selbständiger Bedeutung und von eigener Prägung verstehen, so muß sie auch jener Form des *Wahrnehmungserlebnisses*, in der er ursprünglich wurzelt, und aus der er ständig neue Nahrung zieht, ihr Recht widerfahren lassen.«[37]

Es fehlt eine ausdrückliche Erklärung, warum die Wahrnehmung nicht als ein selbständiges Symbolsystem zu begreifen ist. Ein sich in Cassirers Philosophie einfügendes Argument ist, daß der Gegenstandsbezug – das Phänomen – an einen bestimmten theoretischen Rahmen im Kontext einer der allgemeinen Richtungen des Geistes, für die die "symbolischen Formen" Mythos, Sprache, Religion, Kunst, Wissenschaft stehen, gebunden ist. Wie Cassirer dies denkt, wird im folgenden näher erläutert. Die "Flüchtigkeit" der Wahrnehmung ist kein Argument: Denn warum sollten Wahrnehmungsformen flüchtiger sein als eingeübte Schematismen der Bewegung, wie wir sie vom Tanz, dem Singen oder Summen einer Melodie oder selbst der gesprochenen Sprache her kennen?

Es sollen nun die Argumente Cassirers für die unter Bezug auf die Gestaltpsychologie entwickelte Theorie der Wahrnehmung vorgestellt werden. Deren Kernaussagen sind: "Alles Wahrnehmen ist eine Verknüpfung des Sinnlichen mit Sinn" und "Inhalt und Form sind nicht zu trennen,"[38] was bedeutet, daß das Phänomen der Wahrnehmung selbst ein Resultat eines Gestaltungsprozesses ist: »Wo immer der Fall echter Repräsentation vorliegt, da haben wir es nicht mit einem bloßen Empfindungs-*Material* zu tun, das erst nachträglich durch bestimmte Akte, die sich an ihm vollziehen, zur Darstellung eines Gegenständlichen *gemacht* und als solche *gedeutet* wird. Immer ist es vielmehr eine geformte Gesamt-Anschauung, die als objektiv-bedeutsames Ganzes, als erfüllt mit gegenständlichem "Sinn", vor uns steht. Es bleibt auch hier nur

---

[36] Die Doppeldeutigkeit des Wortes ist in diesem Zusammenhang sehr schön: "Geistiger" Sinn und Orientierung im Sinnlichen fallen zusammen.

[37] Vgl. PSF III, S. 72.

[38] Vgl. PSF III, S. 155f., 231.

übrig, dies symbolische Grundverhältnis [...] als echtes Urphänomen anzuerkennen.«[39]

IV. Cassirers Rezeption der Wahrnehmungs- und Gestaltpsychologie

Cassirer stützt sich in seiner Argumentation auf verschiedenste Experimente und Analysen zur Wahrnehmung. Obwohl er zu dem Streit[40] über den psychophysiologischen Charakter der Wahrnehmung keine Stellung bezieht, favorisiert er Ewald Hering, da er der »phänomenologischen Betrachtung« am nächsten steht. Für diese gibt es, wie Cassirer betont, nur eine gestaltete Wahrnehmung, eine Einheit von "Stoff" und "Form", und keine Auszeichnung des Erkenntnissubjekts, wie dies der Ausdruck "Empfindungen" für die das Subjekt bewegenden Reize nahe legt.[41] »Rein erlebnismäßig«, betont Cassirer, »ist uns die Farbe durchaus nicht als Zustand, als Modifikation des eigenen Ich gegeben; sondern was sich uns in ihr erschließt, sind immer irgendwelche objektiven Bestimmungen, sind Verhältnisse der gegenständlichen Wirklichkeit. In diesem Sinne ist daher die Farbe – solange man nicht von ihrer phänomenologischen Betrachtung zu ihrer physiologischen oder physikalischen Erklärung abschweift – weit eher als eine Eigenschaft denn als Empfindung zu bezeichnen.«[42] Hering wird zitiert: »Nicht um ein Schauen der Strahlungen als solcher handelt es sich beim Sehen, sondern um das durch Strahlungen vermittelte Schauen der Außendinge«.[43]

---

[39] Ebda., S. 144.

[40] Exponenten des Streits waren im 19. Jahrhundert Hermann von Helmholtz und Ewald Hering. Helmholtz vertrat eine Erklärung der Wahrnehmung, die physiologische und psychologische Prozesse als getrennte Mechanismen betrachtete. Er ging davon aus, daß die auf die Sinnesorgane treffenden Reize über die Nervenfasern ohne andere interagierende Prozesse zum Gehirn geleitet werden. Die Nichtübereinstimmung der Wahrnehmung mit den physikalischen Reizverhältnissen führte er auf Prozesse der psychologischen Verarbeitung der Reize durch einen Mechanismus unbewußter Schlüsse zurück. Hering opponierte gegen das Postulat unbewußter Urteile und suchte nach einer physiologischen Erklärung der besonderen Abweichungen der Wahrnehmung von den physikalischen Reizkonstellationen. Er ersetzte das Modell unbewußter Schlüsse durch eine Theorie über nervöse Prozesse des Sinnessystems und Gedächtnisaktivitäten. Seine Konzeption ging von einer Interaktion des gesamten Systems, der Sinnesorgane und des neuronalen Gehirngeschehens aus.

[41] Vgl. PSF III, S. 144, 231.

[42] Ebda., S. 144f.

[43] Ewald Hering: Grundzüge der Lehre vom Lichtsinn. Berlin 1920, S. 13, zit. n. PSF III, S. 145.

Phänomenologisch gesehen ist der Gegenstandsbezug der Wahrnehmung inhärent.

Cassirer ist der Punkt wichtig, daß sich *im unmittelbaren Sehen* die gegenständliche Welt aufbaut. Im Anschluß an Hering und David Katz[44] vertritt er die These, daß das Gesehene *als Zeichen* fungiert. Die Experimente zur angenäherten Konstanz der Farbigkeit der Sehdinge verdeutlichten die Zeichenfunktion der gesehenen Farbe, andere Phänomene wie die "Korrektur" perspektivischer Verzerrungen von Gegenständen zeigten, daß Formen als Zeichen für Sehdinge "gelesen" werden. Cassirer interpretiert die Wahrnehmung deshalb symboltheoretisch: »Wie wir durch die zufällige Beleuchtungsfarbe hindurch, in der wir einen Gegenstand sehen, seine ›dauernde‹ Farbe erblicken, so lassen die vielfältigen optischen Bilder, die uns etwa in der Bewegung eines Objekts entstehen, in all ihrer Besonderheit und in all ihrem Wechsel, den Durchblick auf seine ›dauernde Gestalt‹ für uns frei. Sie sind nicht bloße ›Impressionen‹, sondern sie fungieren als ›Darstellungen‹; sie werden aus ›Affektionen‹ zu ›Symbolen‹.«[45] Über physikalische Stimuli alleine ist der Gehalt der Anschauung nicht eindeutig zu bestimmen. »Es zeigt sich, daß je nach den besonderen Bedingungen, unter denen die Wahrnehmung steht, der ›gleiche‹ Lichtreiz in sehr verschiedener Weise zum Aufbau der Wirklichkeit verwendet werden kann – daß scheinbar dieselbe Licht-›Empfindung‹ eine sehr verschiedene objektive ›Bedeutung‹ haben kann.«[46] Cassirers Äußerung spielt auf die Möglichkeit des Betrachters an, den Blick von den Gegenständen abzuwenden und auf das Lichtphänomen "Farbe" zu richten; die Reize bleiben in diesem Fall gleich, aber das Wahrnehmungsphänomen wechselt. Die Welt wird – für den geübten Blick, den vor allem Maler besitzen – bunter, die Schatten tendieren zu einem komplementärfarbigen Grau, die Konturen der Gegenstände lösen sich auf, je intensiver man sich in die Farbphänomene im Licht vertieft. Nehmen wir aber die Gegenstände im Raum ins Visier, tritt die Farbe als Lichtgebilde in den Hintergrund oder wird in ihrer Vielschichtigkeit und Veränderlichkeit nicht erschlossen.

Cassirer greift die phänomenologische Analyse des Husserl-Schülers Wilhelm Schapp und Studien von David Katz auf, die diese Phänomene des Wechsels der Sicht und des Gesamteindrucks zum Thema haben und

[44] David Katz, der Schüler von G.E. Müller, war einer der führenden Wissenschaftler auf dem Gebiet der experimentellen Erforschung der Wahrnehmung von Farben, der die Heringschen Analysen vertiefte und erweiterte.

[45] PSF III, S. 182f.

[46] Ebda., S. 145.

von verschiedenen *Ordnungen* der Erscheinung "Farbe" sprechen.[47]
Schapp unterscheidet eine Sichtweise der Farben als Lichtgebilde von der
der Farbe als Zeichen für Gegenstände im Raum, die für das Konstanzphänomen verantwortlich ist. Katz spricht von Flächenfarben, die als
einfaches Quale ohne genaue Umgrenzung erscheinen; die Farbe als
Eigenschaft der Sehdinge nennt er Oberflächenfarbe, und er fügt dieser
Gliederung die Kategorie der Raumfarbe hinzu – das ist die Farbe, die
den Raum zu erfüllen scheint. Schapp betonte, daß der gesehene Gegenstand abhängig ist von der Ordnung bzw. der "Form" oder "Gestalt" der
Repräsentation. Zur Verdeutlichung dieser These zieht Cassirer Beispiele
Herings heran, so den bekannten Fleck-Schatten-Versuch, bei dem auf
ein Stück weißes Papier mittels eines aufgehängten Papierschnitzels und
passender Beleuchtung ein Schatten geworfen wird. Wird der Halb-
schatten verdeckt durch einen breiten schwarzen Strich um den
Kernschatten, so daß die Schattenfläche ihren Charakter als Schatten verliert, ist – mit dem Blick allein auf das Papier gerichtet – nicht mehr entscheidbar, ob das Grau auf dem Papier ein Schatten, ein Tuschfleck oder
aber ein Stück graues Papier mit schwarzem Rand ist.[48] Das andere
Beispiel beschreibt ein Erlebnis, für das es viele analoge Fälle gibt: Auf
einem Spaziergang durch einen Wald wird in einiger Entfernung eine
weiße Stelle gesehen. Sie wird spontan als eine durch verschütteten Kalk
weiß gefärbte Fläche des Weges gedeutet. Wird aber der Einfall des
Sonnenlichts durch die Lücke im Blätterdach bemerkt, erscheint diese
Stelle nur noch als ein auf graubraunen Boden fallendes Licht.[49]

Die Gestaltpsychologie wartete mit den unterschiedlichsten Beispielen
für einen spontanen, teils mit (sprachlichen) Denkprozessen verbunde-
nen, teils unwillkürlichen Wechsel der Sicht auf. Bekannt sind die optischen Inversionen, die z.B. ein gezeichneter "Draht-Quader" auslöst,
oder die sogenannten Kippbilder, bei denen bald das eine, bald das andere Bild gesehen wird, je nachdem, welche Fläche als Vorder- und welche
als Hintergrund gewählt wird, oder, im Falle einer Zeichnung, welche
Kontur ins Zentrum des Blicks gerückt wird. Die Psychologie faßte diese

---

[47] Vgl. ebda., S. 145-152; Wilhelm Schapp: Beiträge zur Phänomenologie der
Wahrnehmung. Inaugural-Dissertation. Göttingen 1910; Katz: Die Erschei-
nungsweisen der Farben und ihre Beeinflussung durch die individuelle
Erfahrung. Auch Katz war eigenen Aussagen zufolge von Husserl beeinflußt
(vgl. Bernhard Rang: Husserls Phänomenologie der materiellen Natur,
Frankfurt/M. 1990, S. 195, Anm. 91; Mitchel Graham Ash: The Emergence of
Gestalt Theory: Experimental Psychology in Germany 1890-1920, Ph.D.
Harvard University 1982, Cambridge/Mass., University Microfilms International. Ann Arbor/Michigan 1984, S. 104).
[48] Vgl. Gelb: Die "Farbenkonstanz" der Sehdinge, S. 600f.
[49] Vgl. PSF III, S. 159f.

Phänomene unter den Begriff der "Zentrierung", der auch bei Cassirer begegnet.[50] Ein prägnantes Beipiel für die unwillkürliche Strukturierung des Raumes gibt ein Raum-Licht-Experiment: Eine mit einem schwarzen Tuch bespannte Kreiselscheibe wird in einem halb verdunkelten Raum aufgestellt und das Licht einer Bogenlampe so auf sie gerichtet, daß die Randstrahlen des Lichtkegels möglichst scharf mit dem Rand der Scheibe zusammenfallen. In Rotation versetzt erscheint die Scheibe dem Betrachter zwingend weiß oder weißlich-grau; es ist unmöglich, ein stark beleuchtetes Schwarz zu sehen. Der Eindruck verändert sich schlagartig, sobald nur ein kleines weißes Papierstückchen in den Strahlengang der Lampe eingeführt wird. Die Scheibe wird augenblicklich als "schwarz" und das Papier als "weiß" gesehen. An die Stelle des Weiß der Scheibe in schwacher Beleuchtung tritt ein Schwarz in starker Beleuchtung. Wurde der Lichtkegel zunächst als ein dingartiges in den schwach beleuchteten Gesamtraum eingebettetes Gebilde wahrgenommen, gliedert sich der Raum nach der Einführung des Papiers in einen schwach beleuchteten und einen stark beleuchteten Teil.[51] Die Gestaltpsychologie verdeutlichte mit solchen Phänomenen, daß die Wahrnehmung nicht den Charakter des "Feststehenden" und "Gegebenen" hat, sondern mit psychophysischer Aktivität verbunden ist.

Während die Psychologie die Phänomene vor allem im Hinblick auf psychophysische Mechanismen betrachtete, weist Cassirer auf die Rolle der Kognition hin: Das Sehen wird durch den geistigen Faktor nicht nur mitbestimmt, sondern konstituiert. »Denn es gibt für uns kein Sehen und es gibt für uns nichts Sichtbares, das nicht in irgendeiner Weise der geistigen *Sicht*, der Ideation überhaupt, stünde. Ein Sehen und ein Gesehenes außerhalb dieser ›Sicht‹, eine ›bloße‹ Empfindung außerhalb und vor jeder Art von Gestaltung, ist eine leere Abstraktion. Immer muß das ›Gegebene‹ schon in einer bestimmten ›Hinsicht‹ genommen und *sub specie* dieser Hinsicht erfaßt sein: denn sie erst ist es, die ihm seinen 'Sinn' verleiht. Dieser Sinn ist hierbei weder als sekundär-begriffliche, noch als assoziative *Zutat* zu verstehen: sondern er ist der schlichte Sinn der ursprünglichen *Anschauung selbst*. In dem Augenblick, wo wir von einer Form der ›Sicht‹ in eine andere übertreten, erfährt nicht etwa nur ein einzelnes *Moment* der Anschauung, sondern diese selbst in ihrer *Totalität*, in ihrer ungebrochenen Einheit, eine charakteristische Metamorphose.«[52]

---

[50] Vgl. Metzger: Psychologie, S. 175ff. Man denke dabei etwa an die Zeichnung à la Toulouse-Lautrec, die mal eine junge Frau, mal eine alte Frau im Profil zeigt, je nachdem, ob man eine bestimmte Kontur als Kinn oder als Nase sieht.

[51] Gelb: Die "Farbenkonstanz" der Sehdinge, S. 674f.

[52] Vgl. PSF III, S. 155f.

V. Symbolische Prägnanz

Für diese Einheit von Sinnlichem und Sinn führt Cassirer den Begriff "symbolische Prägnanz" ein. »Unter ›symbolischer Prägnanz‹ soll also die Art verstanden werden, in der ein Wahrnehmungserlebnis, als ›sinnliches‹ Erlebnis, zugleich einen bestimmten nicht-anschaulichen ›Sinn‹ in sich faßt und ihn zur unmittelbaren konkreten Darstellung bringt. [...] es [ist] die Wahrnehmung selbst, die kraft ihrer eigenen immanenten Gliederung eine Art von geistiger ›Artikulation‹ gewinnt – die, als in sich gefügte, auch einer bestimmten Sinnfügung angehört.«[53] Die stets als eine Einheit von Sinnlichem und Sinn gegebene Wahrnehmung besitzt eine bestimmte immanente Struktur. Diese These Cassirers und der Begriff symbolische Prägnanz bringen Nähen zur Berliner Schule der Gestaltpsychologie zum Ausdruck,[54] gleichwohl finden sich im dritten Band der "Philosophie der symbolischen Formen" keine expliziten Hinweise auf Forschungen zu Prägnanztendenzen der Wahrnehmung. Die in der Psychologie gebräuchlichen Begriffe "prägnante" bzw. "gute" Gestalt und "Prägnanztendenz" oder "Gesetze der Prägnanz" tauchen bei Cassirer nicht auf. Aufgrund der vielfachen Bezugnahme auf gestaltpsycholo-

[53] Ebda., S. 235.
[54] Die Gestalttheorie vertrat die Auffassung, daß der Aufbau der Wahrnehmung durch spezifische Sehstrukturen erfolgt: »Die anschauliche Trennung in Beleuchtung und Beleuchtetes, d. h. das Korrelat zum Haben von Oberflächenfarben oder, besser gesagt, von Körperfarben ist nur ein Ausdruck einer bestimmten Strukturform unserer Sehwelt. [...] Nicht auf reizbedingten und unverarbeiteten ›primären Empfindungen‹ und Empfindungskomplexen, gleichsam als auf einem ursprünglichen Rohstoffe, baut sich auf Grund von ›akzessorischen‹ höheren (zentralen, psychologischen) Vorgängen unsere Sehwelt auf, sondern von Haus aus steht die Ausbildung unseres Sensoriums unter solchen Bedingungen, daß wir je nach der äußeren Reizkonstellation und inneren Einstellung eine in dieser oder jener Weise, bald reicher bald ärmer gegliederte und gestaltete Welt von ›Dingen‹ vorfinden. Mit dieser Gliederung und Gestaltung stehen solche Momente wie ›Sichtbarkeit einer bestimmten Beleuchtung‹, ›Gegebensein straffer Farboberflächen‹ und ›reicher Sehfeldgliederung‹- also Momente, die für das Auftreten der beschriebenen ›Farbkonstanz‹-phänomene in prägnanter Form [...] unbedingte Voraussetzung bilden – in einem Wesenszusammenhange« (Gelb: Die "Farbenkonstanz" der Sehdinge, S. 672f.). Von Cassirer wird die Gestalttheorie der Berliner Schule erst in den späten Schriften ausdrücklich erwähnt [vgl. Ernst Cassirer: The Concept of Group and the Theory of Perception. In: Philosophy and Phenomenological Research. Vol. V, No. 1 (1944) (französische Erstveröffentlichung 1938); Ders.: Das Erkenntnisproblem in der Philosophie und Wissenschaft der neueren Zeit (1957). Bd. IV, Darmstadt 1994, S. 218]. Im postum erschienenen vierten Band des "Erkenntnisproblems" stellt er sie als wissenschaftliche, am Funktionsbegriff des physikalischen Feldes orientierte Psychologie heraus (ebda., S. 218). Cassirer findet nur knappe Bemerkungen, aus denen jedoch hervorgeht, daß er diesen Theorieansatz als produktiv wertete.

gische Befunde ist jedoch anzunehmen, daß Cassirer seinen Begriff der "symbolischen Prägnanz" auch in Anlehnung an den psychologischen Begriff wählte; ein anderer Bezugspunkt mag Leibniz' Begriff "praegnans futuri" sein,[55] der im Kontext der Leibnizschen Idee auftritt, daß im Jetzt der Gegenwart das Zukünftige präsent ist. Der fehlende Verweis auf Gemeinsamkeiten und Differenzen zum psychologischen Begriff der Prägnanz macht erneut deutlich, wie rigoros Cassirer psychophysiologische Aspekte der Wahrnehmung aus seiner Philosophie ausschloß.

Durch dieses Vorgehen handelt er sich mit einigen allgemein gehaltenen Aussagen Fragen ein, wie sie z.B. Philipp Dubach[56] aufwirft: Wenn, wie Cassirer sagt, "Stoff" und "Form" voneinander unabhängig variabel sind,[57] bedeutet das, daß dem Stofflichen jedes Ordnungsschema aufgezwungen werden kann? Cassirer betonte, daß sich der phänomenale Bestand der Wahrnehmung verändern kann, wenn die Struktur der Sicht wechselt. Seine Beispiele sind das Umschlagen der Farbphänomene, wenn wir von den Farben als Eigenschaften der Gegenstände zu dem Lichtgebilde "Farbe" übergehen, und die "Metamorphose" eines Linienzuges. Das letztere ist besonders interessant, weil es der intuitiven Überzeugung widerspricht, eine Linie sei immer ein und dieselbe Linie für jede Wahrnehmung, nur die Interpretation könne variieren. Cassirer hebt hervor, daß auch in dem Fall der Kontext die phänomenale Gestalt bestimmen kann. Der ästhetische Blick nimmt anderes wahr als die gewöhnliche, auf die geometrische Form gerichtete Sicht – die Art des Auftrags der Farbe, die Abschürfung des Graphits auf dem Papier, die virtuelle Dynamik oder Balance der Linie, unter Umständen die Illusion des Raumes, den ihre Lage auf der Bildfläche hervorruft.[58]

Die Aussage, der "Stoff" wandle sich mit der "Form", ist gegen die Abbildtheorie der Erkenntnis gerichtet, die davon ausgeht, daß das sinnlich gegebene Bild der Wirklichkeit gleich bleibt, aber verschieden interpretiert wird. Die Gestaltpsychologie jedoch bewies, daß die Phänomene selbst sich mit der Sehstruktur verändern, und Cassirer betonte, daß diese Sehstruktur durch eine bestimmte epistemische Perspektive definiert ist. Doch aufgrund der strikten Ausklammerung der physiologischen Aspekte des Phänomens thematisiert Cassirer psychophysiologische

---

[55] Darauf verweisen Massimo Ferrari: Ernst Cassirer. Dalla scuola di Marburgo alla filosofia della cultura, Firenze 1996, S. 187; sowie Konrad Marc-Wogau: Der Systembegriff in der Philosophie Ernst Cassirers, in: Theoria 2 (1936), S. 318.

[56] Philipp Dubach: Symbolische Prägnanz – Schlüsselbegriff in Ernst Cassirers Philosophie der symbolischen Formen? In: Kulturkritik nach Ernst Cassirer. Hg. v. E. Rudolph und B.-O. Küppers. Hamburg 1995, S. 52f.

[57] PSF III, S. 232.

[58] Vgl. ebda., S. 232f.

Mechanismen und deren Abhängigkeit von bestimmten Stimuli nicht. Deshalb gibt es auf die oben gestellte Frage keine befriedigende Antwort. Mit gutem Willen der Interpretation, der Rationalität unterstellt, impliziert Cassirers Begriff "Stoff" die Bindung der Wahrnehmung an Stimuli. Cassirer, der sich durchweg an empirischer Wissenschaft orientierte, wollte sie sicherlich nicht bestritten wissen. Cassirers Sprache und Argumentation, die – noch 1929 – jede Bezugnahme auf psychophysiologische Aspekte vermeidet und damit Unklarheiten hervorruft, ist in diesem Punkt freilich ein Beispiel für negative Seiten der Disziplinierung der Philosophie infolge des durch Husserls Stellungnahme 1900 entschiedenen Psychologismusstreit.

In späteren Schriften läßt Cassirer keinen Zweifel daran, daß die sinnliche Gestalt der Phänomene in ihrer Wandelbarkeit den durch die psychophysiologischen Strukturen gesetzten Beschränkungen unterliegt.[59] Das Sinnliche ist damit aber nicht in seiner Zeichenfunktion beschränkt. Was im Sehfeld fokussiert und epistemisch als allgemein herausgehoben wird und in welchen theoretischen Kontext es gestellt wird, ist abhängig vom Glaubens- und Wissenssystem und situativen Denkprozessen. Zeichen fungieren in epistemischen Prozessen als Teile theoretischer Kontexte, die sie daher repräsentieren; sie weisen über sich hinaus, sind Teil eines begrifflichen Netzes. Das 1929 herausgearbeitet zu haben, ist das Verdienst Cassirers; und man mag darin ein fruchtbares Ergebnis der Disziplinierung der Philosophie sehen. Cassirers Begriff der Zentrierung ist mit seinem Begriff der Repräsentation verbunden und umfaßt daher weitaus mehr und anderes als der psychologische Begriff.

Unter "Zentrierung" oder "Zentrenbildung" versteht Cassirer die Fixierung eines bestimmten ideellen Bezugspunkts, von dem ausgehend sich das "Bild" der Welt aufbaut. Wir können uns auf die Welt der physikalischen Gegenstände konzentrieren, auf die Farbigkeit der Welt, auf die akustische Welt oder die Welt des Tastsinnes oder die der Gefühle. Alle diese Welten weisen eine unterschiedliche Struktur auf. Auch innerhalb des Ordnungsschemas der "Welt physikalischer Gegenstände" gibt es verschiedene Sichtweisen und Strukturen, wie Cassirer anhand der genannten Heringschen Beispiele erläutert: »In dem einen Falle wird die optische Erscheinung als Darstellung eines Ding-Eigenschafts-Zusammenhangs, in dem anderen als Darstellung eines Kausalzusammenhangs

---

[59] Cassirer: The Concept of Group and the Theory of Perception, S. 16f. In seiner Replik auf Konrad Marc-Wogaus Kritik spricht Cassirer immerhin von der "Materie" der Wahrnehmung, die er als einen Grenzbegriff bestimmt, auf den sich die verschiedenen sinnlichen Formen des Phänomenalen beziehen (Cassirer: Zur Logik des Symbolbegriffs (1938). In: Wesen und Wirkung des Symbolbegriffs (1956). Darmstadt 1994, S. 212ff.).

benutzt: in dem einen Falle symbolisiert sie uns ein substantielles Sein (das Sein des ›Fleckes‹), in dem anderen einen Lichtreflex als eine momentane Wirkung. Aber in beiden Fällen wäre es irreführend, wenn man das Phänomen so beschriebe, daß hier zu einer an sich identisch bestehenden ›Empfindung‹ die ›Kategorie‹ der Substantialität oder Kausalität nur nachträglich hinzutritt und daß sie diese Empfindung in ein bereit gehaltenes formales Schema gleichsam hineinpreßt. Denn hier ist eben das Entscheidende übersehen: daß nämlich die Identität des Bezugspunkts, die der ›Rekognition‹ und ›Repräsentation‹ die Wege weist, nicht einfach, im Sinne eines Vorgegebenen, ›da ist‹, sondern daß sie sich erst aus der Richtung der Betrachtung und aus dem *ideellen* Ziel, auf das diese hinblickt, ergibt.«[60] Das Wahrnehmen von etwas als ein Etwas der Erfahrung ordnet das Sinnliche in einen Gesamtzusammenhang der Erfahrung ein. Dabei kommen kategoriale Unterscheidungen nach Ding und Eigenschaft, Ursache und Wirkung, Notwendigkeit und Zufall, nach Typischem und Individuellem, Variationsfähigen, nach Realität bzw. Wesen und Schein, räumliche und zeitliche Schemata, Schemata der Einheit und Vielheit und anderes mehr zum Tragen. Einzelne Zeichen sind komplexen Begriffsstrukturen zugeordnet und repräsentieren Glaubens-, Überzeugungs- und Wissenszusammenhänge - "Theorien" in einem allgemeinen Sinn des Wortes. In dem Kapitel "Symbolische Prägnanz" betont Cassirer: »jede Wahrnehmung schließt einen bestimmten ›Richtungscharakter‹ in sich, mittels dessen sie über ihr Hier und Jetzt hinausweist. Als bloßes Wahrnehmungs*differential* faßt sie nichtsdestoweniger das *Integral* der Erfahrung in sich.«[61] Er spricht ebenso von »symbolischer Konzentration« oder der »Integration zum Ganzen«, von einem »Schlag der tausend Verbindungen schlägt« oder mit Leibniz von dem »Einen im Vielem und dem Vielem in Einem«.[62] Denn Repräsentation bedeutet bei Cassirer die kognitive Leistung, am Anschaulichen ein Typisches und Allgemeines festzuhalten und von einem Individuellen und Variationsfähigen zu unterscheiden. Für welchen *Typ* etwas steht, hängt ganz von der ideellen Hinsicht, dem gedanklichen Kontext und in einem umfassenden Sinn von dem historischen und subjektiven System des Wissens und Glaubens ab. Ob wir einen Kreis lediglich als einen Kreis sehen oder ihn als ein in eine Ellipse transformierbares Gebilde betrachten, ob ein Gerät unbestimmt als irgendein "Gegenstand der wissenschaftlichen Technik" gesehen wird oder als z.B.

[60] PSF III, S. 160.
[61] Ebda., S. 236.
[62] Ernst Cassirer: Philosophie der symbolischen Formen, Erster Teil: Die Sprache (1923). Darmstadt 1990 (im folgenden unter der Sigle PSF I), S. 34, 40, 43f.; PSF III, S. 133, 236f.

Röntgenröhre erkannt und im Hinblick auf seine praktische Funktion und Bedeutung in der Wissenschaft eingeschätzt werden kann – die Identifikation und die kontextuelle Einordnung des Gesehenen ist eine Frage der Theorie, des Wissens und des jeweiligen Bezugspunkts. Die "Teilhabe" an dem theoretischen Gefüge, den strukturellen Ordnungen des Wissens »gibt der Erscheinung erst ihre objektive Wirklichkeit und ihre objektive Bestimmtheit. Die ›symbolische Prägnanz‹, die sie gewinnt, entzieht ihr nichts von ihrer konkreten Fülle« – der Kreis bleibt ein Kreis, auch wenn wir ihn auf eine Theorie beziehen, die keinen Unterschied zwischen Kreisen und Kegelschnitten trifft – »aber sie bildet zugleich die Gewähr dafür, daß diese Fülle nicht einfach verströmt, sondern sich zu einer festen, in sich geschlossenen Form rundet.«[63]

Das Sehen eines Etwas "als ein Etwas" unterliegt einem kognitiven Schema und dieses bestimmt Cassirer in Anlehnung an die Transformationsgruppen der Geometrie als "Regel der Transformation",[64] denn das Schema hält das Allgemeine fest, stempelt das Einzelne, Besondere zu einem bestimmten "Fall" unter vielen. Schon die Wahrnehmung, die Struktur des Sinnlichen, besitzt in den Phänomenen der Konstanz der Sehdinge die Relation von Konstantem und Variablem – der "identische Gegenstand" ist der epistemologische Bezugspunkt für Farbphänomene in wechselnder Beleuchtung oder für die verschiedensten perspektivisch verzerrten optischen "Bilder" eines Gegenstands, die wir für gewöhnlich nicht sehen. In der Bildung dieser Konstanten liegt Cassirer zufolge der "Keim und Kern jeglicher 'Objektivierung'";[65] im Hinausweisen der Zeichen auf Zusammenhänge, in der Bildung von Klassen, Relationen und Funktionszusammenhängen baut sich "Wissen" auf.[66] Sprache und Wissenschaft fördern diesen in der Wahrnehmung angelegten Bezug auf Konstanten. Cassirer sieht logisch analoge Strukturen in der Wahrnehmung, in Sprache und Wissenschaft: Wie die vielfältigen Erscheinungsweisen eines Sehdings in Farbigkeit, Form und Größe auf einen identischen Gegenstand bezogen werden, bezieht das Symbolsystem der Sprache eine Vielfalt von Vorstellungsbildern, Wahrnehmungen und Erfahrungen auf einen Begriff, der wiederum Element eines Theoriekomplexes ist.[67]

---

[63] PSF III, S. 237.

[64] Cassirer: The Concept of Group and the Theory of Perception, S. 22; vgl. PSF III, S. 183f.

[65] PSF III, S. 180.

[66] Vgl. ebda., S. 131ff., 144.

[67] Siehe ebda., S. 141, 180. Deshalb vergleicht Cassirer das Konstanzphänomen in der Wahrnehmung mit Felix Kleins Transformationsgruppentheorie der Geometrie.

Wahrnehmungen sind Cassirer zufolge mit Prozessen der Festlegung von Bedeutung sowie Urteilsprozessen verbunden, es gibt keine "losgelöste", "selbstgenügsame" Erscheinung. »[...] das Sein der Erscheinung läßt sich von ihrer repräsentativen Funktion nicht abtrennen: sie ›ist‹ nicht mehr dasselbe, sobald sie etwas anderes ›bedeutet‹, sobald sie auf einen anderen Gesamtkomplex, als auf ihren Hintergrund, hinweist. Es ist bloße Abstraktion, wenn man die Erscheinung aus dieser Verfloch-·tenheit herauszulösen – wenn man sie als ein selbständiges Etwas vor und außerhalb *jeglicher* Funktion des Hinweisens zu erfassen sucht. Denn der nackte Kern der bloßen Empfindung, die nur noch ist ohne etwas darzustellen, besteht eben niemals im wirklichen Bewußtsein und für dasselbe, sondern er ist, wenn überhaupt, so nur als Bestand im Bewußtsein des – Psychologen gegeben: er bildet ein Musterbeispiel für jene Illusion, die William *James* ‹*the psychologist's fallacy*› genannt hat. Hat man sich einmal prinzipiell von dieser Illusion befreit, hat man erkannt, daß nicht sowohl ›Empfindungen‹ als vielmehr ›Anschauungen‹, daß nicht Elemente, sondern gestaltete Ganzheiten, die einzigen Data des Bewußtseins bilden – so kann die Frage nur noch lauten, welches Verhältnis zwischen der ›Form‹ dieser Anschauungen und der ›Darstellungsfunktion‹, die sie zu erfüllen haben, besteht.«[68]

Sinnliche Phänomene werden mit Bedeutung "aufgeladen" und für diese *Zeichen*prozesse gibt es keine psychophysiologische Grenze der "Gestaltung". Momentane Grenzen sind das vorhandene Wissen und situative Kontexte. Wir sind in der Lage von einem Moment zum anderen die Sichtweisen zu wechseln, neue Zusammenhänge zu »sehen«, die Begriffe weiterzuentwickeln. Das Bewußtsein ist ein dynamischer Prozeß. Sinnliche Phänomene, betont Cassirer, erhalten »nur dadurch repräsentativen Charakter [...], [können] nur dadurch zu Trägern von Darstellungsfunktionen werden [...], daß sie sich in sich selbst fortschreitend gliedern – wie aber andererseits auch umgekehrt aus jeder schärferen Gliederung, die eine anschauliche Gesamtheit in sich erfährt, immer reichere und weitere Möglichkeiten für die Darstellung resultieren. Nur innerhalb einer gegliederten Mannigfaltigkeit kann ein ›Moment‹ für das ›Ganze‹ eintreten, – und andererseits bedarf das Bewußtsein, wo immer ein gestalthaftes Ganze vorliegt, nur der Vergegenwärtigung eines seiner Momente, um an ihm und in ihm das Ganze selbst zu erfassen, um es kraft dieser Vermittlung zu ›haben‹. So entspricht denn auch jedem Wechsel des Bezugspunkts, jeder ›Umzentrierung‹ in einer anschauli-

[68] Ebda., S. 164.

chen-gegebenen Struktur, im allgemeinen ein Umschlag dessen, was in ihr und durch sie dargestellt wird.«[69]

Cassirers Begriff der Wahrnehmung überwindet ein Verständnis, dem Wahrnehmung – in Analogie zur Gemäldebetrachtung – als eine Art der Betrachtung "starrer Bilder der Welt" erscheint. Bestimmt als ein mit dem Denken eng verknüpfter Prozeß ist sie dynamisch gedacht als eine Bewegung mit wechselnden Fokussierungen im Sinnlichen, Gestalt-wandlungen des Phänomenalen und wechselnden Zeichen- und Reprä-sentationsstrukturen.

VI. Ausdruck – Darstellung – reine Bedeutung

Die Mannigfaltigkeit der Repräsentationsbeziehungen, in denen Wahrnehmung stehen kann, unterteilt Cassirer in drei Ebenen oder Modi der Repräsentation, für die er die Begriffe "Ausdruck", "Darstellung" und "reine Bedeutung" wählt. Sie sieht er durch verschiedene Symbol-*funktionen* bestimmt, die er in Beziehung zu drei Symbolformen stellt: zu Mythos, Sprache und Wissenschaft, da in ihnen je eine der Symbolfunktionen dominant ist – im Mythos die Ausdrucksfunktion, in der Sprache die "Darstellungsfunktion" und in der Wissenschaft die Bedeutungsfunktion. Den Bestimmungen folgend, die Cassirer diesen Symbolfunktionen und Formen der Repräsentation gibt, lassen sie sich als verschiedene Strukturen der Differenzierung zwischen Subjekt und Objekt, Präsentem und Repräsentem sowie von Allgemeinem und Besonderem bzw. Individuellem in Anschauung und Erkenntnis charak-terisieren. Ich will dies im Folgenden näher erläutern.

Von der Darstellung und der "Darstellungsfunktion" war schon in den obigen Zitaten Cassirers die Rede. Die Begriffe sind dem Wiener Psychologen K. Bühler entnommen, der sie zur Kennzeichnung der pro-positionalen Sprache des Menschen gebrauchte. Sie charakterisierte Bühler durch zwei Aspekte: die "Entstofflichung" der Zeichen - Sprachzeichen geben keine stoffliche "Probe" des Bezeichneten; und die prinzipielle Ablösbarkeit der Zeichen von den Dingen, als deren Zeichen sie fungieren. »Darstellung ist *Vertretung in einem Erkenntnis-zusammenhang*«, betont Bühler.[70] Mit dieser Bedeutung geht Cassirers Begriff weitgehend parallel. Auch Cassirer stellt heraus, daß die Zeichen

---

[69] Ebda., S. 162f.
[70] Karl Bühler: Über den Begriff der sprachlichen Darstellung. In: Psychologische Forschung 3 (1923), S. 287; vgl. Ders.: Die Krise der Psychologie, S. 54.

in "Darstellungsfunktion" in ihrem "stofflichen" Aspekt nicht interessieren, sondern "durch sie hindurch" ein Sinn erfaßt wird: Die Sprache als
ein Lautgebilde oder die Form der Schrift tritt aus dem Zentrum des
Blicks, wenn wir uns dem Sinn zuwenden, den sie in ihrer Zeichenfunktion repräsentieren. Bei hoher Konzentration auf den "Inhalt" übersehen wir die Schriftzeichen und überhören den Klang und Rhythmus
der Stimme. Auch sehen wir nicht, daß sich die Farbigkeit der Dinge
während des Tagesablaufs verändert. Cassirer definiert die "Darstellungsfunktion" der Zeichen durch ihr "über sich Hinausweisen" auf
einen Zusammenhang der Erfahrung. Sie repräsentieren ein epistemisch
Allgemeines, das Element eines Begriffs- und Kategoriennetzes ist, durch
das sich ein "objektives Weltbild", eine Welt mit konstanten Dingen und
Eigenschaften aufbaut. Diese Funktion ist nicht auf die Sprache
beschränkt, deren Zeichen stets ein epistemisch Allgemeines repräsentieren, weshalb die Sprache für die "Darstellungsfunktion" ein besonders
gutes Beispiel ist. Sie ist Cassirer zufolge bereits Grundlage der auf
Gegenstandstypen, deren allgemeine Merkmale und raum-zeitliche und
kausale Relationen gerichteten Wahrnehmung, in der das Präsente als
Repräsentant verschiedener Klassen von Gegenständen und Relationen
ist.[71]

In der Wissenschaft ist diese repräsentative, auf allgemeine Strukturen
des Wissenssystems bezogene Wahrnehmung weitaus ausgeprägter. Ein
Experiment kann als Fallbeispiel für eine große Zahl sehr verschiedener
Prozesse stehen, sofern in ihm allgemeine Relationen, Regelmäßigkeiten,
Gesetze oder Prinzipien "gesehen" werden. Gefordert ist ein systemati-
scher Zusammenhang der Konstruktion der Begriffe, Prinzipien und
Modelle. Auch die Sprache unterliegt in der Wissenschaft gehobenen
Ansprüchen hinsichtlich der Exaktheit begrifflicher Bestimmung und
epistemologischer Systematik.[72] Es ist die Konzentration auf die »reine
Ordnungsbeziehung«,[73] die Cassirer als ein Denken bzw. eine Symbol-
funktion in »reiner Bedeutung« kennzeichnet. Aber nicht alleine der
höhere Grad der Abstraktion von dem "sinnlich Präsenten" und die
Beachtung der logischen Folgerichtigkeit des Denkens veranlaßten
Cassirer, eine neue "Ebene" der Repräsentationsfunktion begrifflich einzuführen, denn er betont weiter, daß zu ihrer besonderen epistemologischen Struktur das *Bewußtsein* der Differenz von Anschauung und
Theorie gehört, mit anderen Worten: ein Moment der Symbolkritik. Den

---

[71] Vgl. PSF III, S. 131ff., 141ff.
[72] Vgl. ebda., S. 393f; sowie Cassirer: Inhalt und Umfang des Begriffs, S. 185f.
[73] Ernst Cassirer: Zur Metaphysik der symbolischen Formen. Nachgelassene
Manuskripte und Texte, Bd. 1. Hg. v. J.M. Krois. Hamburg 1995, S. 91.

wissenschaftlichen Begriff kennzeichne, daß er eine Regel der Bestimmung aufstellt, »die sich am Anschaulichen zu bewähren und im Kreise des Anschaulichen zu erfüllen hat. Aber eben weil und sofern diese Regel *für* die Welt der Anschauung gelten soll, gehört sie ihr nicht mehr einfach als bloßer *Bestand*, als Element ihrer selbst, an. Sie *bedeutet* ihr gegenüber ein Eigenartiges und Selbständiges«. Als Regel *für* die Welt der Anschauung kann sie »als eine universelle Denkleistung *erfaßt* und als solche *durchschaut* werden«. Erst in der reinen Bedeutungssphäre, so betont Cassirer, kommt es zu einer Ablösung vom konkret anschaulich Gegebenen der Wahrnehmung, die als "Abstraktion" zu bezeichnen ist. »Die Erkenntnis löst die reinen Beziehungen aus der Verflechtung mit der konkreten und individuell-bestimmten ›Wirklichkeit‹ der Dinge heraus, um sie sich rein als solche in der Allgemeinheit ihrer ›Form‹, in der Weise ihres Beziehungs-*Charakters* zu vergegenwärtigen.«[74]

An der Schwelle zu diesem Denken steht Cassirer zufolge ein Bewußtsein über Symbole und Relationen sowie die Festlegung eines universellen Maßsystems, das die Entwicklung des theoretischen Denkens fester gründet und umfassender ausgestaltet. Mit dem Bewußtsein über Prinzipien resp. Maßsysteme kann die Beziehung von Begriff und Anschauung in ein kritisches Verhältnis treten: Theorien können empirisch überprüft und auf die ihnen zugrundeliegenden Normen und Kriterien hin reflektiert werden, und diese Reflexion schafft schließlich das Bewußtsein der Freiheit der Konstruktion von Schemata zur Orientierung in "der Welt".[75] Von Cassirer unterstrichen wird die innere Dynamik des Denkens, die besonders durch die Reflexion auf Strukturen, Modelle und Prinzipien der Theorien vorangetrieben wird. In Wissenschaften wie der Mathematik und Physik führte dies schließlich im 19. Jahrhundert zu Theorien, die das allgemeine Anschauungsvermögen überschritten und damit das Versagen der Anschauung als Beweisgrund offenlegten. Vor dem Hintergrund der viel diskutierten Krise der intuitiven Gewißheit der Anschauung betonte jedoch Cassirer, daß die Befreiung der Wissenschaft von der geometrisch-mechanischen Darstellung keine Abwendung von der Welt der Anschauung bedeute, »denn alle physikalische Theorie muß freilich zu ihr zurückstreben und sich zuletzt an ihr bewähren.«[76] Die

[74] PSF III, S. 330f., 332f.
[75] Vgl. ebda., S. 333. Cassirer verdeutlicht die innere Dynamik des bewußten symbolischen und an Normen der Logik orientierten Denkens, die sich aus der Auseinandersetzung mit logischen Widersprüchen entwickelt. Der Entwurf des Nicht-Möglichen und die Integration von Widerstreitendem in einer erweiterten Theorie trägt Cassirer zufolge zu Lernprozessen und zu einer systematischeren Gestaltung und Gliederung des Wissens bei (ebda., S. 356).
[76] Ebda., S. 543.

Anschauung habe ihre dominante Position als evidente Grundlage der Beweisführung verloren und sei in der (mathematischen) Wissenschaft zu einem Mittel der Demonstration geworden. Aber sie spielt, so stellte Cassirer mit Felix Klein übereinstimmend fest, noch eine Rolle als Quelle und Ausgangspunkt von Konzeptionen. Sie ist ein Bezugspunkt für kognitive Schemata, für die "Regel der Variation".[77]

Der Wahrnehmung von "Ausdruck", der Wahrnehmung von Klangfarbe und Rhythmus akustischer Tongebilde und des Gestalteindrucks visueller Erscheinungen etc.,[78] liegt eine besondere Struktur zugrunde, die sich von Repräsentationen auf der Ebene der Darstellung und der reinen Bedeutung unterscheidet: die Wahrnehmung ist auf die Besonderheit des sinnlich Präsenten und auf den von ihm ausgehenden *Eindruck* konzentriert. Cassirer stellt als Merkmal dieser Sicht heraus, daß sie das Wahrgenommene nicht in die Zusammenhänge der physikalischen, dem Erkennenden gegenüber distanzierten Welt rückt. "Wahrnehmung in Ausdrucksfunktion" ist eine Weise zu sehen, hören, tasten, schmecken, riechen und empfinden, die der Differenz von Ich und Welt, Innen und Außen, Subjekt und Objekt vorausgeht, eine Wahrnehmung, in der vorsprachliche Schemata des Fühlens zum Tragen kommen. Cassirer spricht metaphorisch von einem »Modus der ›Du-Wahrnehmung‹« im Unterschied zum »Modus der ›Es-Wahrnehmung‹« der Wahrnehmung in Darstellungsfunktion.[79]

Eine Parallele zu Wilhelm Diltheys "Repräsentation vom Erleben aus" drängt sich auf.[80] Dilthey unterscheidet Arten des gegenständlichen

---

[77] Cassirer: The Concept of Group and the Theory of Perception, S. 14. Die Rolle der Anschauung in der Wissenschaft wird durch diese Bestimmung noch keineswegs hinreichend erfaßt. Vgl. zur Bedeutung der wissenschaftlichen Imagination auch jenseits der Möglichkeit einer Visualisierung Ion Olimpiu Stamatescu: Anschauung und wissenschaftliche Erkenntnis. Cassirers Deutung des »Konflikts zwischen Denken und Anschauen« und das Problem der „wissenschaftlichen Imagination« in der modernen Physik. In: Kulturkritik nach Ernst Cassirer. Hg. v. E. Rudolph und B.-O. Küppers, Hamburg 1995.

[78] Die Beispiele, die Cassirer für diese Form der Wahrnehmung anführt, sind außerordentlich heterogen. Zu ihnen gehören Erlebnisse der "Physiognomie" der Gestalten des Freundlichen, Anziehenden oder auch Schrecklichen und Unheimlichen, Finsteren (PSF III, S. 76ff.); Visionen der "Beseeltheit" der Gegenstände, wie sie die mythische Erlebniswelt aufweist (ebda., S. 71ff., 80); die Wahrnehmung des Fremdpsychischen (ebda., S. 93-121).

[79] Ebda., S. 73, 99, 143.

[80] Wilhelm Dilthey: Der Aufbau der geschichtlichen Welt in den Geisteswissenschaften, in: Wilhelm Diltheys Gesammelte Schriften. Bd. VII. Hg. v. B. Groethuysen (1910). Leipzig / Berlin 1927, S. 139. Die Beziehungen Cassirers zur Lebensphilosophie beleuchten die jüngst erschienenen Arbeiten von Massimo Ferrari: Metafisica delle forme simboliche. Note su Cassirer inedito. In: Rivista di

Auffassens, durch die die verschiedenen »Bilder« zu einem System innerer Beziehungen verbunden werden, von den Erlebnissen. Erlebnisse bilden auch in ihrem Zeitverlauf eine Einheit und anders als die "Bilder" sind sie für das Erlebnissubjekt nicht distanzierbar: »Das Bewußtsein von einem Erlebnis und seine Beschaffenheit, sein Fürmichdasein und was in ihm für mich da ist, sind eins: Das Erlebnis steht nicht als ein Objekt dem Auffassenden gegenüber, sondern sein Dasein für mich ist ununterschieden von dem, *was* in ihm für mich da ist. Es gibt hier keine verschiedenen Stellen im Raum, von denen aus das, was in ihm da ist, gesehen würde. Und verschiedene Gesichtspunkte, unter denen es aufgefaßt würde, können nur nachträglich durch die Reflexion entstehen und berühren es selber in seinem Erlebnischarakter nicht.«[81]

Cassirer bezieht sich im Kontext seiner Ausführungen zur Ausdruckswahrnehmung nicht auf Dilthey, sondern in weiten Teilen referierend und zustimmend auf Max Schelers Argumente zur Wahrnehmung von Fremdpsychischem in "Wesen und Formen der Sympathie (1923). Scheler gründet seine Ausführungen zur Einheit der Wahrnehmung von Psychischem und Physischem unter anderem auf Diltheys "Der Aufbau der geschichtlichen Welt in den Geisteswissenschaften", dem das obige Zitat entnommen ist.[82] Es ist vor allem der Gedanke, daß im Ausdruckserleben die Wirklichkeit als eine psychische und physische Einheit gegeben ist, den Cassirer bei Scheler aufgreift. »An und für sich steht dieses Erlebnis zunächst weder in der Anschauung einer ›Körperwelt‹, noch in der einer ›bloß-seelischen‹ Wirklichkeit. Was in ihm erfaßt wird, ist vielmehr gewissermaßen ein einheitlicher Lebensstrom, der gegenüber der späteren Zerlegung in ›Physisches‹ und ›Psychisches‹ noch ganz neutral ist. Ob dieser neutrale Urgrund weiterhin zur Anschauung eines körperlichen Gegenstandes oder zu der eines lebendigen Subjekts gestaltet wird: dies hängt wesentlich von der Richtung der Gestaltung, von der Form des Schauens als ›Auseinanderschau‹ oder ›Ineinanderschau‹ ab.«[83] Scheler bezeichnete die »»Ausdruckseinheit‹« als eine Erlebniseinheit »noch ganz *ohne* symbolische Funktion, sei es für die in äußerer Wahrnehmung gegebene Körpereinheit – und deren Teile –, sei es für die der inneren Wahrnehmung zugeordnete Ich- und Erlebniseinheit des betreffenden Individuums - und deren Teile.« Von ihr ausgehend erfolgen

---

storia della filosofia, n. 4 (1995); Ders.: Ernst Cassirer. Dalla scuola di Marburgo alla filosofia della cultura, Firenze 1996.

[81] Dilthey: Der Aufbau der geschichtlichen Welt in den Geisteswissenschaften, S. 139.

[82] Vgl. Max Scheler: Wesen und Formen der Sympathie (1923). In: Gesammelte Werke. Bd. 7. Hg. v. M.S. Frings. Bern / München 1973, S. 209.

[83] PSF III, S. 101.

Einheitsbildungen der Reizfolgen in Richtung einer Welt der Körper oder in Richtung einer Welt des Psychischen, in der das Ich des fremden Individuums zur Wahrnehmung kommt.[84]

Anders als Scheler deutet Cassirer Ausdruck als eine symbolische Funktion. Die Verknüpfung von Sinnlichem mit Sinn wird auch hier als konstitutiv gesehen,[85] aber die Funktion des Verweisens des Zeichens auf ein epistemisch Allgemeines wird für sie nicht behauptet. Cassirer orientiert sich am Beispiel des mythischen Bewußtseins, als dessen Charakteristika er das Fehlen einer strengen Einhaltung des "Gesetzes der Identität" herausstellt. Alle Seinsgestaltungen können sich von einem Augenblick zum anderen in andere verwandeln. Für die «mythische ›Metamorphose‹ [...] gibt es keine logischen Gattungen, keine Genera in dem Sinne, daß sie durch bestimmte unverrückbare Merkmale voneinander gesondert wären und für immer in dieser Sonderung beharren müßten. Vielmehr verschieben und verflüchtigen sich hier fort und fort all jene Grenzlinien, wie sie unsere empirischen Gattungs- und Artbegriffe zu sein pflegen.«[86] Phantasie und Vision haben den gleichen Stellenwert wie empirisch Reales. Aber Cassirer betont ausdrücklich, daß die mythische Anschauung keineswegs ungegliedert und verschwommen ist, »*ihre* Differenzen [liegen nur] in einer ganz anderen Ebene, als in derjenigen, in der sich die ›objektive‹ Auffassung, die Auffassung der Wirklichkeit als eines Inbegriffs von ›Dingen‹ und ›Eigenschaften‹ bewegt.«[87] Festzuhalten ist also, daß Cassirer auch im Fall der Ausdruckswahrnehmung davon ausgeht, daß Unterscheidungen getroffen werden bzw. eine Bestimmtheit von Qualitäten, etwa des Gefühls, ausgeprägt und registriert wird. Daß Differenzen im Bereich der Ausdrucksphänomene nicht immer scharf ausgeprägt sind und die Anschauungsgestalten Metamorphosen unterliegen, ist noch kein Argument gegen die Schemabildung und die Setzung von epistemisch Allgemeinem, d.h. Klassen- und Relationsstrukturen des Bewußtseins. Ausgesagt ist lediglich, daß eine *festgefügte* Struktur der Art- und Gattungsbegriffe und Ding-Eigenschafts-Verhältnisse nicht existiert. Sowohl in "Substanzbegriff und Funktionbegriff" als auch in der "Philosophie der symbolischen Formen" hebt Cassirer hervor, daß er die Bildung kognitiver Schemata resp. die "Identität eines Bezugspunkts" als

---

[84] Scheler: Wesen und Formen der Sympathie, S. 256. Schon Scheler gebraucht die Bezeichnung "Ur-Phänomen" für die Wahrnehmung von Ausdruck (ebda., S. 235).

[85] PSF III, S. 117.

[86] Ebda., S. 71.

[87] Ebda., S. 72.

Bedingung betrachtet, Qualitäten zu bemerken und zu erinnern.[88] Den Wahrnehmungen in Ausdrucksfunktion ein kognitives Schema abzusprechen, hieße folglich einräumen, daß das Ausdruckserlebnis ein flüchtiges Moment der Empfindung noch jenseits des fixierenden Bemerkens sei, das entsprechend auch nicht erinnerungsfähig ist. Tatsächlich findet sich bei Cassirer eine Feststellung dieser Art: Im Vergleich zur Sprache, die sich durch Akte der Merkmal-Setzung auszeichne, hebt er hervor: »Dem reinen Ausdruckserlebnis ist eine derartige Bestimmung fremd: es lebt im Augenblick und geht in ihm auf.«[89] Cassirer begibt sich damit in einen Widerspruch zu der Aussage, daß auch die Ausdruckswahrnehmung Differenzierungen kennt. Wenn Ausdrucksphänomene ganz "im Augenblick aufgehen", wie sollten Qualitäten differenzierbar sein? Physiognomischen Erlebnisqualitäten Erinnerbarkeit abzusprechen, bedeutet allerdings, die triviale Erfahrung der Erinnerung an Gefühle, Klänge, Farbintensitäten etc. zu bestreiten. Aus systematischen Gründen hätte Cassirer daher eigentlich auch für Ausdrucksphänomene eine Schemabildung annehmen müssen. Zu den Gründen, dies nicht zu tun, mag gehört haben, daß Wahrnehmung in Ausdrucksfunktion sich durch die Konzentration des geistigen Blicks auf die Individualität und Besonderheit des im Erlebnis Präsenten auszeichnet. Das unterscheidet sie strukturell von der auf Verallgemeinerung gerichteten Wahrnehmung. Es scheint also von einem Schema gesprochen werden zu müssen, das lediglich ein Bild vermittelt; einen solchen Schemabegriff kennt Cassirer jedoch nicht. Er reserviert den von Lotze übernommenen Begriff des "logisch Allgemeinen" und die Begriffe "Begriffsfunktion" und "Schema" ausschließlich für die Konstitution einer *Reihe* des Besonderen, einer begrifflichen Extensionsklasse mit mindestens zwei Elementen, die potentiell erweiterbar ist.[90]

Grundsätzlich stellt sich auch die Frage, ob überhaupt Besonderes als solches bemerkbar ist, ohne den Bezug auf Allgemeines der Erfahrung. Zum Beispiel hebt sich die gesteigerte Intensität eines Farbkontrastes oder eines Klangs gegenüber anderen Erfahrungen ab. Graduelle Abstufungen, die in einer solchen Erfahrung zum Tragen kommen, sind nach Cassirer "Reihenbildungen" im funktionsbegrifflichen Sinn. Überdies verweist Cassirer selbst auf bestimmte Kategorien im Bereich der Ausdrucksphänomene hin, wenn er von den "Ausdruckscharakteren"

---

[88] Vgl. SuF, S. 19; PSF I, S. 23; PSF III, S. 133f.

[89] PSF III, S. 134; vgl. auch S. 140, wo Cassirer hervorhebt, daß es im unmittelbaren Erleben keine "Wiederkunft des Gleichen" gibt und jeder sinnliche Eindruck eine nie wiederkehrende "Tönung" besitzt.

[90] Vgl. PSF III, S. 134f., 150f.

des Anziehenden oder Abstoßenden, Scharfen oder Milden, Angenehmen oder Widerwärtigen, des Beruhigenden oder Aufreizenden etc. spricht. Phänomene des Ausdrucks können daher sowohl Erlebnisqualitäten sein, in denen die Besonderheit, z.B. des Scharfen, erfahren wird, als auch Zeichen für "Schärfe" des Geschmacks oder Geruchs. Im letzteren Fall ist die Wahrnehmung von Ausdruck entsprechend der Cassirerschen Systematik eine Wahrnehmung in Darstellungsfunktion, nicht in Ausdrucksfunktion.

Cassirers Aussagen zur Ausdruckswahrnehmung lassen Präzision vermissen. Als ein besonderer Modus des Wahrnehmens ist sie thematisch mehr umgerissen denn analysiert worden.[91] Zu dem sehr weiten Bereich der sogenannten Ausdrucksphänomene gehören auch Wahrnehmungen, die die Kreation von Virtuellem – virtueller Räume, Bewegungen, Energien und Gestalten – einschließen. Kunst arbeitet mit ihnen. Das Moment der Virtualität im Wahrnehmen ist von Cassirer mit dem Verweis auf die Bedeutung der Einbildungskraft angesprochen, aber nicht eigens thematisiert worden. Insofern ist die Philosophie der Kunst, die Susanne K. Langer, inspiriert durch Cassirer, in "Philosophy in a New Key" (1942) und "Feeling and Form" (1953) entwickelte, eine Weiterführung des Cassirerschen Ansatzes im Bereich der Ausdruckswahrnehmung. Auf Cassirer und die Gestaltpsychologie bezugnehmend werden Wahrnehmung und Fühlen als Akte der Formbildung interpretiert, und schon diese Formbildung wird als eine Abstraktion bestimmt. Damit ist der Abstraktionsbegriff auf sinnlich erfahrbare Gestalten ausgedehnt. Langer betrachtet Kunst als ein Experimentieren mit dem in der Wahrnehmung angelegten "unbewußten Sinn für Formen", mit dem Ziel, einen Symbolismus zu kreieren, der bestimmte Aspekte des sinnlichen, fühlenden Lebens scharf hervortreten und reflektierbar werden läßt. Werke der Kunst reizen nicht nur die Neigung der Wahrnehmung zur Kreation von Virtuellem aus, um Illusionen zu schaffen und Phantasien zu wecken, sondern sie verdeutlichen auch die Mechanismen ihrer Wirkung, denen sich die Analyse zuwendet, die Teil des "Kunstgenusses" ist. Kunst entwickelt den Sinn für sinnliche Gestalten oder – wie Langer verallgemeinernd sagt – für Formen des Fühlens und die Ausdrucks-

---

[91] 1938 spricht Cassirer von einem »Richtungsunterschied« gegenüber der Wahrnehmung in Darstellungsfunktion, über die sich ein objektives Weltbild aufbaut, und bezieht sich dabei auf Natorp, der korrelative Wegrichtungen der Erkenntnis, Objektivierung und Subjektivierung, unterscheidet (Cassirer: Zu Logik des Symbolbegriffs, S. 217; Natorp: Allgemeine Psychologie, S. 112). Aber fällt die Rede von der Schamröte aus dem Bereich des "objektiven Weltbildes"? Sollte die Feststellung einer Schamröte subjektiver sein als die Feststellung "Das ist eine Entzündung" oder "Das ist ein Kupferdach"?

möglichkeit mittels nichtdiskursiver Symbole. Langers Argumentation läuft auf die These hinaus, daß die Symbole der Kunst, obgleich sie nicht sprachliche sind, unter Umständen nicht weniger artikuliert und nicht weniger abstrakt im Hinblick auf Funktionen des Verweisens auf andere Formen sind als Sprache und vielleicht Wissenschaft.

Literaturverzeichnis

Ash, Mitchell Graham: The Emergence of Gestalt Theory: Experimental Psychology in Germany 1890-1920, Ph.D. Harvard University 1982 (Cambridge/Mass.), University Microfilms International Ann Arbor (Michigan) 1984.
– Die experimentelle Psychologie an den deutschsprachigen Universitäten von der Wilhelminischen Zeit bis zum Nationalsozialismus, in: Geschichte der deutschen Psychologie im 20. Jahrhundert. Ein Überblick. Hg. v. M.G. Ash/ U. Geuter. Opladen 1985.
Brunner, Alfred: Die personale Psychologie William Sterns und die Charakterologie. In: Die Psychologie des 20. Jahrhunderts. Hg. v. H. Balmer, Bd. 1, Zürich 1976.
Bühler, Karl: Über den Begriff der sprachlichen Darstellung. In: Psychologische Forschung 3 (1923).
– Die Krise der Psychologie, Jena 1929.
Cassirer, Ernst: The Concept of Group and the Theory of Perception. In: Philosophy and Phenomenological Research, Vol. V, No. 1 (1944).
– William Stern. Zur Wiederkehr seines Todestages. In: William Stern, Allgemeine Psychologie auf personalistischer Grundlage. Den Haag 1950.
– Inhalt und Umfang des Begriffs. Bemerkungen zu Konrad Marc-Wogaus gleichnamiger Schrift. Nachdruck in: Erkenntnis, Begriff, Kultur, hg. von R.A. Bast, Hamburg 1993.
– Substanzbegriff und Funktionsbegriff. Untersuchungen über die Grundfragen der Erkenntniskritik (1910). Darmstadt 1994.
– Das Erkenntnisproblem in der Philosophie und Wissenschaft der neueren Zeit, Bd. II (1907). Darmstadt 1994.
– Das Erkenntnisproblem in der Philosophie und Wissenschaft der neueren Zeit. Bd. IV (1957). Darmstadt 1994.
– Philosophie der symbolischen Formen. Erster Teil: Die Sprache (1923). Darmstadt 1990.
– Philosophie der symbolischen Formen. Dritter Teil: Phänomenologie der Erkenntnis (1929). Darmstadt 1990.
– Zur Logik des Symbolbegriffs. In: Wesen und Wirkung des Symbolbegriffs, Darmstadt 1994.
– Zur Metaphysik der symbolischen Formen. In: Ders.: Nachgelassene Manuskripte und Texte, Bd. 1. Hg. v. J.M. Krois. Hamburg 1995.
Centi, Beatrice: La storia della filosofia "come problema" nel pensiero di Wilhelm Wundt e Ernst Cassirer. Estratto da "La Storia della filosofia

come problema". Seminario 1985-1987 a cura di Paolo Cristofolini. Pisa 1988.
– Apriorismus und Psychologismus am Beispiel der Auseinandersetzung Cassirers mit Wundt. In: Einheit des Geistes. Probleme ihrer Grundlegung in der Philosophie Ernst Cassirers. Hg. von M. Plümacher und V. Schürmann. Frankfurt/M. 1996.
Cohen, Hermann: Das Princip der Infinitesimal-Methode und seine Geschichte. Ein Kapitel zur Grundlegung der Erkenntniskritik. In: Hermann Cohen Werke 5.1, Neuausgabe mit einer Einleitung von P. Schulthess, Hildesheim / Zürich / New York 1984.
Dilthey, Wilhelm: Ideen über eine beschreibende und zergliedernde Psychologie. In: Wilhelm Diltheys Gesammelte Schriften. Bd. V. 1. Hälfte. Hg. v. G. Misch. Leipzig / Berlin 1924.
– Der Aufbau der geschichtlichen Welt in den Geisteswissenschaften. In: Wilhelm Diltheys Gesammelte Schriften. Bd. VII. Hg. von B. Groethuysen. Leipzig / Berlin 1927.
Dubach, Philipp: »Symbolische Prägnanz« – Schlüsselbegriff in Ernst Cassirers Philosophie der symbolischen Formen? In: Kulturkritik nach Ernst Cassirer. Hg. v. E. Rudolph und B.-O. Küppers. Hamburg 1995.
Ehrenfels, Christian von: Über "Gestaltqualitäten". In: Ders.: Psychologie, Ethik, Erkenntnistheorie. Philosophische Schriften Bd. 3. Hg. v. R. Fabian. München / Wien 1988.
Ferrari, Massimo: Metafisica delle forme simboliche. Note su Cassirer inedito. In: Rivista di storia della filosofia n. 4 (1995).
– Ernst Cassirer. Dalla scuola di Marburgo alla filosofia della cultura. Firenze 1996.
Fetz, Reto Luzius: Ernst Cassirer und der strukturgenetische Ansatz. In: Über Ernst Cassirers Philosophie der symbolischen Formen. Hg. v. H.J. Braun, H. Holzhey und E.W. Orth. Frankfurt/M. 1988.
Gelb, Adhémar: Theoretisches über "Gestaltqualitäten". In: Zeitschrift für Psychologie 58 (1911).
– Die "Farbenkonstanz" der Sehdinge. In: Handbuch der normalen und pathologischen Physiologie. Hg. v. A. Bethe u.a.. Bd. 12.1. Berlin 1929.
Hanson, Norwood Russell: Patterns of Discovery. An Inquiry into the Conceptual Foundations of Science. Cambridge 1965.
Herrmann, Theo: Ganzheitspsychologie und Gestalttheorie. In: Die Psychologie des 20. Jahrhunderts. Bd. I. Hg. v. H. Balmer. Zürich 1976.
Holzhey, Helmut: Die Marburger Schule des Neukantianismus. In: Erkenntnistheorie und Logik im Neukantianismus: eine Textauswahl. Hg. v. W. Flach und H. Holzhey. Hildesheim 1979.
– Cohen und Natorp. Bd. 1: Ursprung und Einheit. Die Geschichte der "Marburger Schule" als Auseinandersetzung um die Logik des Denkens. Basel / Stuttgart 1986.
Idalovichi, Israel: Der Neu-Kantianismus und seine Wirkung auf die Theorien der Verhaltenswissenschaft. Hermann Cohens und Ernst Cassirers philosophische Einflüsse auf Kurt Lewin. In: Philosophia naturalis (1987).

Ihmig, Karl-Norbert: Cassirers Invariantentheorie der Erfahrung als Theorie der Wissenschaftsentwicklung. In: Report Nr. 5/ 93 of the Research Group on Semantical Aspects of Spacetime Theories (1992/ 93) at the Center for Interdisciplinary Research (ZiF), University of Bielefeld/ Germany 1993.

– Reine Anschauung und Reihenbegriff. Zu Cassirers Rezeption von Kants Theorie der Geometrie. In: Modellfunktionen in der Philosophie. Hg. v. M. Otte und D. Pätzold. Hamburg (Dialektik 1993/1).

– Cassirers Rezeption des *Erlanger Programms* von Felix Klein. In: Einheit des Geistes. Probleme ihrer Grundlegung in der Philosophie Ernst Cassirers. Hg. von M. Plümacher/ V. Schürmann. Frankfurt/M. u.a. 1996.

– Leibniz' Kontinuitätsprinzip und seine Bedeutung für die Wissenschaftsauffassung des 19. Jahrhunderts, in: Cognitio humana – Dynamik des Wissens und der Werte, XVII. Deutscher Kongreß für Philosophie Leipzig 1996. Workshop-Beiträge Bd. 2. Hg. v. C. Hubig und H. Poser. Leipzig 1996.

James, William: The Principles of Psychology. Cambridge (Mass.) / London 1983.

Kant, Immanuel: Kritik der reinen Vernunft. Werkausgabe Bd. 3/4. Hg. v. Wilhelm Weischedel. Frankfurt/M. 1977.

Katona, G.: Farbenkonstanz und Farbenkontrast, in: Bericht über den XII. Kongreß der Deutschen Gesellschaft für Psychologie in Hamburg vom 12.-16.4.1931. Hg. v. G. Kafka. Jena 1932.

Katz, David: Die Erscheinungsweisen der Farben und ihre Beeinflussung durch die individuelle Erfahrung. Leipzig 1911.

Köhler, Wolfgang: Die physischen Gestalten in Ruhe und im stationären Zustand. Eine naturphilosophische Untersuchung. Braunschweig 1920.

– Die Aufgabe der Gestaltpsychologie. Berlin / New York 1971.

Koffka, Kurt: Zur Grundlegung der Wahrnehmungspsychologie. Eine Auseinandersetzung mit V. Benussi. In: Zeitschrift für Psychologie, 73 (1915).

– Die Wahrnehmung von Bewegung. In: Handbuch der normalen und pathologischen Physiologie. Bd. 12.2. Hg. v. A. Bethe u.a. Berlin 1931.

– Psychologie der optischen Wahrnehmung, in: Handbuch der normalen und pathologischen Physiologie. Bd. 12.2, hg. v. A. Bethe u.a., Berlin 1931.

Langer, Susanne K.: Feeling and Form. A Theory of Art Developed From *Philosophy in a New Key*. New York 1953.

– Philosophie auf neuem Wege. Das Symbol im Denken, im Ritus und in der Kunst. Frankfurt/M. 1984.

Mach, Ernst: Die Analyse der Empfindungen und das Verhältnis des Physischen zum Psychischen. Jena 1918.

Marc-Wogau, Konrad: Der Systembegriff in der Philosophie Ernst Cassirers. In: Theoria 2 (1936).

Meinong, Alexius: Zur Psychologie der Komplexionen und Relationen. In: Ders.: Gesamtausgabe, Bd. 1: Abhandlungen zur Psychologie. Hg. v. R. Haller und R. Kindinger. Graz 1969.

– Über Gegenstände höherer Ordnung und deren Verhältnis zur inneren Wahrnehmung. In: Gesamtausgabe. Bd. 2: Abhandlungen zur Erkenntnistheorie und Gegenstandstheorie. Hg. v. R. Haller und R. Kindinger. Graz 1971.

Metzger, Wolfgang: Psychologie. Die Entwicklung ihrer Grundannahmen seit der Einführung des Experiments, Darmstadt 1975.

– Konstanz / Konstanzannahme. In: Historisches Wörterbuch der Philosophie. Hg. v. J. Ritter und K. Gründer. Bd. IV. Darmstadt 1976.

Natorp, Paul: Allgemeine Psychologie nach kritischer Methode (1912). Amsterdam 1965.

Plümacher, Martina: Die Einheit der Regel der Veränderung. Zur Bedeutung der Wissenschaftsrezeption für Cassirers Theorie des Wissens. In: Einheit des Geistes. Probleme ihrer Grundlegung in der Philosophie Ernst Cassirers. Hg. v. M. Plümacher und V. Schürmann. Frankfurt/M. 1996.

Poggi, Stefano: Cassirers Auseinandersetzung mit dem gestaltpsychologischen Ansatz. In: Kulturkritik nach Ernst Cassirer. Hg. v. E. Rudolph und B.-O. Küppers. Hamburg 1995.

Rang, Bernhard: Husserls Phänomenologie der materiellen Natur. Frankfurt/M. 1990.

Sandkühler, Hans Jörg: Der Geist und die Welt zusammen erschaffen den Geist und die Welt. Zur Bildung einer neuen wissenschaftlichen Mentalität. In: Interaktionen zwischen Philosophie und empirischen Wissenschaften. Philosophie- und Wissenschaftsgeschichte zwischen Francis Bacon und Ernst Cassirer. Hg. v. H.J. Sandkühler, Frankfurt/M. 1995.

Scheler, Max: Wesen und Formen der Sympathie (1923). In: Gesammelte Werke. Bd. 7. Hg. von M.S. Frings. Bern / München 1973.

Schmidt, Nicole D.: Philosophie und Psychologie. Trennungsgeschichte, Dogmen und Perspektiven. Reinbek b. Hamburg 1995.

Schulte, Joachim: Erlebnis und Ausdruck. Wittgensteins Philosophie der Psychologie. München / Wien 1987.

Stamatescu, Ion Olimpiu: Anschauung und wissenschaftliche Erkenntnis. Cassirers Deutung des "Konfliks zwischen Denken und Anschauen" und das Problem der "wissenschaftlichen Imagination" in der modernen Physik. In: Kulturkritik nach Ernst Cassirer. Hg. v. E. Rudolph und B.-O. Küppers. Hamburg 1995.

Stern, William: Allgemeine Psychologie auf personalistischer Grundlage. Den Haag 1950.

Wertheimer, Max: Experimentelle Studien über das Sehen von Bewegung. In: Ders.: Drei Abhandlungen zur Gestaltpsychologie. Erlangen 1925.

Brigitte Lohff (Hannover)

Lebenskraft als Symbolbegriff für die Entwicklung eines konzeptionellen Forschungsprogramms im 18. Jahrhundert. Zu Ernst Cassirers Ausführungen über den Vitalismus-Streit

>»Denn diese Arbeit ist es, die Welt der sinnlichen Eindrücke [...] erst zu einer geistigen Welt, zu einer Welt der Vorstellungen und Bedeutungen umzuschaffen.«
>Ernst Cassirer: Wesen und Wirken des Symbolbegriffs, S. 99.

Seit Emil Du Bois-Reymonds und Hermann Lotzes polemischen Attacken gegen die Idee einer Lebenskraft[1] – was letzlich die Annahme von spezifisch vitalen Kräften für den lebenden Organismus und seine Funktionen meint – wurde jegliches Argumentieren in diese Richtung als ein unverzeihlicher Rückfall in vitalistisches und romantisches Ideengut des 18. und frühen 19. Jahrhunderts diskreditiert.

Die Physiologen, die ein materialistisch-mechanistisches Organismusmodell favorisierten, waren ab Mitte des 19. Jahrhunderts bemüht, folgendes zu zeigen: Was fälschlicherweise von den vorangegangenen Wissenschaftlern als Lebenskraft (principium vitae) bezeichnet wurden, sind nur «zusammengesetzte Folgen äusserer Einflüsse und innerer mechanischer Bedingungen. Krankheit und Gesundheit [...] sind für die physicalische Theorie [des Organismus] [...] Verschiedenheiten des Ablaufs von Erscheinungen, hervorgebracht durch die Verschiedenheit der obwaltenden [mechanischen und materiellen] Bedingungen.«[2] Gerade das die Ärzte besonders beschäftigende Phänomen der »Heilkraft der Natur ist mithin nicht eine im Moment der Gefahr neu hervortretende wirkende Kraft, sondern das Resultat des künstlichsten und weisesten Mechanismus.«[3]

---

[1] Vgl. dazu Emil Du-Bois-Reymond: Untersuchungen der thierischen Elektrizität. Berlin 1842, Vorrede S. 13

[2] Hermann Lotze: Leben, Lebenskraft. In: Rudolph Wagner (Hrsg.): Handwörterbuch der Physiologie mit Rücksicht auf die physiologische Pathologie. 1. Bd. Braunschweig 1842, S. IX-LVIII, hier LIIIff.

[3] Hermann Lotze: Allgemeine Pathologie und Therapie als mechanische Naturwissenschaft. Leipzig 1842, S. 27.

Für die Wissenschaftler jener Zeit, die biochemische Prozesse untersuchten, wurde z.B. das Phänomen der Selbstheilung gerade zu einem
Beweis für die nach gleichen Gesetzen verlaufenden organischen und
anorganischen Phänomenen. Claude Bernard argumentierte in seinem
1875 erschienenen Artikel "La définition de la vie", daß die Vitalisten
einst deshalb auf eine besondere Lebenskraft setzten, weil sie den
Umwandlungsprozeß von Nahrungsstoffen in körpereigene Substanz
nicht verstanden haben. Gerade diese Umwandlung beweist, daß Lebensprozesse vollständig naturgesetzlich ablaufen und die Phänomene von
Erneuerung[4], Integration als auch Zerstörung sich entsprechend erklären
lassen.[5] Bildhaft beschreibt Bernard diese Gleichheit der Lebensphänomene mit anderen Naturprozessen als ein Entfesselung der physikalischen und chemischen Kräfte innerhalb des Organismus, der diese Kräfte verbrennt und verbraucht.[6]

Doch diese Hoffnung der Wissenschaftler in der zweiten Hälfte des 19.
Jahrhunderts, daß alle organischen Lebensäußerungen sich auf mecha-
nisch-materialistische Erklärungsmodelle zurückführen lassen, mußte
vorerst – wie Cassirer zeigt – an dem Punkt scheitern, als man versuchte,
die »Fähigkeit des Organismus, die äußeren Störungen, von denen er
ständig bedroht ist, auszugleichen und sich in seiner eigentümlichen

---

[4] Das Phänomen der Regeneration erklärt Bernard als ein in der Eizelle und im
Zellkern ablaufender Nahrungsaneignungprozeß. Dieser im Zellkern sich abspie-
lende Prozeß der Anziehung und Aneignung von chemischen Stoffen (matérie
brût) zur Ernährung bleibt lebenslang erhalten und bedingt die ständige Gewe-
be- und Organerneuerung: folglich bedarf es nicht der Annahme zusätzlicher,
ausschließlich im lebendigen Organismus wirkender Kräfte

[5] »L'être vivant est essentiellement caractérisé par la *nutrition*. L'édifice organique est le siège d'un perpétuel mouvement nutritif, mouvement intestin qui ne
laisse des repos à aucune partie, chacune, sans cesse ni trêve, s'alimente dans le
milieu qui l'entoure et y rejette ses déchets et ses produits. Cette rénovation
moléculaire est insaisissable pour le regard direct; mais, comme nous voyant le
début et le fin, l'entrée et la sortie des substances, nous en concevons les phases
intermédiaires, et nous nous représentons un courant de matières qui travers con-
tinuellement l'organisme et le renouvelle dans sa substance en le maintenant dans
sa forme. Ce mouvement, qu'on a appelé le *tourbillon vital, le circulus matériel*
entre le monde organique et le monde inorganique, existe chez le plante aussi bien
que chez l'animal, ne s'interrompt jamais et devient la condition et en même
temps la cause intermédiate de toutes les autres manifestations vitales. L'univer-
salité d'un tel phénomène, la constance qu'il présente, sa nécessité, en font le
caractère fondamental de l'être vivant, le signe plus général de la vie. On ne sera
donc pas étonné que quelques physiologistes aient été tentés de le prendre pour
définir la vie elles-mêmes.« (Claude Bernard: Définition de la vie. Revue de deux
Mondes 9,3: 326 - 349, 1875. S. 339).

[6] »[...] toutes les forces physique sont déchaînées, l'organisme brûle et ses con-
sume plus vivement, et c'est pour cela même que la vie brille de tout son éclat.«
Ebda. S. 341).

Gestalt immer wiederherzustellen«[7], aus mechanischen Gesetzen abzuleiten. Cassirer weist in seinen Überlegungen zum "Vitalismus-Streit und
die Autonomie des Organischen"[8] nach, daß bereits mit der Umschrei-
bung eines "typisches Geschehens" für die Entwicklung spezifischer
Arten ein konsequenter Mechanismus in der Biologie verlassen wurde
und vitalistische Ansätze wieder diskutiert werden konnten.[9] Besonders
Driesch entwickelte sein neovitalistisches Konzept anhand der Begriffe,
die von den streng mechanistisch argumentierenden Physiologen als
"Hilfskonstruktion" (Selbstregulation, Selbsterhaltungsfähigkeit etc.)
eingeführt wurden. Diese Begriffe selbst verweisen jedoch aus der Sicht
der Neovitalisten darauf, daß biologisches Geschehen nur unter der
zusätzlichen Annahme eines nicht mechanischen Agens begriffen werden
kann, um die Autonomie des Organischen erklären zu können.[10] Auch
wenn die abstrakten Spekulationen der Neovitalisten »zu den Glanzta-
gen der Hegel'schen Philosophie«[11] zurückführten, so wurde durch den
Streit zwischen Neovitalisten – Mechanisten »die gemeinsame Basis der
Problemstellung der Biologie herausgeschält.«[12]

Zeigt Cassirer die schrittweise Aufgabe einer strikt materialistisch-
mechanistischen orientierten Lebenswissenschaft am Ende des 19. Jahrhunderts auf, so soll in diesem Beitrag die Entstehung des Vitalismus in
der Biologie und Medizin im 18. Jahrhundert dargestellt werden, der aus
der Loslösung von dem cartesianischen Dualismus entstanden ist.
Anhand der Entstehung des Vitalismus und des Konzeptes der Lebenskraft, Principe vital im 18. Jahrhundert läßt sich exemplarisch zeigen, was
Cassirer in seiner "Phänomenologie der Erkenntnis" dargelegt hat: Die
Notwendigkeit, daß bestimmte Begriffe als "Denkmittel" dienen, um
Beobachtungen und daraus abgeleitete Hypothesen in wissenschaftliche
Konzepte[13] überführen zu können.[14] Zudem läßt sich anhand dieses

[7] Ernst Cassirer: Das Erkenntnisproblem in der Philosophie und Wissenschaft
der neueren Zeit. Bd. 4 (1957). Darmstadt 1994, S. 198.
[8] Cassirer bezieht sich dabei auf W. Roux Arbeit "Über kausale und konditio-
nale Weltanschauung" von 1913 und analysiert in diesem Kapitel vor allem die
Arbeiten von Lotze, Verworn, und Driesch. Vgl. dazu Ernst Cassirer: Das Erkenntnisproblem in der Philosophie und Wissenschaft der Neuzeit (1957). Bd. 4.
Darmstadt 1994, Kap. 6, S. 195 - 222.
[9] Ebda., S. 197.
[10] Ebda., S. 202 und 204.
[11] Ebda., S. 204.
[12] Ebda., S. 211.
[13] Näheres Ausführungen dazu auch in Brigitte Lohff: Did the concept of vital
force hinder scientific progress in biology and medicine between 1750 and 1830?
J. Hist. Biol. (in press).
[14] Ernst Cassirer: Das Erkenntnisproblem in der Philosophie und Wissenschaft
der neueren Zeit. Bd.1 (1906). Darmstadt 1994, S. 329ff; 383ff.

historischen Rückblicks aufzeigen, daß eine Kontroverse zwischen reduktionistischen (Mechanismus) und holistischen (Vitalismus) Betrachtungsweisen in den Biowissenschaften immer dann auftreten, wenn die eine oder andere Sicht mit ihrer eigenen Begrifflichkeit und Methodik an Grenzen stößt.[15]

Die Auseinandersetzung um den Begriff des Organismus und seiner ihn bestimmenden Kräfte bekommt im letzten Drittel des 18. Jahrhunderts eine zusätzliche, über die Grenzen des Faches hinausgreifende Bedeutung: »Das Problem des Organismus bildete die geistige Mitte, auf die sich die Romantik von den verschiedensten Problemgebieten her immer wieder hingewiesen und zurückführend sah«[16], so daß die scheinbar fachbezogene Diskussion um die Lebenskräfte mit zu den Leitbegriffen jenes Jahrhunderts zu zählen ist.

Der sinnfällige Unterschied zwischen den organischen und anorganischen Naturerscheinungen hatte die Wissenschaftler stets herausgefordert, diese Verschiedenheit nicht nur als gegeben hinzunehmen, sondern rational zu begründen. Mit Descartes' dualistischem Ansatz war für die biologisch Forschung ein neuer Weg beschritten worden, der einer mechanischen Erklärung organischer Phänomene den Weg bahnte. Die cartesianische Lösung, die Veränderung innerhalb der organische Materie der Ausdehung und damit den Gesetzen der Geometrie[17] zu unterwerfen und das Leib-Seele-Problem durch göttliche Intervention zu lösen, wurde im 18. Jahrhundert zunehmend fraglich. Leibniz' Hinweis, daß die Veränderungen der organischen Materie nicht ausschließlich durch räumliche Ausdehnung beschrieben werden kann, sondern auch aktiven Agierens und passiven Leidens fähig sei[18], forderte neue Lösungsansätzen für die Erklärung organischer Phänomene.

---

[15] Vgl. dazu z. B. die Diskussion um pathogenetische und salutogenetische Krankheitskonzepte oder die gegenwärtigen Tendenz eine »ganzheitlicher Medizin« gegenüber der sogenannten "Apparatemedizin" zu fordern.

[16] Ernst Cassirer: Philosophie der symbolischen Form. Erster Teil: Die Sprache (1923). Darmstadt 1994, S. 98.

[17] »Quod agentes, percipiemus naturam materiae sive corporis in universum spectati, non consistere in eo quod sit res dura, vel ponderosa, vel colorata, vel alio aliquo modo sensus afficiens: sed tantum in eo quod sit res extensa in longum, latum & profundum« (René Descartes: Principia philospohiae (1644). In: Oeuvres de Descartes publiées par C.L. Adam et P. Tannery. Vol. 8,1. Paris 1964, p. 42).

[18] »Ostendimus igitur in omnii substantia vim agendi et, si creata sit, etiam patiendi inesse, extensionis notionem per se non completam esse, sed relativam ad aliqui quod extenditur cujus diffusionem sive continuatam replicationem dicat, adeoque substantiam corporis quae agendi existit praesupponi, hujusque diffusionem in extensione contineri.« (Gottfried Wilhelm Leibniz: Specimen dynami-

Zu Beginn des 18. Jahrhunderts befanden sich die biologisch-medizinischen Wissenschaften zunehmend, sowohl was die theoretischen als auch therapeutischen Ansätze betraf, in einer Umbruchphase. Nicht nur die Vielzahl der Einzelbeobachtungen ließen sich nicht mehr in eine einheitliches Konzept (Cartesianismus; Iatrochemie und Iatrophysik, Humoralpatholgie) einordnen[19], sondern auch das Bestreben, in diesen Bereichen dem neuen Paradigma der Newtonischen "Principia"[20] zur Geltung zu verhelfen, forderte neue integrative Denkansätze heraus. Ziel war es, neben der philosophischen und der theologischen eine neue wissenschaftliche Anthropologie[21] zu begründen. Mit dieser neuen Anthropologie sollten sowohl die physischen als auch psychischen Lebensäußerungen mit der gleichen wissenschaftlicher Methodik untersucht werden. Die Vorstellung, auch die Welt der organischen Lebewesen auf einfache Kräfte/ Energien zurückführen zu können, war Movens für die Entwicklung dieser neuen Antropologie und des daraus entstandenen Vitalismus im 18. Jahrhundert.

Die Ärzte und Philosophen waren seit altersher bemüht, ein zugrundeliegendes Agens zu definieren, um die sinnfällige Verschiedenheit von

cum Part. 2 (1695). Hg. von H.G. Dosch; G.W. Most; E. Rudolph. Hamburg 1982, S. 40).

[19] Vgl. dazu Thomas S. Hall: Concept of life and matter. Vol 2. Chicago 1969.

[20] Eine Begündung, daß auch in der Medizin im Sinne der Newtonischen Mechanik geforscht und gedacht werden sollte, läßt sich anhand eines Auszuges aus einem Gedicht von Samuel Bowden aus dem Jahr 1724 belegt, welches der schottischen Arzt Thomas Morgan seinem Werk "Philosophical principles of Medicine", 1725 vorangestellt hat:

> »For every Ail ascribe is't proper cause
> For nature's law govern'd by Mechanick laws ...
> Such was the path immortal Newton trod
> He form'd the wonderous Plan, and mark'd the Road ...
> Be pleas'd with Theorys because they're new
> And than for being pleas'd believe than true ...
> New ages roll along, new Newton's rise;
> sees Physicks and Mechanicks reasoning climbs
> And raise a structure to the Skies sublime
> sees Sickness fled, Health bloom in every Face ...«.

[21] Pierre Jean George Cabanis und Vic c'Azyr gründeten zu diesem Zweck die "Sociète d' observaturs de l'homme". Cabanis Buch "Du degré de la certitude en médicine", Paris 1784 wies den Weg zu dieser neuen wissenschaftlichen Methode in der Medizin. In Deutschland wurde zur gleichen Zeit der Begriff medizinische Antropologie von Justus Christian Loderer verwandt: Anfangsgründe der physiologischen Anthropologie und der Stats= Arzneykunde. Weimar 1791. Vgl. dazu auch Sergio Moravia: Beobachtende Vernunft. Philosophie und Anthropologie in der Aufklärung. Frankfurt/M. 1989.

unbelebter und belebter Natur zu erfassen. Begriffe wie Calor innatus, Succus nervosus, Spiritus animalis, Archäus, Lebenstonus, Anima, Principe vital oder Lebenskraft sind historisch bedingt, unterschiedliche Ansätze zur Erklärung dieses Unterschiedes. Um zu verstehen, was letzlich neu und anders an dem Konzept der Lebenskraft und des Vitalismus war, muß man auf die Diskussion am Ende des 17. Jahrhunderts eingehen.

Jan Baptista van Helmont, ein Schüler von Paracelsus, entwickelte im 17. Jahrhundert ein hierarchisches System immaterieller Prinzipien, die auf die Lebensaktionen einwirken. Unterhalb des Archäus, – wie von Helmont diese Lebensgrundkraft nannte – regiert ein Seelenprinzip, was er »l'âme sensitive et mortelle« nannte. Wichtig ist hier die Begriff "sterblich". Denn im Laufe des 18. Jahrhunderts mußten in den biologischen Lebensdefinitionen zwei Denkansätze in Übereinstimmung gebracht werden:

1) Der Organismus unterliegt den physikalischen (mechanischen) und chemischen Gesetzen. Aber wie werden diese Gesetze im Körper selbst kontrolliert, damit das Besondere des Lebendigen dabei entstehen kann und erhalten bleibt?

2) Das übergeordnetes Prinzip des Lebendigen ist, daß zum Leben notwendig und es bestimmend der Tod gehört: "La vie c'est la mort". Während die anorganische Natur nicht stirbt und ihre Gesetze ewig sind, unterliegen die Gesetze des Lebens einer zeitlichen Begrenzung.

Unter der Voraussetzungen, daß die rein materielle Seite des Organismus physikalische und chemische Eigenschaften besitzt, folglich auch deren Gesetzmäßigkeiten unterliegt und diese in der Sphäre der belebten Natur weiterhin Geltung behalten müssen, stellte sich die Frage, wie daraus das Spezifische der belebten organische Materie zu erklären sei. Man versuchte, über das Wirken von spezifischen vitalen Kräften das Lebendigsein der organischen Materie, die isoliert und aus dem Zusammenhang des Organismus betrachtet tote Materie ist, zu erfassen. Die Lösung lag für diese Wissenschaftler in einem Antagonismus zwischen Natur- und Lebensgesetzen.

Diese Debatte wurde von dem aus Halle stammenden Arzt und Zeitgenossen Leibniz' Georg Ernst Stahl, der selber ein bedeutender Chemiker und Begründer der Phlogistontheorie war, in Gange gesetzt.[22] Ihm

---

22 G. E. Stahl: De synergia in medendo. Halle 1695; Theoria vera medica. Halle 1706. Bezüglich der Kontroverse zwischen Stahl und Leibniz vgl.: Negotium otiosum seu ΣΚΙΑΜΑΧΙΑ adversus positiones aliquis fundamentis theoria vera medica a Viro quodam celeberrimo. Halle 1720. Zu Stahl selber: A. Lémoine: Le vitalisme de Georg Ernst Stahl. Paris 1886; Bernhard Joseph Gottlieb: Bedeutung

schien es zwingend notwendig, daß nur ein antagonistisches Prinzip zu den chemischen es verhindere, daß der Körper vor der Zersetzung bewahrt bliebe und mit deren Hilfe innerhalb des Körpers gegen die Fäulnis und Gärung gekämpft werden könne. Daran schloß sich aber unmittelbar die Frage an, wie diese Zersetzungstendenz der organische Materie in das lebendige System integriert oder unter Kontrolle gehalten wird. Hier war das augenscheinliche Phänomen, daß ein toter Organismus zersetzt wird und verfault, ein lebendiger nicht.

Stahl vertrat diesbezüglich einen strikten Animismus, d.h., die Seele steuert und befehligt den mechanischen Körperapparat. Krank wird der Körper, wenn die Überwachungstätigkeit der Seele nachläßt, wenn z. B. die Nahrung im Körper gärt oder gar faulig wird und die Ausscheidungsprozesse durch die Seele nicht rechtzeitig eingeleitet wurden. Die Anima hat die Aufgabe, dem Zersetzungsprinzip der chemischen Gesetze entgegenzuwirken und in diesem Kampf zwischen dem Leben und Tod (Destruktion durch chemische Gesetze) zu obsiegen. Krankheit ist nichts anderes als ein Zwischenfall in diesem fortwährenden Kampf zwischen den Naturgesetzen und den Gesetzen des Lebens. Wenn die Gesetze der Materie siegen, bedeutet das Tod, wenn die Gesetze des Lebens siegen, dann werden Krankheiten überwunden und das Leben bleibt erhalten.

Stahls Animismus stellte Leibniz' Konzept der prästabilierten Harmonie in Frage, und Leibniz selber meinte, daß die Beziehung zwischen den physischen Bedingungen des Körpers und der Seele besser durch Stahls Theorie erklärt werden könne.[23] Ein Problem bestand nämlich darin, daß es schwierig zu begründen war, wie die immateriellen Monaden auf die organische Materie einwirken und die permanenten, sich ständig verändernden, körperlichen und seelischen Bewegungen hervorrufen.

In der Mitte des 18. Jahrhunderts wurde durch den Göttinger Professor für Anatomie und Physiologie Albrecht von Haller ein völlig neuer Ansatzpunkt zu dieser Frage in die Diskussion eingebracht. In seiner Schrift "De partibus corporis humani sensibilibus et irritabilibus" (1751) belegte er anhand von Experimenten, daß zwei grundsätzliche Reaktionsmöglichkeiten den Organismus auszeichnen: die sensiblen, welche in den Nerven auf entsprechende Reize hervorgerufen werden und die irri-

und Auswirkungen des hallischen Professors und königlich preußischen Leibarzt Georg Ernst Stahl auf den Vitalismus des 18. Jahrhunderts, insbesondere auf die Schule von Montpellier. Nova Acta Leopold. NF 12, 1943, S. 425 - 503.

23 Vgl. dazu den Brief an den Tübinger Kanzler der Universität Tobias Wagner: Epistola ad Wagnerum de vi activa corporis, de anima, de anima brutorum June 4th, 1710. In: Leibnitii Opera philosophica, S. 465 - 467.

tablen, die in den Muskelfasern entstehen. Neben dieser phänomenologischen Zuordnung war das Entscheidende, daß er seine Überlegungen experimentell beweisen konnte und nicht immaterielle Prinzipien einbeziehen mußte, um körperliche Reaktionen zu erklären. Haller war es damit auch gelungen, zwei grundlegende Lebensäußerungen zu beschreiben, ohne – wie die Wissenschaftler des 16. und 17. Jahrhunderts – chemische oder physikalische Analogien zu verwenden. Damals hatte man physiologische Erscheinungen durch Bewegungsmechanik (Borelli, Iatromechanik) oder durch alchemische Transformationen (Paracelsus, Iatrochemie) zu beschreiben versucht. Zusätzlich bewies Haller, daß Experimente in der Physiologie möglich und notwendig sind, um organische Gesetzmäßigkeiten zu erkennen, die durch die Beobachtung allein nicht gewonnen werden können.

Um die Phänomene der zeitlichen Begrenztheit des Lebendigen und Veränderbarkeit der körperlichen Erscheinungsform, der zielgerichteten Bewegungen, der Reproduktion und des Formerhaltes des organischen Systems zu beschreiben, hatte man mit Beginn der Neuzeit und ganz besonders seit der Newtonischen Physik nach einer der Gravitationskraft vergleichbaren Lebens– und Grundkraft gesucht, um darauf aufbauend eine Lebensphysik aufstellen zu können. Die Gelehrten begannen, eine Hierarchie von unterschiedlichen Kräften festzulegen, um die Fülle der unterschiedlichen lebendigen Erscheinungsformen im Organismus aus übergeordneten Kräften erklären zu können. Aus einer Grundkraft, die ähnlich wie die Gravitationskraft der unbelebten Natur, dem Organismus die ihm spezifische Lebensbewegung verleiht, wurden seit der Aufklärung weitere, der Lebenskraft untergeordnete Kräfte, abgeleitet: Regenerations-, Reproduktionskraft, Bildungstrieb, Irritabilität, (Reizbarkeit, Erregbarkeit) und Sensibilität (Empfindungsfähigkeit). Auch die tierische Elektrizität (Galvanische Kraft) oder der tierische Magnetismus gehörten zu dem Strauß der unterschiedlichen Kräfte, mit deren Hilfe man versuchte, das Leben durch nur es allein auszeichnende Kräfte zu erfassen.

Neben diesen Kräften, die das organische Geschehen in Bewegung halten, vorantreiben und so lange lebendig erhalten, bis es in seiner zeitlichen Begrenzung abstirbt und sich damit in seiner substantiellen Form wieder den Gesetzen der äußeren Natur unterwirft, war man zunehmend bemüht, die allen organischen Geschehen zugrundelegende Lebenskraft materiell zu verankern.

1774 veröffentlichte der Mannheimer Hofarzt Friedrich Casimir Medicus eine Schrift, in der er eine neue Begründung für die Existenz

einer Lebenskraft vorlegte.[24] Mit folgenden Überlegungen argumentierte
er, daß es soetwas wie ein Lebenskraft geben müsse: Wenn es ein funda-
mentales Naturgesetz ist, das die Konstruktion eines Perpetuum mobile
verbietet, so habe dieses auch für die organische Natur zu gelten.[25] Da
aber die organische Materie ebenfalls dem Trägheitsgesetz unterliegt, so
bedarf es eines externen Impulses, um die organische Materie in Bewegung zu setzen. Um die offensichtlichen Verschiedenheiten in der Bewegung und Veränderung der Materie in den organischen Körpern gegenüber den anorganischen begreiflich zu machen, ist das Vorhandensein
einer Lebenskraft zu fordern.[26]

In Frankreich wurde zur gleichen Zeit ebenfalls über ein sinnvolles
Konzept nachgedacht, welches die Lebensphänomene besser beschreibt
als lediglich durch Hebel und Schraubenbewegungen. Ausgehend von
Stahls Idee entwickelte Théophile Bordeu seine Vorstellungen, daß jedes
Organ seine ihm eigene und unabhängige Vitalität ("Principe vital")
besitze. Die Sensibilität gewährleistet, daß die einzelnen Organvitalitäten
zu einem harmonischen Zusammenspiel der einzelnen Organ im lebendigen Organismus vereinigt werden.[27] Bordeu widersprach damit der
von Haller definierten strikten Trennung von irritablen und sensiblen
Reaktionen des Körpers[28], die ausschließlich entweder den Nerven-
bezw. Muskelfasern zuzuordnen sind. Da Diderot von den Ideen seines
Freundes Bordeu überzeugt war[29], wurden in der "Encyclopédie" die
wichtigsten Artikel über medizinische und therapeutische Begriffe[30] von

[24] Friedrich Casimir Medicus: Von der Lebenskraft. Eine Vorlesung bei Gelegenheit des höchsten Namensfestes Sr. Curfürstlichen Durchlaucht von der Pfalz,
gehalten am 5. November 1774. Mannheim 1774.

[25] »Selbst die zusammengesetzte Bewegung hat ihre schnelle Grenze, wenn
nicht wie bei einem Uhrwerke immer eine neuere äußere Kraft die Wirkung derselben unterhält, so hört sie auf. Das perpetuum mobile wäre bald erfunden,
wenn die Natur dergleichen Voraussetzungen sich aufdringen ließe [...]. Aber die
Materie ist und bleibt träg.« Medicus, 1774, ebda., p. 12.

[26] Zeitgenossen von Medicus diskutierten ebenfalls über die Existenz einer
Lebenskraft, allerdings mehr in Hinsicht darauf, daß es neben der Seele und der
organischen Materie noch eine Kraft geben müsse, die die grundlegenden
Lebensprozesse hervorruft.

[27] Théophile Bordeu: Recherches anatomique sur la position des glands et sur
leur action. Paris 1751.

[28] Théophile Bordeu: Recherches physiologiques ou philosophique sur la sensibilité ou la vie animable. Paris 1754.

[29] Diderot verewigte Bordeu und seine vitalistischen Ideen in dem Essay "La
rêve de d'Alembert".

[30] "Bordeu" = Crisis; "Barthez" = Évanouissement; Expansion, Fascination,
Faulx, médicale; Force des animaux; "Fouquet" = Sensibilité, Sécretion;
"Mémnurét de Chambaud" = Maladies inflammatoires; "Bouillet" = Faculté

den französischen Vertretern des Vitalismus verfaßt. Besonders die von
Bordeu beeinflußten Ärzte der Schule von Montpellier entwickelten
einen eigenen vitalistischen Ansatz. Der Montpellierer Vitalismus, deren
Hauptvertreter Paul-Joseph Barthez war, ist eine besondere Verbindung
von neohippokratischer Medizin im Sinne von ärztlichen Erfahrung,
Aufklärungsphilosophie, speziell die von Montaigne und Bacon vertre-
tende, verknüpft mit der Idee spezifischer vitaler Kräfte. Dieses Principe
vital wird aber nicht metaphysisch verstanden, sondern sollte dem Forscher dazu dienen, Beobachtungen unter zur Hilfenahme dieses Principe
vital zu ordnen[31].

Den Übergang von einem immateriellen Konzept der Lebenskraft
oder eines Principe vital hin zu einem in der materiellen Struktur des
Körpers manifestierten Lebensphänomen vollzog der französische Ana-
tom und Physiologe Marie-François Xavier Bichat. Damit schien diese
besondere Kraft für die Wissenschaftler ein zugänglicher Beobachtungs-
bereich zu werden.

Bichat, selbst ein Vertreter des Vitalismus, ging davon aus, daß jedes
Organ von verschiedenen Gewebearten (Zellen-, Muskel-, Nerven-,
Drüsen-, Fasergewebe etc.) zusammengesetzt sei. Er unterschied 21 unterschiedliche Gewebearten oder Membranen, die durch jeweils spezifische Vitalitäten unterschieden sind. Gesundheit und Krankheit basieren
auf den Aktionen der unterschiedlichen Organvitalitäten, die ein Resultat der jeweiligen Gewebearten sind, aus denen das einzelne Organ auf-
gebaut ist.[32] Bichat war sich sicher, daß sich hinter den verschiedenen

---

appétive et vitale. Vgl.: J. Proust, L'université et l'encyclopédie. In: L. Dulieu
(Ed.), La médicine à Montpellier de XIIe à XX´siècles. Paris 1990, S. 135 - 140.

[31] »[...] il [Barthez] y est fait explicitement référence a l'induction baconnien-
ne et sa démarche se vent proche de celle de Newton. Il faut colliger le plus grand
nombre de faits, rattacher ces faits par des liens stables de consécution. On obti-
ent ainsi un enchaînement de faits réductibles les uns aux autres. Mais la cause
initiale de l'enchaînement n'est pas objectivement connaissable, alors qu'elle existe: on peut alors la nommer, comme l'x d'une équation, ce qui n'empêche pas
d'en connaître et d'en établir les lois objectives«. Vgl. Th. Lavabre-Bertrand, Barthez et le vitalisme. In: L. Dulieu, 1990, ebda., S. 142 - 144, hier S. 143.

[32] So beschreibt Bichat den Prozess der Heilung des Nervengewebes, den er als
sichtbaren Ausdruck eines normalen und immer ablaufenden biologischen Prozesses deutet, wie folgt: »Dans le premier temps, inflammation; dans le second,
végétation du tissu cellulaire qui doit servir de parenchyme nutritif; dans le tro-
isième, adhérence de ces végétations, dans le quatrième, exhalation de la substance
médullaire dans le parenchyme. C'est cette substance médullaire qui fait différer
cette cicatrice de l'osseuse, ou le phosphate calcaire et la gélatine se déposent, de
la musculaire, que le fibre pénètre etc. [...] comme je le dit, rien de particulier
pour le système nerveux; qu'elle n'est qu' une conséquence des lois générales de
la cicatrisation, et une preuve de uniformité constante des opérations de la natu-

Vitalitäten der unterschiedlichen Gewebearten das biologischen Gesetz verbirgt, welches das vorerst noch nicht wissenschaftlich nachgewiesene, aber spekulativ angenommene Principe vital sein wird. Seine Gewebelehre und Anatomie pathologique beeinflußten die weiteren Bemühungen um die Manifestation der Lebenskraft in der materiellen Struktur des Organismus.

Ebenso wie bei den deutschen Wissenschaftlen stellen auch die französischen stets die Analogie zwischen diesem Principe vital, dem Lebensprinzip, der Lebenskraft und der Gravitationskraft her, da auch dieses nicht mechanistisch zu erklären ist.

In Deutschland entbrannte aber eine heftige Debatte um die Lebenskraft, als Schelling sich in die Diskussion um die Besonderheit des organischen Lebens und die Physiologie[33] einmischte, und vor allem medizinisch-philosophische Laien sich dieses Themas bemächtigten[34]. Wie heftig diese Debatte gewesen ist, läßt sich an Kants resignierender Bemerkung erahnen: »Allein was soll man von der Hypothese unsichtbarer die Organisation bewirkender Kräfte, mithin von dem Anschlage, das, *was man nicht begreift,* aus demjenigen erklären zu wollen, *was man noch weniger begreift,* denken?«[35]

Verfolgt man die Literatur zwischen 1780 und 1810, so lassen sich drei Weg aufzeigen, wie mit dem Problem, ob es eine Lebenkraft gebe oder nicht, umgegangen wird:

1) Es kann nur ein Zirkelschluß sein, wenn man annimmt, daß eine Lebenkraft existiere:

»Denn wenn man Lebensäußerungen erklärt für Producte der Lebenskraft mit den äusseren Reizen, Lebenskraft die Eigenschaft nennt, durch welche sich die lebendigen Körper auszeichnen und einen Körper für lebendig hält, weil er Lebenskraft besitzt, so ist das ein trauriger Circel, durch den man im Grunde nichts weiter erfährt, als man längst wußte:

---

re, quoique ces opérations présentent au premier coup d'oeil des résultats différents.« (François Antoine Xavier Bichat: Anatomie générale. Tom 1, 1830, S. 260-261) Bichat hat auch den Plan, die Wirkung von Medikamenten auf die Vitalität der verschiedenen Gewebearten zu untersuchen, um so Scharlatanerie und wirksame Medikamente unterscheiden zu können. Er starb aber 1802 mit knapp 30 Jahren und konnte diesen Plan nicht mehr verwirklichen.

[33] Vgl. dazu auch Cassirer: Das Erkenntnisproblem in der Philosophie und Wissenschaft der Neuzeit (1923) Bd. 3. Darmstadt 1994, S. 217 - 274.

[34] B. Lohff: Die Suche nach der Wissenschaftlichkeit der Physiologie in der Zeit der Romantik. Ein Beitrag zur Erkenntisphilosophie der Medizin. [Medizin in Geschichte und Kultur, 17] Stuttgart 1990.

[35] Immanuel Kant: Rezension zu "Johannes Gottfried Herder: Ideen zur Philosophie der Geschichte der Menschheit" (1785). In: Werkausgabe. Hg. von W. Weischedel. Bd. 10. Frankfurt/M. 1977, A17 -A22, hier A21.

daß die lebendigen Körper von den leblosen durch etwas unterschieden sind.«[36] Selbst Schelling lehnte es ab, daß es eine Lebenskraft gebe: »Der Begriff Lebenskraft ist sonach ein völlig leerer Begriff. Ein Vertheidiger dieses Princips hat sogar den klugen Gedanken, sie als ein Analogon der Schwerkraft anzusehen, die man ja, sagt er, auch nicht weiter erklären könnte! Das Wesen des Lebens aber besteht überhaupt nicht in einer Kraft, sondern in einem freien Spiel von Kräften, das durch irgend einen äußern Einfluß continuirlich unterhalten wird.«[37]

2). Die Annahme einer Lebenskraft dient als Forschungshypothese. Begründet wird dieses damit: Es ist als ein »Bedürfnis unseres Verstandes« notwendig, – obwohl Materie und Kraft unzertrennbar miteinander verbunden sind, – daß wir sie als getrennt vorerst denken. Diese Trennung dient als ein regulatives Prinzip, um die vorhandenen Beobachtungen zu ordnen. Damit ist aber noch nicht behauptet worden, daß die Lebenskraft real existiere. »Diese Bezeichnung zieht zwar vorläufig eine Grenze zwischen der toten und der lebendigen Natura [...] aber es soll damit nicht apodictisch über eine wesentliche Verschiedenheit von beyderley Kräften entschieden werden, da diese Trennung vielmehr nur ein subjectives Bedürfnis unseres Verstandes ist, darum aber nicht objektive Realität haben muß.«[38]

3) Man nimmt erst einmal an, daß es soetwas wie eine Lebenskraft gibt. Man erspart sich umständliche Beschreibungen, wenn man diese irgendwie auf die organische Materie wirkenden Kraft im Unterschied zur Seele bezeichnen will und muß, »[...] wie man in den algebraischen Gleichungen das x für die einmal zu entdeckende unbekannte Größe zu gebrauchen pflegt.«[39]

---

[36] Karl Georg Neumann: Versuch einer Erörterung des Begriffes Leben. Dresden 1801, S. 44. »Andere wollen das Leben durch eine Lebenskraft [...] bestimmen, und es mithin aus einem höhern [Prinzip] entlehnen [...] allein das Leben ist selbst Princip aller Möglichkeiten und Wirklichkeiten, es kennt kein Höheres über sich und kann daher auch keine Kraft seyn.« (August Eduard Keßler: Über die Natur der Sinne. Ein Fragment zur Physik des animalischen Organismus. Jena 1805, p. 29).

[37] Friedrich Joseph Wilhelm Schelling: Von der Weltseele (1798). In: Schriften von 1794 -1798. Darmstadt 1982, S. 152.

[38] Christian Heinrich Pfaff: Grundriß einer allgemeinen Physiologie des menschlichen Körpers zum Gebrauche bey Vorlesungen., Bd. 1, Kopenhagen 1801, S. 19.

[39] Johann Friedrich Ackermann: Versuch einer physischen Darstellung der Lebenskräfte organisirter Körper. In einer Reihe von Vernunftsschlüssen aus den neuesten chemischen und physiologischen Entdeckungen. Bd. 2 Frankfurt 1800, S. 2.

Vornehmlich wurde in der organischen Materie die materielle Manifestation der Lebenskraft vermutet.[40] Mit der Entdeckung der thierischen
Elektrizität oder des Galvanismus wurde umgehend auch die These aufgestellt, daß die Lebenskraft in den Nerven agiere[41] oder daß sie sich hinter dem Phänomen der Sensibilität oder Irritabilität verstecke. Zu klären
war auch, ob die Lebenskraft unverändert mit Beginn der Zeugung vor-
handen ist; auf welche Weise sie die nach physikalischen und chemischen
Gesetzen ablaufenden physiologischen Subfunktionen reguliert und
diese den Bedürfnissen des lebendigen Organismus anpaßt.

Aber mit diesen Versuchen, eine Kraft zu definieren, die in bestimmten organischen Strukturen wirkt, mußten vorerst bestimmte Probleme
geklärt werden: Wenn die Lebenskraft in der Umwandlung der organischen Materie zu suchen ist, dann mußten erst einmal genauere Kenntnisse über Aufbau und Funktion der organische Materie selber gewonnen werden. War sie mit den Nervenaktionen verknüpft, so mußten die
anatomischen Strukturen und physiologischen Funktionen der Nerven
genauer untersucht werden. Stand die Lebenskraft mit dem Phänomen
der Senisibiltät oder Irritabilität im Zusammenhang, so hatten die Forscher erst einmal embryologische und entwicklungsgeschichtliche
Kennntisse sich zu erwerben. Diese Fragen waren aber nur mittels neuer
anatomischer, vergleichend embryologischer Beobachtungen und über
biochemische oder nervenphysiologische Experimente zu beantworten.
Folglich gewann das physiologische Experiment zunehmend an Bedeutung.

Dabei muß berücksichtigt werden, daß das Ziel, welches mit dem physiologische Experiment am Ende des 18. und frühen 19. Jahrhundert verfolgt wurde, ein anderes war, als das, was späterhin – ab 1840 – damit verbunden wurde.

Sowohl Kant als auch Schelling forderten, daß das Experiment 1) ein
geplanter Eingriff in die Natur zu sein habe, 2) die Natur gezwungen

[40] »Kraft ist etwas von der Materie Unzertrennliches, eine Eigenschaft derselben, wodurch sie Erscheinungen hervorruft [...] Materie ist nichts anderes als
Kraft, ihre Accidenzen sind Wirkungen, ihr Daseyn ist Wirken, und ihr bestimmtes Daseyn, ihre bestimmte Art zu wirken.« (Johann Christian Reil: Von der
Lebenskraft. Archiv für Physiologie 1, 1796, S. 46).
[41] Christian Heinrich Pfaff: Abhandlungen über die sogenannte thierische Elec-
tricität. Grens Journal der Physik 8, 1784, S. 197; Friedrich Ludwig Augustin:
Versuch einer vollständigen systematischen Geschichte der galvanischen Electri-
cität und ihrer medicinischen Anwendung. Berlin 1803; Johann Wilhelm Ritter:
Beweis, dass ein beständiger Galvanismus den Lebensproceß im Thierrreich
begleitet. Weimar 1798; Albrecht von Humboldt: Versuche über die gereizten
Muskel und Nervenfasern oder Galvanismus, nebest Vermutungen über den chemischen Prozess des Lebens in der Thier-und Pflanzenwelt. Berlin 1797.

werden müsse, ihre Antworten preiszugeben, 3) experimentelle Fragen
von einer Vorhersage über das zu erwartende Ergebnis abhängen, 4) Vor-
hersagen ein Urteil a priori seien und 5) das Experiment keine Gesetze,
sondern nur Erscheinungen hervorbringt.[42]

Schelling hat sich speziell auch mit den Schwierigkeiten des physiologischen oder biologischen Experimentierens und den daraus erhofften
Erkenntnisgewinn auseinandergesetzt und diesbezüglich die Auffassung
der Forscher beeinflußt – oder deren Probleme erfaßt.

Wissen können wir, sagt Schelling, letztlich nur "Selbstvorgebrachtes".
Das Wissen im strengsten Sinne des Wortes ist also reines Wissen apriori. Um aber die "innere Construction" der Natur zu erkennen, ist es notwendig zu experimentieren. Antworten auf experimentelle Fragen sind
nur dann zu erwarten sind, wenn sinnvolle Fragen gestellt worden sind.
Diese Aufgabe fällt nach Schelling in den Bereich der "speculativen Physik". In der spekulativen Physik[43] werden theoretische Konstrukte in der
Form von Urteilen apriori über den möglichen Zusammenhang der

---

[42] Die entsprechenden Ausführungen lauten bei Kant: »Sie [die Naturforscher]
begriffen, daß die Vernunft nur das einsieht, was sie selbst nach ihrem Entwurfe
hervorbringt, daß sie [...] die Natur nötigen müsse, auf ihre Fragen zu antworten, nicht aber sich von ihr gleichsam am Leitbande gängeln lassen müsse. [...]
Die Vernunft muß mit ihren Prinzipien, nach denen allein übereinkommende
Erscheinungen für Gesetze gelten können, in einer Hand, und mit dem Experiment, das sie nach jenen ausgedachte, in der anderen, an die Natur gehen, zwar
um von ihr belehrt zu werden, aber nicht in der Qualität eines Schülers, der sich
alles vorsagen läßt, was der Lehrer will, sondern eines bestallten Richters, der die
Zeugen nötigt, auf Fragen zu antworten, die er ihnen vorlegt« (Kant: Kritik der
reinen Vernunft, Frankfurt/M. 1977, BXIII). Schellings Experimentdefinition
lautet wie folgt: »Die Natur muß also gezwungen werden, unter bestimmten
Bedingungen, die in ihr gewöhnlich entweder gar nicht oder nur durch andere
modificirt existiren, zu handeln. - Ein solcher Eingriff in die Natur heißt Experiment. Jedes Experiment ist eine Frage an die Natur, auf welche zu antworten, sie
gezwungen wird. Aber jede Frage enthält ein verstecktes Urtheil a priori; jedes
Experiment [...] ist Prophezeiung; das Experimentiren selbst ein Hevorbringen
der Erscheinungen.« (Schelling: Einleitung zu dem Entwurf eines Systems der
Naturphilosophie (1799). In: Schriften von 1799 - 1801. Darmstadt 1982, S. 276.
[43] Schelling erläutert den Begriff der spekulativen Physik im § 3 seiner "Einleitung zu dem Entwurf [...]": »Unsere Wissenschaft ist [...] ganz und durchein realistisch, sie ist also nichts anders als Physik, sie ist nur *speculative* Physik [...] die
Idee einer speculativen Physik (ist) nicht zu realisiren [...] Indem wir dadurch
deutlich machen, wodurch unser Unternehmen sich von allen ähnlichen bisher
gewagten unterscheide, haben wir zugleich den Unterschied der speculativen
Physik von der sogenannten empirischen angedeutet; welcher Unterschied sich
hauptsächlich darauf reducirt, daß jene einzig und allein mit den ursprünglichen
Bewegungsursachen in der Natur [...], diese dagegen [...], nur mit den sekun-
dären Bewegungen [...] sich beschäftigt [...]« ebda., S. 274f.).

Naturerscheinungen entworfen. Mit diesen Urteilen apriori ist es möglich, sinnvolle experimentelle Eingriffe in die Natur vorzunehmen.

Folglich sind Theorie und Experiment in gleicher Weise wichtig und notwendig[44], allerdings wird durch die Theorie der Zusammenhang zwischen den einzelnen beobachteten experimentellen Ergebnissen erst hergestellt.[45] Somit besteht eine größere Chance, mittels einer Theorie die den Naturerscheinungen zugrundeliegenden Ursachen richtig zu erkennen, da mit dem Experiment nur zufällig diese Ursachen erkannt werden können.

Schelling begründet dieses mit dem Verhältnis von objektiver und exoterischer Seite der Wissenschaft. Die objektive Seite der Wissenschaft umfaßt die Theorie und ihr "notwendiges Correlat", das Experiment. Die exoterische Seite der Wissenschaft wird durch die Philosophie eingebracht. In Schellings Interpretation sind wissenschaftliche Erkenntnisse nicht mit der realen Seite der Natur gleichzusetzen. Das Reale, d.h. die Natur in ihrer wirklichen Existenz, ist charakterisiert durch das »Auseinander und in der Zeit Ausgedehnte«. Das heißt, die Natur unterliegt der Raum-Zeit-Kategorie und befindet sich niemals im Zustand des Statischen, des Fixierten. Für die wissenschaftliche Erforschung der Natur ist es aber notwendig, daß die Natur "zumal" gedacht wird, was ein Zusammenfallen der Raum- und Zeitkategorie in der Vernunft voraussetzt. In dem theoretischen Entwurf der Vernunft kann das "Auseinander und Ausgedehnte" nicht gleichzeitig untersucht werden. Das theoretisch geplante Experiment kann nur gelingen, wenn die dabei untersuchten Naturerscheinungen fixiert werden, d.h., die permanente Veränderung in Raum und Zeit ausgeschlossen wird.

In diesem Zusammenhang muß die experimentellen Forschung im Bereich der Lebenswissenschaften von vornherein nur begrenzt möglich sein. Dabei kommt in Schellings Interpretation der objektiven und realen Seite der Natur eine besondere Bedeutung zu. Da es mittels der theoretischen oder experimentellen Forschung nicht möglich ist, das Prozeßhaf-

---

[44] »Theorie kann sich von der Erfahrung nur dadurch unterscheiden, daß sie diese abstrakter, gesonderter von zufälligen Bedingungen und in ihrer ursprünglichen Form ausspricht. Aber eben diese herauszuheben und in jeder Erscheinung das Handeln der Natur rein darzustellen, ist auch die Sache des Experiments: beide stehen also auf gleicher Stufe« (Schelling: Vorlesungen über die Methode des akademischen Studiums (1803). In: Schriften von 1801 - 1804. Darmstadt 1982, S. 556).

[45] »[...] da es einzig diese (die Theorie) ist, von der jenes (das Experiment) geleitet wird; ohne deren Eingebung es auch nicht einmal die Fragen [...] an die Natur thun könnte, von deren Sinnigkeit die Klarheit der Antworten abhängt, welche sie ertheilt« ebda., S. 556).

te, die Bewegung oder das Dynamische in der Natur objektiv zu machen, gilt für die biologisch-medizinische Forschung von vornherein dieses Vorgehen nur eingeschränkt. Charakteristisch ist für diese Wissenschaften, daß ihr Untersuchungsgegenstand, der Organismus, als das sich ständig Verändernde definiert werden muß. Um die "innere Construktion" des Organismus erforschen zu können, fällt in diesem Bereich der exoterischen Seite, der Philosophie, eine besondere Aufgabe zu. Die Philosophie resp. Naturphilosophie ist in der Lage, die Kategorie des Dynamischen mitzudenken.[46]

Das Experiment in diesen Wissenschaften ist deshalb nur unter einer weiteren Voraussetzung möglich. Die weitere Voraussetzung zu dem oben erwähnten Triumvirat: Experiment, Theorie, Philosophie bildet die Hinzunahme der "historischen Construction"[47]. Diese historische Konstruktion zielt auf die Einbeziehung der Metamorphose, der Wandlung als Prinzip der organischen Natur ab. In der historischen Konstruktion läßt sich der Grundtypus[48] in dem jeweilig individuellen Organismus

[46] In der "Weltseele" fordert Schelling die Physiologen auf, sich bei der Untersuchung des Gehirns nicht durch die Besonderheit des Gegenstandes vor dem Experiment zu scheuen. Die Deutung der gewonnen Ansichten können die Experimentatoren den Transzendentalphilosophen überlassen (Schelling: Von der Weltseele. In: Schriften 1794 - 1798. Darmstadt 1982, S. 397).

[47] In der historischen Konstruktion wird die Frage, wie das Objekt zum Subjekt, die Natur zum Geist kommt, nicht transzendentalphilosophisch beantwortet, sondern durch eine dynamische Theorie der Materie, ergänzt durch die Potenzierungslehre, zu lösen versucht: »Die gänzliche Einheit und Untheilbarkeit alles Seyns wird eben durch jenen [...] Wechsel der Formen offenbar. Wie alle Dinge aufgelöst sind in die Existenz der Einen Substanz, zu welcher alles gehört: so nimmt das Höhere das Niedere in sich auf als ein zu seiner Existenz Gehöriges. Erde, Luft, Wasser werden in die Pflanze, die Pflanze in das Thier, das niedere in das höhere [...] alles zuletzt Existenz des ewig Einen und unendlich = Vollen, aber darum wird es nicht von ihm hervorgebracht, sondern ist mit ihm *zumal*« (Schelling: Aphorismen über die Naturphilosophie (1806) In: Schriften 1806 - 1813. Darmstadt 1982, S. 198). Vgl. dazu auch den Aphorismus: »Die Materie ist ein und dasselbe Ganze, das auf völlig gleiche Weise Einheit in der Vielheit und Vielheit in der Einheit ist. Jede dieser beiden Seiten, die wir auch als reale und ideale bezeichnen können, ist die ganze Materie, und jede derselben drückt das ganze Wesen der Substanz aus.« Ebda., S. 224).

[48] Vgl. dazu Goethes Begriff der "Urpflanze" aus der "Metamorphose der Pflanze" 1790. Er schreibt darüber in einem Brief aus Neapel am 17. Mai 1787 an Frau von Stein: »Die Urpflanze wird das wunderlichste Geschöpf von der Welt, um welches mich die Natur selbst beneiden soll. Mit diesem Modell und dem Schlüssel dazu kann man alsdann noch Pflanzen ins Unendliche erfinden, die konsequent sein müssen, das heißt: die, wenn sie auch nicht existieren, doch existieren könnten und nicht etwa malerische oder dichterische Schatten oder Scheine sind, sondern eine innerliche Wahrheit oder Notwendigkeit haben. Dasselbe

erkennen bzw. diese Sichtweise setzt voraus, daß jeder individuelle Organismus aus einem Grundtypus über vielfältige Stufen der Metamorphose entstanden ist. Mit diesem gedanklichen Konzept kann von dem individuelle Organismus abstrahiert werden. Damit wird es möglich, zu objektiven Aussagen in der biologische Forschung zu gelangen.[49]

Auch wenn diese Forderung weitab von einer pragmatischen Anweisung für das wissenschaftliche Forschen in der Medizin ist, so zeigt Schelling doch die Schwierigkeiten auf, welcher komplexen Problematik der Forscher gegenübersteht, wenn er in der organischen Natur über das Experiment Eingriffe vornimmt, wie vage seine Antworten sein können[50], wie weit entfernt die einzelnen Experimente von der "inneren Konstruktion" der organischen Welt sein müssen.

Die Wissenschaftler in der Zeit der Naturphilosophie, die mit dem Experiment die Gesetze des Organismus erforschen wollten, setzten sich mit Schellings erkenntnistheoretischer Position auseinander und übernahmen diese.[51] Ziel ihrer experimentellen Untersuchungen war es, die Fülle aller möglichen experimentell provozierten Antworten hervorzurufen. Wiederholungsexperimente wurde nicht deshalb vorgenommen, um gleiche Effekte hervorzubringen, sondern Haupt- und Nebeneffekte zu unterscheiden. Weil mit der experimentellen Forschung keine Aussagen über die »thierische Oekonomie« – was das Zusammenspiel der organischen Funktionen im intakten Organismus meint – gewonnen werden können, waren sie vor ein unlösbares Problem gestellt. Mit dem Experiment erhält man keine Aussagen über den lebendigen – d.h. intak-

Gesetz wird sich auf alles übrige Lebendige anwenden lassen« (zit. nach H.E. Gerlach; O. Herrmann (Hrsg.): Goethe erzählt sein Leben. Frankfurt/M. 1982, S. 285).

[49] »[...] die reale und die objektive Seite der allgemeinen Wissenschaft derselben zum vollkommen Ausdruck der Idee in dieser, und dadurch mit ihr selbst wahrhaft eins zu machen« (Schelling: Vorlesungen über die Methode des akademischen Studiums (1803). In: Schriften von 1801-1804, S. 577).

[50] Auf diese Schwierigkeit und die prinzipielle Unlösbarkeit, das Leben vollständig zu analysieren, geht Nils Bohr ein, wenn er auf die Komplementarität der Erkenntnis von biologischen Strukturen und des Phänomens Leben verweist: »Wir können entweder das Phänomen Leben vor uns haben, oder wir können die Struktur der Bausteine ermitteln, aber beides zugleich geht nicht. Sobald wir die Struktur hinreichend genau erforscht haben, zerstören wir durch unsere Beobachtungsmittel unvermeidlich das Leben«. Vgl. Nils Bohr: Einheit des Wissens. In: L. Krüger (Hrsg.): Erkenntnisproblem der Naturwissenschaft, Köln 1970, S. 389-404.

[51] Vgl. Brigitte Lohff: Die Suche nach der Wissenschaftlichkeit der Physiologie in der Zeit der Romantik. Ein Beitrag zur Erkenntnistheorie der Medizin. Stuttgart 1990. [Medizin in Geschichte und Kultur, 17] Kap. 7, S. 134 - 166.

ten – Organismus, aber ohne Experiment erhält man keine weiterführenden Einsichten über die Funktionen des Organismus.

Letztlich überwog bei den Forschern aber die Einsicht: »Nur eine Klasse von Menschen irrt nie, diejenige nämlich, welche nichts thut, nichts beobachtet und keine Versuche anstellt.«[52] Mit dieser Einsicht und Entscheidung für die experimentelle Forschung im Bereich der Lebenswissenschaften wurde der Weg eingeschlagen, der zu einer an den anderen Naturwissenschaften orientierten biologischen und medizinischen Forschung führte. Eine experimentelle Erforschung biologischer Phänomene mußte sich zwangsläufig auch den methodologischen Forderungen an die Experimentalwissenschaften angleichen. Vor allem die Frage nach der Standardisierung und die Beachtung von Randbedingungen spielte zunehmend eine Rolle.

Wegweisend in diesem Prozeß waren die Überlegungen des Anatomen und Physiologen Johannes Müller. Forderte man vormals: »[wir] müssen die materiellen Dinge bei oft veränderten Umständen andere Wirkung äußern lassen, die sie für sich nicht hervorbringen können, und dies ist der wahre Versuch und das wahre Experiment«[53], so läßt Müller ein experimentell gewonnenes Ergebnis nur noch gelten, wenn folgende Bedingungen erfüllt sind: »Die Experimente [...] sind einfach, leicht und entscheidend, sie können an jedem Ort, zu jeder Zeit und von jedem Anatomen, Physiologen und Physiker mit demselben sicheren unzweideutigen Resultat wiederholt werden.«[54] Der entscheidende Wandel, der sich anhand dieses Zitates nachzeichnen läßt, verbirgt sich darin, daß nunmehr experimentell hervorgebrachte Beobachtungen an lebenden Organismen unabhängig von Zeit, Ort und Person zu sein haben. Damit mußte eine der grundlegenden Überzeugungen der Medizin in der Zeit der Romantik und der Naturphilosophie aufgegeben werden: die Singularität des jeweils untersuchten Organismus und die ihn charakterisierende permanente individuelle Produktivität und Veränderbarkeit.

Mit der Überzeugung, daß sich an unterschiedlichen Organismen identische Reaktionen unabhängig von Zeit, Ort und Experimenator hervorbringen lassen, hat sich der Organismusbegriff und die Auffas-

52 Johann Adam Gottlieb Schaffroth: Einige Betrachtungen über den Nachtheil voreiliger Anwendung der neuesten Naturphilosophie auf die Medizin. Freiburg 1809, p. 17.

53 Carl Anton Weinhold: Versuche über das Leben und seine Grundkräfte, auf dem Wege der Experimentalphysiologie. Magdeburg 1817, S. 76.

54 Johannes Müller: Bestätigung des Bellschen Lehrsatzes, dass die doppelten Wurzeln der Rückenmarksnerven verschiedene Functionen haben, durch neue und entscheidende Experimente. In: Frorieps Notizen aus dem Gebiet der Heilkunde 30, 1830, S. 113.

sung, was Leben im biologischen Sinne sei, entscheidend verändert. Unter solchen metaphysischen Rahmenbedingungen ist es erst möglich, verschiedene Organismen in Hinsicht auf physikalische und chemische Raum und Zeit unabhängige Gesetzmäßigkeiten hin zu analysieren. Mit diesem erkenntnistheoretischen Wandel in der Biologie und Medizin wird nachvollziehbar, weshalb die Energieerhaltungssätze durch Hermann von Helmholtz die weitere Entwicklung des biologisch-medizinischen Denkens tiefgreifend beeinflußten und eine radikale Ablehnung vitalistischer Gedanken folgte.

Helmholtz begann sich im Zusammenhang mit seinen Arbeiten über Gärungsfragen mit dem Lebenskraft-Konzept auseinanderzusetzen. Hintergrund seiner Überlegungen war, ob ein biologisches Perpetuum mobile möglich sei, wenn es ein physikalisches nicht geben kann. Das führt ihn 1846 zur Formulierung der Erhaltungssätze mit der zentralen Aussage, »[...] dass das Naturganze einen Vorrath wirkungsfähiger Kraft besitzt, welcher in keiner Weise weder vermehrt noch vermindert werden kann, dass also die Quantität der wirkungsfähigen Kraft in der unorganischen Natur eben so ewig und unveränderlich ist, wie die Quantität der Materie.«[55] Für die belebte Natur reduzierte sich damit für Helmholtz die Frage nach den Energien, die das Leben aufrechterhalten, lediglich daraufhin, ob die Verbrennung und Umsetzung der zur Nahrung dienenden Stoffe eine gleiche Wärmequantität erzeugen als die Organismen abgeben.[56] Damit war endgültig – und zusätzlich nach Wöhlers Nachweis (1828) der Synthese von organischen Stoffen – von seiten der neuen Generation von Physiologen das Lebenskraft-Konzept ad absurdum geführt und die naturwissenschaftlich-experimentelle Richtung in der Medizin und ein mechanistisch-materielles Erklärungskonzept vorgeschrieben.

Betrachtet man diesen Prozeß, den die Lebenswissenschaften von einem Mechanismus cartesianischer Prägung hin zu einem mechanistischen Materialismus durchlaufen haben und in dem die Forscher zwischenzeitlich bestrebt waren, wissenschaftlich einen Vitalismus zu begründen, so lassen sich auch vergleichbare Entwicklungsstufen erkennen, wie Cassirer sie vornehmlich für die Physik beschrieben hat: »Die Wissenschaft vermag zunächst ihre Grundbestimmung nicht anders setzen als

[55] Hermann von Helmholtz: Über die Wechselwirkung der Naturkräfte und die darauf bezüglichen neuesten Ermittlungen der Physik (1854). In: Ders.: Vorträge und Reden. Bd.1, 2. Aufl. Braunschweig 1884, S. 51.
[56] Hermann von Helmholtz: Über die Erhaltung der Kraft (1846). Transkription des handschriftlichenTextes bearbeitet von Christa Kirsten. Weinheim 1983.

dadurch, daß sie sie in dingliche Verkörperungen vor sich hinstellt. Hier waltet sozusagen ein methodischer "Materialismus", der sich keineswegs am Begriff der Materie allein, sondern auch [...] insbesondere an dem der ›Energien‹ nachweisen läßt. Immer von neuem zeigt sich in der Geschichte des naturwissenschaftlichen Denkens die Macht dieser Grundtendenz – zeigt sich ein Bestreben, Funktionales in Substantielles, Relatives in Absolutes, Maßbegriffe in Dingbegriffe zu verwandeln.«[57]

Literaturverzeichnis

Ackermann, Johann Friedrich: Versuch einer physischen Darstellung der Lebenskräfte organisirter Körper. In einer Reihe von Vernunftschlüssen aus den neuesten chemischen und physiologischen Entdeckungen. Bd. 2. Frankfurt 1800.

Bernard, Claude: Définition de la vie. In: Revue de deux Mondes 9. Paris 1875.

Bichat, François Antoine Xavier: Anatomie générale. Tom. 1. Paris 1830.

Bordeu, Theophile: Recherches anatomique sur la position des glands et sur leur action. Paris 1751.

– Recherches physiologiques ou philosophique sur la sensibilité ou la vie animable. Paris 1754.

Cabanis, Pierre Jean George: Du degré de la certitude en médicine. Paris 1784.

Cassirer, Ernst: Das Erkenntnisproblem in der Philosophie und Wissenschaft der neueren Zeit. Bd. 1 (1906). Darmstadt 1994.

– Das Erkenntnisproblem in der Philosophie und Wissenschaft der neueren Zeit. Bd. 3 (1923). Darmstadt 1994.

– Das Erkenntnisproblem in der Philosophie und Wissenschaft der neueren Zeit. Bd. 4 (1957). Darmstadt 1994.

– Philosophie der symbolischen Formen. Erster Teil: Die Sprache (1923). Darmstadt 1990.

– Philosophie der symbolischen Formen. Dritter Teil: Phänomenologie der Erkenntnis (1929). Darmstadt 1990.

Descartes, René: Principia philisophiae (1644). In: Oeuvres de Descartes publiées par C.L. Adam et P. Tannery. Vol. 8, 1. Paris 1964.

Du-Bois-Reymond, Emil: Untersuchungen der thierischen Elektrizität. Berlin 1842.

---

[57] Ernst Cassirer: Philosophie der symbolischen Form. Teil 3: Phänomenologie der Erkenntnis (1929). Darmstadt 1994, S. 24.

Dulieu, L. (Ed.): La médicine a Montpellier de XII à XX' siècles. Paris 1990.

Gerlach, H.E.; Hermann, O. (Hrsg.): Goethe erzählt aus seinem Leben. Frankfurt/M. 1982.

Gottlieb, Bernard Joseph: Bedeutung und Auswirkungen des hallischen Professors und königlich preußischen Leibarztes Georg Ernst Stahl auf den Vitalismus des 18. Jahrhunderts, insbesondere auf die Schule von Montpellier. Nova Acta Leopold. Neue Folge 12, 1943.

Hall. Thomas S.: Concept of life and matter. Vol. 2. Chicago 1969.

Helmholtz, Hermann von: Über die Erhaltung der Kraft (1846). Transkription der Handschrift bearbeitet von Christa Kirsten. Weinheim 1983.

– Über die Wechselwirkung der Naturkräfte und die darauf bezüglichen neuesten Ermittlungen der Physik (1854). In: Ders.: Vorträge und Reden. Bd. 1, 2. Aufl., Braunschweig 1884.

Kant, Immanuel: Kritik der reinen Vernunft. In: Werkausgabe Bd. 3/4. Hg. von Wilhelm Weischedel. Frankfurt/M. 1977.

– Rezension zu Johannes Gottfried Herder: Ideen zur Philosophie der Geschichte der Menschheit (1785). In: Werkausgabe Bd. 10,. Hg. von Wilhelm Weischedel. Frankfurt/M. 1977.

Krüger, Lorenz (Hrsg.): Erkenntnisproblem der Naturwissenschaft. Köln 1970.

Leibniz, Gottfried Wilhelm: Specimen dynamicum (1695). Herausgegeben, übersetzt und erläutert von H.G. Dosch, G.W. Most und E. Rudolph. Hamburg 1982.

Lemoine, A.: Le vitalisme de Georg Ernst Stahl. Paris 1886.

Lohff, Brigitte: Did the concept of vital force hinder scientific progress in biology and medicine between 1750 and 1830? In: Journal of History of biology (im Erscheinen).

– Die Suche nach der Wissenschaftlichkeit der Physiologie in der Zeit der Romantik. Ein Beitrag zur Erkenntnisphilosophie der Medizin (Medizin n Geschichte und Kultur, Bd. 17). Stuttgart 1990.

Lotze, Hermann: Leben, Lebenskraft. In: Rudolph Wagner (Hrsg.): Handwörterbuch der Physiologie mit Rücksicht auf die physiologische Pathologie. Bd. 1. Braunschweig 1842.

– Allgemeine Pathologie und Therapie als mechanische Naturwissenschaft. Leipzig 1842.

Medicus, Friedrich Casimir: Von der Lebenskraft. Eine Vorlesung bei Gelegenheit des höchsten Namensfestes Sr. Curfürstlichen Durchlaucht von der Pfalz. Mannheim 1774.

Müller, Johannes: Bestätigung des Bellschen Lehrsatzes, dass die doppelten Wurzeln der Rückenmarksneerven verschiedene Funktionen haben, durch neue und entscheidende Experimente. In: Frorieps Notizen aus dem Gebiet der Heilkunde 30, 1830.

Neumann, Karl Georg: Versuch einer Erörterung des Begriffes Leben. Dresden 1801.

Pfaff, Christian Heinrich: Grundriß einer allgemeinen Physiologie des menschlichen Körpers zum Gebrauche bey Vorlesungen. Bd. 1. Kopenhagen 1801.

Reil, Johann Christian: Von der Lebenskraft. In: Archiv für Physiologie 1, 1796.

Schaffroth, Johann Adam Gottlieb: Einige Betrachtungen über den Nachtheil voreiliger Anwendung der neuesten Naturphilosophie auf die Medizin. Freiburg 1809.

Schelling, Friedrich Joseph Wilhelm: Einleitung zu dem Entwurf eines Systems der Naturphilosophie (1799). In: Sämmtliche Werke. Schriften von 1799 – 1801. I. Abteilung, Bd. 3. Hrsg. von K.F.A. Schelling (1856–1861). Nachdruck Darmstadt 1982.

– Von der Weltseele (1798). In: Ders.: Sämmtliche Werke. Schriften von 1794 – 1798. I. Abteilung, Bd.1. Hrsg. von K.F.A. Schelling (1856–1861). Nachdruck Darmstadt 1982.

– Vorlesungen über die Methodik des akademischen Studiums (1803). In: Sämmtliche Werke. Schriften von 1801 – 1804. I. Abteilung, Bd. 5. Hrsg. v. K.F.A. Schelling (1856–1861). Nachdruck Darmstadt 1982.

– Aphorismen über die Naturphilosophie (1806). In: Sämmtliche Werke. Schriften von 1806 – 1813. I. Abteilung, Bd. 7. Hrsg. v. K.F.A. Schelling (1856–1861). Nachdruck Darmstadt 1982.

Stahl, Georg Ernst: De synergia in medendo. Halle 1695.

– Theoria vera medica. Halle 1706.

Weinhold, Carl Anton: Versuche über das Leben und seine Grundkräfte, auf dem Wege der Experimentalphysiologie. Magdeburg 1817.